中国商业银行集成风险度量研究

李 强／著

Research on Integrated Risk Measurement of Commercial Banks in China

中国财经出版传媒集团
经济科学出版社
Economic Science Press

图书在版编目（CIP）数据

中国商业银行集成风险度量研究/李强著.
—北京：经济科学出版社，2019.6
ISBN 978 - 7 - 5218 - 0477 - 5

Ⅰ.①中… Ⅱ.①李… Ⅲ.①商业银行－风险管理－研究－中国 Ⅳ.①F832.33

中国版本图书馆 CIP 数据核字（2019）第 076318 号

责任编辑：申先菊　路　巍
责任校对：靳玉环
版式设计：齐　杰
责任印制：邱　天

中国商业银行集成风险度量研究

李　强　著

经济科学出版社出版、发行　新华书店经销
社址：北京市海淀区阜成路甲 28 号　邮编：100142
总编部电话：010 - 88191217　发行部电话：010 - 88191522
网址：www.esp.com.cn
电子邮件：esp@esp.com.cn
天猫网店：经济科学出版社旗舰店
网址：http://jjkxcbs.tmall.com
北京季蜂印刷有限公司印装
710×1000　16 开　17 印张　320000 字
2019 年 6 月第 1 版　2019 年 6 月第 1 次印刷
ISBN 978 - 7 - 5218 - 0477 - 5　定价：98.00 元
（图书出现印装问题，本社负责调换。电话：010 - 88191510）
（版权所有　侵权必究　打击盗版　举报热线：010 - 88191661
QQ：2242791300　营销中心电话：010 - 88191537
电子邮箱：dbts@esp.com.cn）

前言

PREFACE

　　本书综合运用金融计量学和数理统计学的理论与方法，通过对中国商业银行集成风险测度进行研究，引入描述金融时序收益率尾部特征的 GPD 模型、结合描述中国商业银行波动率模型（generalized auto regressive conditional heteroskedasticity，GARCH）、随机波动率模型（stahastic volatility，SV）类和刻画金融市场相依结构的 Copula 函数。在提炼和创新已有研究成果基础上，并基于商业银行风险集成的相关性、非线性、复杂性和动态性视角，运用波动溢出、尾部相依和波动率模型对中国商业银行宏微观结构进行实证分析。首先采用系统、有限理性、突变等观点来梳理中国金融体系的演化历程，进而将数理统计模型和系统金融理论相结合，运用 Copula（方法）、行为金融、公司金融、极值等理论和 GARCH、SV 方法以及 Monte Carlo 模拟技术等，探究中国商业银行集成风险和量化体系的内在机理。然后与已有研究进行对比研究，为我国商业银行集成风险量化管理提供方法基础和启示，也为构筑成熟、完整、健全的我国商业银行集成风险量化框架体系提供理论与技术上的支撑。最后对商业银行金融生态环境、风险创新和金融监管做了一些探索研究。突出理论性、科学性与实用性，进而为中国金融系统的稳定和相关政策的制定提供科学依据和一定的理论指导。

目录

CONTENTS

第1章　绪论/1

1.1　研究背景与意义/1
1.2　研究现状/2
1.3　本书研究的主要内容/20

第2章　中国商业银行集成风险量化理论与模型/23

2.1　中国商业银行风险集成量化相关理论/23
2.2　中国商业银行风险集成量化相关方法/31
2.3　本章小结/66

第3章　中国商业银行集成风险波动溢出效应研究/67

3.1　中国商业银行风险溢出效应研究现状/67
3.2　中国金融体系风险集成波动溢出效应实证研究/77
3.3　房地产行业与商业银行业的风险集成波动溢出效应/83
3.4　其他重点行业与商业银行业的风险集成波动溢出效应/89
3.5　本章小结/95

第4章　基于宏观和微观审慎监管的中国商业银行集成风险框架与测度研究/97

4.1　研究背景/97
4.2　金融系统集成风险的理论基础/98

4.3 金融系统集成风险的理论阐释、作用机理和传导机制／100

4.4 金融系统集成风险的防范、控制和化解／103

4.5 基于 GARCH 类模型的中国商业银行集成风险测度研究／111

4.6 本章小结／153

第 5 章 基于 Copula – SV 类的中国商业银行集成风险量化实证研究／154

5.1 研究背景／154

5.2 实证分析／155

5.3 基于 Copula – ASV – GPD 的商业银行间的相关性研究／205

5.4 基于 Copula – ASV – T – GPD 的中国金融系统的风险测度研究／224

5.5 本章小结／245

第 6 章 研究结论及展望／246

6.1 本书结论／247

6.2 研究展望／251

参考文献／252

第 1 章 绪 论

1.1 研究背景与意义

随着经济全球化的发展和信息时代的到来,金融业的发展越来越国际化,各国之间的经济联系也越来越密切,而商业银行作为经济中最重要的金融机构之一必然会受到金融一体化带来的影响。特别在金融危机时,商业银行相关性的溢出风险将会放大,且呈现出一种复杂性的风险特征。商业银行的发展历程与风险密不可分,其因承担风险获取风险报酬,但商业银行股东的贪婪、经营者管理失措以及金融市场的动荡等均可能造成商业银行的损失,严重时引发金融危机。

商业银行按风险进行分类,目前较为常用的一种重要方法是根据商业银行在经营过程中面临的风险,将其分为市场风险、操作风险、信用风险、流动性风险与声誉风险等。市场风险是金融体系中最常见的风险之一,通常是由金融资产的价格变化而产生的,市场风险一般又可分为利率风险、汇率风险等。操作风险是指由于内部程序员工运行不当或者外部事件的冲击导致商业银行发生损失的可能性。信用风险是指由于交易方信用的不确定导致银行遭遇损失的风险,简单地说就是由客户违约使银行产生损失的风险。流动性风险是指商业银行所有的流动资产不能满足客户即时提取现金和信贷的需要从而使银行丧失清偿能力的风险。流动性风险与市场风险、信用风险、操作风险和声誉风险等相比,形成的原因更加复杂和广泛,通常被视为一种综合性风险。并且流动性风险具有传导性,这使得一旦某一商业银行资产出现问题,不能保证正常的资金运转的时候,会使单个或局部问题演变成全局问题,最终很有可能导致整个系统或体系的崩溃。如 2008 年的世界金融危机就是由美国商业银行的流动性危机传导到美国的其他金融领域,进一步传导到世界各国的金融领域而形成。声誉风险是指商业银行在经营过程中利益相关方对银行负面评价产生的风险。

受 2008 年世界金融危机的影响，银行业通过反思直接催生了 2010 年《巴塞尔协议Ⅲ》。《巴塞尔协议Ⅲ》由三大支柱组成：一是最低资本要求。其中包括：信用风险标准法，内部评级法［(internal ratings-based，IRB) approaches］，公司、银行和主权的风险暴露，零售风险暴露，专业贷款（specialised lending）、股权风险暴露（equity exposures），IRB 法的实施问题，证券化，操作风险。二是监管当局对资本充足率的监督检查。监管者通过监测决定银行内部能否合理运行，并对其提出改进的方案。三是信息披露。要求银行提高信息的透明度，使外界对它的财务、管理等有更好的了解。在《巴塞尔协议Ⅲ》出台之际，中国银监会及时推出了四大监管工具——资本要求、杠杆率、拨备率和流动性要求。由此构成了未来一段时期中国银行业监管的新框架，这被业界称为中国版的"巴塞尔Ⅲ"。

由此可见，国内外的监管机构以及金融机构对金融集成风险的管控极其重视。金融风险的度量是金融市场风险管理的基础工作和核心环节。精准测度金融风险在很大程度上决定了金融市场风险管理的有效性，而选取有效的风险测度工具是提升集成风险度量的有效保障。本书通过系统研究中国商业银行集成风险度量，在提炼和创新已有研究成果基础上，基于商业银行集成风险的相关性、非线性、复杂性和动态性视角，首先采用系统、有限理性和突变等观点来梳理中国金融体系的演化历程，进而将数理统计模型和系统的金融理论相结合。本书尝试运用 Copula、行为金融、公司金融、博弈、极值等理论和 GARCH、SV 类方法以及 Monte Carlo 模拟技术等，探究商业银行整体风险的集成和量化体系的内在机理。然后与已有研究进行对比研究，为我国商业银行风险集成量化管理提供方法基础和启示，也为构筑成熟、完整、健全的我国商业银行风险集成量化框架体系提供理论与技术上的支撑。最后尝试对商业银行金融生态环境、风险创新和金融监管做了一些探索研究。

1.2 研究现状

1.2.1 市场风险度量研究综述

市场风险概念是指由于基础资产市场价格的不利变动或者急剧波动而导致衍生工具价格或者价值变动的风险。基础资产的市场价格包括市场利率、汇率、股票、债券行情的变动。市场风险实际上是由于利率、汇率、股票、商品等价格变化导致银行损失的风险。顾名思义，市场风险实际包括利率风险、汇率风险、股市风险和商品价格风险四大部分。国内外文献研究表明，由于我国商业银行从事股票投资和商品业务有限，其市场风险主要表现为利率风险和汇率风险。

目前，主要使用的市场风险计量方法有利率缺口分析法、外汇敞口分析法、久期分析法和风险价值方法。以 VaR 为基准的市场风险度量方法是目前的主流方法，它诞生于 20 世纪 90 年代。VaR 是指在正常的市场条件和给定的置信水平 (confidence interval，通常为 99%) 上，在给定的持有期间内，某一投资组合预期可能发生的最大损失；或者说，在正常的市场条件和给定的持有期间内，该投资组合发生 VaR 值损失的概率仅为给定的概率水平（即置信水平）。VaR 的估计法主要有历史模拟法、方差—协方差法和 Monte Carlo 模拟法 3 种。历史模拟法由于建立在资产价格变动服从 Guass 分布这一假设下，以及该法模拟需要大量的历史样本数据作支撑，在实际中应用受到限制。随着计算机技术的发展，该方法逐渐被方差—协方差法和 Monte Carlo 模拟法替代，失去应用价值，所以国内外学者的研究重心也逐步向后两者转移。在这 3 种度量方法中，计算精度最高的是 Monte Carlo 模拟法，方差—协方差法相比 Monte Carlo 模拟法在速度方面有优势，但准确度不如 Monte Carlo 模拟法。

随着时代的变迁和技术的进步，国内外大量的实证研究表明，大部分金融资产的分布与 Guass 分布的假设不符。为了进一步论证，恩格尔（Engle，1982）提出了 ARCH 模型，其学生进一步拓展至 GARCH 模型，广泛应用到金融经济学的时间序列分析中，并详细地描述了风险的动态演化过程，GARCH 类方法的提出在金融风险度量的研究中受到广泛的关注。进而随着对 VaR 研究的逐渐深入，其一些缺陷也逐渐显露出来。阿特恩（Artzne，1999）发现，VaR 方法不满足"次可加性"，由此造成最小化 VaR 的组合优化问题存在多个局部最小等问题（Mausser and Rosen，1999）。安德森（Andersson，2001）、亚力山大和巴提塔（Alexander and Baptista，2003）研究表明，VaR 风险测度指标没有考虑到资产收益分布的尾部特征，资产组合很有可能会遭受巨额损失。VaR 不具有风险一致性测度，不满足次可加性，且是一个非凸函数，可能存在多个局部极值。洛克菲勒等（Rockafellar et al.，2002）针对 VaR 风险测度的不足做了改进，提出了 CVaR 这个一致性风险测度，解决了次可加性问题。阿瑟比和塔舍（Acerbi and Tasche，2002）提出了用 Expeected Shortafll（ES，预期不足）的方法来代替 VaR 作为更符合资本充足性要求的市场风险度量。Zhu（2004）等对动态均值—方差模型的时间一致性问题进行了研究，得出了 VaR 风险测度的一致性并不恒成立的结论。

亚历山大（Alexander, 2009）对离散时间下一致性风险测度的资本配置与风险贡献给予了特别关注，探讨了这些概念的等价表达式，以及一致性风险测度的具体应用问题。

从当前来看，现在使用最多的替代 VaR 的相容性风险测度指标是 CVaR（conditional VaR）和 ES（expected shortfall）。需要指出的是，在概率分布连续时，CVaR 和 ES 定义相一致。洛克菲勒和乌亚舍（Rockafellar and Uryasev, 2000）认为，CVaR 作为对 VaR 的一种修正指标，与 VaR 相比可以描述更多的关于资产收益分布的尾部信息，因而能够更准确地描述资产收益的下侧风险，并且 CVaR 具有凸性，可以通过线性规划方法求得最优解，可以更广泛应用于风险度量研究。卡斯泰尔和斯拉瑞（Castellacci and Siclari, 2003）、阿莱建多等（Alejandro et al., 2009）的研究表明，CVaR 或 ES 作为投资组合风险度量指标，是非常有前景的一个研究方向，这些指标不但可以有效地描述收益分布的非对称性和厚尾特征，而且还能够有效地解决市场风险以外的其他风险度量问题，如信用风险和操作风险。

1.2.2 操作风险度量研究综述

巴塞尔银行监管委员会对操作风险的正式定义是：操作风险是指由于不完善或有问题的内部操作过程、人员、系统或外部事件而导致的直接或间接损失的风险。这一定义包含了法律风险，但是不包含策略性风险和声誉风险。根据《巴塞尔新资本协议》，操作风险可以分为由人员、系统、流程和外部事件所引发的四类风险，并由此分为 7 种表现形式：内部欺诈，外部欺诈，聘用员工做法和工作场所安全性，客户、产品及业务做法，实物资产损坏，业务中断和系统失灵，交割及流程管理。在巴塞尔新资本协议中，委员会确定了由易到难的 3 种不同方法计量操作风险，并将操作风险的资本要求纳入银行资本充足率的计算。根据巴塞尔新资本协议，对于操作风险的衡量大致有 3 种方法：基本指标法（basic indicator approaches, BIA）、标准法（standardized approach, SA）和高级计量法（advanced measurement approach, AMA）。

早期的操作风险主要采用定性分析，其原因在于操作风险的数据难以收集，因此缺乏理论依据和信服力。由于统计学的发展以及操作风险事件数据库的收集与整理，一些统计方法开始应用于操作风险的定量研究中。国外方面对操作风险的研究较早，威尔逊（Wilson D., 1995）在搜集风险案例数据的基础上，首次采用 VaR 分析方法来度量操作风险，并且用压力测试方法验证了该方法的有效性。阿特纳（Artzner，1999）提出风险度量具有四条理想的性质，并提出满足这些性质的风险度量为一致性风险度量，同时在 VaR 的基础上提出 TVaR。哈瑞斯（Harris，2002）以金融机构面临的操作风险为基础，提出要构建一个完善健全的数据库有利于规避操作风险。金（King，2001）提出了 Delta - EVT 风险分析模型，该模型运用极值理论和损失分步法来计算全面的操作风险资本要求，并通过风险数据因子来提取风险因素从而估计各种风险因素的损失。

与国外的研究相对照，国内关于操作风险管理量化方法的研究还处于探索阶段。张宏毅（2004）针对国内商业银行操作风险缺乏数据支撑的情况，提出构建一个全国性的商业银行操作风险数据库来分析操作风险的具体情况，然后采取相应措施应对。陈学华等（2003）提出把量化模型运用到商业银行操作风险度量中去，这一思路有助于解决我国银行业中"低频高危"极端事件中的操作风险。王旭东（2004）进一步运用了 Buhfaman 模型来界定商业银行操作风险事件，该模型有利于识别商业银行的操作风险，为银行管理者提供决策支持，但其缺陷在于模型识别的准确性偏低。樊欣（2004）在搜集国内大量商业银行数据的基础上，采用收入模型和证券因素模型来计算这些商业银行，同时通过计算结果论证了收入模型的优势。于晓红（2010）提出并证实了商业银行具有未知性、内生性和分散性的特点。巴曙松（2003）在论述巴塞尔协议演变的基础上，探讨了风险界定算法和算法计算需要的各种指标。田玲（2003）讨论了商业银行实际业务中规避操作风险的方法，并使用损失估计法、银行内部计量方法和综合分析方法来测算规避操作风险所需要的商业银行准备金。胡姝丽（2010）在论述了内部衡量法在商业银行风险事件类型细分中的使用优势，并且从数据需求的角度论证了建立全国性的商业银行操作风险数据库的必要性。整体而言，操作风险的度量方法可分为自上而下和自下而上两类方法（高丽君等，2006）。自上而下方法适用于整个商业银行操作风险的测量，自下而上方法是分别对商业银行不同部门操作风险的估计。实际中，我国商业银行内部数据一般很难获得，商业银行也较少有激励发布相关数据，所以一般采用自上而下的方法。

商业银行操作风险与传统的市场风险、信用风险相比具有明显的不同特性：操作风险成因具有明显的内生性，操作风险大部分是由内部不合规的操作因素引起，它的防范依赖于银行的结构、效率和控制能力；操作风险与预期收益弱相关性，操作风险引起的损失在很多情况下与收益之间的关系并不明显，其不受利润的驱动；操作风险外延的宽扩展性，操作风险包括不同的种类，如控制风险、信息技术风险、欺诈风险、法律风险等方面，使其成为一个很难界定的残值风险范畴；操作风险与其他风险有很强烈的关联性；操作风险表现形式的特殊性，不同的银行有不同的具体表现形式；操作风险有较强的人为性特征，人为因素在操作风险的形成原因中占了绝大部分，人员风险是操作风险的重要组成部分；操作风险具有难以管理的复杂性，其涉及的领域宽广，形成原因复杂，损失具有不确定性，无法有效控制，银行的风险部门难以确定哪些因素对风险管理来说是最重要的，操作风险的损失分布是曲线倾斜的，业务规模大、交易量大、结构变化迅速的业务领域，受到操作风险的冲击的可能性最大。鉴于以上特征，操作风险具有难以识别、难以计量、难以控制、难以转移的特点，商业银行日常工作必须予以重视。

1.2.3 信用风险度量研究综述

信用风险又称为交易对方风险或履约风险，指交易对方不履行到期债务的风险。由于结算方式的不同，场内衍生交易和场外衍生交易各自所涉的信用风险也有所不同。商业银行的信用风险是指由于借款人或交易对手违约而导致损失的可能性。通常，商业银行的信用风险还包括由于借款人信用评级的降低导致其债务市场价值在未来一段时间下降而引起损失的可能性。从银行业的发展进程来看，信用风险是商业银行在经营活动过程面临的最重要的风险。随着金融业日益全球化的发展和我国金融体制改革的加快，国内商业银行面临着国际竞争的严峻考验。

关于信用风险度量，巴塞尔新资本协议为了对银行信用加权资产最低资本要求确定科学的规则，其建议银行采用信用风险标准法和信用风险评级法。信用风险评级法又可分为初级法和高级法，而且鼓励更多的银行逐步过渡到采用内部评级法。巴塞尔新资本协议于 2006 年正式实施，对中国银行业产生重大和深远的影响。由于新旧协议之间存在显著的技术差异，新资本协议要求银行不断提高风险计量的精确性和敏感性，鼓励有条件的银行建立并使用内部评级体系，从而准确计算出交易对手的违约概率（PD）、违约损失率（EDA）以及敞口期限（M）等要素，由此确定风险资产权重和资本充足率。这 5 个要素是导致信用风险最主要的风险因子，也是巴塞尔新资本协议下内部法衡量信用风险的核心内容和基础。

目前，在国际上比较具有代表性的信用风险量化模型是信用风险管理模型和信用风险估价模型两大类。首先，信用风险管理模型是在违约证券估价理论的基础上发展的，主要有 Credit Metrics 模型、CreditRisk + 模型和 Credit Portfolio View 模型。其次，信用风险估价模型是源于结构化模型的运用和推广，其中 KMV 模型应用最为广泛。在这 4 种模型中，Credit Metrics 模型更注重违约和信用迁移，它度量的是单个债券对投资组合的风险与收益的边际影响，忽略了利率风险和利差风险。CreditRisk+是违约模型，而非盯市模型，它基于保险精算，采用精算学的分析框架来推导信贷组合的损失分布。其假设违约事件是纯粹的统计现象，违约风险与债务人的资本结构无关，认为债务人的违约行为在统计意义上完全是随机的。CreditRisk+模型的优点是其计算速度相对较快，且这种方法不需要有关利率的期限结构或违约概率转移矩阵等信息，只需用最简单的数据输入违约概率和违约损失率。但其缺点是忽略了利率和信用利差的期限结构，这会对不同时期的信用暴露头寸产生影响，并且 CreditRisk+模型忽略了非线性金融工具，比如期权和外汇互换等。Credit Portfolio View 模型纳入了各种影响违约概率和信用等级转换概率的宏观因素，但模型系数要基于各国各行业的违约数据，所以其适用性受到限制。KMV 模型具有很强的信用风险实际检测能力，它可以充分利用资本市场上的信息，估计商业银行的违约概率。而且 KMV 模型是建立在当代期权理论基础和公司理论基础上，具有较强的理论基础做支撑，能够得出的预期违约概率具有较强的说服力。因此，KMV 模型在我国商业银行的信用风险管理中得到了广泛的运用。但是，KMV 模型也存在不足之处，首先由于其只能通过违约距离 DD 或违约概率 PD 来间接衡量商业银行的信用风险，致使其结果不够直观。其次，该模型通过观察在一定标准差水准上的商业银行一年内破产的比例来衡量具有同样标准差的商业银行的违约概率有些不合理。国外关于信用溢价可准确反映商业银行信用风险的研究有：拿卡西玛和赛图（Nakashima and Saito, 2009）、甘泰和海科巴斯（Guntay and Hackbarth, 2010）、哈旺等（Hwang et al., 2010）、杰米尔和凯瓦尼（Gemmill and Keswani, 2011）、本万和伽热利（Bevan and Garzarelli, 2000）等。

　　国内学者对信用风险的研究虽然起步较晚，但在理论和定量研究方面都取得了一定有价值的成果。在定量研究方面，张玲（2000）和韩东平（2006）基于多元统计模型，采用多元线性判别模型来预测公司财务危机情况。王春峰等（1999）利用 5 个财务指标进行实证，结果表明神经网络模型在度量商业银行信用风险方面优于判别分析。潘蔚琳（2002）提出采用 VaR 模型量化我国商业银行的信用风险。我国还有部分学者对西方国家具有代表性的现代度量模型进行了比较分析，比如：谢赤和徐国瑕（2006）把 Credit Metrics TM 模型和 CPA 模型进行比较，实证结果表明 CPA 模型度量信用风险的准确性相对更高。而曹道胜和何明升（2006）从模型类别、回收率等方面将 KMV 模型、Credit Metrics 模型、Credit Risk Plus 模型和 CPV 模型进行比较分析。由于我国特殊的政治经济环境和数据的难获得等直接原因，导致国外一些成熟模型难以有效运用至国内商业银行进行实证研究。目前，KMV 模型是全球应用最广泛的信用风险度量模型，我国学者对该模型的研究也比较多。例如张泽京等（2007）、周沅帆（2009）以及曾诗鸿和王芳（2013）等都采用 KMV 模型分别对中小上市公司、上市保险公司、制造业公司等进行信用风险评估。

1.2.4 流动性风险度量研究综述

1.2.4.1 流动性风险的概念

关于流动性的定义，目前学术界还存在着一定的争议，尚未形成理论共识。托宾（Tobin，1965）将流动性定义为资产迅速变现而不受损失的能力。格鲁曼和米勒（Grossman and Miller，1988）指出，对于流动性的概念并没有准确的、可操作的规范。刘园（2008）将其定义为支付能力的大小，它不仅包括现实的流动性，即实际拥有的支付能力及资产变现能力，而且还包括潜在的流动性，即经济主体从各种渠道获得现金用于支付的能力。

流动性风险的内涵建立在流动性内涵之上，简言之，即由于流动性不足而产生的风险。豪斯陶姆和梯若勒（Holmstrom and Tirole，1996）表明，流动性风险是由于收入和支出不同步而带来的风险。卡德（Cade，1997）认为，流动性风险是指缺少足够现金履行到期债务或承诺支付款项的风险。联邦储备系统（2010）将流动性风险定义为由于没有能力偿还债务而对其财务状况、整体安全、经营稳健产生不利影响的风险。中国银监会（2015）对银行流动性风险的概念界定为，无法以合理成本及时获得充足资金用于偿还到期债务、履行其他支付义务以及满足正常业务开展需要的资金需求的风险。

1.2.4.2 流动性风险的影响因素

（1）银行财务结构的影响。卡萨亚皮等（Kashyap et al.，2002）建立了一个商业银行流动性储备影响因素模型，并进行实证检验，结果显示流动性储备与储备成本、活期存款的数量成反比，与贷款额度成正比。付强和刘星等（2013）对流动性风险形成机制进行了分析，认为，资产负债结构不合理、存贷款期限不匹配、商业银行短期拆借等导致了商业银行流动性风险的形成。张文娟（2013）认为，资产负债构成不合理、盈利性与流动性的矛盾是导致银行流动性风险的内部因素。余永华（2012）分析了国内商业银行流动性风险生成的内因与外因，其中内因主要包括资本资产的质量和资本平均收益率；外因包括货币政策、金融市场是否足够成熟以及利率的变动等几方面。并采用面板数据进行了统计分析，得出影响商业银行流动性的因素主要是内部因素。

（2）银行经营管理的影响。姚长辉（1997）认为，资金银行资金来源、运用的不确定性和不规则性是产生银行流动性风险的表面原因，商业银行资产负债的盈利性与流动性之间的矛盾是产生流动性风险的深层次原因。周林（1998）认为，没有处理流动性风险是商业银行破产的导火索，根本原因是其他各类风险长期积聚的结果，如果不及时控制，最终会以流动性风险的形式爆发出来。

（3）挤兑效应的影响。卜亚特（Bryant，1980）首次从理论上阐述了存款保险制度对缓解银行挤兑现象的重要作用，提出应该建立政府干预下的存款保险体系。瓦尔多（Waldo，1985）认为，存款人的心理预期导致银行发生挤兑现象，进而影响商业银行流动性。高尔德斯坦因和潘兹呐（Goldstein and Panzner，2005）通过分析美国银行业历史数据得出，商业银行持有的活期存款的合约越是分散，造成商业银行挤兑的概率也就越大。卡蒙纳（Carmona，2007）认为，由于大量客户撤资给商业银行造成破产预期，使那些并不产生流动性的客户也会极端撤资进而导致商业银行产生流动性危机。

（4）同业业务的影响。高宏霞、何桐华（2014）从同业业务视角对商业银行流动性风险进行分析，指出同业业务能够通过期限错配和利率波动两条途径形成流动性风险，其中期限错配为主要影响途径。岳鹏鹏等（2016）通过微观数据的实证研究发现，同业业务显著抑制了银行的流动性。王家华（2018）通过面板数据分析了商业银行开展同业业务对其流动性风险的影响，得出同业业务扩张增加了商业银行的流动性风险，且这一效应在股份制银行内比在城市商业银行内更为显著的结论。

（5）央行的职责与政策的影响。阿宇素和瑞普洛（Ayuso and Repullo，2003）通过对欧洲央行的研究发现，在央行最后贷款人职责存在的情况下，商业银行持有风险资产的比重上升，持有安全资产的比重下降。马丁（Martin，2004）指出，中央银行作为商业银行的最后贷款人，在履职时采取的具有惩罚性质的利率措施也会提高商业银行的流动性风险，导致该银行的破产危机。巴曙松等（2007）认为，中央银行最后贷款人职责与货币政策会导致商业银行流动性风险的发生。

（6）其他因素的影响。杨海君等（2002）探讨了利率市场化对流动性风险的影响。当利率上升时，存款增加贷款减少，流动性风险降低；当利率下降时，投资和消费的膨胀，若银行主动负债能力有限，流动性风险就会大大上升。王亚君等（2016）研究了互联网金融发展对银行流动性的影响，结果表明：互联网金融在发展初期提高了银行吸储能力,增加了银行流动性。但从长期来看,互联网金融将在业务领域与银行展开正面竞争,导致银行融资成本上升,增加了银行流动性风险。郭红玉等(2018)采用流动性错配指数研究资产证券化、流动性缓冲与中国商业银行流动性风险之间的关系及影响。研究表明:资产证券化并未提高商业银行的流动性,反而通过商业银行逐利特性和形成稳定预期的方式减少了流动性缓冲,从而强化了商业银行流动性风险。

1.2.4.3 流动性风险的度量

目前,国内外对单个商业银行流动性风险度量的主要研究方法是指标法和损失法。

(1)指标法。指标法是根据银行资产负债表或者现金流量表中的指标直接度量或加以处理,反映银行在某一时点或一定时间内流动性的变化情况,进而度量流动性风险。迪瑞格(Drigă, 2009)认为,可以通过对银行现金流入、现金流出和未来净现金缺口等的预测来实现银行流动性风险度量。博格和柏武曼(Berger and Bouwman, 2009)将资产、负债指标按照流动性强弱进行划分,并主观赋予一个权重进行加权计算银行流动性,并根据监管要求设置风险级别。斯蒙纳和尤金亚(Simona and Eugenia, 2010)建立了一个压力测试环境下流动性风险度量模型,在5种不同的压力水平下对商业银行现金流入能否满足现金支出进行测试,测算出商业银行的流动性风险等级。卡帕蒂亚等(Kapadia et al., 2012)运用危险区间法度量流动性风险,在其研究中使用了反映银行偿债能力、流动性水平和信心3类流动性风险指标。刘妍和宫长亮(2010)通过R型聚类分析筛选指标,设立商业银行流动性风险评价指标体系,运用熵值法确定指标权重及对商业银行流动性风险进行评级,以14家上市商业银行为对象进行流动性风险评级的实证分析和验证。沈沛龙和闫照轩(2011)改进了中国当前使用的流动性缺口管理方法,克服了传统流动性缺口管理没有充分考虑资产质量和资产流动性特征等缺点,并通过实证分析,进一步验证了改进方法的优越性。敬智勇等(2013)对2005~2010年中国上市银行数据回归进行分析,结果显示贷存比率、ROA和成本收入比显著影响活期存款比率,且活期存款比率显著影响流动性比率,能够预警银行流动性风险。付强等(2013)选取资本充足率、存款比率等10个流动性监管指标,采用方差最大化组合赋权评价方法,对14家商业银行的流动性风险水平进行了综合评价及排序,结果显示研究对象的整体流动性都比较好。顾晓安和朱书龙(2016)模拟未到期存款在3种压力情景下提前支取所增大的流动性缺口,构建了修正的流动性缺口率指标来衡量银行的短期稳定性,并提出按照各银行修正的流动性缺口率指标数值大小，将稳定性水平划分为"优、良、差"3个等级。宋光辉等（2016）将商业银行流动性风险的影响因素，划分为基本流动负债及承诺、基本流动资产、同业资金净额、交易性金融资产净额、可售金融资产总额，以及其他短期资金流动净额6个部分，构建流动性风险直接度量模型，将其应用于我国国有上市商业银行流动性风险度量。高磊（2018）通过构建银行体系流动性错配指数来衡量银行体系整体流动性剩余水平，并模拟出银行体系流动性错配指数的分布函数，据此计算出在某一流动性错配水平下发生系统流动性风险的条件概率。研究结果发现，当前中国银行体系发生系统流动性风险的条件概率不大、整体上风险可控。

运用指标法度量流动性风险目前仍是商业银行和监管部门采用的主要做法。但基于指标的流动性风险度量方法只是对银行流动性风险状况进行简单描述，不能度量由流动性风险所导致的预期损失和非预期损失。

（2）损失法。损失法是从损失的角度对流动性风险进行度量，主要度量的是银行所持资产的市场流动性风险，其代表性方法为现行国际标准风险测度工具——在险价值法（value at risk，VaR）。VaR是指在一定置信水平和持有期内，因未来价格可能发生波动而可能面临的最大损失。

班吉亚等（Bangia et al.，1998）首次提出了基于流动性调整的风险价值（La - VaR），将在险价值方法运用于流动性风险度量。但该研究主要考虑了外生流动性风险，忽略了流动性风险的内生性。基于此，黑斯塔和亚麦（Hisata and Yamai，2000）提出了用L - VaR模型度量内生流动性风险，将市场影响机制引入VaR模型，但该研究的参数估计方法较为复杂。阿瑟比和塔斯舍（Acerbi and Tasche，2002）提出了风险的预期不足（ES）测度法，度量了超越VaR损失之上的平均损失值，提高了VaR方法的精准度。托宾和布朗（Tobin and Brown，2006）通过对银行存款账户、私人交易账户，在99.7%置信区间下来度量银行流动性风险的在险价值。国内学者宋逢明和谭慧（2004）建立了一个对流动性风险进行调整的VaR模型，用以度量中国股票的价格风险和流动性风险。实证结果表明考虑了流动性风险后，流动性差的股票其风险价值显著大于传统的VaR模型测算的风险价值。季敦民（2009）采用ES自回归方法对商业银行的流动性风险进行衡量，并与VaR、ES测度和自回归时间序列模型进行比较，认为此该方法对于商业银行的流动性风险在某个时点上风险的排序更合理。刘晓星和王金定（2010）运用Copula - EVT和广义随机占优理论中的高阶ES测度对我国商业银行的流动性风险进行分析，发现商业银行的流动性缺口不服从正态分布，Joe Copula函数能够更好地反映流动性缺口不同因子间的相依关系，更好地刻画流动性缺口的尾部特征。朱冬辉（2013）基于 VAR 模型分析了存贷款期限错配的影响因素，利用协整分析找出期限错配与相关因素间的长期均衡关系，运用脉冲响应函数分析进一步描述了变量间的动态变化关系，并在此基础上提出了解决商业银行存贷款期限错配引起流动性风险的建议。王书华和杨有振（2013）构建了 GARCH – LaVaR 模型，用于计量商业银行流动性风险调整的在险价值，对商业银行流动性风险调整的在险价值 La – VaR 计量方法进行了改进。

基于 VaR 或 ES 的风险度量方法也有一定的缺陷：一方面，该类方法依赖于对金融资产收益率分布的假设，具有一定的主观性或不确定性。另一方面，在该类方法用于度量银行资产流动性风险时，只能对银行资产端进行度量，而无法对负债端进行度量，难以全面衡量流动性风险。

1.2.5 声誉风险度量研究综述

1.2.5.1 声誉风险的定义

在研究领域，国内外对于声誉风险的定义如下：

国外学者认为，公司在开展业务的过程中若产生的负面评价增多，导致公司面临诉讼、金融损失或者客户流失的局面，就产生了声誉风险。巴塞尔委员认为，银行声誉风险来源于操作失误、违反相关法律法规和其他原因，声誉风险会给银行带来较大负面影响。

国内学术界和管理层主要针对银行业做出了声誉风险的界定。中国注册会计师协会认为，银行声誉风险是外部对银行的经营管理失去信心的可能性，这种可能性很可能源于银行内部经营管理出现问题、违反法规等。这种理解忽视了外部竞争环境对商业银行的影响。2009 年中国银监会在《商业银行声誉风险管理指引》中将商业银行声誉风险定义为"由商业银行经营、管理和其他行为或外部事件导致利益相关方对商业银行负面评价的风险"。上述定义主要是对商业银行声誉风险概念的外延，阐述了风险发生的主要原因及最终后果。

1.2.5.2 声誉风险的成因

国外学者认为，信息不对称导致的挤兑效应、操作风险尤其是欺诈事件、企业自身特征、融资工具信用评级都会影响金融机构的声誉风险。

（1）信息不对称导致的声誉风险。戴芒德和狄伟格（Diamond and Dybvig, 1983）认为，银行挤兑现象的发生会降低储户的安全感，导致大批储户前往银行提现，造成商业银行声誉下降。他们认为，突发事件影响银行声誉，银行对此无能为力。杰克林和巴哈塔切亚（Jacklin and Bhattacharya，1998）认为，商业银行与储户的信息是不对称的，挤兑产生的根本原因来自银行不良的业绩。在银行与储户的博弈中，商业银行声誉就是一个最重要的影响因素。

（2）操作风险事件导致的声誉风险。珀瑞和范尼维勒（Perry and Fontnouvelle，2005）通过调查企业股价对重大经营损失事件的反映，发现内部欺诈事件对企业声誉具有较大影响。与外部事件造成市场价值对应下降相比，在涉及内部欺诈的事件中，市场价值下降超过损失比的两倍。库麦妮等（Cummins et al.，2006）分析了损失事件对银行和保险公司市场价值的影响，结果表明在统计上显著负向的股票价格对经营损失事件的公告反应强烈，另外，操作风险事件造成的企业市场价值损失超过了该事件导致的业务损失数额。坎纳斯等（Cannas et al.，2009）通过考察公司股价对内部欺诈等特定经营损失事件的反应，来衡量金融机构的声誉效应。选择了2000~2006年至少造成2000万美元的操作损失的银行和保险操作风险事件，通过估计这些机构的累积超额收益，发现股票价格对内部欺诈造成的经营损失的公告立即做出了负面的反应。菲奥戴利斯等（Fiordelisi et al.，2014）通过事件研究，发现银行在宣布经营损失后，会产生大量的声誉损失。欺诈事件是产生最大声誉损害的事件类型，贸易与销售、支付与结算这两条业务线对声誉损失的影响紧随其后。

（3）企业自身特征导致的声誉风险。斯图姆（Sturm，2013）通过研究欧洲金融公司对营业损失公告的股票市场的反应，发现声誉损失与经营损失事件特征无关，与企业的自身特征有关。资产负债比高的公司，其经营损失对声誉的损害更严重。杰恩等（Jain et al.，2014）通过问卷调查确定了对银行声誉有负面影响的因素，包括利润、费用、行政人员的薪水以及对货币政策变化的反应，再加上媒体和政治评论，这些都导致了公众对银行的不良看法和声誉风险的增加，而这些风险只能通过改善银行与客户关系来减轻。戴尔阿提和托特塔（Dell'Atti and Trotta，2017）通过实证检验了银行社会责任、企业声誉、经营业绩三者的关系，结果显示，银行经营业绩上升会提高银行声誉，社会责任履行也会对银行声誉产生积极作用。

（4）信用评价等级导致的声誉风险。拔阿卡他等（Barakat et al.，2017）通过分析金融机构操作风险公告的声誉效应，研究发现，具有"买入"股票推荐或"推测等级"信用评级的公司更容易招致基于股权的声誉损害，信用评级较低的公司招致更严重的基于债务的声誉损害。此外，信用评级在减轻欺诈事件或非银行活动造成的基于债务的声誉损害方面更有作用。

国内学者也对声誉风险的成因做了研究。

楼小英和周彬（2009）将声誉风险分为一般纠纷性声誉风险和重大事件性声誉风险。一般纠纷性声誉风险是商业银行在经营管理过程中，出现包括银行与客户、投资者、员工、主管部门、其他社会组织或公众的纠纷等在内的各种纠纷。重大事件性声誉风险则源于重大的经营管理决策失误、重大的其他七类金融风险和天灾人祸等。李爱英（2009）认为，引起声誉风险的原因主要包括自然灾害、内部管理问题和竞争对手发布的不利消息。其中，内部管理问题引起的声誉风险主要包括银行经营、重大案件、客户服务和劳动纠纷。陆岷峰和张玉洁（2010）认为，包括信用风险、市场风险、操作风险、流动性风险等在内的 7 大风险都是对商业银行声誉产生负面影响的重要因素。同时，商业银行的发展能力、提供的服务质量等也很重要。葛虎（2012）从社会责任、产品服务、经营绩效、治理结构、福利和待遇、金融稳定性 6 个方面来考察银行的声誉，并认为社会责任及产品服务对商业银行声誉的感性评价影响最大。张瑞德（2012）通过分析韩国银行挤兑停业风波发现，其风波产生的根源在于银行的内部控制出现问题，在房地产持续低迷的催化下导致银行不良贷款急剧增加，致使问题爆发、内部控制制度失效，银行陷入声誉风险，进而产生信用危机。张艳敏（2013）认为，自媒体在打开网民畅所欲言、宣泄情感的渠道的同时，也暴露了越来越多的银行业舆情事件。自媒体由于其信息传播速度迅猛、与现实空间互动强的特点给银行的舆情管理带来了新的挑战。陆静等（2013）采用事件研究法，研究了声誉事件对银行市场价值的影响。研究表明，负面声誉事件主要与银行产品有关，而正面声誉事件主要与银行获得各类奖励有关。冀淑慧（2013）认为，新媒体对银行声誉风险的影响程度暂时不会超越传统媒体，但其作为危机事件的信息源之一，会增大声誉风险的多样性、复杂性和被动性，因其经常与传统媒体相互借力，又会增加声誉风险的破坏性。慈亚平（2014）认为，声誉风险诱发因素复杂，既有可能是内部的，如管理水平、员工素质、盈利能力、资产质量等；也可能是外部的，如经济环境、信用体系、监管政策等。商业银行任何经营环节面临的风险和不确定性因素，最终都可能触发声誉风险。邱柏陶（2016）认为，银行在经营管理、产品服务、财务业绩、风险控制和社会责任履行方面的不足是引起商业银行声誉风险的内在原因，银行外部环境的持续恶化是引起商业银行声誉风险的外部原因。

在以上研究中，国内外学者对声誉风险的成因进行了研究，并提出了有意义的相应观点，从这些文献中可以看到学者们对声誉风险损失度量的初步探索和尝试。

1.2.5.3 声誉风险的量化研究

随着声誉风险理论研究的深入和细化，学术界将研究视角从定义和成因转向了定量分析。由于声誉具有无形性、主观性等特征，声誉风险度量的难度较大。目前国外文献中声誉风险的量化研究主要有两种方法——指标评测法和事件研究法。

(1) 指标评测法。菲姆阮（Fombrun，2000）将超过 20 个影响企业声誉的构成因素划分为六类：产品和服务、情感诉求、工作环境、远见和领导才能、财务业绩和社会责任。通过公众样本对每一方法的打分结果，最终得到企业的总得分称为声誉商数。针对声誉商数法的不足之处，声誉研究所和企业声誉论坛合作开发出新的企业声誉测量模型 Rep Trak，并为很多企业所采用。

(2) 事件研究法。卡艾格（Craig，1997）首先在文章中用股票价格的变化衡量某种事件对企业造成的影响。其提出了股票非正常收益率的概念，事件造成的影响可计算为实际收益率与期望收益率之差。吉列特等（Gillet et al.，2010）将非正常收益率定义为减去事件本身造成的直接经济损失率。由于其研究的是操作风险损失事件，于是就在非正常收益率中减去了操作风险本身损失率，以累积非正常回报率衡量声誉风险损失。艾科特和盖特若特（Eckert and Gatzert，2017）提出了度量声誉风险的三种模型：①简单决定过程模型；②运用了分布假设的模型，即通过样本数据的观察，观测到声誉风险损失率的样本并估计其分布，然后通过蒙特卡罗模拟得到声誉风险损失的风险价值 VaR；③在考虑企业处理声誉事件的能力基础上对第二类模型的扩展。

国内学者主要是借鉴国外研究，建立声誉风险度量模型。

(1) 采用因子分析法建立声誉风险度量模型。缪荣和茅宁（2007）在借鉴美国"誉商"指标的基础上，根据中国企业的现实情况，寻找与中国公司声誉密切相关的补充指标，得到了一个七因子的指标体系，并认为社会背景因子和跨国经营能力因子是中国公司声誉的专用因子。荆叶（2008）应用因子分析法，将主因子归类为：行业地位、公司长远声誉、公司治理规范程度和公司偿债声誉四大类，利用各公因子对应的方差贡献率为权数进行加权平均计算，建立企业声誉评价模型。通过多元线性回归法，论证企业声誉与企业经营效率、企业成长潜力存在较为显著的正向线性关系。李卫东等（2010）借鉴声誉研究所（RI）的最新企业声誉测量模型——Rep Trak 模型的研究方法，运用因子分析法和层次分析法，构建了商业银行声誉测评指标体系。研究得出了测评我国商业银行声誉的八个因子指标以及对应的 28 个底层指标，发现产品和服务、创新与风险控制、资产流动性这三个因子对商业银行声誉的影响最大。

（2）采用其他方法建立声誉风险度量模型。黄晓（2013）采用 AHP 层次分析法，通过网络传播渠道与传统传播渠道对商业银行声誉评价的影响进行了比较，构建了传播渠道下商业银行声誉风险管理评价指标体系，并结合该指标体系的应用，提出网络传播环境下商业银行应加强声誉风险管理的应对措施。胡敏和韩俊莹（2014）运用蒙特卡洛（Monte Carlo）模拟法，计算中国某大型商业银行总的声誉风险经济资本需求。研究发现，在使用蒙特卡洛模拟法计算商业银行声誉风险的经济资本需求时，很难排除分布函数选择上的主观性对结果的影响。张强和胡敏（2014）根据我国商业银行声誉风险分布情况，构建商业银行声誉风险评价体系。继而运用贝叶斯网络模型，考量国有商业银行 2007~2012 年的 485 组声誉损失数据，得出声誉风险的超极限矩阵。实证结果表明，企业感召力缺乏、产品和服务缺陷、银行风险控制不足等因素，成为中国商业银行声誉风险的主要因素，银行应有针对性地对这些因素引致的风险进行有效规避和分散。范瀚文（2016）基于事件研究法，提出了一种通过银行股票累积非正常收益率来度量商业银行声誉风险损失的理论模型。通过实证研究发现，在我国 16 家上市银行中，其中 5 家国有商业银行遭受的声誉风险损失最高，8 家其他商业银行次之，而 3 家城市商业银行所受声誉风险损失最小。彭磊（2016）结合国际 Rep Trak 声誉评价体系中关于企业声誉测评的权威指标，加入存款利率指标、保障客户权益指标来构建我国商业银行声誉指标评价体系，并测评 16 家上市商业银行声誉商数，发现工商银行、农业银行排名靠前，平安银行、南京银行和建设银行声誉得分也在前列。于淑利（2017）以 P2P 声誉风险为研究对象，借鉴 Harris – Fombrun 模型构建 P2P 声誉风险指标体系，采用模糊层次分析法对网贷平台声誉风险进行评价，研究表明，P2P 平台的产品与服务、经营状况和企业感召力对声誉风险的影响较大；工作环境、社会责任、公司愿景及领导力影响相对较小。

1.2.6 银行系统集成风险度量研究综述

集成风险可看成是由不同来源、不同类型的风险因子共同作用所产生的风险，它是对商业银行面临的风险的一种整体描述。如果将各种金融风险进行单一管理的模式看作是传统金融风险管理模式的话，这种把各种风险因子作为一个整体进行管理的过程，应该是金融风险管理发展的新阶段，称为现代商业银行集成风险管理。

1.2.6.1 集成风险管理的概念界定

(1) 集成风险管理的概念界定。史考特 (Scott, 1996) 在研究美洲银行的风险管理问题时提出了集成风险管理的理念。其认为银行不同风险之间不是完全独立的,风险之间存在相关性,基于这个相关性,有必要对风险予以集成。2004年的《巴塞尔新资本协议》系统阐述了集成风险管理的概念,首次将操作风险纳入资本约束,建立了最低资本要求、监督检查和市场约束三大支柱的监管框架,由以前单纯的信用风险管理模式转向信用风险、市场风险、操作风险并重,从监管要求上标志着银行全面风险管理时代的来临。

(2) 集成风险管理的必要性。赵慧敏 (2006) 认为,随着金融自由化和全球化步伐的加快,金融风险管理势在必行。我国商业银行应将全面风险管理作为改革方向,在加快完善治理结构的同时,主动构建全面风险管理模式。徐建华 (2009) 通过研究次贷危机爆发以后中国商业银行风险管理凸显出的关键性问题,提出全面风险管理模式已成为我国商业银行既定的风险管理改革方向,我国商业银行应当构建全面风险管理体系,以确保银行业的健康发展。

1.2.6.2 集成风险管理评价体系

国内外学术界对金融体系中存在的风险进行了综合的评价与度量。佛朗克勒和罗斯 (Frankel and Rose, 1996) 运用概率分析的方法来确定一套能够充分反映风险的指标体系,并结合历史数据或相关部门的规定标准确定警戒值,在判断单个指标所处安全状态的基础上,对整体风险进行综合评判。凯明斯基等 (Kaminsky et al., 1997) 运用信号分析法对银行风险进行综合评估。其具体做法是,首先建立一个能反映某个金融体系安全状态的综合评估指标体系,通过检测该指标体系的变化,分析影响风险状态的主要因素,找出风险状态恶化过程的主要机理,并通过考察风险影响因素之间的相互作用及变化,找出导致风险生成因素,进而为制定相应对策提供依据。安德鲁和凯斯瑞妮 (Andrew and Catherine, 1998) 分析了1997年东南亚发生金融危机时的相关指标数据,其将1997年东南亚金融体系及银行的现实情况与经过实证分析的评估结果做出比较后,认为对银行风险的综合评估监测效果最好的方法是信号分析法。

国内学者贺晓波和张宇红 (2001) 通过构造输入模块、计算模块和输出模块,运用多元统计分析方法中的聚类分析法、熵值法和层次分析法构造了一个较为完善的风险预警系统,将各指标划分为无警、轻警、中警和重警四个风险预警区间,并通过预警灯来对商业银行的风险进行预警。张小兵和黄建 (2003) 在构建金融风险评估指标体系的基础上，运用层次分析法确定各指标的相对权重，采用二级模糊综合评判法来确定包括国民经济总体运行、金融、财政、对外经济和泡沫经济在内的我国金融体系的风险值，认为我国金融体系正处在潜在非安全状态下。陈述云（2003）对风险综合评级的统计方法进行了阐述，从统计方法论的角度，提出风险评级本质上就是多指标综合评价方法在风险管理方面的具体应用，强调应将反映研究对象的不同侧面的多个指标整合起来形成一个综合指标，并以此来衡量评级对象的风险大小，所获得的分析结果是在获得了度量评级对象风险程度的综合评价值的情况下，可以用有序聚类分析方法来确定风险等级的客观量化标准。张美恋和王秀珍（2005）探讨了径向基神经网络（RBF）在商业银行风险预警系统中的应用。其根据商业银行风险预警系统的特点选择12个指标，构建了风险预警系统的RBF模型，并基于该模型进行了示范性仿真实验，结果验证了该方法的有效性。迟国泰等（2009）综合运用主成分分析和模糊综合评判方法，构建了基于加权平均模糊综合评判的商业银行经营风险预警模型。以1999年7月发生严重危机的汕头市商业银行为例，通过对风险预警模型进行实例分析和验证，预测出了汕头商业银行在1998年已经出现危机的征兆，进一步验证了此预警模型的可行性。谭成（2009）采用多指标的模糊综合评价法，对我国商业银行体系的整体风险进行了一次综合性的评估。其运用层次分析、模糊层次分析、主成分分析以及组合赋权等多种方法计算和比较各指标权重，其指标体系中主要包括信用风险、资本风险、盈利风险、流动性风险和市场风险，通过实证分析得出我国商业银行整体风险值处于轻风险状态。李红梅（2010）基于整体风险识别、度量、预警及防范的整体风险管理框架，利用模糊综合评价模型构建了商业银行整体风险预警体系，并运用主成分分析赋值法得到商业银行整体风险预警因子，并对我国部分商业银行进行了整体风险预警的实证分析。结果表明，我国商业银行的风险管理意识在逐渐提高，目前各家商业银行整体风险均处在轻风险状态。

1.2.6.3 Copula函数理论在集成风险度量中的应用

利用Copula函数对整合风险进行研究。其思路是分别对各风险构建边缘分布模型，然后通过Copula函数构建整合风险的分布，在实际操作过程中并不需要识别变量之间共同的风险因子，而是基于整体的角度来研究讨论各种风险之间的相关关系。

帕顿（Patton，2001）首先将时变Copula函数引入对金融资产的动态相关结构的度量，在实证研究中使用时变函数，成功证明了在实行欧元体系前后汇率之间的相关性发生了显著性变化。若森博格（Rosenberg，2004）运用Copula函数中的正态 Copula 函数和 Student-t Copula 函数对多种风险量化研究，并讨论了各种风险之间的相关关系，研究发现，风险之间简单的相互叠加值高出综合总风险值 40% 多，实施集成风险管理能够有效降低金融机构的风险水平。戴萌科思和阿斯（Dimakos and Aas, 2004）运用 Copula 函数方法量化商业银行面临的多种风险，就挪威金融控股集团的经济资本配置问题提出了采用风险集成的计量模型。实证表明，采用集成风险度量方法可以有效降低银行面临的总风险，从而减少银行应对风险的资本成本。（Dimakos and Aas, 2007）在之前的研究基础上，提出了一种确定金融机构整体风险的新方法，并给出了一个囊括市场风险、信贷风险、运营风险、商业风险的集成模型。

国内学者张金清和李徐（2008）基于沪深两市经验数据的实证检验与分析，结果表明，Frank-Copula 和 Clayton-Copula 分别适用于计算低置信度和高置信度下资产组合集成风险的 VaR。在各自置信度下，根据这两种 Copula 函数的计算方法优于其他 Copula 函数方法，更优于使用多维正态分布或者多维 T 分布的传统方法。李徐（2008）使用 Copula 函数构建了流动性风险与市场风险的集成风险度量模型。在基于中国 A 股的实证研究中，度量了不同规模公司股票的集成风险。结果表明，与集成风险度量方法相比，传统 VaR 方法将低估风险；而只有选择最优变现期或最优变现策略的个股才能最小化集成风险。王维（2010）通过以单一 Copula 函数为基础，构造混合 Copula 函数的 VaR 及 CVaR 模型，用来度量整合风险值。实证研究表明，构建的混合 Copula 函数是描述两不同类型风险相依结构的最优模型，且基于混合 Copula 函数的 VaR 及 CVaR 估计值是有效的。由此可知，混合 Copula 函数比单一 Copula 函数更能全面地反映整合风险间的相依程度和相依模式。李建平等（2010）针对商业银行的信用风险、市场风险和操作风险这三类主要风险，通过 Copula 函数和蒙特卡洛模拟方法计算了商业银行的整体风险，同时研究了风险分散化效应和在不同 Copula 函数下整体风险的变化情况。结果表明，采用 Copula 函数能够较好地描述风险之间的相关关系，而 T-Copula 函数比正态 Copula 函数能够更好地描述风险的尾部相关。黄心昱（2014）通过对样本银行的信用风险、市场风险和操作风险进行度量，先构建其边际分布模型，再使用 Vine Copula 函数和线性相加方式整合其集成风险，最后对比两种方法下的 VaR 值。结果表明，使用 Vine Copula 函数方法对商业银行风险进行整合效果更好，而传统线性相加方法则低估了商业银行集成风险，这有可能给商业银行带来更大的风险损失。李杰（2016）采用 GARCH (1, 1)-t 模型描述信用风险的边际分布，选用 GARCH (1, 1)-N 模型度量市场风险和操作风险，再以两种阿基米德类 Copula 函数，对不同相关结构下的风险分散化效应进行了比较分析。实证结果表明,与进行简单线性相加所得 VaR 相比,利用 Copula 函数所度量的商业银行整体风险值小于对应的简单加总值。赵佳慧(2017)选取我国 14 家上市商业银行 1398 个有效数据作为研究样本,通过 Copula 函数进行集合风险的度量,得出由 Copula 函数整合得到的风险值小于简单加总求得的风险值,即通过简单加总测算的风险是被高估的,并且简单加总不能很好地刻画各类风险之间的相互作用。

1.3　本书研究的主要内容

1.3.1　本书的内容和框架

1.3.1.1　研究内容

本书在提炼和创新已有研究成果基础上,基于商业银行集成风险的相关性、非线性、复杂性和动态性视角,首先采用系统、有限理性、突变等观点来梳理中国金融体系的演化历程,进而将数理统计模型和系统金融理论相结合,运用 Copula 函数、行为金融、公司金融、博弈、极值等理论和 GARCH、SV 方法以及 Monte Carlo 模拟技术等,探究商业银行整体风险的集成和量化体系的内在机理。然后与已有研究进行对比研究,为我国商业银行风险集成量化管理提供方法基础和启示,也为构筑成熟、完整、健全的我国商业银行风险集成量化框架体系提供理论与技术上的支撑。最后对商业银行金融生态环境、风险创新和金融监管做了一些探索研究。

1.3.1.2　研究框架

本书综合运用金融计量学、数理统计学、数量和规制经济学等理论和方法,基于 GARCH 类、SV 类与 Copula 函数和极值理论相结合的风险测度与传染机制视角,结合宏观和微观维度来探究商业银行异常波动、市场失灵与金融系统稳定的关联机制,在构建有效测度中国商业银行集成风险和金融稳定的目标体系指导下,构建适应性"新兴+转轨"中国商业银行集成风险度量机制框架。在此基础上,为构筑成熟、完整、健全的我国商业银行风险集成量化框架体系提供理论与技术上的支撑,提出一系列中国商业银行集成风险、异常波动和金融稳定的制度建设建议。拟构建重要模型如下：

(1) 构建能较好拟合中国商业银行极端风险的 GARCH – CoVaR 的波动溢出模型。

(2) 构建基于长记忆、厚尾和偏 t 与 GARCH 类模型的中国商业银行集成风险测度模型。

(3) 构建内外冲击下的中国商业银行体系风险的 Copula – ASV – GPD 模型和适应新形势下的金融系统新风险特征的创新 Copula – ASV – T – GPD 混合模型。

1.3.2 研究思路、方法及内容

1.3.2.1 研究思路

本书基于系统科学视角，在提炼和创新已有研究成果基础上，以防范中国商业银行系统性风险为导向，首先应用 Copula 函数理论、GARCH 类和 SV 类等数理统计模型，构建我国商业银行风险集成量化体系的基本框架。进而结合金融稳定、失灵理论来探究中国金融系统稳定的长效保障机制，并与已有研究进行对比研究，为我国商业银行风险集成量化管理提供方法基础和启示。最后对商业银行金融生态环境、风险创新和金融监管做了一些探索研究。

1.3.2.2 研究方法

本书以金融计量学、数理统计方法和系统金融理论为基础，以 EViews、Matlab、WinBUGS、R 和 SPLUS 等软件为技术手段，主要采用了定量分析和定性分析、归纳分析与演绎分析以及风险量化体系理论与中国商业银行实践相结合等研究方法，来构建商业银行风险集成量化体系框架。

研究方法包括文献研究法、比较研究法、定性分析和定量分析相结合、归纳分析和演绎分析相结合，以及交叉分析法：

(1) 文献研究法。文献研究法是指通过借鉴、改进和创新 Copula 函数混合模型，拟构建创新或系统的理论分析框架。

(2) 比较研究法。比较研究法是指通过模型比较，构建能精准测度中国金融市场的 Copula 函数混合模型。

(3) 定性分析和定量分析相结合。本课题拟对商业银行风险集成因子识别时采用定性分析，运用数理统计、模拟和检验方法进行风险集成度量模型分析。构建 Copula 函数混合模型进行风险测度，再进行 Kupiec 检验；构建 GARCH – Co-

VAR 和 Copula – ASV – GPD 模型进行风险测度，进而对中国商业银行体系、金融系统和金融稳定关联性进行实证分析。

（4）归纳分析与演绎分析相结合。商业银行风险创新是一般性与特殊性的统一结合体。既要考虑风险集成管理的普遍性，又要考虑风险集成因子量化的特殊性。同时还要注重量化模型的静态和动态、风险创新模型与传统模型的比较研究方面。

（5）交叉分析法。交叉分析法是指综合多交叉学科，构建复杂系统的符合中国金融市场的综合审慎管理框架。要将风险集成量化体系理论与中国商业银行实践相结合，风险集成量化体系要符合中国实际状况。

1.3.2.3 研究内容

（1）国内学者在风险集成度量研究中，市场风险和信用风险因子的波动率采用多元 BEKK – GARCH 模型估计，操作风险因子采用极值理论的 POT 方法估计，然后运用 Copula 函数构建三大支柱风险因子回报的联合分布；本书则尝试市场风险和信用风险因子的波动率采用多元 GARCH 和 SV 模型进行刻画，然后与前述风险集成度量风险方法进行比较研究。

（2）本书在信用、市场和操作三大支柱风险因子框架下，试图同时考虑声誉和流动性风险因子构成商业银行风险集成，引入双参数 Copula 函数，分别运用 Bayesian、GPD、SKST、GARCH、SV 方法描述边缘分布的厚尾、偏态等典型事实特征，建立组合 Copula – GARCH（ASV）– GPD 量化模型，并与多元正态模型和传统 Copula 模型对五种风险集成因子进行 VaR 和 ES 测度，进而通过回测检验方法对不同模型进行检验。

（3）借鉴前景理论中的价值函数引入参考点并且具有相应的不对称性特性，尝试与描述尾部相关性的 Copula 函数的 Ledford 和 Tawn 联合生成函数法相结合，构造和测度一类基于前景理论决策框架的刻画风险集成联合分布的不对称尾部模型。

（4）基于风险创新与金融监管的协同和博弈视角，刻画风险量化创新与金融监管关系着重体现在风险集成各因子量化的创新与金融监管的动态协同上。同时风险集成量化体系创新与金融监管之间也呈现互补的动态"博弈"关系。

第 2 章 中国商业银行集成风险量化理论与模型

2.1 中国商业银行风险集成量化相关理论

2.1.1 系统论

系统论是研究系统的一般模式、结构和规律的学问。系统论是研究各种系统的共同特征，用数学方法和模型定量地描述系统功能，并寻求和确立适用于所有系统的原理和数学模型，是同时具有逻辑和数学性质的一门新兴科学。系统论认为整体协同性、关联性、最优性、动态平衡型、时序性等是所有系统的共同的基本特征。而这些既是系统所具有的基本思想观点，又是系统方法的基本原则，表现出系统论不仅是反映客观规律的科学理论，而且具有科学方法论的含义。

系统论的核心思想是系统的整体观念。任何系统都是一个有机的整体，它不是各个部分的简单组合或相加，系统的整体功能是各部分在孤立状态下没有的新的功能。系统的整体性观念正如亚里士多德的名言"整体大于部分之和"，而不是要素性能好、整体性能就一定好或以局部说明整体的机械论。系统中各部分不是孤立地存在着，每个部分在系统中都处于一定的位置上，起着特定的作用。各部分之间相互关联构成一个不可分割的整体。

把研究和处理的对象，当作一个整体系统来对待是运用系统论的基本思想方法。系统论的主要任务就是以系统为对象，从整体出发来研究系统整体和组成系统整体各要素以及系统环境的相互关系和变动的规律性，从本质上说明其结构、功能、行为和动态，以把握系统整体，达到最优的目标。

社会、经济、金融、文化等都是系统论研究的对象，而商业银行金融风险作为一个开放的、复杂的、动态的系统，是一个在诚信系统基础上建立起来的包括社会、经济、道德、法律等复杂活动的集合体，因此系统金融风险建设需要系统理论的指导。

2.1.2 行为金融理论

行为金融理论是金融学理论的一个重要组成部分，与传统金融学理论不同，行为金融理论是一种以现代金融学为基础，同时融合了心理学、行为学和社会学等多学科知识，以金融市场典型的微观主体为分析对象，从深层次的社会心理角度出发，重点考察其经济行为及产生这种行为背后的动机，从而来解释和预测资本市场存在的常见现象和未来趋势的理论。

行为金融学理论经过早期行为金融研究、心理学行为金融研究以及行为金融学三个阶段的发展历史，确立了市场参与者的心理因素在决策、行为以及市场定价中的作用和地位，否定了标准金融理论关于理性投资者的简单假设。行为金融理论从投资者在决策过程中的实际心理出发，研究投资者的投资决策行为及其对市场价格的影响，并以投资者投资决策时的心理因素为假设基础，建立起相应的投资决策模型。

期望理论（prospect theory）、行为资产组合理论（behavioral portfolio theory，BPT）和行为资产定价模型（behavioral asset pricing model，BAPM）是行为金融理论发展的理论基础。

科赫曼和特维斯基（Kahneman and Tversky）通过实验对比提出期望理论。期望理论认为，投资者面对收益时的效用函数是凹函数，而对损失的效用函数是凸函数，即投资的账面价值面临损失时，投资者更加厌恶风险；在盈利时，随着收益的增加，其满足程度在逐渐地减缓。期望理论解释了阿莱悖论、股权溢价之谜以及期权微笑等金融市场中的异常现象。

BPT 和 BAPM 是行为金融理论与现代金融理论结合之后对现代金融理论的完善。BPT 模型认为，实际构建的资产组合是基于对不同资产的风险忍受程度以及投资目的形成的一种金字塔形式的行为资产组合，位于金字塔各层的资产都与特定的目标和风险程度相联系，而忽略了金字塔各层之间的相关性。BAPM 模型是对资本资产定价模型（CAPM）的扩展。与 CAPM 模型不同，BAPM 模型将所有投资者分为两类：一类是信息交易者。信息交易者是严格按照 CAPM 模型对资产组合进行交易的理性投资者，该类投资者投资过程中不会出现系统偏差。另一类投资者——噪声交易者则不按 CAPM 模型进行交易和投资，他们会犯各种认知方面的偏差错误。两类交易者互相的影响共同决定资产组合的价格。但实际上，因为均值方差的有效组合会随着时间的变化而改变，所以在 BAPM 模型中，资本市场组合的问题依然是存在的。

据此，行为金融理论提出了 BSV 模型、DHS 模型、HS 统一理论模型等投资行为模型。BSV 模型（Barberis, Shlefferand Vishny, 1998）认为，人们在投资决策时会存在选择性偏差和保守性偏差这两种错误行为，故 BSV 模型从这两种偏差出发，解释投资者决策模型如何导致证券的市场价格变化偏离效率市场假说。

DHS 模型（Daniel, Hirsheifer and Subramanyam, 1998）将投资者分为有信息和无信息两类。因公共信息最终战胜行为偏差，投资者对个人信息的过度反应以及对公共信息的反应不足，导致股票回报的短期连续性和长期反转。Fama（1998）认为，DHS 模型和 BSV 模型虽然建立在不同的行为前提基础上，但二者的结论是相似的。

HS 模型（Hong and Stein, 1999）又称统一理论模型（unified theory model）。统一理论模型与 BSV 模型和 DHS 模型是不同的，BSV 模型和 DHS 模型研究重点是投资者的认知偏差，而统一理论模型即 HS 模型把研究重点放在不同投资者的作用机制上。该模型把投资者分为观察消息者和动量交易者两类，将投资者的反应不足和过度反应统一归结为关于基本价值信息的逐渐扩散，而不包括其他的对投资者情感刺激和流动性交易的需要。模型认为动量交易者力图通过套期策略来利用最初由于观察消息者对私人信息反应不足的倾向，然而这样行为会导致另一个极端情况——过度反应。

2.1.3 博弈论

博弈论（game theory）也称为对策论，或者赛局理论。博弈论是研究多个个体或团队之间在特定条件制约下的对局中利用相关方的策略而实施对应策略的一种学科。博弈论是一种研究具有斗争或竞争性质现象的理论和方法，博弈论主要观察游戏中的各个个体的预测行为和它们的实际行为，据此研究它们的优化策略。其中一个有名有趣的应用例子是囚徒困境悖论（prisoner's dilemma）。

博弈论是应用数学的一个分支，同时也是现代数学的一个新分支，也是运筹学的一个重要学科，所以博弈论的研究方法和其他许多利用数学工具研究社会经济现象的学科一样，都是从复杂的现象中抽象出基本的元素，运用数学模型对这些元素进行分析，然后再逐步引入其他的影响因素，进而分析其结果。

博弈要素是博弈论中不可或缺的一部分，而主要的博弈要素主要包括以下 5

个方面：①参与者（players）。每一个在博弈中具有决策权的人都是参与者。②策略（strategies）。每个参与者在博弈中选择的实际可行的具有全局筹划并且自始至终都坚持的方案，即为参与者的策略。③得失（payoffs）。一局博弈结局时的结果称为得失。④次序（orders）。博弈各方都需要不止一次的决策选择，在选择决策时就会出现次序问题；在同一场博弈中，即使其他要素相同次序不同，那么博弈就是不同的。⑤均衡。均衡是平衡的意思，但在经济学中，均衡意为相关变量处于相对稳定的状态。所谓纳什均衡，它也是一种稳定的博弈结果。

纳什均衡（nash equilibrium）是指面对任何一个投资策略组合，任何投资者都会面临的情况，即如果在一个博弈中其他人不改变他们的策略，那么该投资者的策略就是最好的。每个理性投资者都不会在纳什均衡点上改变他们的策略。纳什均衡点存在性证明的前提是博弈均衡偶。所谓均衡偶是在二人零和博弈中，当参与者A采取其最优策略a^*，参与者B也采取其最优策略b^*，如果参与者B仍采取b^*，而参与者A却采取另一种策略a，那么参与者A的支付不会超过他采取原来的策略a^*的支付。这一结果对参与者B也是如此。

博弈的分类根据不同的基准也有不同的分类。从行为的时间序列性角度，博弈论进一步分为静态博弈和动态博弈两类；按照参与人对其他参与人的了解程度，分为完全信息博弈和不完全信息博弈。

经济学家一般把博弈分为合作博弈和非合作博弈。而二者的主要区别在于相互发生作用的当事人之间有没有一个具有约束力的协议，如果有，就是合作博弈；如果没有，就是非合作博弈。

目前，经济学家们所谈的博弈论一般是指非合作博弈。由于合作博弈论比非合作博弈论复杂，在理论上的成熟度远远不如非合作博弈论。非合作博弈又分为完全信息静态博弈、完全信息动态博弈、不完全信息静态博弈和不完全信息动态博弈。与上述四种博弈相对应的均衡概念为纳什均衡（nash equilibrium）、子博弈精炼纳什均衡（subgame perfect nash equilibrium）、贝叶斯纳什均衡（bayesian nash equilibrium）和精炼贝叶斯纳什均衡（perfect bayesian nash equilibrium）。

2.1.4 极值理论

极值理论（extreme value theory，EVT）是衡量异常风险、稀有事件风险的常用方法之一，主要用于分析随机过程中极端值分布特征。EVT作为一种半参数方法，可以在不知道总体分布具体情况时，对超限样本数据进行统计预测，能较为精确地评估、刻画总体中极端值的变化特征，这种方法具有稳健性。由于运用

EVT 研究极端值的性质时，不必预先假设特定的分布类型，这也有效地避免出现模型预设错误的情况。

运用 EVT 进行实际分析的方法有两种：①BMM（block maxima model）模型。该模型将导出区间块上最大（小）值序列作为初步步骤，然后考虑连续区间上的最大（小）值，将这些条件构成极端事件，最后用这些最大（小）值进行拟合极值分布，进行相关研究分析。②POT（peak over threshold）模型。该模型主要依赖于从连续记录中提取任一时间段内超过特定阈值的峰值，用这些观测值作为分析样本进行拟合极值分布，然后再进行分析探讨。

对于 BMM 模型中的数据，其分析可能部分依赖于 Fisher – Tippett – Gnedenko 定理的结果，导致广义极值分布（generalized extreme value distribution，GEVD）被选择用于拟合。然而，在实际实践中，更广泛范围内的分布通过应用各种过程来选择。这一定理涉及来自相同分布的非常大的独立随机变量集合的最（大）小值的极限分布。BMM 模型是 EVT 分析方法中比较传统的一种方法。

对于 POT 模型中的数据，其分析可能涉及嵌合两个分布：一个用于事件在所考虑时间段的数量，一个用于超过数的大小。前者通常假设是服从泊松分布，而后者通常用 GPD 来拟合超过数。尾部拟合是基于 Pickands – Balkema – de Haan 定理。BMM 模型采用了区间取极值的方法来进行分析，但是这种方法很可能会忽略一些比较重要的信息，而 POT 模型则正好弥补了这一不足。而且 POT 模型要求的数据量较少，是一种比较新型的 EVT 分析方法，它能较好地弥补 BMM 模型中存在的各种缺陷。

极值理论模型最大的特点在于它直接处理损失分布的尾部，而且是直接用数据本身说话，并没有对损失数据预先假设任何分布。但极值理论模型也存在其自身的缺陷，例如在模型中有较多的参数要估计，但是数据不够充足不能够满足模型的统计要求；模型分布的临界水平比较难以确定，有些数据（超阈值）只能在高临界水平的模型上才有用，但是临界值过高又会使损失数据较少。

2.1.5 Copula 理论

Copula 理论是在 1959 年由斯卡拉（Sklar）提出的，旨在解决不同边际分布如何构建联合分布问题。该理论的基本思想是：N 维联合分布函数可以由一个 Copula 连接函数和 N 个边缘分布函数构成。也就是将 N 个边缘分布函数以连接函数为桥梁，搭建 N 维联合分布函数。这种方法通过将联合分布分解成各变量的边际分布和总体连接函数两部分，从而使这两部分的模型选择和参数估计彼此不受限制，从而大大简化了建模的难度，降低了模型估计的难度。在当时该理论还处在不断完善阶段，并未直接应用到金融数据分析领域。

随着 Copula 理论的不断发展，其与传统相关关系描述方法的不同以及 Copula 的特性就越来越明显，特别是 Copula 函数在研究金融市场时的优越性：第一，Copula 理论将一个联合分布分解为连接函数 Copula 和各变量边际分布，使得两部分可以分别进行估计。令 Copula 函数可以自由选择函数形式，同时也对边际分布没有限制，允许边际分布的多样性，从而更加准确地捕捉变量间的相关关系。第二，Copula 函数在实际运用中有更广泛的适用范围，因为现实中的问题大都是非线性相关关系，而与传统的相关关系只能度量线性关系不同，Copula 函数可以很好度量这种非线性相关关系。第三，各变量之间存在各种不同的线性的、非线性的相关关系，而 Copula 函数刚好有多种结构，不同结构的 Copula 函数可以处理不同的相关关系。

Copula 函数因其在度量变量间的各种相关关系时具有独特的优越性，越来越广泛地被应用于金融、生物、保险等领域。但是目前对 Copula 函数的研究主要集中在二维 Copula 函数的选择和参数估计、拟合优度等问题上。

根据 Copula 理论，任何多维随机变量的联合分布都可以分解为随机变量的边缘分布和一个 Copula 连接函数。早期的 Copula 函数是从常相关的角度进行研究，但市场间的相关关系会随着时间的变化而发生突变，所以需要借助非线性动态模型刻画变量间动态非线性的相关结构，而时变正态 Copula 函数正好解决了这个问题，而且形式时变正态 Copula 函数与常相关正态 Copula 一样，易于计算，具有明确的经济意义。同时因为 Copula 函数可以捕捉变量间的非线性结构，所以能很好地处理分布尾部的相关性。

2.1.6 协同理论

协同理论于 1969 年由德国著名的物理学家哈肯提出，它的原定义是系统的各部分之间互相协作，结果整个系统形成新质的结构和特征。在很多情况下，系统以很规律的合作方式或者协同方式合作、演进、发展着。哈肯发现在系统演化过程中，各个不同的系统都存在着一些支配其系统自组织和宏观结构成功演化的一般原理和机制，使之从无序形成有序并具有共同的演化规律。

协同理论主要是研究外界物质或能量的非平衡状态的情况下，系统如何通过自身的内部协同作用，自发地形成空间、时间以及功能上的一种有序结构。系统论、信息论、控制论、突变论等现代科学的最新成果是系统理论发展的理论基础，同时根据结构耗散理论，运用统计学与动力学，对不同领域进行分析，提出多维空间理论，从而建立特有的整套数学模型和处理方案，描述从微观到宏观的过渡上各种系统和现象中从无序到有序转变的共同规律。

协同理论的内容可以概括为 3 个主要方面：①协同效应。协同效应是系统由于协同作用而产生的结果，是指复杂开放系统中大量子系统相互作用而产生的整体效应或集体效应（《协同学引论》）。不论是自然系统还是社会系统都存在着协同作用，协同作用推动着系统有序结构形成。任何复杂系统，当在外来能量的作用下或物质的聚集态达到某种临界值时，子系统之间就会产生协同作用。这种协同作用能使系统在临界点发生质变，产生协同效应，使系统从无序变为有序，从混沌中产生某种稳定结构。协同效应说明了系统自组织现象的观点。②伺服原理。伺服原理是指快变量服从慢变量，序参量支配子系统行为。它从系统内部稳定因素和不稳定因素间的相互作用方面描述了系统的自组织的过程。其实质在于规定了临界点上系统的简化原则——"快速衰减组态被迫跟随于缓慢增长的组态"，即系统在接近不稳定点或临界点时，系统的动力学和突现结构通常由少数几个集体变量即序参量决定，而系统其他变量的行为则由这些序参量支配或规定。正如协同学的创始人哈肯所说，序参量以"雪崩"之势席卷整个系统、掌握全局，主宰系统演化的整个过程。③自组织原理。他组织是指组织指令和组织能力来自系统外部，而自组织则指系统在没有外部指令的条件下，其内部子系统之间能够按照某种规则自动形成一定的结构或功能，具有内在性和自生性特点。自组织原理解释了在一定的外部能量流、信息流和物质流输入的条件下，系统会通过大量子系统之间的协同作用而形成新的时间、空间或功能有序结构。

2.1.7 突变理论

突变理论的诞生，以法国数学家勒内·托姆于 1972 年发表的《结构稳定性和形态发生学》一书的问世作为标志。托姆将系统内部状态的整体性"突跃"称为突变，其特点是过程连续而结果不连续。突变理论可以被用来认识和预测复杂的系统行为。

突变理论以拓扑学为工具，以结构稳定性理论为基础，提出判别突变、飞跃的原则：在严格控制条件下，如果质变中经历的中间过渡态是稳定的，那么它就是一个渐变过程。突变理论认为，人们施加控制因素影响社会状态是有一定条件的，只有在控制因素达到临界点之前，状态才是可以控制的。一旦发生根本性的质变，它就表现为控制因素无法控制的突变过程。突变理论通过研究事物状态与控制因素之间的关系，以及稳定区域、非稳定区域、临界曲线的分布特点，以及突变的方向与幅度，从而对社会进行高层次的有效控制。突变理论还为协同理论和耗散结构等提供了先进的数学理论基础，同时在有序与无序的转化机制上，把系统的形成、结构和发展联系起来，对系统科学的发展起了推动作用。

突变理论研究的是从一种稳定组态跃迁到另一种稳定组态的现象和规律。突变理论认为，任何一种运动状态都有稳定和非稳定之分。稳定态能够在微小偶然扰动因素影响下依旧保持原来状态，而非稳定态受到影响会迅速变化成语言来描述不同的态势，稳定态与非稳定态是相互交错。非线性系统从某一个稳定态到另一个稳定态的转化，是以突变形式发生的。

尽管突变理论是一门数学理论，但它的核心思想却有助于人们理解系统变化和系统中断。如果系统处于休止状态，它就会趋于获得一种理想的稳定状态，或者说至少处在某种定义的状态范围内。如果系统受到外界变化力量作用，系统起初将试图通过反作用来吸收外界压力。如果可能的话，系统随之将恢复原先的理想状态。如果变化力量过于强大，而不可能被完全吸收的话，那么突变（catastrophic change）就会发生，系统随之进入另一种新的稳定状态，或另一种状态范围。在这一过程中，系统不可能通过连续性的方式回到原来的稳定状态。

2.1.8 分形理论

分形理论是当今世界十分风靡和活跃的新理论、新学科。分形的概念是由美籍数学家曼德布罗特（B. B. Mandelbort）首先提出的。1975 年，他创立了分形几何学（fractal geometry）。在此基础上，形成了研究分形性质及其应用的科学，称为分形理论（fractal theory）。

分形理论既是非线性科学的前沿和重要分支，又是一门新兴的横断学科。作为一种方法论和认识论，分形理论认为分形整体与局部形态相似，可以通过认识部分来认识整体，从有限中认识无限；分形揭示了一种新形态和新秩序，这种状态和秩序介于整体与部分、有序与无序、复杂与简单之间；分形从特定层面揭示了世界普遍联系和统一。

自相似原则和迭代生成原则是分形理论的重要原则。分形在通常的几何变换下具有不变性，即标度无关性。自相似性原本含义是从不同尺度的对称出发，即递归。分形理论中的形体中的自相似性可以是完全相同，也可以是统计意义上的相似。标准的自相似分形是数学上的抽象，迭代生成无限精细的结构，如科契（Koch）雪花曲线、谢尔宾斯基（Sierpinski）地毯曲线等。有规分形只占少数，绝大部分分形是统计意义上的无规分形。

分形理论的概念和思想被抽象成一种科学方法论,即分形方法论。分形方法论以分形客体的部分和整体之间的自相似性为渠道,通过认识部分来反映和认识整体,进而把握和深化对部分的认识;运用分形理论的思想和方法,从无序中发现有序,揭示杂乱、破碎、混沌等极不规则的复杂现象内部蕴含的规律。

本质上看,分形方法论是一种系统方法,主要运用系统的观点研究分形现象。分形方法论是清算还原论、倡导系统方法论这一科学发展总趋势的产物,它是复杂性研究的一个方面,是近30多年来提出的处理复杂性的理论。分形学理论和自组织理论、混沌理论密切相关,它与混沌理论及孤子理论被人们誉为现代非线性科学的三大前沿。

分形理论及其分形方法论的提出有着极其重要的科学方法论意义。它打破了整体与部分、混乱与规则、有序与无序、简单与复杂、有限与无限、连续与间断之间的隔膜,找到了部分和整体之间的相似性,为人们从混沌与无序中认识规律和有序、从部分中认知整体和从整体中认识部分,从有限中认识无限和通过无限深化和认识有限等提供了可能和根据;它同系统论、自组织理论、混沌理论等研究复杂性的科学理论一起,共同揭示了整体与部分、混沌与规则、有序与无序、简单与复杂、有限与无限、连续与间隔之间多层面、多视角、多维度的联系方式,使人们对它们之间关系的认识的思维方式由线性阶段进展到了非线性阶段。

分形理论和分形方法论的诞生及其应用,使人们取得了之前所不曾实现的许多新成果,人们用分形理论对自然界、社会、思维等各个领域中不可胜数的新现象、新规律有了不同的发现和破译。

2.2 中国商业银行风险集成量化相关方法

2.2.1 GARCH 类模型

金融市场最重要的特性之一是其波动性,同时它又是金融模型如期权定价和风险度量模型的输入参数,而其在金融市场往往表现出异方差特性,因而对异方差建模成为近些年来金融计量学研究的热点之一。恩格尔(Engle,1982)创造性地运用时间序列模型刻画了条件方差的时变性,提出了自回归条件异方差模型(auto-regressive coditional heterosedasticity,ARCH)。但在引入 ARCH 模型来计算 VaR 时，由于 ARCH 模型的结构取决于移动平均的阶数 p，要很好地捕捉金融市场异方差现象，必须用到高阶 ARCH 模型，但如果 p 很大时，参数估计的效率就会降低，而且还会引发诸如解释变量多重共线性等其他问题。为了弥补这一弱点，Bollerslev 在 ARCH 模型基础上提出了一般自回归条件异方差模型（generalized autoregressive conditional heterscedasticity，GARCH），它克服了 ARCH(q) 模型参数过多、不易估计的缺点，而且可以描述波动的"聚簇性"，也可部分地解释厚尾性，所以应用比较广泛。GARCH(p, q) 模型的表达式如下：

$$r_t = \mu + \varepsilon_t \tag{2.1}$$

$$h_t = \alpha + \sum_{i=1}^{p} \beta_i h_{t-i} + \sum_{i=1}^{q} \gamma_i \varepsilon_{t-i}^2 \tag{2.2}$$

其中，系数满足这些约束条件：$\alpha > 0$，$\beta_i > 0$，$\gamma_i > 0$，$\sum_{i=1}^{p} \beta_i + \sum_{i=1}^{q} \gamma_i < 1$。在该模型中，$r_t$ 为在时间 t 上的对数收益率，h_t 为条件方差，ε_t 为随机扰动项，且 $\varepsilon_t = \sqrt{h_t} \cdot v_t$。$v_t$ 与 h_t 互相独立，一般假定 $v_t \sim N(0, 1)$（标准正态分布），在 GARCH 模型中，可以发现随机扰动项 ε_t 是不满足同方差性的。式（2.1）表示的是条件均值方程，式（2.2）表示的是条件方差方程，较好地解释了波动率聚簇现象。

GARCH 模型的不足在于对系数参数的非负性约束太强，以及条件方差 h_t 是随机扰动项 ε_t 的对称函数与金融实际不符，难以有效描述残差的非对称反应。为了解决波动厚尾性问题，很多学者引入极值理论，对收益的残差序列进行极值分析，结果发现引入极值理论的 VaR 能更好地解释波动的厚尾性。为了解释实际应用中的杠杆效应，尼尔森（Nelson et al.，1990）等人提出了非对称性（asymmetric）GARCH 模型，这类模型主要包括 EGARCH、GJR 和 APARCH 等以及 Baillie 等的 FIGARCH。

EGARCH 模型即指数 GARCH 模型，最早由尼尔森（Nelson）提出，他将条件方差以对数形式表示，改进了 GARCH 模型中对估计参数非负的强约束。波尔斯维尔和米克瑟菲（Bollserlev and Mikkelsen，1996）重新表述了 EGARCH 模型，其波动模型如下：

$$\ln h_t = \alpha + \beta \ln h_{t-1} + g(z_{t-1}) \tag{2.3}$$

$$g(z_t) = w z_t + \lambda (|z_{t-1}| - \sqrt{2/\pi})$$

其中，$z_t = \varepsilon_t / \sqrt{h_t}$，服从标准正态分布，$g(\cdot)$ 为非对称的响应函数，当 $z_t > 0$ 时，$g(z_t)$ 的斜率为 $w + \lambda$；当 $z_t < 0$ 时，$g(z_t)$ 的斜率为 $w - \lambda$。表明 EGARCH

模型能较好地表示出金融收益序列条件方差对正负冲击反应的不对称。

高斯滕、加格纳罕和阮考尔（Glosten, Jagannathan and Runkle, 1993）提出了 GJR 模型，其波动方程形式为

$$\sigma_t^2 = \alpha_0 + \sum_{i=1}^{q} (\alpha_i \varepsilon_{t-1}^2 + \gamma_i S_{t-i}^- \varepsilon_{t-i}^2) + \sum_{j=1}^{p} \beta_j \sigma_{t-j}^2 \qquad (2.4)$$

其中，S_t^- 为示性函数，当 ε_t 取正负值时，ε_t^2 对 σ_t^2 影响不同，即杠杆作用。

丁、格兰杰和恩格尔（Ding, Granger and Engle, 1993）提出了具有广泛适应性的 APARCH(p, q) 模型，其波动方程式如下：

$$\sigma_t^\delta = \alpha_0 + \sum_{i=1}^{q} \alpha_i (|\varepsilon_{t-i}| - \gamma_i \varepsilon_{t-i})^\delta + \sum_{j=1}^{p} \beta_j \sigma_{t-j}^\delta \qquad (2.5)$$

其中，$\delta > 0$，$-1 < \gamma_i < 1$（$i = 1, \cdots, q$），γ_i 为不对称冲击系数。

拜勒列、波尔斯维尔和米克瑟菲（Baillie, Bollerslev and Mikkelsen, 1996）针对金融时序波动多呈现均值回复短期现象，难以有效捕捉长记忆性等事实特征，把具有单位根和单整性的 GARCH 模型扩展至分维数的 FIGARCH 模型，将分数差分项 $(1-L)^d$ 替代一阶差分项 $(1-L)$，其定义为：若平稳时间序列 $\{x_i\}$ 残差平方 ε_t^2 满足差分方程，则

$$\phi(L)(1-L)^d \varepsilon_t^2 = \omega + [1 - \beta(L)] v_t \qquad (2.6)$$

其中，$0 \leq d \leq 1$，当 $d = 0$ 为 GARCH 模型，当 $d = 1$ 为 IGARCH 模型。$\phi(L)$ 和 $1 - \beta(L)$ 的所有特征根都在单位圆外，$\{v_t\}$ 为白噪声序列，$v_t = \varepsilon_t^2 - \sigma_t^2$，$\phi(L)$ 和 $\beta(L)$ 分别是 p 阶和 q 阶滞后算子多项式：

$$\phi(L) = 1 - \phi_1 L - \phi_2 L^2 - \cdots - \phi_p L^p$$
$$\beta(L) = 1 - \beta_1 L - \beta_2 L^2 - \cdots - \beta_q L^q$$

则称 $\{x_i\}$ 为分整广义自回归条件异方差（fractional integrated GARCH）模型，记为 FIGARCH(p, d, q) 形式。

$$\sigma_t^2 = \omega[1 - \beta(L)]^{-1} + \{1 - [1 - \beta(L)]^{-1} \phi(L)(1-L)^d\} \varepsilon_t^2 \qquad (2.7)$$

这里 $0 \leq d \leq 1$ 的灵活性使得研究"长期相依性"成为可能。我们知道平稳序列的自相关函数在时间间隔增加时呈现指数速度衰减，而金融时序当其自相关函数随着时间间隔增加则以双曲线速度缓慢衰减至零，即为长记忆特征。这种特性不断由金融时序的历史观测值持久影响着未来值，形成长期的依存关系，即金融时序的前后具有显著的自相关性。

FIGARCH 过程融合了一阶矩的分整过程与标准 GARCH 过程的许多特点。随着滞后阶数的增大，参数 d 反映了其作用于远距离观测值之间的效果以双曲率缓慢下降的长记忆性，而在 GARCH 模型中，扰动对当前的条件方差的影响则是以

负指数率衰减。参数 ϕ_i 和 β_i 体现的是它们作用于远距离观测值之间的效果以负指数衰减的短记忆性。

在前述 FIGARCH 模型中,其仅考虑了时间序列的长期记忆性却不含杠杆效应,条件方差 σ_t^2 的系数要大于 0。而在 EGARCH 模型中,由于条件方差 σ_t^2 表示为指数形式,因而模型参数无约束且能刻画时间序列的非对称效应。波尔斯维尔和米克瑟菲(1996)综合两种模型提出 FIEGARCH 模型。常用的 FIEGARCH (1, d, 1) 模型,其条件方差方程如下:

$$\ln \sigma_t^2 = \omega + \phi(L)^{-1}(1-L)^{-d}[1+\alpha(L)]g(z_{t-1}) \qquad (2.8)$$

$$g(z_t) = \gamma_1 z_t + \gamma_2 [|z_t| - E|z_t|] \qquad (2.9)$$

在描述金融时序的平稳性和长记忆性方面,前述 FIGARCH 模型在内的将滞后系数的加总等于1的弱平稳条件与刻画过程的长记忆性进行共同检验,难以有效进行。戴维森(Davidson,2004)提出 HYGARCH 模型,通过对 FIGARCH 模型加入新的参数 α,达到分别检验平稳性和长记忆性等事实特征。其数学模型如下:

$$\sigma_t^2 = \omega[1-\beta(L)]^{-1} + \{1-[1-\beta(L)]^{-1}\phi(L)[\alpha(1-L)^d]\}\varepsilon_t^2 \qquad (2.10)$$

式中,参数 d 用来描述金融时序条件波动率的长记忆性;若 $d > 0$,则条件波动率存在长记忆特征。$\phi(L) = \sum_{i=1}^{p} \phi_i L^i$,$\beta(L) = \sum_{j=1}^{q} \beta_j L^j$,该模型的振幅 S 满足下式:$S = 1 - \frac{\phi(1)}{\beta(1)}(1-\alpha)$。当 $\alpha = 0$ 时,该模型退化为平稳 GARCH 模型;当 $\alpha = 1$ 时,HYGARCH 模型转变为平稳 FIGARCH 模型。$\beta(L)$ 为滞后算子多项式。

几种常与 GARCH 类模型结合使用的厚尾分布概率密度函数形式:基于前述分析,金融资产或组合的未来收益率的分布及其分布的波动性至关重要,它直接决定了 VaR 值,而计算 VaR 的关键是描述金融资产收益率概率密度函数。大量实证证明,金融资产组合收益率的经验分布是高峰厚尾的,其波动具有时变和聚簇特征。因此,基于正态假设计算的波动性会影响 VaR 值的准确性,进而利用 t、GED 和 SKST 厚尾分布改进正态分布假设得到较为精确的 VaR 值。

2.2.1.1　t 分布的密度函数

金融资产收益率在正态分布假定下,由于不能解释超额峰度现象,波尔斯维尔(1987)首先引入了 t 分布,t 分布的尾部厚于正态分布,能较好描述金融资产收益率分布的厚尾特性。标准 t 分布(均值为零,方差为1)的密度函数为

$$t(x, v) = \frac{\Gamma\left(\frac{v+1}{2}\right) \times \left(1 + \frac{x^2}{v}\right)^{\frac{v+1}{2}}}{\Gamma\left(\frac{v}{2}\right) \times (v\pi)^{1/2}} \quad (2.11)$$

其中，t 分布的自由度为 v(v>2)，当 v→∞ 时则为正态分布；反之，v 越小，分布的尾部越厚，$\Gamma(\cdot)$ 表示为 Gamma 函数。

2.2.1.2 GED 分布的密度函数

广义误差分布 GED 分布（generalized error distribution）是由 JP. Morgan 公司在其 RiskMetrics 中提出的，GED 通过对参数 v 的调整变化可以拟合不同的分布形式，是一种更为灵活的处理厚尾的有效分布。GED 分布的密度函数如下：

$$f(\zeta_t) = \frac{v \exp\left(-\left|\frac{\zeta_t}{\lambda}\right|^v / 2\right)}{\lambda 2^{(1+v^{-1})} \Gamma(v^{-1})}, \text{ 其中 } \lambda = \sqrt{\frac{2^{-(2/v)} \Gamma(1/v)}{\Gamma(3/v)}} \quad (2.12)$$

在 GED 分布中，$\Gamma(\cdot)$ 表示为 Gamma 函数，参数 v 控制着分布形式，v 取值不同则引致不同的分布形式。当 v=2 时为正态分布，可见正态分布仅为 GED 分布的特例；当 v>2 时，其密度呈现比正态更薄的尾部；当 v<2 时，其密度与正态相比呈现尖峰厚尾特征，而且随着 v 值的减小，尖峰厚尾特征越加明显，意味着极端事件出现的概率随 v 的减小而增大。

2.2.1.3 SKST 分布的密度函数

金融资产时间序列的分布表现为尖峰厚尾、偏度和不对称性等典型事实特征，采用对称 t 和 GED 分布虽然解释了金融时序的尖峰厚尾特征，但没有解决偏度问题。同时运用 GARCH 类具有杠杆作用的不对称模型也难以根本上解决金融时序的不对称特性。由于偏度和峰度并不独立，在存在偏度条件下，金融时序收益率在中央大部分是对称的，不对称主要表现在尾部。对于尖峰厚尾、偏度和不对称现象，汉森（Hansen, 1994）首先提出偏 t 分布（skewed student-t distribution, SKST），在密度函数中体现偏度，但缺陷是没有讨论不对称系数与高阶矩关系。拉姆贝特和劳润特（Lambert and Laurent, 2001）在偏 t 分布采用均值和方差替代众数和离差概念，同时重新描述了 SKST 分布，使得复杂的累积密度函数参数更易解释。

拉姆贝特（Lambert）和劳润特（Laurent）为使参数更易解释重新表述了 SKST 分布的密度函数 $f(\cdot)$：当 v>2 时，定义 z_t 为偏 t 分布，即 $z_t \sim \text{SKST}(m, \tau,$

ξ, v)，形式如下：

$$f(z_t|\xi, v) = \begin{cases} \dfrac{2}{\xi + \dfrac{1}{\xi}} \tau g[\xi(\tau z_t + m)|v], & z_t < -\dfrac{m}{\tau} \\ \dfrac{2}{\xi + \dfrac{1}{\xi}} \tau g[(\tau z_t + m)/\xi|v], & z_t \geq -\dfrac{m}{\tau} \end{cases} \quad (2.13)$$

其中，$g(\cdot|v)$ 是自由度为 v 的标准对称（均值为零，方差为 1）t 分布，m 和 τ^2 分别是 SKST 分布的均值和方差。不对称系数 $\xi > 0$ 表示偏度的方向，自由度 v 描述尾部厚度。由于密度函数 $f(z_t|1/\xi, v) = f(-z_t|\xi, v)$，故二者以零为对称。

$$g(x|v) = \frac{\Gamma\left(\dfrac{v+1}{2}\right)}{\sqrt{\pi(v-2)}\Gamma(v/2)}\left[1 + \frac{x^2}{v-2}\right]^{-(v+1)/2} \quad (2.14)$$

$$m(\xi, v) = \frac{\Gamma\left(\dfrac{v-1}{2}\right)\sqrt{v-2}}{\sqrt{\pi}\Gamma(v/2)} \times \left(\xi - \frac{1}{\xi}\right) \quad (2.15)$$

$$\tau^2(\xi, v) = \left(\xi^2 + \frac{1}{\xi^2} - 1\right) - m^2 \quad (2.16)$$

$$\frac{p(z>0|\xi)}{p(z<0|\xi)} = \xi^2 \quad (2.17)$$

这里 ξ^2 表示高于均值和低于均值的概率比例，定义 $\tilde{\xi} = \log(\xi)$，用来表示偏度的方向和大小，$\log(\xi) < 0$ 表示密度函数左偏，左尾较厚。反之在 $\xi > 1$ 时右偏。当 $\xi = 1$ 时就是对称 t 分布，显然为 SKST 的一个特例。SKST 的对数似然函数为

$$L_{SKST} = T\left\{\ln\Gamma\left(\frac{v+1}{2}\right) - \ln\Gamma\left(\frac{v}{2}\right) - \ln[\pi(v-2)]^{1/2} + \ln\left(\frac{2}{\xi + \dfrac{1}{\xi}}\right) + \ln\tau\right\}$$

$$- \frac{1}{2}\sum_{t=1}^{T}\left\{\ln\sigma_t^2 + (v+1)\ln\left[1 + \frac{(\tau z_t + m)^2}{v-2}\xi^{-2I_t}\right]\right\} \quad (2.18)$$

式中，$I_t = \begin{cases} 1 & \text{若 } z_t \geq -m/\tau \\ -1 & \text{若 } z_t < -m/\tau \end{cases}$，SKST 标准化形式为 $Skst_{\alpha,v,\xi} = (Skst^*_{\alpha,v,\xi} - m)/\tau$。

综上所述，采用 t、GED 和 SKST 厚尾分布计算 VaR 时，需要将正态分布下的 z_α 分别用 t、GED 和 SKST 厚尾分布对应置信水平下的分位数替代。

2.2.2 SV 类模型

金融时序模型建模主要通过拟合金融数据并刻画金融数据的波动性等特征，波动性已经渗透到整个现代金融理论，对波动性的精确测度和预测已经成为金融资产组合以及衍生品的定价和风险度量的关键。GARCH 模型描述离散的可观测的时间序列的波动情况，即波动过程可由过去的观测值和过去误差的平方项线性表示。其一个潜在缺陷在于只能解释波动聚簇性的一小部分，并且某一时间异常损益可能导致参数估计不稳定。对于不可观测的随机过程的波动，需要引入更为精准的随机波动率模型（stochastic volatility，SV）来刻画。SV 模型具有数理金融学和金融计量学双重根源，其显著特征是将随机过程引入到方差表达式中，视波动率由内在的不可观测的随机过程来决定，也就是在波动率方程中引入一个新的随机变量，使得无论是从长期波动性的预测能力来看，还是从波动率序列的稳定性，抑或对资产定价理论的应用来看，SV 簇模型对金融波动性的刻画较 GARCH 簇模型更加接近于金融现实，实践上对金融数据的拟合效果更好。SV 模型由克拉克（Clark，1973）和泰勒（Taylor，1986）提出，后由哈维和杰克奎尔（Harvcy and Jacquier，1994）应用到计量经济的领域。本节主要运用杰克奎尔（Jacquier，2004）基于 t 分布来刻画厚尾性的随机波动模型（SV-t）、非对称随机波动率模型（ASV）以及黄大海等（2005）提出的 SV-MT 模型。

离散时间的基本 SV 模型考虑了方差方程中的噪声过程，认为噪声过程独立于收益，方差是不可观测的变量。其基本形式如下：

$$y_t = \varepsilon e^{\frac{h_t}{2}}, \quad \varepsilon_t \sim i.i.N(0, 1); \tag{2.19}$$

$$h_t = \alpha + \beta h_{t-1} + \eta_t, \quad \eta_t \sim i.i.N(0, \sigma_\eta^2) \tag{2.20}$$

其中，$h_t = \log\sigma_t^2$，y_t 为去均值后的收益，σ_t^2 为 y_t 的方差；$\{\varepsilon_t\}$ 和 $\{\eta_t\}$ 是互不相关的白噪声序列；待估参数 α、β、σ_η，α 反映波动平均水平的常数，β 反映了当前波动对未来波动的影响，且对于 $\beta<1$，SV 模型是协方差平稳的。式（2.19）为均值方程，式（2.20）为波动率方程。

扩展的厚尾类 SV 类模型假定误差项 ε_t 服从自由度为 v 的 t 分布，可得到 SV-t 模型，即

$$\begin{cases} y_t = \varepsilon e^{\frac{h_t}{2}}, & \varepsilon_t \sim t(0, 1, \upsilon) \\ h_t = \alpha + \beta h_{t-1} + \eta_t, & \eta_t \sim i.i.N(0, \sigma_\eta^2) \end{cases} \tag{2.21}$$

其中，ε_t 服从标准化的 t 分布，分布的概率密度函数为

$$f(\varepsilon_t) = [\pi(v-2)]^{1/2} \frac{\Gamma[(v+1)/2]}{\Gamma(v/2)} \left[1 + \frac{\varepsilon_t^2}{v-2}\right]^{-(v+1)/2} \qquad (2.22)$$

式（2.22）中，参数 v 表示自由度，$\Gamma(\cdot)$ 是伽玛函数。当 $4 < v < \infty$ 时，t 分布的峰度就大于 3；当 $v \to \infty$ 时，就变为正态分布；当 $v < 4$ 时，其峰度不存在。

同样，若假定 ε_t 服从 GED 分布，则可得到 SV – GED 模型，即

$$\begin{cases} y_t = \varepsilon e^{\frac{h_t}{2}}, & \varepsilon_t \sim \text{GED}(\upsilon) \\ h_t = \alpha + \beta h_{t-1} + \eta_t, & \eta_t \sim \text{i.i. } N(0, \sigma_\eta^2) \end{cases} \qquad (2.23)$$

GED 是一种更为灵活的分布，通过对参数的调整可以拟合不同的情形，其概率密度函数为

$$f(y_t | h_t) = \frac{\upsilon \exp\left\{-\frac{1}{2}\left|\frac{y_t}{e^{h_t/2}\lambda}\right|^\upsilon\right\}}{\lambda \Gamma(1/\upsilon) 2^{1+1/\upsilon}} \qquad (2.24)$$

式（2.24）中，$\lambda = \left\{\frac{2^{-2/\upsilon}\Gamma(1/\upsilon)}{\Gamma(3/\upsilon)}\right\}^{1/2}$；$\upsilon$ 为自由度，$\upsilon < 2$ 时，其峰度大于 3，GED 为厚尾分布，$\upsilon > 2$ 时 GED 为瘦尾分布，$\upsilon = 2$ 时，GED 退化为正态分布。

非对称随机波动率（asymmetry stochastic volatility, ASV）模型通过放宽误差项互不相关的假设，突出描述了收益波动的非对称性，因而更加接近金融现实情况。其形式如下：

$$\begin{cases} y_t = \varepsilon_t \exp(h_t/2) \\ h_t = \mu + \phi(h_{t-1} - \mu) + \tau \eta_t \end{cases} \qquad (2.25)$$

$$\begin{bmatrix} \varepsilon_t \\ \eta_{t-1} \end{bmatrix} \sim \text{i.i.d. } N\left[\begin{pmatrix} 0 \\ 0 \end{pmatrix}, \begin{pmatrix} 1 & \rho\sigma \\ \rho\sigma & \sigma^2 \end{pmatrix}\right]$$

其中，ε_t 和 η_t 为波动扰动项，$\rho \neq 0$ 为 ε_t 和 η_t 的非对称相关系数，σ 为正态的标准差，τ 用以度量波动扰动的标准误。y_t 是在 t 日的收益，h_t 表示 t 日的对数波动，ϕ 用来表示对数波动的持续性参数，对于 $|\phi| < 1$，ASV 模型是协方差平稳的。

基于考察条件分布对原油市场预期收益率与波动的关系，黄大海扩展了库珀曼（Koopman）基于风险补偿的 SV – M 模型，提出 SV – MT 模型，不考虑收益序列的自相关性将其变形如下：

$$\begin{cases} y_t = d\exp(h_t) + \varepsilon_t \exp(h_t/2), & \varepsilon_t \sim \text{i.i. } dt(0, 1, v) \\ h_t = \mu + \phi(h_{t-1} - \mu) + \eta_t, & \eta_t \sim \text{i.i. } dN(0, \tau^{-1}), t \geq 1 \end{cases} \qquad (2.26)$$

其中，h_t 服从 $h_t | \mu, \phi, h_{t-1} \sim N(\mu + \phi(h_{t-1} - \mu), \tau^{-1})$，$t = 1, 2, \cdots, n$。

$y_t|h_t$, d 服从期望为 d $\exp(h_t)$, 方差为 $\exp(h_t)$, 自由度为 v 的 t 分布。

2.2.3 GPD 模型

极值理论（extreme value theory, EVT）就是专门研究那些极少发生, 然而一旦发生却具有重大影响的随机变量极端变异性的建模及统计分析方法。其核心是对极值事件的统计分析, 从而提供了一个优良稳健的尾部渐近模型。最先应用于水文、气象等领域, 后来运用于金融领域, 其重要意义在于测度金融市场的极端风险。极值理论主要研究随机样本以及随机过程中极端情况的统计规律性, 涉及极大值和极小值（统称为极值）的极限分布问题。极值理论的主要模型包括基于广义极值（generalized extreme value, GEV）分布的区组最大值模型（block maxima method, BMM）和基于广义帕累托分布（generalized pareto distribution, GPD）的越槛峰值（peak over threshold, POT）模型。鉴于 BMM 模型存在浪费大量样本数据和易忽略金融收益序列普遍存在的集聚现象, 同时考虑到 GEV 与 GPD 存在密切的参数关系, 本书选取极值理论的主流 GPD 模型。

2.2.3.1 GPD 模型的概述

（1）极值类型定理与广义极值分布。

极值理论是概率论的一个重要分支, 主要研究随机样本以及随机过程中概率极值的概率值以及统计推断。为了研究数据的统计特征, 需要研究极值的分布。

费雪和提皮特（Fisher and Tippet, 1928）极值类型定理奠定了极值理论的核心内容, 成为极值理论渐近分布原理的基础。费雪和提皮特（Fisher and Tippet）极值类型定理如下：设 $X_1, X_2, \cdots, X_n$ 是独立同分布随机变量序列, 如果存在常数列 $\{a_n > 0\}$ 和 $\{b_n\}$, n 为样本空间, 未知总体分布为 $F(x)$, M_n 为区间极大值, 使得

$$p\left(\frac{M_n - b_n}{a_n} \leq x\right) \xrightarrow{d} H(x) \quad (2.27)$$

其中, $H(\cdot)$ 是非退化的分布函数,"$\xrightarrow{d}$"表示"弱收敛于某分布"; $a_n > 0$ 表示离散程度, 相当于标准差; $-\infty < b_n < \infty$ 表示位置参数; 那么对参数 $a > 0$ 和 b, $H(\cdot)$ 必属于下列三种极值分布（extreme value distribution）类型之一:

Ⅰ型 Fréchet 分布: $H_1(x) = \begin{cases} 0, & x \leq b, \ a > 0 \\ \exp\left\{-\left(\frac{x-b}{a}\right)^{-a}\right\}, & x > b, \ a > 0 \end{cases}$ \quad (2.28)

Ⅱ型 Weibull 分布：$H_2(x) = \begin{cases} 1, & x > b, \ a < 0 \\ \exp\left\{-\left[-\left(\dfrac{x-b}{a}\right)^{-a}\right]\right\}, & x \leq b, \ a < 0 \end{cases}$ (2.29)

Ⅲ型 Gumbel 分布：$H_3(x) = \exp\left[-\exp\left(-\dfrac{x-b}{a}\right)\right], \ x \in R$ (2.30)

根据 Fréchet、Weibull 与 Gumbel 分布，则得这三种类型极值分布的密度函数：

Ⅰ. Fréchet 分布密度函数：

$$h_\alpha(x) = \alpha x^{-(1+\alpha)} \cdot H(x) = \alpha x^{-(1+\alpha)} \cdot \exp\{-x^{-\alpha}\}, \ x > 0 \quad (2.31)$$

Ⅱ. Weibull 分布密度函数：

$$h_\alpha(x) = \alpha(-x)^{\alpha-1} \cdot H_a(x) = \alpha(-x)^{\alpha-1} \cdot \exp\{-(-x)^\alpha\}, \ x \leq 0 \quad (2.32)$$

Ⅲ. Gumbel 分布密度函数：

$$h(x) = e^{-x} H(x) = e^{-x} \cdot \exp\{-\exp(-x)\}, \ -\infty < x < +\infty \quad (2.33)$$

在上述三种极值分布类型的应用研究中，为了避免模型预设错误和便于统计应用，冯迈尔斯（Von Mises, 1954）和杰克逊（Jenkinson, 1955）将 Fréchet、Weibull 与 Gumbel 3 个标准极值分布经过适当变换，归纳为以下一个单参数的分布簇：

$$H(x;\xi) = \begin{cases} \exp[-(1+\xi x)^{-1/\xi}], & \xi \neq 0 \\ \exp[-\exp(-x)], & \xi = 0 \end{cases} \quad (2.34)$$

其中，当 $\xi \neq 0$ 时，$1 + \xi x > 0$，$\alpha = |1/\xi|$，满足上式的 $H(x)$ 即称之为广义极值分布。

当引进位置参数（location parameter）μ 和尺度参数（scale parameter）σ 后，GEV 分布 $H(x;\xi)$ 扩展为具有三个自由度的分布 $H(x;\mu,\sigma,\xi)$：

$$H(x;\mu,\sigma,\xi) = \begin{cases} \exp\left[-\left(1+\xi\dfrac{x-\mu}{\sigma}\right)^{-1/\xi}\right], & \xi \neq 0, \\ \exp\left[-\exp\left(-\dfrac{x-\mu}{\sigma}\right)\right], & \xi = 0 \end{cases} \quad (2.35)$$

式（2.35）中的 ξ 为形状参数，也称为 GEV 分布的极值指数（extremen value index，EVI），ξ 值越大则尾分布越厚，收敛速度越慢，ξ 值大小决定 GEV 分布的具体类型：

当 $\xi < 0$ 时，$H(x)$ 为 Weibull 分布，例如均匀分布、Beta 分布，这一类分布在金融经济学中很少应用；

当 $\xi = 0$ 时，$H(x)$ 为 Gumbel 分布，属于这一类型的分布有常见的正态分布、Gamma 分布、指数分布、对数正态分布，这一类分布是薄尾分布；

当 $\xi > 0$ 时，H(x) 为 Fréchet 分布，属于 Fréchet 分布吸引场的分布是尾部较厚的分布，例如帕累托分布、柯西分布、t 分布、对数 Gamma 分布以及各种混合分布等，这类分布的尾部较厚，拟合金融数据相当好，在风险管理领域，最受关注的属于 Fréchet 分布吸引场的厚尾帕累托等分布。

（2）广义帕累托分布（GPD）分布。

GPD 分布由皮侃思（Pickands，1975）年首次提出，戴维森、史密斯、万蒙特福特和维特（Davison，1984；Smith，1984；Van Montfort and Witter，1985）做了进一步的研究，它广泛应用于极值分析，拟合保险损失以及金融资产损失。其建模思路：运用 Fréchet 分布类型中的 GPD 来拟合超额数分布，由超额数分布间接得到最后的实际样本左尾极端值分布，然后根据这一分布直接求出风险价值。设 X_1，X_2，…，X_n 是一独立同分布的随机变量，具有相同的累积分布函数（cumulative distribution function，CDF） $F(X) = p\{X_i < x\}$，对某一足够大的临界值 u（即阈值），存在一个正的函数 $\beta(u)$，则超出量分布（excess distribution）(X_i - u) 可近似表示为

$$G(y;\xi,\beta(u)) = \begin{cases} 1 - \left[1 + \dfrac{\xi y}{\beta(u)}\right]^{-1/\xi}, & \xi \neq 0 \\ 1 - \exp\left[-\dfrac{y}{\beta(u)}\right], & \xi = 0 \end{cases} \quad (2.36)$$

定义当 $\xi \geq 0$ 时，$y \geq 0$；$\xi < 0$ 时，$0 \leq y \leq -\beta(u)/\xi$；则称 X 服从广义帕累托分布（generalized pareto distribution，GPD）。GPD 分布实质上是考察了超过此临界值以上的 r 个次序统计量，因此通常又被称为"最大 r 方法"。GPD 分布也可表达为以下 Pareto Ⅰ 型、Ⅱ 型和 Ⅲ 型三种分布形式：

Pareto Ⅰ 型：$G_1(y;\beta(u)) = \begin{cases} 1 - e^{-\frac{y}{\beta(u)}}, & y \geq 0 \\ 0, & y < 0 \end{cases}$ (2.37)

Pareto Ⅱ 型：$G_2(y;\xi,\beta(u)) = \begin{cases} 1 - \left[\dfrac{y}{\beta(u)}\right]^{-1/\xi}, & y \geq \beta(u) \\ 0, & y < \beta(u) \end{cases} \xi > 0$ (2.38)

Pareto Ⅲ 型：$G_3(y;\xi,\beta(u)) = \begin{cases} 0, & y < \beta(u) \\ 1 - \left[-\dfrac{y}{\beta(u)}\right]^{-1/\xi}, & \beta(u) \leq y \leq 0 \\ 1, & y > 0 \end{cases} \xi < 0$

$$(2.39)$$

当 $\beta(u) = 1$ 时，称之为标准 GPD 分布，此时，Pareto Ⅰ 型分布 $G_1(y)$ 就是

指数分布；ParetoⅡ型分布 $G_2(y:\xi)$ 为 Pareto 分布；ParetoⅢ型分布 $G_3(y:\xi)$ 为 Beta 分布。特别是当形状参数 $\xi=1$ 时，$G_3(y:1)$ 表示区间 $[-1,0]$ 上的均匀分布。ParetoⅠ型、Ⅱ型和Ⅲ型分布组成了三种不相交的 GPD 分布的子分布类型。图 2.1（a）直观显示出 GPD 累积分布函数随着形状参数 ξ 由正数变为负数，尾部的分布越来越窄。当形状参数 ξ 取负数时，GPD 集中在有限域 $[0,-1/\xi]$ 内，负数越小范围越窄。$\xi>0$ 时，GPD 分布的尾部存在厚尾特征，且随着形状参数 ξ 的增大厚尾特征越显著。图 2.1（b）即为 ξ 分别取值 -0.5、0、0.5 时的标准 GPD 分布密度函数图，可以看出概率密度函数 $g_1(y)$、$g_2(y:\xi)$ 在区间 $[0,+\infty]$ 上严格单调递减，而 $g_3(y:\xi)$ 却存在 $y<2$。

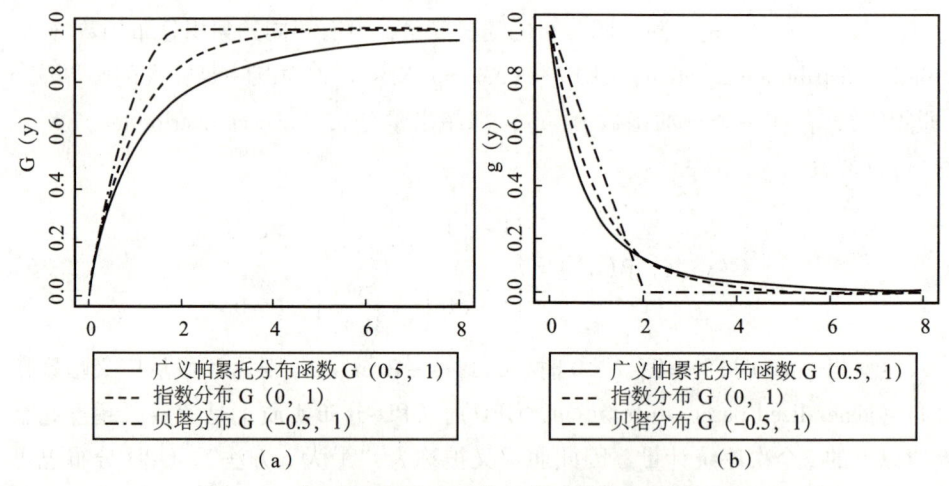

图 2.1 广义帕累托分布函数（左）及密度函数（右）

根据 GPD 分布的累积分布函数，可求得 GPD 分布的概率密度函数为

$$g[y:\xi,\beta(u)] = \begin{cases} \dfrac{1}{\beta(u)}\left[1+\xi\dfrac{y}{\beta(u)}\right]^{-1/\xi-1}, & \xi \neq 0 \\ \left(\dfrac{1}{\beta(u)^e}\right)^{-y/\beta(u)}, & \xi = 0 \end{cases} \quad (2.40)$$

进一步可得 ParetoⅠ型、Ⅱ型和Ⅲ型分布的概率密度函数：

$$g_1(y:\beta(u)) = \dfrac{1}{\beta(u)}e^{-\dfrac{y}{\beta(u)}}, \quad y \geq 0 \quad (2.41)$$

$$g_2(y:\xi,\beta(u)) = \dfrac{\xi}{\beta(u)}\left[\dfrac{y}{\beta(u)}\right]^{-\xi-1}, \quad y \geq \beta(u), \xi > 0 \quad (2.42)$$

$$g_3(y: \xi, \beta(u)) = \frac{\xi}{\beta(u)}\left[-\frac{y}{\beta(u)}\right]^{\xi-1}, \quad -\beta(u) \leq y \leq 0, \xi > 0 \quad (2.43)$$

2.2.3.2 基于 GPD 的阈值模型

与 GEV 最大值稳定性性质相类似，GPD 的一个重要性质即某一分布，对于给定阈值超出量经过规范化后的渐近分布仍然是它本身。由此可知，GPD 描述的是超出量的极值行为，而非整个分布，这就避开了分布假设难题，也有助于处理金融风险厚尾分布的测度问题。为了更加合理地刻画现实数据，引入基于 GPD 的阈值模型，其建模思想为：基于 GPD 拟合超限分布，即对超过某一充分大的临界值即阈值（threshold）的所有观测数据进行建模，渐近地刻画分布的尾部特征。

（1）阈值模型的构建。

假定 $X_1, \cdots, X_n$ 是独立同分布（I.I.D）的随机变量，其分布函数记为 $F(x)$，x_0 表示 $F(x)$ 的右端点，它可能是有限的也可能是无限的。选取某一充分大阈值为 u，若 $X_i > u$，则称为超阈值（exceedance），$Y_i = X_i - u$ 为超出量（excess），即

$$x_0 = \sup\{x_0 \in R: F(x) < 1\} \quad (2.44)$$

设超过 u 的样本个数为 N_u，分别记为 $X_1, \cdots, X_{N_u}$，称随机变量 X_i 的超出量分布为条件超额分布函数（conditional excess distribution function，CEDF），即

$$\begin{aligned} F_u(y) &= p\{X - u \leq y \mid X > u\} \\ &= \frac{p\{X - u \leq y, X > u\}}{p\{X > u\}} \\ &= \frac{p\{u < X \leq y + u\}}{p\{X > u\}} \\ &= \frac{F(y+u) - F(u)}{1 - F(u)} \end{aligned} \quad (2.45)$$

因为 $X > u$ 有 $x = y + u$，式（2.45）经过变换即可得到：

$$F(x) = [1 - F(u)]F_u(y) + F(u) \quad (2.46)$$

由式（2.46）可知，若总体分布 $F(X)$ 已知，可直接推导出条件超额函数 $F_u(y)$ 的分布。但在金融实践中，总体分布 $F(X)$ 往往是未知的，从而需要先利用极值相关理论求出它的渐近分布，再对超阈值 u 的样本进行建模，进而对超过阈值 u 的条件超额分布函数进行估计，然后再进一步推断出总体分布函数 $F(x)$。

贝克曼和棣哈恩（Balkema and De Haan, 1974）与皮侃思（Pickands, 1975）

证明了当 u 充分大时, 超额分布 $F_u(x)$ 收敛于某一广义帕累托分布, 记作

$$F_u(y) \approx G_{\xi,\beta}(y) = \begin{cases} 1 - \left[1 + \xi \frac{y}{\beta(u)}\right]^{-1/\xi} & 若\ \xi \neq 0 \\ 1 - \exp[-y/\beta(u)] & 若\ \xi = 0 \end{cases} \quad (2.47)$$

其中 ξ 为形状参数, 当 $\xi \geq 0$ 时, $y \in [0, \infty]$; 当 $\xi < 0$ 时, $y \in [0, -\beta/\xi]$; $\beta > 0$, 为尺度参数。分布函数 $G_{\xi,\beta}(y)$ 被称为 GPD 分布。将 GPD 代入到式 (2.44) 得:

$$F(x) = [1 - F(u)] G_{\xi,\beta}(x - u) + F(u) \quad (2.48)$$

对于较高的门限 u, 以 N_u 代表样本中大于门限 u 的样本数, 以 n 代表样本大小, 则

$$\hat{F}(u) = \frac{n - N_u}{n} \quad (2.49)$$

将式 (2.47)、式 (2.49) 代入式 (2.46), 可得

$$\hat{F}(x) = \begin{cases} \frac{N_u}{N}\left\{1 - \left[1 + \frac{\xi}{\beta}(z-u)\right]^{-1/\xi}\right\} + \left(1 - \frac{N_u}{N}\right) \\ \frac{N_u}{N}\left[1 - e^{-(z-u)/\beta}\right] + \left(1 - \frac{N_u}{N}\right) \end{cases}$$

$$= \begin{cases} 1 - \frac{N_u}{N}\left[1 + \frac{\xi}{\beta}(z-u)\right]^{-1/\xi}, & \xi \neq 0 \\ 1 - \frac{N_u}{N} e^{-(z-u)/\beta}, & \xi = 0 \end{cases} \quad (2.50)$$

GPD 实质上是对超阈值 u 的数据次序量进行观测, 选择合理的阈值 u 至关重要。选取阈值过高, 虽然满足了 GPD 分布特点, 但由于超阈限值过少易使参数估计产生较大方差; 阈值过低, 则难以确保超阈值分布的收敛性, 易产生有偏估计。

(2) 阈值的择选。

极值理论研究中亟待解决的问题在于阈值 u 的选取, 如何合理确定阈值, 优化样本分割, 平衡偏差与方差关系, 现阶段尚无统一方法标准。目前, 选取阈值 u 的方法主要有图解法与计算法两大类。图解法主要是根据平均超出量函数 e(u) 的线性变化或判断阈值 u 改变所引起的参数估计量的变化来进行阈值的选取, 主要是均值超额函数法。计算法则主要采用 Hill 估计法、峰度法和 De Haan 矩估计等阈值择选方法。

Ⅰ. 均值超额函数法。

对于给定的阈值 u_0，超限 $X - u_0$ 服从参数为 ξ，$\beta(u_0)$ 的 GPD 分布，此时超限期望是

$$E(X - u_0 \mid X > u_0) = \beta(u_0)/(1 - \xi) \tag{2.51}$$

对于任何 $u > u_0$，定义超限期望函数（mean excess fuction，MEF）$e(u)$ 为

$$e(u) = E(X - u \mid X > u) = [\beta(u_0) + \xi(u - u_0)]/(1 - \xi) \tag{2.52}$$

相应地，对任何 $y > 0$，且 $0 < \xi < 1$ 时，有

$$e(u_0 + y) = E[X - (u_0 + y) \mid X > (u_0 + y)] = [\beta(u_0) + \xi y]/(1 - \xi) \tag{2.53}$$

式（2.51）超限期望函数是 $y = u - u_0$ 的线性函数，进而则依据超限期望图来确定阈值。实际应用中，常采用观测样本超限期望函数（SMEF）以及它的超限期望图。

令 $X_{(1)} < X_{(2)} < \cdots < X_{(n)}$，样本的超限期望函数（SMEF）为

$$e(u) = \frac{\sum_{i=k}^{n}(X_i - u)}{n - k + 1} \quad k = \min\{i \mid X_i > u\} \tag{2.54}$$

超限期望图为 $[u, e(u)]$ 散点图构成的曲线，$e(u)$ 为超过阈值 u 的样本超额数 $X_i - u$ 的总和与超过阈值 u 的样本个数的比值，也可以说 $e(u)$ 就是平均超出量。

存在 u_0，当 $u \geq u_0$ 时，超限期望图近似呈一条直线。一般地，如果超限期望图当 $x \geq u_0$ 时是向上倾斜的，说明数据遵循形状参数 ξ 为正的 GPD 分布，这时的分布为厚尾分布；如果超限期望图当 $x \geq u_0$ 时是向下倾斜的，说明数据服从薄尾分布，并且形状参数 $\xi < 0$；如果超限期望图当 $x \geq u_0$ 时是水平的，则说明该数据来源于指数分布，$\xi = 0$。因此，选取充分大的作为阈值 u_0，使得当 $x \geq u_0$ 时 $e(x)$ 为近似于线性函数，自 u_0 始 SMEF 趋近线性且呈正的斜率，则该值即为择选的阈值。

Ⅱ. Hill 图法。

令 $X_{(1)} > X_{(2)} > \cdots > X_{(n)}$ 表示独立同分布的顺序统计量。尾部指数的 Hill 统计量定义为

$$H_{k,n} = \frac{1}{k} \sum_{i=1}^{k} \ln\left[\frac{X(i)}{X(k)}\right] \tag{2.55}$$

Hill 图定义为点 $(k, H_{k,n}^{-1})$ 构成的曲线，选取 Hill 图形中尾部指数的稳定区域的起始点的横坐标 k 所对应的数据 X_k 作为阈值 u。

上述两种图解法简便、直观，通过 S - Plus 软件容易实现阈值的选取，但两种方法均存在基于主观判断进行定性描述的局限，如趋于线性、稳定区域。其定

性的描述在实际运用中,不同的主观判断选取阈值的具体数值有所差异,同时也难以通过软件程序定量实现。

Ⅲ. 改进的 Hill 估计法。

鉴于 Hill 图解法存在主观判断的缺陷,考虑在 Hill 估计法中引入斜率变点模型,即通过搜索直线中斜率发生结构性突变的点 k 来界定 Hill 估计的平稳线性状态,定量确定阈值 u,进而利用极大似然估计和自举抽样方法进行参数估计。

假设 $X_1, \cdots, X_n$ 是来自 $F(x)$ 的独立同分布的随机变量,且服从厚尾分布,n 为样本空间,按升序得到次序统计量 x_i,满足 $x_i \geq x_{i-1}$, $i = 2, \cdots, n$。Hill 估计量形式为

$$\gamma(k) = \frac{1}{k} \sum_{j=1}^{k} [\ln x_{(n-j+1)} - \ln x_{(n-k)}] \quad k = 1, 2, \cdots, n-1 \quad (2.56)$$

宋加山等(2008)指出,Dacarong 认为几乎所有厚尾分布均可近似于以下分布簇:

$$F(x) = 1 - ax^{-\alpha}(1 + bx^{-\beta}) \quad (2.57)$$

其中,a, b 为尺度参数,α, β > 0 为尾部指数。Hill 估计的渐进期望值可近似表示为

$$E[\gamma(k)] = \frac{1}{\alpha} - \frac{b\beta}{\alpha(\alpha+\beta)} \alpha^{-\frac{\beta}{\alpha}} \left(\frac{k}{n}\right)^{\frac{\beta}{\alpha}} \quad (2.58)$$

其渐进方差为

$$\mathrm{var}(\gamma(k)) \approx \frac{1}{k\alpha^2} \quad (2.59)$$

式(2.56)可以转化为

$$\gamma(k) = \beta_0 + \beta_1(k) + \varepsilon(k), \quad k = 1, 2, \cdots, n-1 \quad (2.60)$$

基于式(2.59)和式(2.60)中的 $\varepsilon(k)$ 具有异方差特征,通过模型转换,消除其异方差,构造典型线性统计模型,然后再采用最小二乘法对参数 β 进行估计。

(3) GPD 模型的参数及高分位数估计。

Ⅰ. 基于极大似然估计法的参数估计。

鉴于在金融实践中,很难真正得到来自 GPD 分布的一个独立同分布样本。设定恰当的阈值 u,则超出量 $y_i = x_i - u$ 近似服从 GPD 分布,通过对超出量 $y_i = x_i - u$ 的 GPD 分布做参数估计,可得 X_i 的 GPD 分布的参数估计。对于 GPD 的参数估计,可考虑采用费雪和提皮特(R. A. Fisher and Tippett L. H. C.,1928)提出的极大似然估计法(maximum likelihood estimation, MLE),该方法具有无偏

性、有效性和一致性等良好的大样本性质，且估计推断也易应用于较复杂的模型。考虑到大部分现实金融时间序列的极值服从 Fréchet 分布，史密斯（Smith, 1985）有关极大似然估计中的正则定理仍然适用于 GPD 分布。广义帕累托分布 $G_{\xi,\beta}$ 的密度函数为

$$g_{\xi,\beta(u)}(y) = \begin{cases} \dfrac{1}{\beta}(1 + \xi \dfrac{y}{\beta})^{-\frac{1}{\xi}-1}, & \xi \neq 0 \\ \dfrac{1}{\beta}\exp(-y/\beta), & \xi = 0 \end{cases} \quad (2.61)$$

当 $\xi \neq 0$ 时，基于 GPD 分布，推导出的极大似然估计函数为

$$L[y: \beta(u), \xi] = -k\ln[\beta(u)] - \left(1 + \dfrac{1}{\xi}\right)\sum_{i=1}^{k}\ln\left[1 + \dfrac{\xi y_i}{\beta(u)}\right] \quad (2.62)$$

这里有，当 $\xi > 0$ 时 $y_i \geq 0$；$\xi < 0$ 时，$0 \leq y_i \leq -\beta(u)/\xi$。

当 $\xi = 0$ 时，极大似然估计函数为

$$L[y: \beta(u)] = -k\ln[\beta(u)] - \beta(u)^{-1}\sum_{i=1}^{k}y_i \quad (2.63)$$

求解可得到式（2.62）、式（2.63）函数值最大的 $[\beta(u), \xi]$，此即为所求的估计量。

Ⅱ. Hill 估计法。

极值指数 ξ（也即形状参数）确定了 GPD 分布的具体类型，也反映了尾分布收敛性质，ξ 越大则尾部越厚，尾分布收敛速度越缓慢，而位置参数 μ 与尺度参数 $\beta(u)$ 则与极值分布的类型无关。Hill 估计是其中较为具代表性的方法。

希尔（Hill, 1975）提出了当极值指数 $\xi > 0$ 时的估计模型：

$$\hat{\xi}_n = \dfrac{1}{k}\sum_{j=1}^{k}\log\dfrac{X_{n,n-j+1}}{X_{n,n-k}}, \quad k = 1, 2, \cdots, n-1 \quad (2.64)$$

当次序统计量 $(X_1, X_2, \cdots, X_n)$ 是严格平稳的，且当 $\xi > 0$，$L \in R_0$（即函数 L 为在无穷远处的缓变函数）时

$$\overline{F}(x) = P(X > x) = x^{-1/\xi}L(x), \quad x > 0 \quad (2.65)$$

对 Hill 估计，马隼（Mason, 1982）、豪斯汀（Hsing, 1991）和瑞思尼克（Resnick, 1995）等人给出了其具有弱收敛性的条件。棣核威尔斯等（Deheuvels et al., 1988）证明了当 $k \to \infty$ 且 $k/\mathrm{loglog}n \to \infty$ 情况下，Hill 估计是强收敛的。当 $n \to \infty$、$k \to \infty$ 且 $k/n \to 0$ 时，马蒂斯等（Mattys et al., 2000）证明了 Hill 估计的渐近正态性。

2.2.4 Coupla 簇模型

Copula 理论的提出可以追溯到 Sklar 在 1959 年的研究论文，随着边缘分布建模理论和信息技术的不断发展，Copula 理论在 20 世纪 90 年代后期应用到金融领域。伊姆瑞切斯等（Embrechts et al., 2003）对 Copula 函数的参数估计方法、半参数估计方法和有关模拟方法进行了较为详细的介绍。乔（Joe, 1997）和尼尔森（Nelson, 2006）对 Copula 的统计理论和建模方法进行了总结。吉恩斯特等（Genest et al., 1995, 2009）统计表明 Copula 在工程学、生物统计学、经济学、金融学等多学科领域取得了丰硕的应用成果。在对金融市场间相依结构建模时，常常会面临两个问题：首先，金融数据的复杂特征使得事前难以明确样本之间可能存在何种相依结构；其次，如何选择最佳的相依结构对金融市场风险度量。为此，基于 Copula 建模一般分为两步：第一步，针对金融样本数据特征选取最佳相依结构的 Copula 模型；第二步，对已选定的最佳相依结构模型进行风险测度。

2.2.4.1 Sklar's 定理

令 F 是一个具有边缘分布函数 $F_1(\cdot), \cdots, F_n(\cdot)$ 的 n 元联合分布函数，则存在一个 Copula 函数 C，使得对 $\forall x \in \tilde{R}^n, \tilde{R} \cup \{\pm\infty\}$，有

$$F(x_1, x_2, \cdots, x_n) = C[F_1(x_1), F_2(x_2), \cdots, F_n(x_n)] \quad (2.66)$$

若 $F_1(\cdot), \cdots, F_n(\cdot)$ 均为连续分布函数，则 C 是 F 唯一对应的 Copula 函数，否则，C 在 $RanF_1 \times RanF_2 \times \cdots \times RanF_n$ 上是唯一的，Ran 表示函数的秩；反之，若 C 是一个 n 维 Copula 函数，$F_1(\cdot), \cdots, F_n(\cdot)$ 是一元分布函数，由式（2.66）定义的函数 F 是一个以 $F_1(\cdot), \cdots, F_n(\cdot)$ 为边缘分布的联合分布函数（Sklar, 1959）。Sklar's 定理是 Copula 函数的存在性定理，给出了利用联合分布函数求 Copula 函数的方法。

根据 Sklar 定理及其性质，麦克尼尔等（McNeil et al., 2005）令 $u_i = F_i(x_i)$，$u_i \in [0, 1]$ 服从均匀分布 $i = 1, \cdots, n$，则通过随机变量的联合分布函数 F 和边缘分布函数 $F_1(\cdot), \cdots, F_n(\cdot)$ 的反函数求 Copula 函数为

$$C(u_1, \cdots, u_n) = P(U_1 \leq u_1, \cdots, U_n \leq u_n) = F[F_1^{-1}(u_1), \cdots, F_n^{-1}(u_n)] \quad (2.67)$$

因此，Copula 函数可以看作是边缘分布函数为区间上均匀分布的随机变量 $(u_1, \cdots, u_n)$ 的联合分布函数。通过 Copula 函数 C 的密度函数 c 和边缘分布函

数 $F_1(\cdot)$，…，$F_n(\cdot)$，可以求出联合分布函数 F 的密度函数 f 为

$$f(x_1, \cdots, x_n) = c[F_1(x_1), F_2(x_2), \cdots, F_n(x_n)] \prod_{i=1}^{n} f_i(x_i) \quad (2.68)$$

其中，$c(u_1, \cdots, u_n) = \dfrac{\partial^n C(u_1, \cdots, u_n)}{\partial u_1 \cdots \partial u_n}$，$f_i(\cdot)$ 为边缘分布函数 $F_i(\cdot)$ 的密度函数。上式揭示了 Copula 函数的密度函数与多元变量的联合密度函数之间的联系。同时也便捷的提供了一种估计多元变量联合密度函数的方法。

Sklar's 定理最吸引人之处在于 n 维随机变量的联合分布函数可以分解成 n 个随机变量的边缘分布函数 $F_1(\cdot)$，…，$F_n(\cdot)$ 和一个描述 n 个随机变量相关性的 Copula 函数。Copula 函数可以度量两个或多个变量之间的非线性、非对称的相关性，而现有的相关系数对于联合分布是非椭圆时不能充分描述其相依结构。其逆定理表明若已知 n 个边缘分布函数，可以选择合适的 Copula 函数构造出描述随机变量分布性质的 n 维联合分布函数。由此可见，Copula 函数的引入则为估计多元变量的联合分布函数提供了一种崭新的思路，通过 Sklar's 定理提供了一条在不考虑边缘分布的情况下分析多元分布相依结构的途径。这是 Copula 函数得到广泛应用的重要原因。

另外值得重点关注的是独立 Copula（independent copula）函数，即

$$C(u_1, \cdots, u_n) = \prod_{i=1}^{n} u_i \quad i = 1, \cdots, n \quad (2.69)$$

根据 Sklar's 定理可以证明：在其他条件满足的情况下，多元变量相互独立的充分必要条件是它们的 Copula 函数是独立 Copula 函数。

2.2.4.2 Copula 函数的类型

艾瑞克兹维特和王佳慧（Eric Zivot and Jiahui Wang, 2006）认为，金融相关性分析中常用的 Copula 函数主要有四大类：椭圆 Copulas（elliptic copulas）、阿基米德 Copulas（archimedean copulas）、极值 Copulas（extreme value copulas，EV copulas）和混合 Copulas（archimax copulas）。其中椭圆 Copulas 和阿基米德 Copulas 是按 Copula 函数按所属性质进行划分。椭圆 Copula 可以由椭圆分布得到，很容易从二元情形推广到多元情形。各个阿基米德簇 Copula 可以由相应的生成元函数得到，并且当生成元函数满足一定条件时，可以得到多元阿基米德 Copula。极值 Copula 函数根据相依函数的产生不同而不同。阿基米德 Copula 和极值 Copula 是理论和应用研究中常用的 Copula 函数。

(1) 椭圆 Copulas 函数簇。

椭圆 Copulas 函数来源于椭圆分布函数,且秉承了椭圆分布函数的优良性质,因而是研究金融市场相依结构的基本模型,其中正态 Copula(normal copula)函数和 t-Copula 函数是椭圆 Copula 函数的典型代表。这两种 Copula 函数存在对称的尾部相关性,在中心区域的差别并不大,差别主要体现在其尾部的厚度。t-Copula 函数的自由度参数 v 越大,其尾部越薄。当其自由度 v 超过 30 时,其尾部相依形状非常接近于正态 Copula 函数。椭圆型 Copula 函数的优点是可以构造不同相依程度的边缘分布的 Copula 函数,而缺点是其分布函数没有封闭的表达形式且都是径向对称的。由于其分布性质简单,且模拟较易实现,广泛应用于金融领域。

1) 正态 Copula(又称 gaussian copula)函数。

设随机向量 $X = (X_1, \cdots, X_n)$ 服从 n 元标准正态分布 $\Phi_\Sigma(\cdot)$,随机变量 X_i,$i = 1, \cdots, n$ 服从标准正态分布函数 $\Phi(\cdot)$,其相关矩阵 Σ 是对称、正定矩阵,且 $\mathrm{diag}(\Sigma) = (1, 1, \cdots, 1)'$,则随机变量 X_i 之间的相依结构可由下面的 Copula 函数刻画

$$C_\Sigma^{\mathrm{Gaussian}}(u_1, u_2, \cdots, u_n) = \Phi_\Sigma[\Phi^{-1}(u_1), \Phi^{-1}(u_2), \cdots, \Phi^{-1}(u_n)] \tag{2.70}$$

其中,Φ^{-1} 是标准正态分布函数的逆函数,此 Copula 函数称为正态 Copula 函数。当 n = 2 时,正态 Copula 函数的分布函数和密度函数分别为

$$C^{\mathrm{Gaussian}}(u_1, u_2) = \int_{-\infty}^{\Phi^{-1}(u_1)} \int_{-\infty}^{\Phi^{-1}(u_2)} \frac{1}{2\pi(1-\rho^2)^{1/2}} \exp\left\{-\frac{s^2 - 2\rho st + t^2}{2(1-\rho^2)}\right\} ds dt \tag{2.71}$$

$$c^{\mathrm{Gaussian}}(u_1, u_2) = \frac{1}{\sqrt{1-\rho^2}} \exp\left\{-\frac{s^2 - 2\rho st + t^2}{2(1-\rho^2)}\right\} \exp\left\{-\frac{s^2 + t^2}{2}\right\} \tag{2.72}$$

其中,$\rho \in (-1, 1)$ 是相关系数,$s = \Phi^{-1}(u_1)$,$t = \Phi^{-1}(u_2)$。

2) t-Copula(student's t-copula)函数。

相比于正态 Copula,t-Copula 能捕捉到序列间的尾部相关性,对极端情形的描述能力更强。多元 t-Copula 分布函数的表达式为

$$C^{\mathrm{Student}}(u_1, u_2, \cdots, u_n; \Sigma, \upsilon) = T_{\Sigma,\upsilon}[t_\upsilon^{-1}(u_1), t_\upsilon^{-1}(u_2), \cdots, t_\upsilon^{-1}(u_n)] \tag{2.73}$$

其中,$T_{\Sigma,\upsilon}$ 为相关矩阵为 Σ,自由度为 υ 的 n 维标准 t 分布函数。

当 n = 2 时，t – Copula 函数的分布函数和密度函数可以表示为

$$C_\Sigma(u_1, u_2; \rho, v) = \int_{-\infty}^{t_v^{-1}(u_1)} \int_{-\infty}^{t_v^{-1}(u_2)} \frac{1}{2\pi(1-\rho^2)^{1/2}} \exp\left\{1 + \frac{\zeta_1^2 - 2\rho st + \zeta_2^2}{v(1-\rho^2)}\right\}^{-\frac{(v+2)}{2}} d\zeta_1 d\zeta_2 \quad (2.74)$$

$$c(u_1, u_2; \rho, v) = \rho^{-\frac{1}{2}} \frac{\Gamma\left(\frac{v+2}{2}\right)\Gamma\left(\frac{v}{2}\right)}{\left[\Gamma\left(\frac{v+1}{2}\right)\right]^2} \frac{\left[1 + \frac{\zeta_1^2 + \zeta_2^2 - 2\rho\zeta_1\zeta_2}{v(1-\rho^2)}\right]^{-\frac{v+2}{2}}}{\prod_{i=1}^2 \left(1 + \frac{\zeta_i^2}{v}\right)^{-\frac{v+2}{2}}} \quad (2.75)$$

其中，$\rho \in (-1, 1)$ 为线性相关系数；$T_v^{-1}(\cdot)$ 为自由度为 v 的一元 t 分布函数 $T_v(\cdot)$ 的逆函数；$\zeta_1 = T_v^{-1}(u_1)$，$\zeta_2 = T_v^{-1}(u_2)$。

（2）阿基米德 Copulas 函数簇。

阿基米德 Copulas 分布函数的定义首先由吉恩斯特和麦科伊（Genest and Mackay, 1986）给出，作为目前在金融领域应用最为广泛的一类 Copula 函数，其较椭圆 Copula 函数的便利之处在于可将多元变量之间复杂的相依结构转换为一个相对简单的生成函数，或称为阿基米德 Copulas 函数的生成元，它源于一个母函数可将复杂的多维问题转换为一个一维问题，从而有利于对实际问题的求解和估计。为了引入 n 元阿基米德 Copulas 函数，首先给出完全单调函数（completely monotonic function）的定义。

定义：若 g(x) 在区间 Z 上满足 $(-1)^t \frac{d^t}{dx^t} g(x) \geq 0$，$x \in Z$，t = 0, 1, 2, …，则称 g(x) 是定义在区间 Z 上的完全单调函数。

定义：如果存在一个生成元 $\varphi: [0, 1] \to [0, \infty]$，使得 Copula 函数具有如下形式

$$C(u_1, \cdots, u_n) = \varphi^{[-1]}[\varphi(u_1) + \cdots + \varphi(u_n)] \quad (2.76)$$

其中，$u_i \in [0, 1]$，i = 1, …, n，且 Copula 函数的生成元满足下列条件：

Ⅰ. $\varphi: [0, 1] \to [0, \infty]$ 是连续的严格单调递减凸函数；

Ⅱ. $\varphi(0) = \infty$，$\varphi(1) = 0$；

Ⅲ. $\varphi^{-1}: [0, \infty] \to [0, 1]$ 是完全单调函数，$\varphi^{[-1]}(t) = \begin{cases} \varphi^{-1}(t), & 0 \leq t \leq \varphi(0) \\ 0, & \varphi(0) \leq t < \infty \end{cases}$

则称 $C(u_1, \cdots, u_n)$ 为 n 元阿基米德 Copulas 函数，$\varphi^{[-1]}$ 为 φ 的拟逆函数（pseudo – inverse），详见尼尔森（Nelson, 1999）。

上述定义可知，阿基米德 Copulas 函数由其生成元唯一确定，常用的二元阿基米德 Copulas 函数有单参数的 Clayton Copula、Joe Copula 等和双参数的

BB1Copula、BB2 Copula、BB7 Copula 函数等。单参数 Copula 参数主要用来表示 Kendall's Tau 和 Spearman's Rho 等一致性相关度量指标，或者是尾部相关度量，其中参数 δ 表示相关性，相同形式的 Copula 函数，δ 大，则相关性强。如 Clayton Copula 函数常用于描述具有下尾相关特性时间序列的相关关系，能较好地描述熊市时期金融市场间的相关性；但对上尾相关性的刻画则较弱。双参数 Copula 函数用来表示相关性的参数有 δ 和 θ，可以同时捕捉两种相关模式如同时估计非对称分布上下尾部的相关性，如表 2.1 所示。

表 2.1　　　　　　　　部分常用的阿基米德 Copula 函数

阿基米德 Copula	$C(u_1, u_2)$	$\varphi(t)$
Gumbel Copula	$\exp(-[(-\ln u_1)^{1/\theta} + (-\ln u_2)^{1/\theta}]^{\theta})$	$(-\ln t)^{1/\theta}$
Clayton Copula	$(u_1^{-\delta} + u_2^{-\delta} - 1)^{-1/\delta}$	$t^{-\delta} - 1$
Joe Copula	$1 - [(1-u_1)^{\delta} + (1-u_2)^{\delta} - (1-u_1)^{\delta}(1-u_2)^{\delta}]^{1/\delta}$	$-\ln[1-(1-t)^{\delta}]$
BB1 Copula	$(1 + [(u_1^{-\theta} - 1)^{\delta} + (u_2^{-\theta} - 1)^{\delta}]^{1/\delta})^{-1/\theta}$	$(t^{-\theta} - 1)^{\delta}$
BB2 Copula	$[1 + \delta^{-1}\ln(e^{\delta u_1^{-\theta}} + e^{\delta u_2^{-\theta}} - 1)]^{1/\theta}$	$e^{(t^{-\theta}-1)} - 1$
BB7 Copula	$1 - (1 - \{[1-(1-u_1)^{\theta}]^{-\delta} + [1-(1-u_2)^{\theta}]^{-\delta} - 1\}^{-1/\delta})^{1/\theta}$	$[1-(1-t)^{\theta}]^{-\delta} - 1$

(3) 极值 Copulas 函数簇。

金融市场极端事件的发生，常常给投资者造成巨大的损失，如何有效度量极端情形下不同市场间的风险成为金融风险管理的关键问题。乔（Joe，1997）认为，满足特定关系式的 Copula 函数称为极值 Copulas 函数。EV Copulas 是与极值分布函数相对应的一类重要的 Copula 函数。

(4) Archimax Copulas 函数簇。

卡皮亚、福格瑞斯和基恩斯特（Capéraa, Fourgères and Genest, 2000）结合 EV Copulas 和阿基米德 Copulas 构造了 Archimax Copulas 类型，其表达式为

$$C(u_1, u_2) = \varphi^{-1}\left\{[\varphi(u_1) + \varphi(u_2)]A\left[\frac{\varphi(u_1)}{\varphi(u_1) + \varphi(u_2)}\right]\right\} \quad (2.77)$$

当 $A(t) = 1$ 时，Archimax Copulas 变为阿基米德 Copulas；当 $\varphi(t) = -\ln(t)$ 时，Archimax Copulas 变为 EV Copulas。Archimax Copulas 类型包括 BB4 Copula 函数，其表达式为

$$C(u_1, u_2) = \{u_1^{-\theta} + u_2^{-\theta} - 1 - [(u_1^{-\theta} - 1)^{\delta} + (u_2^{-\theta} - 1)^{-\delta}]^{1/\delta}\}^{-1/\theta}, \quad \theta \geq 0, \delta > 0$$

$$(2.78)$$

其中，$\varphi(t) = t^{-\theta} - 1$，$A(t) = 1 - [t^{-\delta} + (1-t)^{-\delta}]^{-1/\delta}$。

2.2.4.3 基于 Copula 函数的尾部相关性测度

(1) 尾部相关系数。

在金融风险的分析中，随机变量的尾部相关性更有实用意义。与秩相关性相类似，尾部相关性（tail dependence）是一种通过 Copula 函数度量成对随机变量相依性结构的方法。对其研究的动因在于它可以为度量二元联合分布的尾部相关性提供一种有效方式，众多金融问题的研究都是以此为基础的，如金融市场投资组合、波动溢出分析和风险测度管理等。大量实证研究表明金融资产之间通常表现出不对称的尾部相关性，即尾部相关性在市场大幅下跌期较强，而在市场上涨期较弱。因而通过引入尾部相关性测度，便于更好地刻画极端事件发生时两个金融资产之间的相关程度。

然而，在高低收益率或波动下估计条件相关性会产生条件偏差，若忽略偏差，则会导致估计的非对称相关性不准确，详见博伊尔等（Boyer et al.，1999）和福布斯等（Forbes et al.，2002）。龙基恩和索尼克（Longin and Solnik，2001）利用极值理论估计超出量的相关性的渐近值避免了上述问题。但是基于 EVT 若收益率尾部渐进值再生极值，此时难以估计非对称超出量的相关性。考虑到分位数相关性（quantile dependence）的极限值是尾部相关性。超出量相关性（exceedance correlation）是在某个分位数的超出量的相关性。利用尾部相关性代替超出量相关性，能重复产生这些实证结果。尾部相关性的系数被认为是一个市场的极端事件发生是在另一个市场的极端事件发生下的概率。与超出量相关性不同点在于，其一是尾部相关系数不是根据 GPD 分布选择合适的阈值来估计；其二是尾部相关性完全取决于相依结构，而不受边缘分布变化的影响。

极值理论的引入和尾部相关的度量逐渐成为风险管理研究的重点，而 Copula 函数也为极值理论提供了解决尾部相关性的方法。进而利用 Copula 函数来处理金融风险分析中金融市场或金融资产间的尾部相关性也十分方便。例如它可以直观地反映金融市场之间或金融市场中各类资产之间的相关性问题。

(2) 描述尾部相关性的 Copula 函数。

令随机变量 X 和 Y 的分布函数分别为 F_X 和 F_Y，在下尾阈值 α 不为零的分位数相关性是 $P\{Y < F_Y^{-1}(\alpha) | X < F_X^{-1}(\alpha)\}$。尾部相关性是分位数相关性 $P\{\cdot\}$ 在尾部的极限。因此 X，Y 的下尾部相关系数是

$$\lambda_{Lo} = \lim_{\alpha \to 0^+} P\{Y < F_Y^{-1}(\alpha) \mid X < F_X^{-1}(\alpha)\} \tag{2.79}$$

存在极限值 $\lambda_{Lo} \in [0, 1]$，若 $\lambda_{Lo} \in (0, 1]$，X 与 Y 在下尾部是渐近相关；如果 $\lambda_{Lo} = 0$，则认为是渐近独立。如果 X 与 Y 的边缘分布是连续的，它们的尾部仅仅是对应的 Copula 函数。如果一个二元 Copula 函数存在极限值 $\lambda_{Lo} \in [0, 1]$，则

$$\lambda_{Lo} = \lim_{u \to 0^+} \frac{C(u, u)}{u} \tag{2.80}$$

若 $\lambda_{Lo} \in (0, 1]$，Copula 有下尾部相关性；当 $\lambda_{Lo} = 0$，Copula 不存在下尾部相关性。类似地，如果一个二元 Copula 函数存在极限值 $\lambda_{Up} \in [0, 1]$，则

$$\lambda_{Up} = \lim_{\alpha \to 0^+} P\{Y > F_Y^{-1}(\alpha) \mid X > F_X^{-1}(\alpha)\} = \lim_{u \to 1^-} \frac{\bar{C}(u, u)}{1-u} \tag{2.81}$$

如果 $\lambda_{Up} \in (0, 1]$，X 与 Y 在上尾部是渐近相关；如果 $\lambda_{Up} = 0$，则认为是渐近独立。$\bar{C}(u, u)$ 是 Copula 的生存函数。

从连续型随机变量上下尾部可以看出，其尾部相关系数只与随机变量的相依结构的 Copula 函数有关。在研究联合概率的极限问题时，条件概率存在随着分位数 t 的无限递增，收敛速率越来越慢的趋势，若使用渐进结果将有较大误差。为更细致地反映尾部相关性，雷特福特和陶恩（Ledford and Tawn, 1996）提出联合生成函数法来刻画联合分布的尾部，其条件概率收敛速度模型：

$$p\{X > t, Y > t\} \sim \varphi(t) t^{-1/\eta} \quad t \to \infty \tag{2.82}$$

其中，$\varphi(t)$ 为缓慢变化函数，对于所有固定的 $v > 0$，满足 $\lim_{t \to \infty} \frac{\varphi(vt)}{\varphi(t)} = 1$。$\eta$ 是尾部相关系数，且 $\eta \in (0, 1]$，对给定 η，$\varphi(t)$ 表示为相对强度，二者同时对联合分布的尾部进行刻画，在刻画尾部相关性上比条件概率更为细致。

联合生成函数法比条件概率的尾部相关系数 η 更能细致地反映尾部的相关性：①当 $\eta \to 0$，$\varphi(t) = 1$ 时，表示 X，Y 的尾部完全负相关；②当 $0 < \eta < 1/2$ 时，表示 X，Y 在分布的尾部是负相关的；③当 $\eta = 1/2$ 时，X，Y 的极值是近似独立；$\varphi(t) = 1$，X，Y 的极值是完全独立；④当 $1/2 < \eta < 1$，$\varphi(t) \to c > 0$；$\eta = 1$，$\varphi(t) \to 0$ 时，表示 X，Y 在分布的尾部是正相关的；⑤当 $\eta = 1$，$\varphi(t) = 1$ 时，表示 X，Y 的尾部完全正相关；⑥当 $\eta = 1$，$\varphi(t) \to c > 0$ 时，表示 X，Y 的尾部渐进相关，如表 2.2 所示。

表 2.2　　　　　　　尾部相关系数 η 与缓慢变化函数 φ(t)

分布	上尾 η	上尾 φ(t)	下尾 η	下尾 φ(t)
Gaussian	$(1+\rho)/2$	$C_\rho(\log t)^{-\rho/(1+\rho)}$	$(1+\rho)/2$	$C_\rho(\log t)^{-\rho/(1+\rho)}$
Frank	1/2	$\delta/(1-e^{-\delta})$	1/2	$\delta/(1-e^{-\delta})$
Clayton	1/2	$1+\delta$	1/2	$2^{-1/\delta}$
Joe	1	$2-2^{1/\delta}$	1/2	δ
BB1	1	$2-2^{1/\delta}$	1	$2^{-1/\theta\delta}$
BB2	1/2	$\theta(\delta+1)+1$	1	1
BB3	1	$2-2^{1/\theta}$	1	1
BB4	1	$2^{-1/\delta}$	1	$(2-2^{1/\delta})^{-1/\theta}$
BB6	1	$2-2^{1/\theta\delta}$	$2^{-1/\delta}$	$\theta^{2^{1/\delta}-1}$
BB7	1	$2-2^{1/\theta}$	1	$2^{-1/\delta}$

资料来源：Joe H. Multivariate models and dependence concepts [M]. London: Chapman & Hall, 1997. Hefferan J E. A directory of coeffients of tail dependence [J]. Extremes, 2000, 3 (3): 279-290.

2.2.4.4　藤结构的多元变量 Pair Copula 模型

(1) Pair Copula 的理论基础。

考虑一个 n 维向量 $X = (X_1, X_2, \cdots, X_n)$，其联合概率密度函数为 $f(x_1, x_2, \cdots, x_n)$，可以分解为 $f(x_1, x_2, \cdots, x_n) = f_n(x_n) \cdot f_{n-1|n}(x_{n-1}|x_n) \cdot f_{n-2|n-1,n}(x_{n-2}|x_{n-1}, x_n) \cdots f_{1|2,\cdots,n}(x_1|x_2, \cdots, x_n)$

由 Sklar's 定理，多元联合分布函数可通过 Copula 函数和边缘分布 $F_i(i=1, 2, \cdots, n)$ 表示

$$F(x_1, x_2, \cdots, x_n) = C_{1,2,\cdots,n}(F_1(x_1), F_2(x_2), \cdots, F_n(x_n) \cdot f_1(x_1) \cdots f_n(x_n))$$

进而多元联合密度函数可表示为

$$f(x_1, x_2, \cdots, x_n) = c_{1,2,\cdots,n}[F_1(x_1), F_2(x_2), \cdots, F_n(x_n)] \cdot f_1(x_1) \cdots f_n(x_n) \tag{2.83}$$

其中，$c_{1,2,\cdots,n} \cdot$ 表示 n 维的 Copula 密度函数，$f_i(x_i)$ 代表边缘密度函数。

藤是由阿斯等（Aas et al., 2009）引入的，以图示识别藤结构（Pair-Copula Constructions, PCC）。首先通过把 PCC 引入三维，然后再扩展至 C-藤或 D-藤的更一般形式。以 $X = (X_1, X_2, X_3)^T \sim F$ 为 F_1, F_2, F_3 的边际分布函数和相应密度函数。通过连续递推可表示为

$$f(x_1, x_2, x_3) = f_1(x_1)f(x_2|x_1)f(x_3|x_1, x_2) \tag{2.84}$$

由 Sklar's 定理，可知

$$f(x_2|x_1) = \frac{f(x_1, x_2)}{f_1(x_1)} = \frac{c_{1,2}[F_1(x_1), F_2(x_2)]f_1(x_1)f_2(x_2)}{f_1(x_1)}$$
$$= c_{1,2}[F_1(x_1), F_2(x_2)]f_2(x_2) \tag{2.85}$$

和

$$f(x_3|x_1, x_2) = \frac{f(x_2, x_3|x_1)}{f(x_2|x_1)} = \frac{c_{2,3|1}[F(x_2|x_1), F(x_3|x_1)]f(x_2|x_1)f(x_3|x_1)}{f(x_2|x_1)}$$
$$= c_{2,3|1}[F(x_2|x_1), F(x_3|x_1)]f(x_3|x_1)$$
$$= c_{2,3|1}[F(x_2|x_1), F(x_3|x_1)]c_{1,3}[F_1(x_1), F_3(x_3)]f_3(x_3) \tag{2.86}$$

由式 (2.84) 的三维联合密度可由双变量 Copulas 的 $C_{1,2}$、$C_{1,3}$ 形式表示，$C_{2,3|1}$ 由称为 Pair – Copulas 的 $c_{1,2}$、$c_{1,3}$ 和 $c_{2,3|1}$ 密度所示，其可以选为彼此独立来达到更广泛的相依结构。

当给定各变量的边际分布以及选择好相应的 Copula 函数形式时，仍需确定两个条件分布 $F_{1|2}(x_1|x_2)$ 和 $F_{3|2}(x_3|x_2)$。由乔（Joe, 1997）一般性结论引申可知，

$$F_{1|2}(x_1|x_2) = \partial C_{12}[F_1(x_1), F_2(x_2)]/\partial F_2(x_2),$$
$$F_{3|2}(x_3|x_2) = \partial C_{32}[F_3(x_3), F_2(x_2)]/\partial F_2(x_2)$$

百德福特和库克（Bedford and Cooke, 2001）引入了一种称之为"正则藤"（regular vine）的图解模型，用以组织各种可能的分解式。目前常用的两种藤结构构造方法为 C – 藤和 D – 藤，这两种方法都可以给出一种具体分解联合密度函数的方式。在应用中具体选择哪种结构应结合样本数据特点进行选择。C – 藤在描述 Pair – Copula 密度函数乘积时需要指定某个变量作为主导变量，并且考虑它与其他变量之间的关系，这从某种程度上限制了 Pair – Copula 分解的自由度。相比之下，D – 藤描述 Pair – Copula 密度函数乘积时变量间关系相对独立，因此应用起来更加灵活。但对于三维的 PCC 分解来说，C – 藤和 D – 藤具有相同的结构，此时无论选取哪一种结构模型中待估参数都是一样的。

(2) 高维分布的 Pair – Copula 分解和参数估计步骤。

N 维变量的藤是一类树的集合，树 j 的边是树 j + 1 的节点，j = 1, 2, …, N – 2, 每棵树的边数均取最大，C – 藤和 D – 藤是最特殊的两类藤。其中，C – 藤中每棵树 T_j 中仅有唯一的点链接到 n – j 条边；D – 藤中，树中任一结点所链接的边的条数最多为 2。C – 藤和 D – 藤的适用范围不同：当数据集中出现引导

其他变量的关键变量时，C-藤则适合建模；而当变量相对独立时，则 D-藤适合建模。百德福特和库克（Bedford and Cooke, 2001）也给出了基于藤的 N 维联合密度函数的表达式，C-藤表达式为

$$f(x_1, x_2, \cdots, x_n) = \prod_{k=1}^{n} f(x_k) \prod_{j=1}^{n-1} \prod_{i=1}^{n-j} c_{j,j+i|1,\cdots,j-1}$$
$$[F(x_j|x_1, \cdots, x_{j-1}), F(x_{j+i}|x_1, \cdots, x_{j-1})] \quad (2.87)$$

D-藤表达式为

$$f(x_1, x_2, \cdots, x_n) = \prod_{k=1}^{n} f(x_k) \prod_{j=1}^{n-1} \prod_{i=1}^{n-j} c_{i,i+j|i+1,\cdots,i+j-1}$$
$$[F(x_i|x_{i+1}, \cdots, x_{i+j-1}), F(x_{i+j}|x_{i+1}, \cdots, x_{i+j-1})] \quad (2.88)$$

高维 Pair-Copula 的模型参数估计步骤：

模型参数采用极大似然估计法进行估计，与传统的 N 维 Copula 参数估计方法不同，对高维 Pair-Copula 密度函数做极大似然估计之前，需要首先估计出每棵树的参数初值。其基本步骤如下：①依据原始数据估计第 1 棵树上的 Copula 函数的参数；②基于第一步参数估计的结果及 h 函数，计算观测值（即条件分布函数值），基于此观测值估计第 2 棵树上的 Copula 函数的参数；③不断重复上述两个步骤，直到计算出每棵树上 Copula 函数的参数。再将上述所得的参数值作为初始值，最大化总体似然函数，求得最终的参数估计值，如图 2.2 所示。

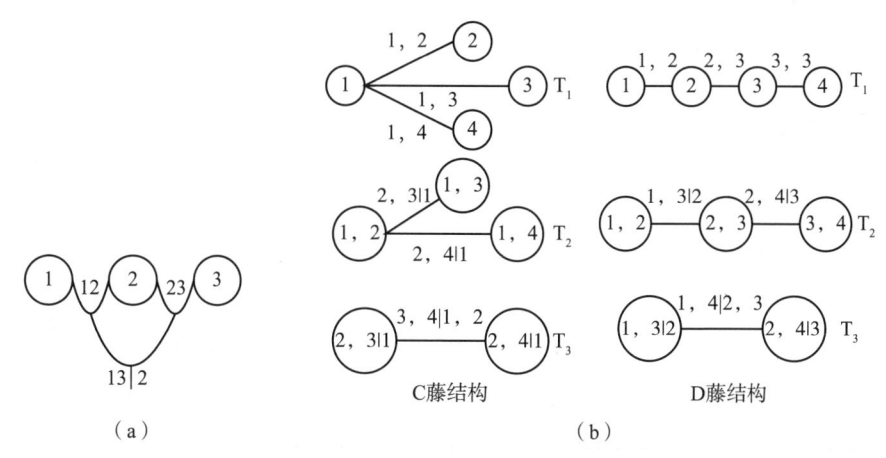

图 2.2 三维联合密度函数的 D-藤分解（a）和
四维密度函数的 C-藤和 D-藤分解（b）

综上可知，三维联合密度函数的 PCC 分解以及藤结构基于 t – Copula 的 PCC 中共有六个参数需要估计，分别是 υ_{12}、ρ_{12}、υ_{23}、ρ_{23}、$\upsilon_{13|2}$ 和 $\rho_{13|2}$，这些参数可以通过对每一个 Pair – Copula 进行估计得到。

为了刻画基于藤结构的 Copula 相对于传统的多元 t – Copula 的优越性，本书在该章中选择 t – Copula 函数作为各个 Pair – Copula 的类型。根据前述藤结构的多元变量 Pair – Copula 模型介绍的 Pair – Copula 构造原理，我们基于 D – 藤结构利用极大似然估计方法来估计模型中的各个未知参数，模型中的条件 Copula 是基于两个条件边际分布（即 h – 函数）得到的，对数似然函数可表示为

$$\ln L = \sum_{t=1}^{T} \left[\ln c_{12}(u_1, u_2, \rho_{12}, \upsilon_{12}) + \ln c_{23}(u_2, u_3, \rho_{23}, \upsilon_{23}) \right. \\ \left. + \ln c_{13|2}(u_{1|2}, u_{3|2}, \rho_{13|2}, \upsilon_{13|2}) \right] \tag{2.89}$$

其中，T 为观测值的个数。

2.2.5 VaR 模型、ES 模型和回测检验

2.2.5.1 VaR 模型和回测检验

风险度量是风险管理的基础和核心。随着金融全球化和金融工程的发展，金融市场风险度量技术也变得更为综合、复杂。从传统的灵敏性分析方法、波动性分析方法演变至现代的 VaR、压力测试、极值理论以及 Copula 方法。其中，VaR 成为目前国际金融市场主流的风险度量基准。

尽管 VaR 为主流测度风险的方法，但该方法也并非完美，存在不具有普遍的次可加性和缺乏对尾部信息的描述等相应缺陷，因此，后续学者提出了 VaR 改进模型，即以一致性风险测度为框架的 VaR 改进模型——ES 模型。

通过对 VaR 的理论研究方法进行梳理，基于是否对金融时序收益分布做出假设，VaR 的计算方法大体上可分为三类：参数法、非参数模拟法和半参数法。常用的参数法有方差预测的 RiskMetrics 方法和波动模型的 GARCH 和 SV 簇模型。非参数方法主要有历史模拟法和蒙特卡洛模拟法。历史模拟法相对简单，主要运用丰富的历史数据，对最新数据的反映就不敏感，同时存在新兴市场适用性问题。而基于全值估计、无分布假定蒙特卡洛模拟法已经逐渐成为计算风险值 VaR 的主流方法，它解决了方差—协方差方法和历史模拟法存在的问题，同时具有这两种方法各自的长处。本书主要采用非参数模拟法中的蒙特卡洛模拟法。下面介绍蒙特卡洛模拟方法，蒙特卡洛模拟法（monte carlo simulation）通过对那些决定

金融工具市场价格和收益率的随机过程进行大量重复地模拟,模拟的前提是使得金融资产组合价值的模拟分布逼近于其真实分布,通过大量模拟从而得到 VaR 的模拟数值。VaR 的该模拟方法与历史模拟法类似,但二者最突出的不同在于,历史模拟法是从金融时序历史数据中抽取样本;而蒙特卡洛模拟法则是首先假设金融资产收益率服从某一特定随机过程,然后再从该特定随机分布进行抽样。具体而言,蒙特卡洛模拟法大致分两步骤进行:其一,通过假设某一或多元金融变量服从一个随机过程,从而确定其过程参数;其二,根据前述步骤得到的随机数以及金融变量的历史数据,我们构造出该金融资产组合的所有的价格路径,通过大量模拟变量走势涵盖其所有的路径。然后再对模拟的所有价格情景进行统计分析,进而得到相应模拟的概率分布,最后从中找出特定显著性水平下的统计分位数。

基于失败概率的 VaR 模型回测检验:VaR 模型的准确性检验是指 VaR 模型的测量结果对实际损失的覆盖程度,进而通过直接观测实际损失超过 VaR 的概率。这是国内外文献较为常用的准确性检验方法,考察实际损失超过 VaR 的概率是最直接的准确性检验方法。较为常用的是选择 Kupiec 似然比检验作为回测检验。

Kupiec 提出的失败频率检验法的思想是,假定 VaR 估计具有一时间独立性,将每日实际损失超过 VaR 的估计记为失败,把实际损失低于 VaR 的估计记为成功。如果假定每次事件具有时间独立性,则失败观察的二项式结果代表了一系列独立的贝努里试验。例如,如果置信水平是 95%,则每次试验的期望概率应为 5%。因此,检验模型的准确性相当于检验失败率等于特定概率的零假设。

设实际考察天数为 T,失败天数为 N,失败概率便为 $p = N/T$。若选取的置信水平为 q,失败的期望概率应为 $P^* = 1 - q$,则零假设为 $p = p^*$。这样对 VaR 模型准确性的评估就转化为检验失败频率是否显著不同于 p^*。Kupiec 提出了对零假设 $p = p^*$ 最合适的检验是似然比率(likelihood ratio,LR)检验:

$$LR_{uc} = -2\ln[(1-p^*)^{T-N}(p^*)^N] + 2\ln[(1-N/T)^{T-N}(N/T)^N] \quad (2.90)$$

在零假设条件下,统计量 LR_{uc} 服从自由度为 1 的 χ^2 分布,如显著性水平 5% 的 χ_1^2 临界值为 3.84。故当 $LR_{uc} > 3.84$ 时,可拒绝初始假设,模型被拒绝。LR_{uc} 越小,表明模型越精确,可信度越高。但失败次数过低,却意味着模型过于保守。

2.2.5.2 预期不足(expected shortfall,ES)模型及回测检验

该模型是针对目前主流 VaR 方法的不满足一致性公理的缺陷,通过大量学者的深入研究,积极探寻新的风险度量方法,使之具有既有优于 VaR 的性质,

又可以弥补 VaR 方法的重大缺陷，同时也符合金融市场风险的经济意义。因而，基于一致性风险度量框架的改进模型之一——预期不足模型应运而生。

ES 模型的概念最早由卡罗艾瑟比和迪瑞克塔斯舍（Carlo Acerbi and Dirk Tasche, 2001）提出，该概念基于证券组合损益分布的情形，又无须考虑满足金融资产组合损失函数满足正态分布的要求。ES 的数学概念描述如下，首先考虑某一金融资产满足连续损失分布的 ES 定义：损失 L 满足 $\int_R |l| dF_L(l) < \infty$。置信区间为 $\alpha \in (0, 1)$，则
ES 定义如下：

$$ES_\alpha = E(L | L \geq VaR_\alpha) \quad (2.91)$$

在离散情况下，卡罗艾瑟比和迪瑞克塔斯舍（2001）已经证明 ES 概念不满足次可加性。为了得到更为广泛意义上的概念即广义 ES：给定可积的 L, $\alpha \in (0, 1)$，则一般的 ES 模型定义为

$$ES_\alpha = 1/\alpha \times E[L; L \geq VaR_\alpha(L)] + q_\alpha(L) \times \{P[L \geq VaR_a(L)] - \alpha\} \quad (2.92)$$

其中，$q_\alpha = -VaR_\alpha$。

针对 ES 的回测检验，重点测度每个违反值与 ES 差异的程度，特别是 VaR 失效时，观测 ES 能否有效覆盖更大范围的尾部风险，于是定义统计量：

$$LE = \left| \frac{1}{n} \sum_{i=1}^{n} X_i - \frac{1}{n} \sum_{i=1}^{n} ES_i \right| \quad (2.93)$$

其中，n 是超过个数，$\frac{1}{n} \sum_{i=1}^{n} X_i$ 表示超 VaR 时实际损失的期望值；$\frac{1}{n} \sum_{i=1}^{n} ES_i$ 表示超过 VaR 时条件风险价值的期望值，LE 值越小，估计效果越好。

2.2.5.3 条件风险价值 CoVaR

CoVaR 是传统风险计量 VaR 的一种进步和创新，它表示在给定持有期内及置信水平下，金融机构或资产组合在未来发生损失 VaR 的条件下，其他金融机构或资产组合在未来一段时间内发生的最大损失。例如，当置信水平为 $1-\beta$ 时，若机构 i 遭受的损失为 $VaR_{\alpha,t}^i$，则机构 j 可能遭受的最大损失 $CoVaR_{\beta,t}^{j/i}$ 为：

$$p(X^j \leq CoVaR_{\beta,t}^{j/i} | X^i \leq VaR_{\alpha,t}^i) = \beta \quad (2.94)$$

假设 X^i 为该机构的收益率，X^j 为另一机构的收益率，进一步分析可知，式（2.94）是一个条件概率公式，采用贝叶斯公式可将其变换为式（2.95）所示：

$$\frac{p(x^j \leq CoVaR_\beta^{j/i}, x^i \leq VaR_\alpha^i)}{p(X^i \leq VaR_\alpha^i)} = \beta \quad (2.95)$$

式（2.95）中的分母即为在险价值的置信度，因此可以将其转化成式

(2.96) 如下：

$$p(X^j \leqslant CoVaR_{\beta}^{j/i}, X^i \leqslant VaR_{\alpha}^i) = \alpha\beta \quad (2.96)$$

当研究同一问题时，采用同一置信度下，即此时 $\alpha = \beta$。

此外，根据上式定义可知，$CoVaR_{\beta,t}^{j/i}$ 其实是 $VaR_{\alpha,t}^i$ 在特定条件下的一种特殊形式。进一步，可以将金融机构 j 所承受的条件在险价值 $CoVaR_{\beta,t}^{j/i}$ 分为两个部分：其本身承受的无条件在险价值 $VaR_{\alpha,t}^i$ 和机构 i 对其的溢出风险价值 $\Delta CoVaR_{\beta,t}^{j/i}$。由此可以得到

风险溢出值的绝对幅度：$\Delta CoVaR_{\beta,t}^{j/i} = CoVaR_{\beta,t}^{j/i} - VaR_{\alpha,t}^i \quad (2.97)$

风险溢出值的相对幅度：
$$\% CoVaR_{\beta,t}^{j/i} = \frac{\Delta CoVaR_{\beta,t}^{j/i}}{VaR_{\alpha,t}^i} \times 100\%$$
$$= \frac{CoVaR_{\beta,t}^{j/i} - VaR_{\alpha,t}^i}{VaR_{\alpha,t}^i} \times 100\% \quad (2.98)$$

说明风险溢出值越高，表示某一领域行业对另一领域行业风险贡献程度越高；反之亦然。

2.2.6 构建 Coupla-GPD 混合模型

Copula 函数建模基础在于清晰化每个边缘分布函数的变化规律和分布特征，进而对几个随机变量的相依结构进行研究，由于随机变量之间的相依结构具有可通过单调函数之间的相依结构来体现的特点，但因边缘分布的类型不同，导致 Copula 函数描述相关程度不同，构建 Copula-GPD 模型、Copula-GARCH-GPD 和 Copula-SV-GPD 模型，并推广到多元 Copula-GARCH-GPD 簇和多元 Copula-SV-GPD 簇模型，其中核心是构建 Copula-GPD 模型。

2.2.6.1 构建 Copula-GPD 模型

设 $x = \{[x_1^{(t)}, \cdots, x_n^{(t)}]\}_{t=1}^T$ 为随机向量 $X = (X_1, \cdots, X_n)$ 的一个独立同分布的样本，令随机变量 $X_i(i=1, \cdots, n)$ 的阈值为 u_i，则超额量 $X_i^{(t)} - u_i$ 近似服从 GPD 分布。

$$G_i[x_i^{(t)}; u_i, \sigma_i, \xi_i] = \begin{cases} 1 - \left[1 + \sum_{t=1}^T \xi_i \frac{x_i^{(t)} - u_i}{\sigma_i}\right] \xi_i \neq 0 \\ 1 - \exp\left[-\frac{x_i^{(t)} - u_i}{\sigma_i}\right] \xi_i = 0, i = 1, \cdots, n \end{cases} \quad (2.99)$$

其中，u_i, σ_i, ξ_i 分别为随机变量 X_i 对应的位置参数、尺度参数和形状参数。

ξ_i 和 σ_i 决定着 GPD 分布情形，ξ_i 决定着尾部消失的速度，ξ_i 越大则尾部越厚。

依据 Copula 理论和 GPD 模型，则可得 n 元 Copula - GPD 模型为

$$x_1^{(t)}, \cdots, x_n^{(t)} \sim C_t[F_1(x_1^{(t)}; u_1, \sigma_1, \xi_1), \cdots, F_n(x_n^{(t)}; u_n, \sigma_n, \xi_n)]$$

(2.100)

其中，$F_i(\cdot)$，$i = 1, 2, \cdots, n$ 为 GPD 模型对应的分布函数。从 Copula - GPD 模型可知，反映随机变量的相关性更多体现在尾部极值的相关性，由于 Copula 模型的应用灵活，计算简便，并且还可以描述尾部极值的再生相关性等优点，因此该模型优于多元极值分布。

2.2.6.2 GPD 分布中静态 VaR 和 ES 的估计

度量金融市场风险的 VaR 和 ES 测度，从数理统计的角度来看，可表示为在一定持有期内金融组合损益分布的一个高分位数。前述研究表明，对一个充分大的阈值 u，$F(X)$ 的超出量条件分布函数 $F_u(y)$ 可以 $G[y; \beta(u), \xi]$ 很好地近似，即：$F(x) = [1 - F(u)]G[y; \beta(u), \xi] + F(u)$。

令 n 为样本数，n_u 为大于阈值 u 的样本 x 的个数，根据历史模拟法，$(n - n_u)/n$ 可用来近似表示经验分布函数 $F(u)$，上式则变形为：

$$F(x) = \left(1 - \frac{n - n_u}{n}\right) G_{\beta(u), \xi}(x - u) + \frac{n - n_u}{n}$$

$$= 1 + \frac{n_u}{n}[G_{\beta(u), \xi}(x - u) - 1] \quad (2.101)$$

用 GPD 的分布形式替代上式中的 $G_{\beta(u), \xi}(x - u)$，并对其进行统计估计，则尾部估计变成：

$$\hat{F}(x) = 1 - \frac{n_u}{n}\left[1 + \hat{\xi}\frac{x - u}{\hat{\beta}(u)}\right]^{-1/\hat{\xi}} \quad (x > u, \xi \neq 0) \quad (2.102)$$

由于 VaR 即是金融组合损益分布的一个高分位数，给定的置信水平 p，则有 $VaR_p = \inf\{x \in R: F_x(x) \geq p\}$，若 F 的密度函数为连续函数时，$VaR_p = F^{-1}(p)$。据此求式 (2.102) 反函数，则给定的置信水平 p 下的 VaR_p 和 ES_p 模型：

$$VaR_p = \hat{x}_P = u + \frac{\hat{\beta}(u)}{\hat{\xi}}\left\{\left[\frac{n}{n_u}(1 - p)\right]^{-\hat{\xi}} - 1\right\} \quad (2.103)$$

$$ES_p = E(X | X > VaR) = \frac{VaR_p}{1 - \hat{\xi}} + \frac{\hat{\beta}(u) - \hat{\xi}u}{1 - \hat{\xi}} \quad (2.104)$$

式 (2.104) 中，$\hat{\beta}(u)$ 与 $\hat{\xi}$ 分别表示 $\beta(u)$ 和 ξ 的估计量。

2.2.6.3 GPD 分布中动态 VaR 和 ES 的估计

风险测度的核心在于构造金融风险潜在损失的概率分布,精确描述金融市场随机波动的动态风险,GPD 则能有效地捕捉可能导致的尾部风险,基于 GPD 的动态风险测度能够较好地拟合了金融市场随机波动的动态性和复杂性。

假设金融资产损失的随机过程为:$X_t = u_t + \sigma_t Z_t$ (2.105)

其中,u_t 为条件均值,$u_t = E(X_t | I_{t-1})$,σ_t 为条件波动,$\sigma_t^2 = Var(X_t | I_{t-1})$,$I_{t-1}$ 为 $t-1$ 日的信息集,Z_t 为严格的白噪声过程,表示第 t 日的标准残差,具有均值为 0,方差为 1,概率分布为 $F_z(z)$。假设 $F_X(x)$ 是在持有期下 x_t 的边际分布,则 $F_{X_{t+1}+\cdots+X_{t+k}}(x)$ 意味着未来 k 天的收益/损失的预测分布。基于前述非条件分位数为 $x_q = \inf\{x \in R: F_X(x) \geq q\}$,则未来 h 天预测分布的条件分位数估计表示为

$$VaR_q^t(h) = x_q^t(h) = \inf\{x \in R: F_{X_{t+1}+X_{t+2}+\cdots+X_{t+k}|I_t}(x) \geq q\} \quad (2.106)$$

同理,条件预期不足定义为

$$ES_q^t(k) = E\left[\sum_{j=1}^k X_{t+j} \bigg| \sum_{j=1}^h X_{t+j} > x_q^t(k), I_t\right] \quad (2.107)$$

进一步,参照麦克内尔和福瑞(McNeil and Frey, 2000),第 t 日在 100q% 的置信水平下,对第 t+1 损失的动态风险值(dynamic VaR)测度分别简化为

$$VaR_q^{t+1} = X_q^t = u_{t+1} + \sigma_{t+1} z_q \quad (2.108)$$

$ES_q^{t+1} = u_{t+1} + \sigma_{t+1} E[z | z > z_q]$ 其中,$z_q = \inf\{z \in R: F_z(z) \geq q\}$

我们比较感兴趣的是分位数和预期不足分布的一步向前预测,记 VaR_q^t 和 ES_q^t 分别表示条件 VaR 和条件 ES,因为

$$F_{X_{t+1}|I_t}(x) = P\{X_{t+1} < x | I_t\} = P\{u_{t+1} + \sigma_{t+1} Z_{t+1} < x | I_t\}$$

$$= P\left\{Z_{t+1} \leq \frac{x - u_{t+1}}{\sigma_{t+1}} \bigg| I_t\right\} = F_Z\left[\left(\frac{x - u_{t+1}}{\sigma_{t+1}}\right) \bigg| I_t\right] \quad (2.109)$$

运用 GPD 模型对金融时序尾部分布进行建模,要求其满足独立同分布条件。然而,金融市场损益序列往往不满足此条件,麦克内尔和福瑞(2000)研究表明,金融市场的损益序列标准残差化能近似满足独立同分布特征。

假定 $y_1, y_2, \cdots, y_n$ 为金融市场收益序列,$\hat{\mu}_t$、$\hat{\sigma}_t^2$ 分别为金融收益序列的条件均值和条件方差,则最近 n 期的随机扰动项 Z_t 即标准残差序列为:

$$(Z_{t-n+1}, \cdots, Z_t) = \left(\frac{y_{t-n+1} - \hat{\mu}_{t-n+1}}{\hat{\sigma}_{t-n+1}}, \cdots, \frac{y_t - \hat{\mu}_t}{\hat{\sigma}_t}\right) \quad (2.110)$$

由于标准残差序列服从的分布不同而导致 Z_q 不同,从而造成动态风险测度

值存在着差异。

2.2.7 CCA 模型

2.2.7.1 CCA 模型理论基础

CCA 方法起源于布莱克和舒尔斯（Black and Scholes, 1973）、莫顿（Merto, 1973）对期权定价理论模型的开创性研究。格瑞、莫顿和博迪（Gray、Merton and Bodie, 2003, 2007）提出了运用或有权益分析方法（contingent claims analysis, CCA）来度量系统性金融风险。他们将期权定价理论引入资产负债表，成功拓展了该方法的运用范围将其用于衡量宏观层面的金融风险。CCA 方法的精髓在于提出了未定权益的概念，即未来收益取决于其他资产价值的资产。通过将资产负债表数据和市场数据相结合，构建出经济资产负债表并运用期权定价理论对风险进行整体分析。该方法集资产负债表数据方法和市场数据度量方法于一体，以其操作相对简便、风险传导过程揭示清晰、结果具有较高准确性和前瞻性等优势而得到越来越多的应用。

鉴于我国金融系统的资产交叉性和同质性不断增强，系统性风险溢出的概率上升，加之金融渐进式改革导致银行风险过度集中与政府隐性担保加剧，增加了系统性风险聚集、金融体系崩溃的概率。因此，测度金融体系在极端情形下的风险溢出效应以及潜在损失显得尤为重要。已有研究结果表明，尽管 CCA 方法在财务报表数据的基础上引入市场数据，能够考虑多维度的风险信息且不失前瞻性，但在危机期很少对金融机构间的违约相关性加以考虑。

2.2.7.2 CCA 模型测度

未定权益分析法（CCA）利用 Black – Scholes 期权定价模型计算银行违约的可能性。假定资产的市场价值在时域上随机波动，且服从布朗运动过程。

$$dA_t = \mu_A A_t dt + \delta_A A_t dz \tag{2.111}$$

式（2.111）中，μ_A 和 δ_A 分别表示资产的预期收益率和波动率，dz 是时间 t 的函数，具有正态分布性质。它的均值是零，方差是时间的平方根。

$$\ln A_t \sim N\left[\ln A_0 + \left(\mu_t - \frac{\delta_t^2}{2}\right)t, \delta_t^2 t\right] \tag{2.112}$$

式（2.112）中，N(·) 表示标准正态分布的累积分布函数，A_0 为银行资产的初始价值。资产 A_t 随机波动至负债到期日 T 时，当出现资产低于企业账面债务价值的情形时,即资产难以足额偿付债务,一旦违约即是风险,该风险大小用时刻违约概率 PD_t 进行刻画。

$$PD_t = Prob(\ln A_t \leq \ln B_t)$$
$$= N\left\{\frac{[(\ln\beta_t/A_t) - (\mu_A - \sigma_A^2/2)](T-t)}{\delta_A(T-t)^{0.5}}\right\} = N(-d_{2,\mu_A}) \qquad (2.113)$$

$$d_{2,\mu_A} = \frac{(\ln A_t/B_t) + (\mu_A - \sigma_A^2/2)(T-t)}{\delta_A(T-t)^{0.5}}$$

式 (2.113) 中,T 为到期日,r 为无风险利率,N(d) 为标准正态分布的累积概率分布函数,d_2,μ_A 示为实际概率测度下的违约距离,称为危机距离 DD (distance to distress)。该值的大小与杠杆率 (A_t/B_t) 和资产波动率 δ_A 密切相关。至此,可用违约概率 PD_t 和违约距离 DD 来衡量风险。

$$DD_t = \frac{\ln(A_t/B_t) + (r - \delta_A^2/2)(T-t)}{\delta_A(T-t)^{0.5}} \qquad (2.114)$$

由于资产市场价值波动率 δ_A 无法直接观测,考虑由较低级别权益(股权)市场价值及波动率替代。一般而言,资产市场价值波动率 δ_A 与低级别权益(股权)波动率 δ_E 存在一定关系,即

$$\delta_E = \frac{N(d_{1,r})A_t}{E_t}\delta_A \qquad (2.115)$$

CCA 模型将较低级别权益(股权)的市场价值 E_t 视为基于资产价值的隐性看涨期权,具体计算公式如下:

$$E_t = A_t N(d_{1,r}) - B_t e^{-r(T-t)} N(d_{2,t})$$
$$d_{1,r} = \frac{\ln(A_t/B_t) + (r + \delta_A^2/2)(T-t)}{\delta A(T-t)^{0.5}} \qquad (2.116)$$
$$d_{2,r} = DD_t = d_{1,r} - \delta_A(T-t)^{0.5}$$

式 (2.116),仅有 A_t 和 δ_A 两个未知参数,其数值可通过 Newton – Raphson 迭代法获得,进而测出风险指标 PD 和 DD 值。若将优先级别权益(债务)的市场价值 D_t 视为债务账面价值 B_t 与违约担保市场价值 P_t 的差值,即

$$D_t = B_t - P_t$$

违约担保的市场价值 P_t 可视为其价值受资产价值、资产波动率、债务的无违约价值和时间影响的隐性看跌期权,其计算公式如下:

$$P_t = B_t e^{-r(T-t)} N(-d_{2,t}) - A_t N(-d_{1,r})$$
$$d_{1,r} = \frac{\ln(A_t/B_t) + (r + \delta_A^2/2)(T-t)}{\delta_A(T-t)^{0.5}} \qquad (2.117)$$

$$d_{2,r} = DD_t = d_{1,r} - \delta_A(T-t)^{0.5}$$

银行体系的系统性金融风险将其各机构作为一个整体,将政府对银行体系隐性担保考虑在内,构建集成银行体系的经济资产负债表,即资产 = 股权 + (账面债务 - 政府隐性担保),运用 CCA 方法计算违约距离 (DD)、政府隐性担保 (P_t) 等指标,进而来刻画银行体系系统性风险。

2.3 本章小结

本章系统地介绍了中国商业银行风险集成可能涉及的基本理论和度量方法,考虑到中国商业银行风险度量主要围绕商业银行数据的典型事实特征进行,因而着重介绍了金融风险度量技术常用的 Copula、GPD、CCA、GARCH 类和 SV 类等度量方法,并系统地介绍了几种常用的厚尾分布概率密度函数形式,并详细探讨了 VaR 模型的特点、局限性、回测检验和 VaR 的改进模型——满足一致性风险测度框架的 ES 模型和奠定了下一章基于风险溢出的 CoVaR 风险测度模型的基础。

第 3 章 中国商业银行集成风险波动溢出效应研究

3.1 中国商业银行风险溢出效应研究现状

3.1.1 研究背景

随着金融的创新和自由化，金融创新产品和金融衍生工具的形成，在促进资金的自由流动的同时也使得风险的传染性和破坏性更强，影响范围更广，2008年的美国次贷危机以及 2010 年的欧债危机、2015 年中国证券市场巨幅波动以及 2018 年中美贸易摩擦，在 2008 年世界金融危机的肆虐下，金融机构遭受重创，实体经济也受到影响。在经济全球化的影响下，一国的金融危机会蔓延到其他国家的经济危机，从而造成全球性的危机。

当商业银行出现流动性资金紧缺时，银行一般采取去杠杆或者出售资产的手段。但是这些行为会对金融市场产生负的外部性。例如当银行出售的资产价格比较低，投资者不一定会去购买银行出售的低价格资产。因为金融市场存在信息不对称，关于银行低价出售资产，投资者猜想银行的流动性肯定出现问题了，一旦关于银行流动性缺乏的传闻在金融市场间蔓延开来，投资者不仅会持有手中的现金不去购买银行资产，而且投资者因担心自己放在银行的存款，于是纷纷去银行将现金取出，这一系列的行为不仅没办法使得银行的流动性资金得到缓解，而且加重了银行的流动性风险。银行受到风险的冲击，没办法向其他行业继续供给资金，其他行业的资金供给链一旦断裂，势必会波及更大范围的经济体系，实体经济也会相应受到影响，最终金融危机的爆发只是时间的问题了。

众所周知，商业银行属于资金密集型的产业，银行是金融机构的基础，尤其在新兴加转轨的中国，商业银行是其他各行业的主要融资渠道，对社会经济的发展至关重要。商业银行作为银行业的核心，风险和收益是相伴存在的，一般而言，高收益伴随着高风险。随着经济全球化，我国经济运行不仅受到国内各行业之间的影响，而且还受到来自国外的影响。所以国内商业银行的风险溢出效应不仅影响到其他行业，而且国外商业银行的风险溢出也会影响到我国的经济发展。

金融机构的风险溢出效应研究应该是金融监管当局在监管时研究的重要对象，商业银行在国民经济体系的运行过程中扮演着重要的角色，商业银行的健康发展有益于促进我国经济的发展，而商业银行的风险溢出也将会对国民经济的健康发展造成致命的打击。因此，商业银行风险溢出效应的研究对我国国民经济稳健发展、研究系统性金融风险都具有重要意义。本章研究商业银行集成波动风险溢出效应在实践方面也具有较高的理论和现实研究意义。

3.1.2　文献综述

3.1.2.1　关于选择模型以及度量方法的文献综述

（1）关于度量集成风险模型的文献综述。

预防和度量集成风险很重要，对集成风险准确化度量有利于对集成风险进行监控，因此有必要选择合适的模型和度量方法。国内外学者采取各种不同的模型对集成风险溢出效应进行研究。以下简要提出几种关于风险度量的模型：

为了应对在极端事件风险传递的情况，哈特曼、斯特曼斯和棣瑞思（Hartman、Straetmans and deVries，2004）发展了一种计量方法，即利用极值理论来估计了预期崩溃的市场数量。赵留彦、王一鸣（2003）利用向量 GARCH 模型对我国 A 股、B 股进行实证检验，研究表明存在 A 股向 B 股的单向波动外溢效应，这种波动外溢效应在 2001 年 B 股对境内投资者开放后得到加强。万军、谢敏等（2007）[1] 利用多变量 EGARCH 模型对利率与沪深股市间的波动外溢效应进行实证研究，揭示了利率和沪深股市间显著的双向波动外溢效应。陈云、陈浪南等（2009）[2] 采用 BVGARCH – BEKK 模型结合 LR 似然比检验和 Wald 检验，对人民币汇率与股票市场之间的波动外溢效应进行分析。结果表明，人民币汇率与股票

---

[1] 万军，谢敏，熊正德. 金融市场间波动外溢效应研究 [J]. 统计与决策，2007（18）：98 – 101.
[2] 陈云，陈浪南，林鲁东. 人民币汇率与股票市场波动外溢效应研究 [J]. 管理科学，2009（3）：104 – 112.

市场存在波动外溢效应，这种波动外溢效应在汇率改革后有所增强。江红莉等（2013）[①] 基于时变 Copula 模型研究了房地产业和银行业的动态尾部相关性，发现当市场低迷时，房地产业和银行业易产生共生风险。由于本章主要采用 GARCH 类模型对样本进行拟合，以及主要采用 CoVaR 方法对样本数据进行分析，因此接下来主要介绍关于 CoVaR 方法的文献综述。

（2）关于 CoVaR 方法的文献综述。

一般金融机构度量风险的方法主要采用 VaR 方法度量，VaR 度量方法被广泛运用各个风险监控领域，例如巴塞尔资本协议的资本充足率就是建立在 VaR 度量的基础上。但是 VaR 度量方法具有局限性，传统的度量方法将无法应对突发的风险状况，毕竟在风险管理领域中，"灰犀牛"和"黑天鹅"事件也是存在的。运用 VaR 度量金融市场在处于极端的情况下时会出现一些弊病，即忽视了金融系统间各行业的风险传递，从而导致风险严重被低估，这对监管部门做出决策产生了严重的影响。所以我们要拓展寻求更加有效且适合突发风险状况的度量方法，也就是 CoVaR 方法。以下主要介绍和综述了 CoVaR 的度量方法。

CoVaR 方法是由阿迪恩和布瑞呐梅尔（Adian and Brunnermeier，2011）在 2008 年首次提出来的。影响各行业间的风险主要是系统性风险，CoVaR 模型旨在考察金融机构间风险溢出效应的联动性。阿迪恩和布瑞呐梅尔（2011）引入新的风险测度：条件在险价值 CoVaR。希瑞迪和俄甘（Cirardi and Ergun，2013）在前者基础上对 CoVaR 的定义做了进一步修订，并利用多维 GARCH 模型来估计 CoVaR 进行系统性风险测量。麦尼克和希罕宁（Mainik and Schaanning，2012）发现 CoVaR 作为一种风险度量工具能更加有力保证研究结果的持续性和独立性。

国内学者高国华和潘英丽（2011）构建了 GARCH – CoVaR 模型，研究我国 14 家上市商业银行系统性风险贡献度及其影响因素。张蕊等（2015）运用了 EVT – GARCH – CoVaR 模型，对极端市场条件下，单个金融机构对中国金融体系系统性风险的贡献及其变动趋势进行动态测算。陈珂和张竞文（2017）运用 GARCH – CoVaR 模型来研究互联网货币基金产品对金融市场的溢出效应。王周伟等（2014）通过实证对比，分析得出 CoVaR 可以较好度量风险溢出效应的结论。

因此，本章借鉴以上学者的做法，采用 CoVaR 法度量金融行业间的风险溢出效应。此外，本章还采用不同的 GARCH 类模型进行拟合，尽管国内也有部分文献采用 GARCH 模型来进行 VaR 和 CoVaR 的拟合，但是 GARCH 类模型的选择

---

① 江红莉，何建敏，庄亚明. 基于时变 Copula 的房地产业与银行业尾部动态相依性研究 [J]. 管理工程学报，2013，27（3）：53 – 59.

主要停留在 GARCH、TARCH 和 EGARCH，然而除此之外，GARCH 类模型的拓展还包括 PGARCH、成分 ARCH 等。因此，本章在前人基础上，还加入 PGARCH、成分 ARCH 模型进行全面分析，使研究结果更加符合现实情况。

3.1.2.2 关于研究对象的文献综述

大部分文献多针对金融体系间的风险溢出进行度量，而针对金融体系外的溢出研究相对有限。本章研究并不限于商业银行间的风险集成波动溢出效应，还研究了金融体系间的风险溢出效应，分析股票、债券、信托和银行之间的关系。且研究了银行与房地产行业之间的风险溢出效应。银行业与房地产行业之间有相似之处，二者均是资金密集型产业，且两行业相互依赖度较高，房地产行业需要通过银行来获得融资，而银行业也需要通过房地产行业的资金运用达到收益。此外，还分析了银行业与其他行业诸如通信、交通运输、煤炭、建筑、国防军工等之间的相互联系和影响。银行与其他非金融部门的经济往来密切，尤其是国家重点领域诸如国防军工、石油石化等行业与银行的经济往来更是频繁，这些领域的银行贷款依赖性强，相对应的风险也很大。本章研究银行业与非金融领域的国家重点行业的双向风险溢出效应具有一定借鉴意义。

翟金林（2001）通过研究信息不对称和挤兑模型，结果表明银行的内在原因和外在原因共同构成了银行的系统性风险，内在原因一般包括经营业务范围、杠杆率等；外在原因一般包括外部环境的投机性冲击。葛志强（2011）通过实证发现宏观经济周期、房地产信贷风险、政府融资平台贷款风险和通货膨胀风险共同构成国内银行系统性风险形成的主要原因。房地产是国民经济体系中的重要组成部分，现阶段和未来一段时间，房地产行业仍然是我国的支柱产业（成思危，2014）[1]，银行业是金融业的主体，房地产行业与银行业有着密不可分的关系。美国的次贷危机表明，房地产行业的风险将会转化成银行业的系统性风险，冯等（Von et al.，2009）[2] 认为美国次贷危机源于银行资本的恶化，得出资本价格下降与银行损失的相互作用导致经济动荡的结论。布斯考和斯恩克（Blasko and Sinkey，2006）[3] 研究银行资产结构、房地产贷款及风险承担之间的关系，他们发现保持较高固定利率贷款比率的房地产银行面临着更高的破产风险。刘明

---

[1] 成思危. 20 年内中国房地产业依然是支柱产业 [EB/OL]. 凤凰网：http://house.ifeng.com/hezuo/special/jinfenghuang2014/zuixin/detail_2014_01/19/33141752_0.shtm.

[2] Goetz V P. Asset Prices and Banking Distress：A Macroeconomic Approach [J]. Journal of Financial Stability，2009，5（3）：298 - 319.

[3] Blaško M，Sinkey J F. Bank Asset Structure，Real - Estate Lending and Risk - Taking [J]. The Quarterly Review of Economics and Finance，2006，46（1）：53 - 81.

兴等 (2000)① 等认为，银行将大量资金投入房地产市场进行炒作，促使房地产泡沫的出现，从而使得银行部门高度脆弱，当房地产泡沫破灭时，将会引发大量坏账的产生甚至会引发金融危机。

3.1.2.3 关于溢出效应的文献综述

在国外文献中，阿西亚和尤姆玛则 (Acharya and Yomlmazer, 2003) 认为，银行的羊群行为可能由于信息溢出效应触发。在金融市场的运行过程中，为了规避投资带来的损失，银行的投资一般会集中在一类行业以降低风险，这样就不足以分散风险，容易产生羊群效应。布瑞呐梅和皮特森 (Brunnermeier and Pedersen, 2007)② 提出了保证金螺旋理论，分析得出金融机构间资产与负债的相互交织造成了金融机构之间风险的外溢。王 (Wang, 2010) 认为，美国金融体系内的波动性会影响金融体系外的波动性。秋 (Chiu, 2015) 等认为，金融部门的压力在一定程度上会使得实体行业的违约风险增加。此外，比利奥等 (Billio et al., 2012) 发现，相对于其他金融机构组织，银行对系统性风险的贡献更大。

在国内文献中，对于银行业而言，分为封闭银行体系风险溢出理论和银行间的风险溢出。封闭银行体系风险溢出是指各商业银行之间的联系主要通过相同的储户以及投资者建立的。而银行间的风险溢出效应主要由共同储户和投资者的行为所引起的，导致风险在各银行之间传染。阿彻瑞、哈桑和苏恩得斯 (Achary、Hasan and Saunders, 2002) 提出了各银行间的收益具有关联性，他们把银行系统性风险归因于，当储户知道一家银行破产时，认为其他银行也会即将出现类似的情况，为了避免自己的存款损失，于是纷纷从银行取出自己的存款，这时一家银行的危机通过投资者和储户的行为蔓延至整个银行体系。银行间的风险溢出效应主要是指市场上存在信息不对称的问题，艾伦和盖勒 (Allen and Gale, 2000) 运用网络理论详细地分析了银行系统性风险的形成与同业拆借市场之间的联系，他们指出了各商业银行通过银行同业市场的短期借贷行为，建立起交叉的债权债务结构，当一家银行借款银行发生危机后，也将会给其他银行造成损失。江红莉和何建敏 (2014)、王珏和李丛文 (2016)、刘向丽等 (2014) 等从非金融业的房地产角度，研究我国房地产与银行业的风险溢出效应。除房地产行业外，王海全等 (2017) 基于产能过剩行业的政府隐性担保性质，深入系统研究新常态下银行业与产能过剩行业 (钢铁、煤炭、水泥、房地产) 之间的双向溢出效应。朱波等 (2018) 以我国

---

① 刘明兴，罗俊伟. 泡沫经济与金融危机 [J]. 经济学家，2000 (4): 105 – 110.
② Markus K. Brunnermeier, Lasse Heje Pedersen. Market Liquidity and Funding Liquidity [J]. The Review of Financial Studies, 2009, 22 (6): 2201 – 2238.

所有上市公司2005—2016年沪深A股的数据分析我国行业金融风险的溢出效应，得出建筑业、房地产业和采矿业的金融风险溢出效应排名相对靠前的结论。

3.1.3 中国商业银行间风险集成波动溢出效应实证

前述理论和风险溢出模型的介绍，为本书研究样本双向风险传染机制提供了分析依据。银行业是解决我国资金融通、资源配置的重要行业，它是我国资本市场上的重要组成部分，2008年的金融危机让我们充分认识到金融系统性风险特别是上市商业银行的系统性风险尤为重要。因商业银行系统内的业务性质，各家银行不仅受自身风险的影响，而且相互间的风险传染效应也尤为明显，这种风险传染机制就像多米诺骨牌一样迅速传播，危及整个中国的资本市场。因此，研究商业银行集成风险溢出效应具有重要作用。

3.1.3.1 样本选取及数据处理

本章实证部分选取包括五大国有商业银行、中信银行、招商银行、浦发银行、平安银行和民生银行等16家上市商业银行日收盘价作为研究样本，样本时间跨度是2007年1月1日—2018年6月30日，考虑到部分商业银行上市时间较晚，选择该区间的理由有两点：①2008年爆发的全球金融危机对我国经济产生重大影响；②2015年我国证券市场发生巨大波动，对我国资本市场产生巨大风险。因此，为了能够分析银行系统内的风险传染机制，选择样本区间具有一定的现实意义。

此外，大量实证表明，对数收益率能够反映目标特征，因此本章对上述商业银行股票日收盘价进行对数收益率处理，计算公式为：$R_t = \ln P_t - \ln P_{t-1}$。同时，为了防止样本极端值的影响，在比较分析VaR和CoVaR的计算结果时，考虑采用序列VaR和CoVaR的中位数进行比较。对于样本缺失值，采取邻近均值法进行缺失值替换，所有数据均来自锐思数据库（见表3.1）。

表3.1　　　　　　　　　数据的描述性统计

名称	均值	偏度	峰度	JB值	P值
农业银行	0.000125	0.016122	27.62939	22899.4	0.000000
交通银行	-0.000317	-0.912874	217.2825	5187085	0.000000
工商银行	-4.6×10^{-5}	0.714958	160.7678	2897929	0.000000

续表

名称	均值	偏度	峰度	JB 值	P 值
中国银行	-0.000159	-0.414372	132.3838	1948916	0.000000
中信银行	-0.000223	0.348045	92.30473	903621.5	0.000000
建设银行	-0.000101	-0.054568	27.85266	67325.68	0.000000
招商银行	0.000181	0.193692	134.8444	2023681	0.000000
兴业银行	-0.000158	-0.7669441	140.7740	2192656	0.000000
浦发银行	-0.000289	-0.066767	114.9388	1458738	0.000000
平安银行	-0.000157	0.061275	84.54686	774159.9	0.000000
宁波银行	-0.000115	-0.441178	59.08180	349200	0.000000
南京银行	-0.000336	-1.860202	102.9098	1109534	0.000000
民生银行	-0.000135	-0.108966	74.81838	600468.7	0.000000
华夏银行	-9.6×10^{-7}	0.353310	125.3725	1743401	0.000000
光大银行	1.39×10^{-18}	0.192842	33.55826	74327.32	0.000000
北京银行	-0.000506	-0.192434	97.21857	969103.9	0.000000

3.1.3.2 数据描述性统计

从表 3.1 中可以看出,样本数据中的偏度围绕标准正态分布的 0 波动,左偏和右偏各接近一半,说明样本数据序列呈现偏态分布;峰度普遍大于标准正态分布的 3,说明样本数据序列具有尖峰厚尾特征。此外,样本数据序列 JB 统计量显著大于 95% 显著水平的临界值 5.99,相对应的概率 P 值均为 0,显著拒绝服从正态分布的原假设,说明样本序列并不服从正态分布,这为 GARCH 类模型的运用提供了基础。实证表明 t 分布具有尖峰厚尾的性质,因此本部分选用 t 分布进行拟合。

3.1.3.3 平稳性和 ARCH 效应检验

样本数据序列中,序列平稳且具有 ARCH 效应是建立 GARCH 类模型的基础和前提,因此在建立 GARCH 类模型之前有必要进行单位根检验和 ARCH 效应的检验。结果从表 3.2 中可以看出,ADF 检验 T 统计量的概率 P 值以及 ARCH - LM 检验 F 统计量的概率 P 值均为 0,显著拒绝单位根检验中序列不平稳以及 ARCH 检验中不存在 ARCH 效应的原假设,说明样本数据序列是平稳的并且存在非线性的结构,因此建立 GARCH 类模型来估计 VaR 是正确的。

表 3.2　　　　　　　　　　ADF 和 ARCH – LM 检验

名称	ADF 检验		ARCH – LM 检验	
	T 统计量	是否平稳	F 值	是否存在 ARCH 效应
农业银行	-35.49（p = 0.0000）	是	459.20（p = 0.0000）	是
交通银行	-51.05（p = 0.0001）	是	891.80（p = 0.0000）	是
工商银行	-38.37（p = 0.0000）	是	906.44（p = 0.0000）	是
中国银行	-37.00（p = 0.0000）	是	921.25（p = 0.0000）	是
中信银行	-47.06（p = 0.0001）	是	791.81（p = 0.0000）	是
建设银行	-59.83（p = 0.0001）	是	776.56（p = 0.0000）	是
招商银行	-26.93（p = 0.0000）	是	501.83（p = 0.0000）	是
兴业银行	-37.97（p = 0.0000）	是	757.92（p = 0.0000）	是
浦发银行	-38.29（p = 0.0000）	是	850.30（p = 0.0000）	是
平安银行	-33.19（p = 0.0000）	是	430.17（p = 0.0000）	是
宁波银行	-45.84（p = 0.0001）	是	821.00（p = 0.0000）	是
南京银行	-29.26（p = 0.0000）	是	121.44（p = 0.0000）	是
民生银行	-25.92（p = 0.0000）	是	890.85（p = 0.0000）	是
华夏银行	-12.56（p = 0.0000）	是	163.89（p = 0.0000）	是
光大银行	-51.40（p = 0.0001）	是	556.94（p = 0.0000）	是
北京银行	-45.98（p = 0.0001）	是	765.03（p = 0.0000）	是

3.1.3.4　样本数据序列 VaR 估计结果

表 3.3 列出了所有样本数据序列的估计模型以及根据模型计算出的在险价值 VaR 估计结果。首先，从 VaR 估计模型的选择上看，本章所选 GARCH 类模型在对称与否方面呈现两大块：对称的 GARCH 模型和非对称的 EGARCH、PARCH 与成分 ARCH 模型。此外，部分加入自回归或移动平均项会增加模型的拟合优度，具体结果如表 3.3 所示。其次，从 VaR 估计结果绝对值来看，民生银行风险值最高，绝对值达到 0.1056；其次是浦发银行 0.0648 和南京银行 0.0645；然后就是中信银行的 0.0588 和北京银行的 0.0571；后面依次是招商银行、华夏银行、宁波银行、交通银行、平安银行、工商银行、光大银行、建设银行、中国银行、农业银行。从排名结果来看，中小型股份制银行风险值较高，可能是中小型股份制银行相对于国有大型银行风险管控能力较差，所以风险暴露问题较为突出。

表 3.3 样本数据系列中位数 VaR 结果

名称	VaR 拟合模型	VaR 中位数	绝对值排名
民生银行	PARCH (1, 1)	-0.105598	1
浦发银行	AR (1) - PARCH (1, 1)	-0.064789	2
南京银行	MA (1) - PARCH (1, 1)	-0.064542	3
中信银行	ARMA (2, 2) - PARCH (1, 1)	-0.05878	4
北京银行	EGARCH (1, 1)	-0.057058	5
兴业银行	GARCH (1, 1)	-0.056693	6
招商银行	ARMA (1, 1) - GARCH (1, 1)	-0.046747	7
华夏银行	PARCH (1, 1)	-0.045152	8
宁波银行	Component ARCH (1, 1)	-0.044168	9
交通银行	PARCH (1, 1)	-0.043692	10
平安银行	Component ARCH (1, 1)	-0.038566	11
工商银行	PARCH (1, 1)	-0.035965	12
光大银行	ARMA (1, 1) - PARCH (1, 1)	-0.035088	13
建设银行	PARCH (1, 1)	-0.033873	14
中国银行	EGARCH (1, 1)	-0.02977	15
农业银行	AR (2) - GARCH (1, 1)	-0.023168	16

3.1.3.5 银行系统内风险溢出效应

从表3.4中可以看到，中国银行的风险溢出值相对幅度最大，达到1.0257%；其次是宁波银行的0.7597%；兴业银行第三、民生银行第四、招商银行第五；后面依次为平安银行、中信银行、北京银行、农业银行、浦发银行、光大银行、交通银行、工商银行、建设银行、南京银行，最后是华夏银行。从结果来看，中国银行因其业务涉及跨国性质，而且2011年11月又被国际金融委员会评定为全球性重要性金融机构，处于特殊的地位，金融服务全球性具有很大的不确定性，所以风险溢出值相对较高。而宁波银行是城市股份制商业银行，业务范围有限、风险管控能力有限、金融服务能力有限等影响其风险溢出值大小。一般而言，国有大型银行因其服务范围广、业务能力成熟、风险抵御能力较强等而导致风险溢出值相对较大，而从结果来看，建设银行和工商银行的风险溢出值相对幅度却异常较低。其次，平安银行规模比宁波银行大，而风险溢出值却比宁波银行的低，所以对于系统性重要银行的衡量应该从多方面来考量。

表 3.4　　　　　　　　　银行系统内的风险溢出效应

商业银行	拟合最优模型	CoVaR	ΔCoVaR	%CoVaR
中国银行	ARMA (2, 1) - EGARCH (1, 1)	-0.044267	-0.023035	1.025656
宁波银行	EGARCH (1, 1)	-0.038607	-0.016138	0.759722
兴业银行	EGARCH (1, 1)	-0.035991	-0.014017	0.576138
民生银行	GARCH (1, 1)	-0.035021	-0.013354	0.553027
招商银行	ARMA (1, 1) - EGARCH (1, 1)	-0.035382	-0.013061	0.54383
平安银行	EGARCH (1, 1)	-0.035105	-0.013085	0.532527
中信银行	EGARCH (1, 1)	-0.036126	-0.013045	0.522857
北京银行	EGARCH (1, 1)	-0.033845	-0.011122	0.459524
农业银行	AR (1) - EGARCH (1, 1)	-0.028426	-0.00803	0.390133
浦发银行	ARMA (1, 1) - EGARCH (1, 1)	-0.027634	-0.005666	0.237216
光大银行	ARMA (2, 1) - EGARCH (1, 1)	-0.02579	-0.004524	0.221774
交通银行	ARMA (1, 1) - EGARCH (1, 1)	-0.027025	-0.004978	0.220161
工商银行	ARMA (1, 1) - EGARCH (1, 1)	-0.027489	-0.004579	0.186864
建设银行	ARMA (1, 1) - EGARCH (1, 1)	-0.025748	-0.00411	0.17131
南京银行	ARMA (1, 1) - EGARCH (1, 1)	-0.025102	-0.003695	0.155044
华夏银行	ARMA (1, 1) - EGARCH (1, 1)	-0.024128	-0.002185	0.087825

3.1.3.6　结论及建议

描述性统计的结果表明，我国商业银行的风险除了来自信用风险、流动性风险等之外，还来自政府的隐形担保。我国的存款保险制度发展尚未成熟，《存款保险条例》也是在 2015 年才正式发布的。在之前很长一段时间包括现在当银行发生危机时，主要由政府的信誉担保，这不可避免地发生道德风险和逆向选择。特别是银行间的传染效应，当一家银行出现危机，由于羊群效应，将会波及另外一家甚至许多家其他银行，政府作为宏观调控者难以应对无法预期的金融危机，也难以从善自如地处理一个又一个的危机漏洞，这时风险造成的银行危机蔓延开来。我国银行种类多样，除了五家大型国有商业银行之外，还有股份制商业银行、城市商业银行和农村商业银行等。由于银行的发展历程以及风险应对能力不同，所受到的风险影响也各不相同。比如大型国有商业银行规模大，流动性充足，在全国范围内的网点也比较多，其资金一般比较稳定，应对风险的能力也比较强。而处于发展初始阶段的小型城市商业银行和农村商业银行，由于其抵御风险的能力较弱，更容易受到来自其他商业银行的风险传染影响。而一旦大的金融危机爆发，这些小的商业银行势必受到风险冲击，损失比大型国有商业银行更重。

根据以上结论，可以提出如下几点建议：

（1）建立完善银行存款保险制度。要减少政府对商业银行的隐形担保，减轻对问题银行的干预。要让商业银行对自己的发展前景负责，刺激商业银行采取措施应对风险，提高自我把控风险的能力，这将有益于减少商业银行的道德风险。

（2）完善商业银行市场披露情况。这不仅要求上市商业银行披露本身的财务数据情况，还要求商业银行披露同业市场交易头寸的情况。相关的监管机构需要跟踪大型国有商业银行的交易头寸、交易对象等，这有利于监控大型国有商业银行的风险。我国大型国有商业银行无论从规模还是流动性情况在我国商业银行中占据着很大一部分，所以一旦大型国有商业银行出现危机，势必波及其他小型商业银行，严重影响我国经济健康发展。

（3）构建我国银行业的金融安全网。我国银行业现在主要由中国人民银行和中国银行业监督管理委员会（2018年3月，组建中国银行保险监督管理委员会，不再保留中国银行业监督管理委员会）进行监督，随着金融体制改革的进程推进，银行业务的创新和拓展，我们监管体系也应该继续向前发展，在金融稳定委员会的管理下，要制订好风险防范监督制度，这样不仅可以保护存款人的利益，也可以使得银行业更加健康有序地发展。这主要包括了3个阶段——事前的监督阶段、事中的防范风险，事后的银行援助计划和退出阶段。事前，要监控银行的资本充足率的情况。事中主要处理当风险发生时将如何应对与处理，包括隐性的政府担保制度和显性的银行存款保险制度，但是在未来经济发展趋势下，随着我国存款保险制度逐渐走向成熟，应该更倾向于显性的存款保险制度，让银行业自己处理风险。对于事后，要处理好银行的退出机制和援助计划。

3.2 中国金融体系风险集成波动溢出效应实证研究

通过前述中国商业银行间风险集成波动溢出实证研究，我们考虑进一步推广至整个中国金融体系方面。中国金融体系包括银行、证券、保险、信托等其他金融组织体系，从1997年亚洲金融危机至2007—2008年的美国次贷危机，世界各国监管层和学术界深刻认识到单个金融机构的风险会迅速传播至其他金融机构乃至其他行业，金融风险在不同金融机构之间会相互影响，最终会对整个金融体系产生严重的冲击效应。因此，本书研究金融体系内的银行、证券、保险以及信托各个金融子行业的风险传染机制具有重要意义。

3.2.1 数据选取和基本统计量描述

本章选取上证 180 金融指数作为中国金融体系指数，该指数包含金融体系内的银行、证券、保险、信托等行业指数，因此选取该指数具有一定的代表性。此外，依托数据的可得性，从样本数据中选取 14 家上市商业银行、8 家证券、4 家信托和 3 家保险公司的日收盘价作为研究样本，样本时间跨度从 2008 年 1 月 1 日—2018 年 6 月 30 日，涵盖 2008 年的世界金融危机和 2015 年我国证券市场的巨大波动事件，以及其他诸如利率市场化、汇率改革、房地产管控和供给侧结构性改革等重大事件。

此外，大量实证表明，对数收益率能够反映我们实证的目标特征，因此本章对上述股票日收盘价进行对数收益率处理，计算公式为：$R_t = \ln P_t - \ln P_{t-1}$。同时，为了避免样本极端值的影响，本书在比较分析 VaR 和 CoVaR 的计算结果时，采用序列 VaR、CoVaR 的中位数进行比较。对于样本缺失值，本章采取邻近均值法进行缺失值替换，所有数据均来自锐思数据库，数据处理采用 EViews7.2。

3.2.2 数据描述性统计

表 3.5 是对所有股票收益率进行描述性统计，其中银行、证券、保险、信托采用各市场下企业股票日收益率的均值计算。从表 3.5 中可以看出，样本数据中

表 3.5　　　　　　　　金融体系数据描述性统计

参数值	180 金融指数	银行	证券	保险	信托
均值	-0.000133	-0.000333	-0.000734	-0.000249	-0.000388
中位数	-0.000517	-0.000739	-0.000550	-0.000324	0.001425
最大值	0.095493	0.095489	0.095376	0.174290	0.361906
最小值	-0.103342	-0.108726	-0.130380	-0.333765	-0.292713
标准差	0.019687	0.020617	0.027624	0.024829	0.034540
偏度	-0.103083	-0.120403	-0.289116	-0.835717	-0.259801
峰度	6.982028	6.578723	5.469569	19.00077	23.89406
J-B 统计量	1690.599	1368.004	684.0555	27521.02	46449.76
P 值	0.000000	0.000000	0.000000	0.000000	0.000000

的偏度普遍小于标准正态分布的0，说明样本数据序列呈现左偏分布；峰度普遍大于标准正态分布的3，说明样本数据序列具有尖峰厚尾特征。此外，样本数据序列JB统计量显著大于95%显著水平的临界值5.99，相对应的概率P值均为0，显著拒绝服从正态分布的原假设，说明样本序列不服从正态分布，这为GARCH类模型的运用提供了基础。同时结合实践经验表明，t分布具有尖峰厚尾的性质，因此本部分选用t分布进行拟合。此外，为了更好地描述各个市场收益率的时间趋势变化，本部分将各个样本数据的日收益率进行描绘如图3.1所示。

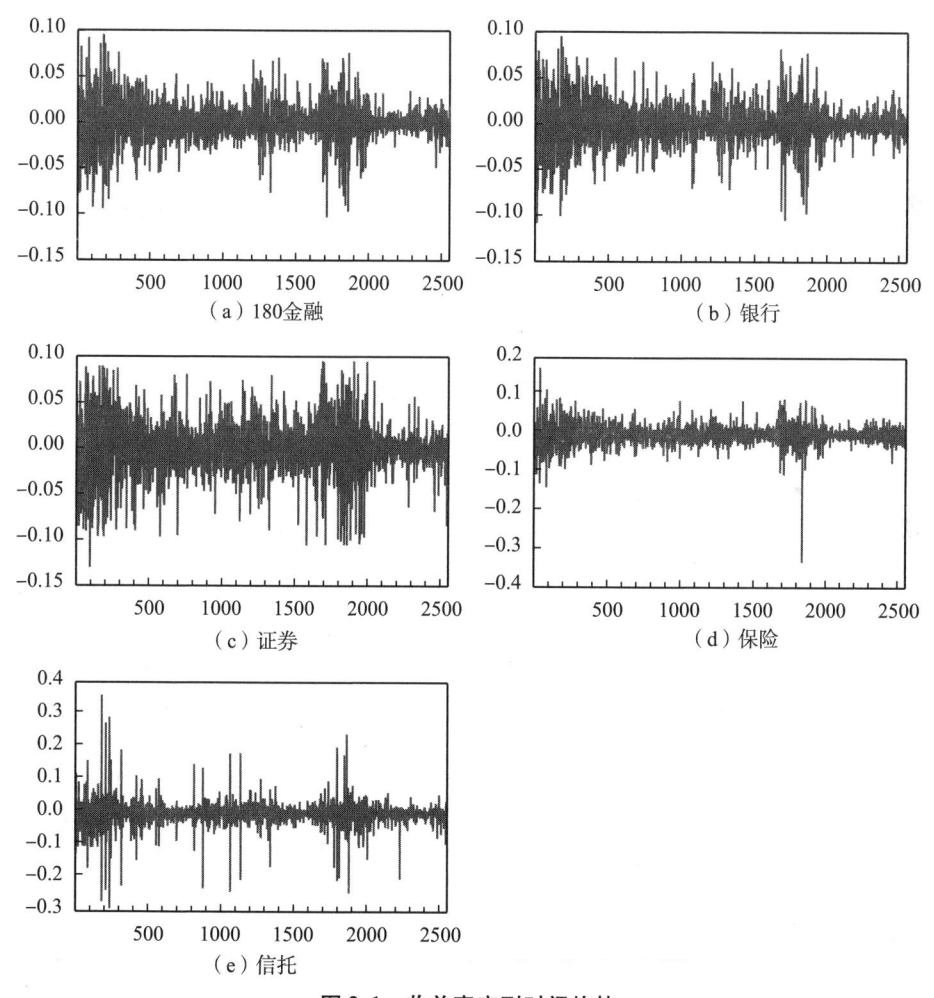

图3.1 收益率序列时间趋势

从图3.1中可以看出，各个市场样本的收益率序列稳定围在0附近，由于样本交易日的限制以及部分数据缺失等，导致难以在统计软件上进行时间详细划分。从选取时间跨度上看，大概在初始的 2008 年股票收益率变动较大，其中银行、证券以及 180 金融指数变化最为明显，而在 2015 年中的时候，收益率序列又有进一步较大的变动，可能主要是 2015 年证券市场巨幅波动和"8.11 汇改"等原因所致。整体而言，各样本收益率变动符合实际情况，但每一次重大事件的出现都会引起金融各市场的变化，说明金融各市场之间相互关系较强，每一个市场的变化都会引起其他市场的变化，任一个市场都难以独善其身。由此可知，研究金融系统的风险传染效应具有一定的现实和重要作用。

3.2.3 平稳性和 ARCH 效应检验

在样本数据序列中，序列平稳是分析和研究问题的基础前提，表 3.6 是进行各个样本数据的单位根检验。从表 3.6 中可以看出，各个市场的日收益率序列的 P 值均为 0，显著拒绝原假设，表明序列是平稳的，因此可以建立 GARCH 模型。

表 3.6 平稳性单位根检验

名称	ADF 检验 T统计量	是否平稳	名称	ADF 检验 T统计量	是否平稳
银行:			华夏银行	-60.03（p=0.0001）	是
交通银行	-41.65（p=0.0000）	是	北京银行	-42.60（p=0.0000）	是
工商银行	-41.78（p=0.0000）	是	保险:		
中国银行	-43.93（p=0.0000）	是	中国平安	-57.50（p=0.0001）	是
中信银行	-43.09（p=0.0000）	是	中国太保	-50.49（p=0.0001）	是
建设银行	-40.54（p=0.0000）	是	中国人寿	-49.98（p=0.0001）	是
招商银行	-25.78（p=0.0000）	是	信托:		
兴业银行	-44.36（p=0.0001）	是	安信信托	-49.78（p=0.0001）	是
浦发银行	-36.74（p=0.0000）	是	陕国投 A	-51.85（p=0.0001）	是
平安银行	-42.64（p=0.0000）	是	海德股份	-37.90（p=0.0000）	是
宁波银行	-44.29（p=0.0001）	是	民生控股	-45.43（p=0.0001）	是
南京银行	-28.65（p=0.0000）	是	证券:		
民生银行	-40.19（p=0.0000）	是	国金证券	-48.65（p=0.0001）	是

续表

名称	ADF 检验		名称	ADF 检验	
	T 统计量	是否平稳		T 统计量	是否平稳
东北证券	−49.11（p=0.0001）	是	长江证券	−49.08（p=0.0001）	是
国元证券	−49.58（p=0.0001）	是	中信证券	−50.84（p=0.0001）	是
海通证券	−48.20（p=0.0001）	是	太平洋证券	−51.07（p=0.0001）	是
西南证券	−46.54（p=0.0001）	是			

ARCH 效应的检验是建立 GARCH 类模型的基础，从表 3.7 中可以看出，ARCH-LM 检验 F 统计量的概率 P 值均为 0，显著拒绝 ARCH 检验中不存在 ARCH 效应的原假设，说明样本数据序列存在非线性的结构，因此建立 GARCH 类模型来估计 VaR 是正确的。

表 3.7　　　　　　　　　　　ARCH-LM 检验

行业	ADF 检验		ARCH-LM 检验	
	T 统计量	是否平稳	F 值	是否存在 ARCH 效应
银行业	−54.48（p=0.0001）	是	175.75（p=0.0000）	是
证券业	−49.90（p=0.0001）	是	159.11（p=0.0000）	是
保险业	−52.09（p=0.0001）	是	41.62（p=0.0000）	是
信托业	−62.01（p=0.0001）	是	465.99（p=0.0000）	是
180 金融指数	−50.16（p=0.0001）	是	168.97（p=0.0000）	是

3.2.4　银行系统性风险溢出效应

根据表 3.8，可以分析得出如下结果。在保险、银行、证券和信托四个金融系统行业中，风险溢出效应最高的是信托行业，达到 3.5065。接下来风险溢出效应从高到低排序依次为：证券（1.0467）、银行（0.1045）和保险（0.0358）。其可能原因是：信托的风险溢出效应最高，可能是由于信托在我国的发展并未成熟，未形成稳固的行业，风险比较大；证券行业主要包括股票和基金市场，不乏投资者在该市场投机取巧，违约情况也屡见不鲜，存在一定的风险；银行业是我国金融系统的重要部分，其存在的时间最长，发展相对完善，有一定的行业组织稳固能力，所以其风险溢出效应不是很大；风险溢出效应最小的是保险，保险业在我国金融体系占据了相当大的一部分市场,其分支以人寿保险、健康保险等多种形式存在。投保人在买保险的过程中会签订保险合同,这是以规范的合同形式出现,如投保人出现违约,则将会对投保人不利,所以一旦签订保险合同,保险公司风险范围基本上就锁定下来了。此外,投保人在与保险公司签订保险合同时,为了避免投保人发生欺诈行为,保险公司在签保之前会认真审查投保人以及相关利益人的情况,尽可能避免因信息不对称而造成的不良后果,将风险控制到最低。所以这也是导致保险这一行业在金融系统中的风险溢出效应低的原因之一。

表 3.8　　　　　　　　　银行系统内的风险溢出效应

行业	VaR	CoVaR	ΔCoVaR	%CoVaR
保险	-0.028881	-0.016745	-0.000725	0.035806
银行	-0.029826	-0.018778	-0.002356	0.104509
证券	-0.029444	-0.018919	-0.002466	1.046668
信托	-0.054193	-0.076141	-0.058252	3.506505

3.2.5　结论及建议

保险、银行、证券和信托这四个行业的业务规模、复杂程度均不相同,结合以上表格和图形可以看出,金融体系各个行业的风险溢出效应的规律也不相同。各个金融子行业由于其自身的风险的特殊性,在资产负债业务这一块所扮演的角色也不相同,因此导致的风险溢出水平也不同。由于金融体系各行业之间的风险影响程度在不断增强,因此在考察相关行业的风险状况时,要从宏观进行分析,而不应该只分析某一个具体的行业。具体可以提出以下4点建议:

(1)建立完善的监管体系,加强宏观审慎监管意识。这就意味着监管部门应该从整个金融系统实施宏观监控措施,而不是从某一个单独的领域,因为金融系统的各个领域是相互密切联系的,在具体的操作上,可以建立金融系统风险的预警指标,完善相应的危机管理体系,通过多层次的危机处理对策来应对系统风险对经济造成的冲击。

(2)针对风险不同的阶段制定不同的风险管理方法。因为金融风险从积累直到风险引起的危机爆发是经历一个过程的,这过程分为风险积累、风险突变、风险传染、风险加剧和风险爆发5个阶段,面对不同的阶段应该制定不同的风险管理方法，方能对症下药，才能比较好地管控金融风险。

（3）注重加强对非银行机构的监管。我国对金融系统各行业的监管模式为"一行三会"，"一行"指的是中国人民银行，"三会"分别指中国证券监督管理委员会（简称中国证监会）、中国保险监督管理委员会（简称中国保监会）和中国银行业监督管理委员会（简称中国银监会）。随着我国金融体制改革的推进，银行业虽然仍占据着很大的一部分，但是其他非银行业也正蓬勃发展，同样需要加强对非银行业的监管，才能够尽可能地防范金融的系统风险。因此，2018年3月国务院机构改革将原来的"一行三会"改为"一委一行二会"，"一委"指的是国务院金融稳定发展委员会，"一行"指的是中国人民银行，"二会"分别指的是中国银行保险监督管理委员会和中国证券监督管理委员会。

（4）改进金融系统不同行业间监管机制与混合协调机制。这就意味着要突破传统的发展方式，现今银行业、证券业、保险业等这些行业的界限已不是特别明显，有时金融各行业的业务会出现交叉的情况，如果在监管的过程中不考虑各行业之间关系，就会出现交叉监管的情况，这样不仅浪费监管资源，而且会出现推脱监管的现象。因此我们要加强监管与合作，完善各监管部门的风险成本分担机制。实践表明，各部门相互合作，协调配合至关重要。此外还要加强政策工具的配合，才能够更好地服务于系统性风险的目标。

3.3 房地产行业与商业银行业的风险集成波动溢出效应

房地产行业是国民经济的重要组成部分，而商业银行是我国现代金融业的主体。在我国，房地产行业和商业银行在国民经济运行的过程中均扮演着重要的角色，房地产行业与银行业类似，都属于典型的资金密集型行业，二者具有密不可分的关系。房地产市场正常运作，离不开银行业的支持。例如不论是消费者买房还是房地产开发商开发新的楼盘，都需要大量的资金支持，通常的渠道是通过银行贷款。由于二者关系密切，所以当房地产出现危机时，其风险也会蔓延至银行业，进而影响到全国整个金融业的发展。随着金融全球化进程一体化的发展，房地产风险甚至会进一步波及影响全球的金融业的健康发展。2008—2009年的世界金融危机是由美国房地产行业导致的，进而影响到美国的银行业，系统性金融风险继而传递至世界各国各行业，给世界金融体系和实体经济带来了毁灭性的打击。特别是在美国，数百万人无法偿还债务，引致一些大的投资银行以及证券公司要么宣布破产，要么被拆分，还有一种稍微好一点的情况是被美国政府接手。随着房地产的迅速发展，房地产行业与商业银行的关系程度密切增加，其中银行设计的一些创新的产品也是为房地产这个行业服务的，如 CDO 金融创新产品。因此，我们接下来更应该关注房地产行业与商业银行的风险溢出问题，避免再次出现 2008 年金融危机造成的悲剧。

通过分析房地产行业是如何影响商业银行，使得风险溢出效应的机理更加明晰。一般而言，消费者在资金受限情形下，通常会向银行抵押自己的房产，从而获得按揭贷款，再通过定期向银行还款，还款完毕后解除抵押资产。正常情况下，在房子升值或者价值不变时，此时商业银行的风险不大，消费者定期会向银行还款，银行的资本充足率得到保障。即使当少数消费者无法向银行还款，银行也可以处理借款者的抵押资产，此时银行的流动性资产也没有受到多大的影响。但是，在房子贬值时，一旦房产的价值下降，借款者无法还款时，即使银行处理抵押资产，也无法弥补资金流动性缺口。从而导致房地产风险向银行溢出。再者，在信息不对称的条件下，部分银行的流动性不足有可能会引发银行挤兑风险，从而导致银行业危机发生。当银行业普遍出现流动性问题，房地产行业融资困难，进而影响到房地产行业。

3.3.1 数据来源及描述性统计

本部分实证选用大智慧行业板块下的房地产和银行类作为整体房地产业和商业银行业的代表，以其日收盘价作为研究数据样本，样本时间跨度为 2007 年 1 月 1 日—2018 年 6 月 30 日，同样涵盖 2008 年的金融危机和 2015 年我国证券市场的巨大波动的特殊时期。

本部分实证首先是对两大行业股票日收盘价进行对数收益率处理，计算公式为：$R_t = \ln P_t - \ln P_{t-1}$。同时，为了避免数据极端值的影响，实证在比较分析 VaR 和 CoVaR 的计算结果时，均采用序列 VaR、CoVaR 的中位数进行比较。此外，由于两大行业数据序列的缺失值较少，本部分采取删除缺失值的方式进行处理，每个样本包含 2789 个观测值。所有数据均来自大智慧软件，数据处理采用 EViews7.2。

3.3.2 数据描述性统计

从表 3.9 中可以看出，房地产的均值比银行业的略高，说明在房地产行业的收益率较银行业的高，但同时也表现出一定的高风险。银行和房地产的样本偏度均小于 0，说明样本数据序列呈现左偏态分布；峰度普遍大于标准正态分布的 3，说明样本数据序列具有尖峰厚尾特征。此外，样本数据序列 JB 统计量显著大于 95% 显著水平的临界值 5.99，相对应的概率 P 值均为 0，显著拒绝服从正态分布的原假设，说明两行业样本序列不服从正态分布，这为 GARCH 类模型的运用提供了基础。且实践经验表明，t 分布较好描述两行业序列尖峰厚尾的特征，因此本实证部分采取 t 分布进行拟合。

表 3.9　　　　　　　　　　　数据描述性统计

行业	均值	中位数	最大值	最小值	标准差	偏度	峰度	JB	P 值
银行类	0.0003	-0.000225	0.09646	-0.104882	0.019019	-0.1059	7.748509	2624.58	0.00000
房地产	0.0004	0.001302	0.09397	-0.096031	0.022516	-0.4831	5.324064	735.894	0.00000

3.3.3　平稳性和 ARCH 效应检验

在两行业样本数据序列中，序列平稳以及具有 ARCH 效应是建立 GARCH 类模型的基础和前提，因此在建立 GARCH 类模型之前，我们需要进行 ADF 平稳性检验和 ARCH 效应检验。检测的结果如表 3.10 所示。

表 3.10　　　　　　　　　　ADF 平稳性检验

统计指标			t-统计量	概率值
强化的迪克-富勒检验统计（房地产）			-50.22687	0.0001
检验的关键值：	1% level	1% 水平	-3.432505	
	5% level	5% 水平	-2.862378	
	10% level	10% 水平	-2.567261	
强化的迪克-富勒检验统计（银行类）			-53.17720	0.0001
检验的关键值：	1% level	1% 水平	-3.432505	
	5% level	5% 水平	-2.862378	
	10% level	10% 水平	-2.567261	

从表 3.10 可以看出，在房地产和银行类的单位根 ADF 检验中，在显著性水平 1%、5%、10% 情况下 T 统计量值较小，且相对应的概率 P 值均为 0.0001（接近于 0，说明值极小），表明显著拒绝单位根检验中序列不平稳的原假设。

从表 3.11 的结果可以看出，ARCH 效应检验 F 统计量的概率 P 值均为 0，说明显著拒绝 ARCH 检验中不存在 ARCH 效应的原假设。综上所述，说明样本数据序列是平稳的并且存在非线性的结构，因此建立 GARCH 类模型来估计 VaR 是正确的。

表 3.11　　　　　　　　　　ARCH 效应检验

银行类	F 统计量	42.74184	Prob. F (10, 2767)	0.0000
	R 方观测值	371.7009	Prob. Chi-Square (10)	0.0000
房地产	F 统计量	24.09240	Prob. F (10, 2767)	0.0000
	R 方观测值	222.5079	Prob. Chi-Square (10)	0.0000

3.3.4　拟合模型选择及方差方程参数估计

从表 3.12 的分析结果中可以得出，风险价值 VaR 中银行类的拟合模型是对称性的 GARCH (1, 1)，而房地产是非对称性的 TARCH (1, 1)，其非对称系数 γ_3 的 P 值 0.0364，在 5% 显著性水平下拒绝原假设，模型效果拟合较好。在条件风险价值 CoVaR 模型中，银行对房地产的风险溢出模型是非对称的 MA (1) - TARCH (1, 1)，非对称系数 γ_3 的 P 值 0.0151，同样在 5% 显著性水平下拒绝原假设，模型效果拟合较好。

表 3.12　　　　　　　拟合模型选择及方差方程参数估计

名称	拟合模型	γ_0	γ_1	γ_2	γ_3
风险价值：					
银行类	GARCH (1, 1)	1.09×10^{-6} (p=0.0004)	0.112421 (p=0.0000)	0.888000 (p=0.0000)	—
房地产	TARCH (1, 1)	1.97×10^{-6} (p=0.0006)	0.122939 (p=0.0000)	0.891928 (p=0.0000)	-0.044717 (p=0.0364)
条件风险价值：					
房地产→银行	ARMA (1, 1) - GARCH (1, 1)	1.32×10^{-6} (p=0.0002)	0.124838 (p=0.0000)	0.876847 (p=0.0000)	—
银行→房地产	MA (1) - TARCH (1, 1)	4.5×10^{-6} (p=0.0004)	0.111794 (p=0.0000)	0.884964 (p=0.0000)	-0.048417 (p=0.0151)

3.3.5　房地产行业对银行业的风险溢出效应

表 3.13 分别分析了房地产对银行以及银行对房地产的溢出效应，二者得到的结果有略微不同。银行对房地产的风险溢出值为 5.21%，房地产对银行的风险

溢出值为 11.36%，风险溢出值越大则表明风险程度越高。此结果表明房地产对银行的风险溢出影响更大，那是因为在中国资本市场不太成熟和完善条件下，房地产对银行的依赖性比较大，当房地产出现危机时，房地产的资金紧缺，房地产行业不景气，以至于无法偿还银行的贷款。即使这时银行出售资产来弥补流动性，由于出售的抵押资产价格比较低，银行的收益性降低，流动性资金缺乏，再加上市场信息不对称的影响，某一银行的危机会蔓延至其他银行，甚至会蔓延至其他行业，甚至演化为一场金融危机。

表 3.13　　　　　　　　　　　风险溢出值计算结果

溢出方向	VaR	CoVaR	ΔCoVaR	%CoVaR
银行→房地产	−0.018050	−0.019473	−0.001109	0.052148
房地产→银行	−0.019746	−0.025807	−0.004337	0.113587

此外，为了更好地描述和比较房地产和银行的风险溢出值，本实证部分将银行和房地产的风险溢出值描绘成如图 3.2 所示，便于直观了解和分析。

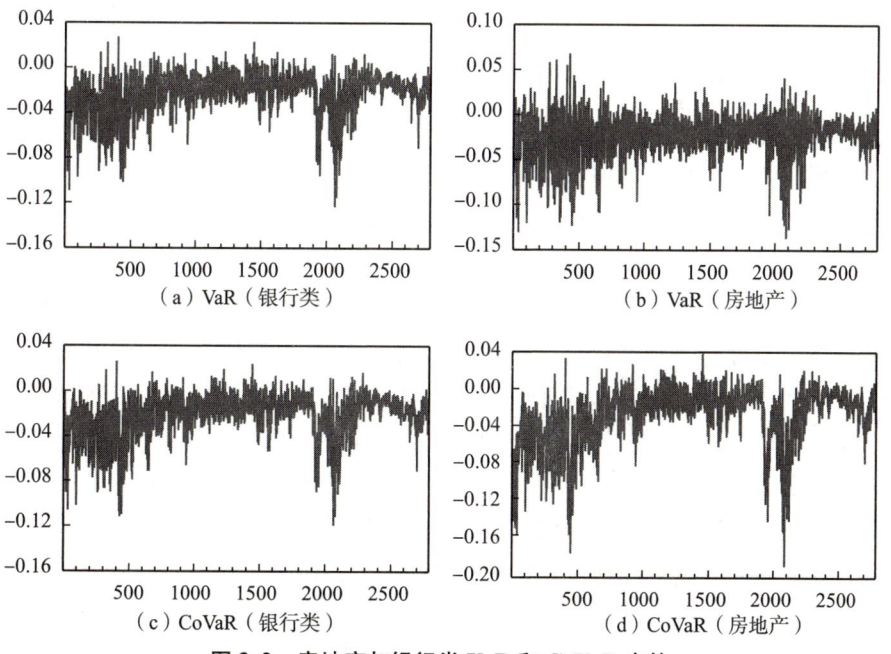

图 3.2　房地产与银行类 VaR 和 CoVaR 走势

由图 3.2 中可以看出，银行类和房地产的 VaR 和 CoVaR 一样具有波动从聚性的特征，由图 3.2 看出大的波动伴随着小的波动，小的波动又紧跟着小的波动。其中 COVaR 的波动幅度比 VaR 的波动幅度大，说明风险溢出值表现明显。各波动大约在 0 附近上小波动，4 个图中在第 2000 个数值附近波动的幅度最大。

3.3.6 结论及建议

本实证部分通过构建 GARCH 模型，计算比较 VaR 和 CoVaR 的值，测度了中国 2007 年 1 月 1 日—2018 年 6 月 30 日期间房地产行业以及银行业的动态相关性和风险溢出性。首先，采用 GARCH 模型对数据进行过滤，然后在对样本数据进行 ADF 平稳性检验和 ARCH 效应检验，最后通过拟合模型计算风险溢出值%CoVaR。通过以上对数据样本的研究，可以得出以下相关结论：

（1）房地产与银行业存在高度的相关性。因为我国的资本市场尚不完善，房地产的资金来源主要依靠银行贷款，即通过银行融资。房地产行业是资金密集型行业，在目前中国资本市场尚不成熟和完善，我国房地产融资对银行具有很强的依赖性。一旦出现房地产泡沫破灭时，房地产行业引发的系统风险就会向银行业溢出，严重时甚至引发大的危机。

（2）房地产行业与银行业的存在双向的风险溢出效应，其中，房地产行业对银行业的风险溢出效应更强（约 11.36%），而银行业对房地产行业的风险溢出效应稍微弱一些（约 5.21%）。

通过以上结论，我们给出如下几点政策建议：

（1）坚持国家宏观调控方针，即严守房地产调控政策，坚持"房住不炒"。我国一、二线城市房源紧缺，出现该问题除了占地面积少、人流量大的原因之外，还可能是因为社会资本脱实向虚流向房地产行业。一些实体和炒房客拥有较多房产，显然这些房子并不是用来居住的，而是用来投机赚钱的，导致房地产过热。房地产泡沫现象严重，不仅加剧了房地产风险，甚至使得实体经济愈加困难。

（2）房地产行业应该扩大资金的其他引入渠道，便于分散融资来源集中于银行业风险。虽说房地产行业需要外来资金的支持，但是房地产行业如果过度依赖银行融资的话，银行将会承担巨大的风险，反过来也会影响房地产行业的发展。因此我国房地产行业需要发展多元化的融资渠道。

（3）银行要严格审批房贷条件。对于不符合贷款条件的借款者，商业银行需要严格遵守相关法律法规，不应该为了追求短时的经济利益，放任不符合条件的借款者从银行获取资金，而弃银行的流动性风险于不顾。

（4）银行业需注重信用评估。预防和降低信用违约风险，防止给银行业造成更重一步的损失，要将风险把控在一定的范围内。

3.4 其他重点行业与商业银行业的风险集成波动溢出效应

石油石化、电力、通信、国防军工、钢铁、煤炭、机械、建筑、交通运输和银行业是关乎我国经济命脉、国计民生、国家控股的十大重点行业，这些领域的行业由政府主导和保障，财政拨款和银行贷款具有一定的强制力。因此，政府支持和担保，使得企业很容易获得银行贷款。但这种模式往往形成资金大量聚集，不利于市场自由发挥。一旦一个行业发生危机就会危及银行业，导致其他行业也会发生危机。这种风险传染机制就像多米诺骨牌一样迅速传播，危及整个中国的金融市场。因此研究这十大重要行业与其中的银行业的集成波动溢出效应具有一定的现实意义。

3.4.1 样本选取及数据处理

本实证部分选取银行指数、通信指数、国防军工指数、钢铁指数、煤炭指数、机械指数、建筑指数、交通运输指数以及作为电力代表的电力及公共事业指数的日收盘价作为研究样本，样本时间跨度是 2005 年 1 月 1 日—2018 年 6 月 30 日，理由有 3 点：①2005 年我国开始陆续进行股权分置改革，股权分置改革对上市公司乃至资本市场产生重大变化；②2008 年爆发的全球金融危机对我国经济也产生重大影响；③2015 年我国证券市场发生巨大波动，对我国资本市场产生巨大风险。因此，为了能够全面分析银行业与我国其他重点领域行业的风险传染机制，将这三大特殊年份考虑其中具有一定的现实意义。

此外，大量经验表明，对数收益率能够反映金融时序的目标特征，因此本实证部分对上述指数日收盘价进行对数收益率处理，计算公式为：$R_t = \ln P_t - \ln P_{t-1}$。同时，为了防止十大重点行业指数极端值的影响，本实证在比较分析 VaR 和 CoVaR 的计算结果时，均采用序列 VaR、CoVaR 的中位数进行比较。所有数据均来自锐思数据库以及 Choice 金融终端数据库，数据处理采用 EViews7.2。

3.4.2 数据描述性统计

从表 3.14 中可以看出,十大行业样本数据中银行业指数收益率的均值最高,表明银行业相对于其他国家重点行业收益高,但风险也相对较大。其次是国防军工行业,均值为 0.000513,仅次于银行指数收益率的 0.000562。样本数据中的偏度普遍小于标准正态分布的 0,说明样本数据序列呈现左偏态分布;峰度普遍大于标准正态分布的 3,说明样本数据序列具有尖峰厚尾特征。此外,样本数据序列 JB 统计量显著大于 95% 显著水平的临界值 5.99,相对应的概率 P 值均为 0,显著拒绝服从正态分布的原假设,说明样本序列不服从正态分布,这为 GARCH 类模型的运用提供了基础。且实践经验表明,t 分布较好描述两行业序列尖峰厚尾的特征,因此本实证部分采取 t 分布进行拟合。

表 3.14 数据描述性统计

名称	均值	中位数	偏度	峰度	JB 值	P 值
银行指数	0.000562	-3.33E-05	-0.002678	6.808040	1980.017	0.000000
通信指数	0.000416	0.001560	-0.534650	6.212149	1564.945	0.000000
煤炭指数	0.000161	0.000411	-0.197104	5.322662	757.8280	0.000000
交通运输指数	0.000185	0.000728	-0.664941	7.284219	2747.644	0.000000
建筑指数	0.000379	0.001139	-0.579016	6.891821	2251.205	0.000000
机械指数	0.000474	0.001467	-0.658186	6.345258	1764.471	0.000000
国防军工指数	0.000513	0.002121	-0.518009	5.703394	1144.447	0.000000
钢铁指数	0.000134	0.001125	-0.496541	6.392334	1705.971	0.000000
电力指数	0.000266	0.001147	-0.790449	8.126809	3930.135	0.000000
石油石化指数	0.000276	0.001066	-0.516064	7.046535	2381.250	0.000000

3.4.3 平稳性和 ARCH 效应检验

十大行业样本数据序列中,金融时序平稳且具有 ARCH 效应是建立 GARCH 类模型的基础和前提,因此在建立 GARCH 类模型之前有必要进行单位根检验和 ARCH 效应的检验。结果从表 3.15 中可以看出,ADF 检验 T 统计量的概率 P 值以及 ARCH-LM 检验 F 统计量的概率 P 值均为 0,显著拒绝单位根检验中序列不平稳以及 ARCH 检验中不存在 ARCH 效应的原假设，说明样本数据序列是平稳的并且存在非线性的结构，因此建立 GARCH 类模型来估计 VaR 是合适的。

表 3.15　　　　　　　　ADF 和 ARCH – LM 检验

名称	ADF 检验		ARCH – LM 检验	
	T 统计量	是否平稳	F 值	是否存在 ARCH 效应
银行指数	-57.67（p=0.0001）	是	96.47（p=0.0000）	是
通信指数	-54.25（p=0.0001）	是	163.17（p=0.0000）	是
煤炭指数	-54.26（p=0.0001）	是	17.42（p=0.0000）	是
交通运输指数	-53.4（p=0.0001）	是	303.28（p=0.0000）	是
建筑指数	-53.81（p=0.0001）	是	322.68（p=0.0000）	是
机械指数	-51.98（p=0.0001）	是	247.64（p=0.0000）	是
国防军工指数	-51.59（p=0.0001）	是	255.43（p=0.0000）	是
钢铁指数	-53.22（p=0.0001）	是	115.17（p=0.0000）	是
电力指数	-53.32（p=0.0001）	是	356.03（p=0.0000）	是
石油石化指数	-56.05（p=0.0001）	是	74.49（p=0.0000）	是

3.4.4　样本数据序列 VaR 估计结果

表 3.16 列出了所有样本数据序列的估计模型以及根据模型计算出的在险价值 VaR 估计结果。首先，从 VaR 估计模型的选择上看，样本选用的 GARCH 类模型呈现两大块：对称的 GARCH 模型和非对称的 EGARCH 和成分 ARCH 模型。此外，加入自回归或移动平均项会增加模型的拟合优度，具体结果如表 3.16 所示。其次，从 VaR 估计结果来看，国防军工指数风险值绝对值最高，达到 0.0287；其次是煤炭行业 0.0255；然后就是通信行业 0.0204；后面依次是钢铁行业、银行业、机械、电力、石油石化、建筑行业；最后就是交通运输业。从排名结果来看，可能事关国家安全领域的国防军工行业不确定因素多，但投入大，风险效益不成比例，所以风险高。煤炭行业、钢铁行业是我国的过剩产能行业，风险暴露问题依然突出。通信业、银行业本身就是传染性强、风险较高行业，所以风险值较高。而建筑业和交通运输业的风险在样本期仍未完全暴露，所以风险值相对较低。

表3.16　　　　　　　　　　样本数据系列中位数 VaR 结果

名称	VaR 拟合模型	VaR 中位数
银行指数	ARMA (2, 2) – GARCH (1, 1)	– 0.019131
通信指数	AR (1) – GARCH (1, 1)	– 0.020354
煤炭指数	AR (1) – EGARCH (1, 1)	– 0.025537
交通运输指数	ARMA (2, 1) – GARCH (1, 1)	– 0.012392
建筑指数	ARMA (1, 2) – GARCH (1, 1)	– 0.013075
机械指数	ARMA (2, 1) – 成分 ARCH (1, 1)	– 0.014627
国防军工	ARMA (2, 1) – GARCH (1, 1)	– 0.028687
钢铁指数	ARMA (1, 1) – EGARCH (1, 1)	– 0.019507
电力指数	ARMA (2, 1) – GARCH (1, 1)	– 0.013943
石油石化指数	ARMA (1, 1) – 成分 ARCH (1, 1)	– 0.013125

3.4.5　国家其他重点行业对银行业的风险溢出效应

国家重点领域行业是国家控股行业，因为有政府的保障，这些领域的大量负债是通过银行贷款获取。因此一旦它们出现风险将会对整个银行业产生巨大影响。表3.17是国家重点领域行业处于极端情况下对银行业的溢出风险。从表3.17中可以看出，风险溢出值相对幅度从大到小依次为石油石化、国防军工、煤炭、电力、交通运输、建筑、钢铁、通信和机械行业。说明对银行业风险溢出效应最大的是石油石化行业，其次是国防军工和煤炭行业，电力、运输和建筑业对银行业的风险溢出效应也较为明显，而钢铁、通信、机械的风险溢出值相对较低。所以银行业要全面考虑国家重点领域行业的风险溢出值，对石油石化、国防军工、煤炭等这类风险溢出值较高的行业严格信贷审批，完善银行信贷管理制度，降低信贷风险。

表3.17　　　国家重点领域行业处于极端情况下对银行业的溢出风险

行业间风险溢出	拟合最优模型	CoVaR	ΔCoVaR	% CoVaR
通信→银行	ARMA (2, 2) – GARCH (1, 1)	– 0.017643	0.001211	– 0.058162
煤炭→银行	ARMA (2, 1) – EGARCH (1, 1)	– 0.022450	– 0.002915	0.120918
交通运输→银行	ARMA (2, 1) – EGARCH (1, 1)	– 0.021769	– 0.002345	0.101071

续表

行业间风险溢出	拟合最优模型	CoVaR	ΔCoVaR	%CoVaR
建筑→银行	ARMA (2, 2) - EGARCH (1, 1)	-0.021934	-0.002237	0.097123
机械→银行	ARMA (2, 2) - GARCH (1, 1)	-0.017404	0.001558	-0.075859
国防军工→银行	ARMA (2, 1) - GARCH (1, 1)	-0.022090	-0.002720	0.123895
钢铁→银行	ARMA (2, 2) - GARCH (1, 1)	-0.018050	0.001252	-0.056441
电力→银行	ARMA (2, 1) - EGARCH (1, 1)	-0.022266	-0.002644	0.113223
石油石化→银行	ARMA (2, 1) - GARCH (1, 1)	-0.023053	-0.003252	0.151187

3.4.6 银行业对国家其他重点行业的风险溢出效应

由于国家重点领域行业对银行贷款资金依赖性强，因此一旦银行业出现危机，将会收回贷款资金，提高自身流动性，导致高度依赖银行业的十类国家重点领域行业面临重大风险。表3.18是银行业处于极端风险情况下对国家重点领域行业的风险贡献程度大小。相对于表3.17的结果大有不同，首先，注意到机械行业的不对称TARCH模型优于对称性的GARCH模型，这可能是当银行业处于危机情况下，机械业股票对坏消息的反映过度，而当机械业处于危机情况下，银行业作为一个整体不受机械业危机的过度影响。而风险溢出值相对幅度从大到小依次为建筑、机械、交通运输、石油石化、电力、通信、钢铁、国防军工和煤炭。说明银行业处于极端情况下对建筑业的风险溢出强度最大，其次，是机械和交通运输业，对石油石化、电力、通信业的风险贡献程度适中，而钢铁、国防军工和煤炭行业的贡献度最低，有可能是国防军工行业的重大资金由财政补贴，而钢铁和煤炭行业是依托我国实行的"去产能、去库存、去杠杆"任务已成效明显，所以风险溢出值相对较低。

表3.18　　　　银行业处于极端情况下对国家重点领域行业的风险溢出

	拟合最优模型	CoVaR	ΔCoVaR	%CoVaR
银行→通信	ARMA (2, 2) - GARCH (1, 1)	-0.021867	-0.001412	0.044374
银行→煤炭	ARMA (2, 1) - EGARCH (1, 1)	-0.027016	-0.000453	0.002628
银行→交通运输	ARMA (2, 1) - GARCH (1, 1)	-0.014402	-0.001521	0.063523
银行→建筑	ARMA (1, 1) - GARCH (1, 1)	-0.016860	-0.003215	0.155378

续表

拟合最优模型		CoVaR	ΔCoVaR	%CoVaR
银行→机械	ARMA (2, 1) - TGARCH (1, 1)	-0.017707	-0.002318	0.086190
银行→国防军工	ARMA (2, 1) - GARCH (1, 1)	-0.029355	-0.000358	0.005419
银行→钢铁	ARMA (2, 1) - GARCH (1, 1)	-0.021083	-0.001152	0.027496
银行→电力	ARMA (2, 1) - GARCH (1, 1)	-0.015790	-0.001207	0.048244
银行→石油石化	ARMA (1, 1) - EGARCH (1, 1)	-0.015108	-0.001461	0.058368

3.4.7 结论及建议

以2005年1月1日—2018年6月30日的股票日收盘价作为研究样本，选取包括银行、石油石化、电力、通信、国防军工、钢铁、煤炭、机械、建筑、交通运输等行业的相关数据，实证分析了我国银行业与国家重点领域行业的双向风险溢出效应，实证结果发现：

3.4.7.1 GARCH类拟合模型的选择

样本序列在估计VaR和CoVaR值时，每个GARCH类拟合的最优模型具有差异性。从整体上分为两类：一类是具有对称性的GARCH模型，另一类是具有杠杆、非对称效应的TGARCH、EGARCH和成分ARCH模型。此外，由于序列自相关性质，加入ARMA能增加模型的拟合优度。

3.4.7.2 风险值VaR和风险溢出值%CoVaR的关系

风险值VaR最高的有国防军工、煤炭、通信、钢铁和银行几大行业，最低的是交通运输业，而风险溢出值%CoVaR最高的几大行业却不是如此，方向不同的风险溢出值具有很大差异性。首先在重点领域行业对银行的风险溢出值中，风险溢出值最高的几大行业主要是石油石化、国防军工、煤炭和电力行业，最低的是机械行业。而在银行业对其他重点领域的风险溢出值中，最高的几大行业主要是建筑、机械、交通运输和石油石化行业，最低的是煤炭行业。所以风险值VaR和不同方向的风险溢出值具有很大差异性。因此监管者在制定政策时，应该要明确风险管理目标和方向，做出合理的政策措施。具体提出以下几点建议：

（1）优化银行信贷投向，防范系统性风险的产生。从重点行业风险溢出效应比较来看，由大到小依次为石油石化、国防军工、煤炭、电力、交通运输、建筑、钢铁、通信和机械行业。这些重点领域行业出现风险将会通过溢出效应迅速将风险传染到银行系统，导致银行业不良贷款的发生，甚至可能引发金融危机。因此，我们要优化银行信贷投向，加大银行独立性，主推绿色贷款。此外，银行要构建和完善重点行业风险监控体系，加强重点行业风险分析，提高风险预警机制。

（2）加大重点领域行业风险溢出效应的管控，调整和优化产业结构，降低负债风险。银行业与国家其他重点领域行业的风险溢出效应不同，银行业对国家重点领域行业的风险溢出值从大到小依次为建筑、机械、交通运输、石油石化、电力、通信、钢铁、国防军工和煤炭行业。建筑和机械是银行业风险溢出效应最大的两个行业，一旦银行业产生重大风险，这两个行业也将产生巨大危机，不仅如此，其他行业也因风险传染机制也会产生重大影响。所以我们要加大重点领域行业风险的管控，减少银行贷款依赖，优化行业结构，降低负债风险。

3.5 本章小结

本章对中国商业银行风险集成波动的溢出效应进行研究，其中主要通过如下几个方面进行研究：中国商业银行间风险集成波动溢出效应研究、中国金融体系风险集成波动溢出效应研究以及房地产行业与商业银行的风险溢出效应研究，其他行业（例如通信行业、交通运输行业、国防军工业和建筑行业等）与商业银行的风险集成波动溢出效应研究。本章采用 CoVaR 方法去度量风险外溢的情况，这将有利于监管当局了解各行业的系统性风险变化。

对于商业银行间的溢出效应，不同的商业银行会通过规模大小会影响其对系统的风险溢出性，规模较大的商业银行风险溢出效应显著。处于正常状态的商业银行，其导致的系统性风险比较小，当处于危机状态的商业银行的数量增加时，其导致的金融系统的系统性风险升高。金融监管部门在重视单个银行风险传染的同时，还应该着眼于关注多个或某一类银行间的风险传染，关注银行机构的共同风险因素，防范金融系统陷入更大区域的危机。

对于金融体系风险波动溢出效应，金融体系主要包括银行、证券、保险和信托等。这些行业对金融系统的条件风险贡献都是呈正向相关的，当这些行业处于困境状态时，将会增加金融系统的条件风险价值，金融系统对银行业的敏感程度最高，那是因为银行业在我国仍然处于主体的地位。由于各行业的复杂程度不同，因此各行业的风险溢出效应规律也各不相同。且金融系统的各行业紧密联系，风险集成波动溢出效应增强，因此，监管部门应该要注意宏观把控，统筹各行业，从整个金融系统进行监管。

对于房地产与商业银行的风险波动溢出效应，房地产行业与银行业具有明显的双向风险溢出效应，一旦商业银行出现流动性危机势必会影响房地产行业融资情况，房地产行业的资金链将会受到影响；一旦房地产行业出现危机，其风险就会外溢到银行业，影响银行业的健康发展。所以房地产行业应该扩大资金来源，而不应该仅仅依赖商业银行的资金提供，我国还要坚持房地产调控（即限购政策）政策，避免大量出现房产炒作的问题，一旦房价泡沫破灭，势必会影响国民经济的健康发展。习总书记说的好"房子是用来住的，而不是用来炒的"。

对于其他行业与商业银行的风险波动溢出效应，行业之间存在双向波动情况，%CoVaR数值反映了各个行业板块背后的业务往来关系及金融市场发展的格局和态势。要注意监控重点行业的风险溢出情况，由于银行业对不同行业的风险溢出值也不同，溢出值有大小之分，为了避免重点行业出现危机对其他行业造成更大的影响，因此，要加大重点领域的风险监控，优化行业结构，降低行业负债风险。

第4章 基于宏观和微观审慎监管的中国商业银行集成风险框架与测度研究

4.1 研究背景

步入新常态的中国实体经济目前处在对内改革和转型、对外开放与发展的关键时期，经济实体和金融系统的不确定性显著增加。尽管中国遭遇到国外金融危机冲击，国内尚未发生过严重的金融危机，但伴随着经济的开放度提升、金融体系市场化改革深化和人民币国际化推进，中国金融体系遭受国内外经济、金融冲击的风险增大，严重时便会引发金融危机甚至是经济危机。频发的金融危机明证了系统性金融风险是金融危机的潜在状态，理论上若能将中国商业银行集成风险的内在机理、风险测度模型与现实监管相结合进行系统研究，势必进一步丰富和发展中国金融系统集成风险的理论体系。实践上若能建构我国商业银行集成风险测度的框架体系，实时监控金融系统集成风险的潜在运行趋势，力将金融系统集成风险控制在安全阈值内，为防范和化解金融系统集成风险预留预警和处置时间，避免金融危机的爆发、维护金融稳定和促进经济发展具有重要的现实意义。

我国商业银行集成风险作为金融风险研究的重要部分，即由一个特殊的金融实体或者金融系统中的某个组成部分引发，并最终可能导致整体金融系统不稳定性的风险。通过深入分析金融系统集成风险的背景、成因、传染机理和演变历程进行预警、防范和度量，力争将金融突发事件转变为监管机构日常监管，切实避免对金融系统和实体经济造成恶性冲击。不断爆发的金融危机及风险溢出为学术界和实务界提供了较好的天然实验场所，相关研究多侧重某一子系统风险或某一具体度量模型，针对金融系统集成风险的概念、特征、内在机理、外在冲击、测度模型和防范机制进行系统研究相对有限，因而，本章通过对系统性金融风险相关文献进行梳理和总结，结合我国金融体系和经济转轨的实际情形，基于具有"长记忆性"的 GARCH 类模型构建我国商业银行集成风险测度，防范、度量和化解我国金融系统集成风险提供创新性路径。

4.2 金融系统集成风险的理论基础

4.2.1 金融系统集成风险的概念界定及成因

金融系统集成风险是系统性风险的一个部分，学者们对系统性风险概念尚未达成共识。米斯金（Mishkin，1995）从资源配置的角度；考夫曼和史考特（Kaufman and Scott，2003）则从整个金融体系或市场崩溃的可能性；奥利弗和哈特曼恩（Olivier and Hartmann，2000）则以系统性金融事件概念为基础。国际上较为通用的是采用 IMF、BIS 及 FSB 的定义：系统性风险是由部分或整体金融系统的损害导致且对实体经济造成严重负面影响的潜能。该概念则从风险传染性视角，强调系统性风险具有强力的隐匿性、积累性、传染性和负外部性等特性。而金融系统集成风险则采用施瓦茨（Schwarcz，2008）的定义，即由金融体系（机构或市场）之间的内在联系或相关性，一家或一部分失败引起一连串机构失败，使整个系统或市场崩溃的可能性。王霞等（2014）将金融系统集成风险成因分为内因和外因，内因是由金融机构和金融体系内部的基础性风险形成因素，外因则是金融体系以外的经济周期、利率、外汇等各种因素。与单一金融机构面临的风险不同，金融系统危机具有突发性、宏观性和系统性的破坏性、更大的负外部性、负向反馈回路、复杂性、风险和收益不对称性以及广泛的传染性等特征。其中，负向反馈回路（adverse feedback loop）导致的风险螺旋式放大机制是金融危机引发宏观经济衰退最显著的特征，加之非金融行业间的互补性或相似的经营范围，使其相关程度和违约传递非常明显。

4.2.2 金融系统集成风险的宏观审慎政策框架

鉴于中国并未发生金融危机的经验借鉴，美欧主要经济体通过深度解析金融危机成因，达成构建宏观审慎政策框架共识，并着力推动强化宏观审慎监管的金融体制改革。这为我国防范、监管和化解金融系统风险，改革现有金融体制和监管模式提供了积极参考。首先，全球金融危机的成因一种解读是金融系统的顺周期性或逆周期性,即借鉴工程学理论,运用系统的正反馈性来说明金融运行的周期性自我增强或减弱。另一种解读原因涉及系统重要性金融机构(systemically important financial institutions, SIFIs)。SIFIs 划分两个档次:全球系统重要性金融机构(G-SIFIs)和国内系统重要性金融机构(D-SIFIs)。两类 SIFIs 监管标准和审慎性要求更为严格,由于大多数 SIFIs 的关联性很强,尤其是跨境关联性,还应考虑其道德风险问题,即越是具有系统重要性,越不敢让它倒闭(即大而不能倒,Too Big to Fail)。其次,全球金融危机凸显出《巴塞尔资本协议Ⅱ》存在不足,其过分注重商业银行的精细化管理,忽视了精细量化管理下资产和风险对金融的高度敏感性所导致的顺周期性,但更为突出的是缺乏防范金融系统风险的监管框架。结合 SIFLs 内容,金融系统风险的产生根源在于:①SIFLs 经营失误进行风险传导;②政策压力或经济环境使同质性金融机构在外来风险冲击下,金融风险迅速在系统内传播、膨胀。基于这两种根源,美欧等国提出重构金融监管框架,改革首要目标就是防范金融系统风险,并作为宏观审慎监管的根本目标。最后,美、欧金融危机深刻昭示需从金融体系和整体经济等视角进行防范和测度研究,仅以某一行业或个别金融机构风险难以有效厘清和化解金融风险源。同时也表明在应对跨国界、跨行业的交叉性系统性风险时,传统的以维护金融机构稳健性为宗旨的微观审慎管理难以奏效,需要兼顾整体金融体系、逆周期的金融政策和防范化解金融系统风险的宏观审慎监管,而宏观审慎政策必将成为金融监管和宏观调控的核心。因而,中国金融系统风险防范体系核心应是金融体制改革,通过转变经济增长方式是改革的关键。同时也需清醒地认识到,构建一个能够体现逆周期性的政策体系和动态发展的宏观审慎政策框架。

需要提及的是,新常态下三期叠加的中国金融体系各种风险不断积聚,爆发极端金融事件的概率剧增,加之监管制度不够完善、动态检测、实时预警和有效测度、风控基础较为薄弱、金融业对外开放程度有待提升等。未来五年高度重视国际经济环境的不确定因素和潜在的冲击风险,防范和化解金融领域潜在的风险隐患。特别是难以预测的极端金融事件引发的系统性金融风险,其常呈现为跳跃式波动特性,爆发前缓慢累积难以显现,爆发后急剧增加猝不及防。一个颇具挑战性的难题即是如何有效防范和测度由极端金融事件扩散至系统性金融风险,再进而演化为系统性金融危机。由此可见,有效度量中国商业银行集成风险是防范中国系统性金融风险的前提和基础。本章余下部分思路是只有明晰系统性金融风险的生成机理和传导机制,通过梳理和总结系统性金融风险预警体系和金融风险模型方法,寻求防范、度量、监管或化解金融系统风险的有效途径和解决方案。

4.3 金融系统集成风险的理论阐释、作用机理和传导机制

4.3.1 金融系统风险成因的理论阐释

在金融系统风险的成因方面，主要有四类理论阐释——金融脆弱性理论、信息经济学理论、外部冲击性理论和金融危机货币危机理论。

4.3.1.1 金融脆弱性理论

米斯金（1975，1977）最早系统性研究金融脆弱性理论并提出金融不稳定假说，认为系统性金融危机虽与外部冲击有关，但主因是金融体系内部脆弱性所致。费雪的债务通缩、凯恩斯的金融体系内在不稳定视角和金德尔伯格的周期性视角进一步深化分析金融脆弱性的原因。Kaufman（1996）将金融体系银行业的脆弱性归因于长短债务不匹配性、高杠杆性和低现金资产比率。系统性金融危机由金融脆弱性引致的金融系统风险可从代际遗忘、债务通缩及金融体系自身脆弱性视角进行阐释。

4.3.1.2 信息经济学理论

戴梦得和棣维格（Diamond and Dybvig，1983）的银行挤提（D-D）模型，主要从信息不对称理论进行研究，挤提根源在于信息不对称、个体与集体理性悖论以及存款人自我实现预期。该理论能有效解释风险传染效应、重视信息研究，重要贡献是建立存款保险制度改善了银行体系的脆弱性。进一步深化研究的是艾森贝斯和戴维斯（Eisenbeis，1997；Davis，1998），基于信息不对称的道德风险和逆向选择来研究银行业系统性金融风险。

4.3.1.3 外部冲击理论

外部冲击是系统性金融危机的衍生或负外部性，基于风险溢出和动态非线性进行传染研究的有尤恩等（Eun et al.，1989）、寇特莫斯等（Koutmos et al.，1995）、米勒（Miller，1996）、奥博斯特菲尔德（Obstfeld，1997）、福塔舍尔（Fratzscher，2002）、弗朗斯科等（Francesco et al.，2004）和拉里斯（Lalith，

2011)。刘锡良等（2014）认为，国外金融冲击常通过汇率、利率及股指波动率等变量传染至本国的相关变量，通过改变投资者预期、放大不利信号及资金抽逃，联动的金融市场波动大幅提升系统性金融风险的概率，引致全球金融危机。

4.3.1.4 货币主义学派的危机理论

以弗里德曼的货币主义学派为基础，金融系统风险的根源在于货币政策失误，其实质是通过产生或加剧货币紧缩效应造成银行恐慌，进而破坏性地影响经济活动，突发金融极端事件使得公众转而持有通货，加之央行不当干预，系统性金融危机爆发（Schwartz, 1986; Goldstein M. et al., 1996; Frosdiek, 1997; Honohan P., 1997）。需要强调的是，该理论对金融危机的阐释缺乏微观基础，过多依赖心理学判断，需要借鉴已形成较为独立的三阶段现代货币危机理论体系，即以克鲁格曼（Krugman, 1979）-弗莱德（Flood, 1984）-盖博（Garber, 1984）为代表的第一代危机模型，涉及固定汇率制度与宏观政策冲突；再以奥博斯特菲尔德（Obstfeld, 1994）"预期自我实现模型"的第二代货币危机模型；以及东南亚危机后以库塞梯（Corsetti, 1985）-珀森缇和楮比尼（Pesenti and Roubini, 1998）-传格、威尔拉索和考夫曼（Change and Velasco, 1998, Krugman, 1999）为代表的第三代货币危机模型。

金融系统风险成因的理论并非孤立的，彼此间关联性较强，从金融内外因素阐释了金融危机的风险机理，上述理论对防范我国潜在系统性金融危机有着一定参考价值。

4.3.2 基于不同视角探究金融系统风险的作用机理

学者们基于独特视角研究金融系统风险的内在机理，得出了一些有价值的结论，为我国监管层控制金融系统风险源提供了穿透式监管的依据和方向。

4.3.2.1 从投资行为和行为金融视角出发

动物精神最早由凯恩斯提出，进一步发展动物精神是乔治·阿克洛夫和罗伯特·希勒，其将心理作用和金融行为相结合进行"躁动和恐慌"研究。动物精神激励人们承担风险、敢于创新，但也易导致羊群效应。在金融稳定时期，人们集体非理性躁动的行为，导致资产泡沫产生。在金融市场非常时期，恐慌极易蔓延，引致危机发生。

4.3.2.2 基于金融机构流动性风险视角

李妍妮等（2012）概括流动性风险为货币、融资和市场流动性，其根源在于信息不对称和不完全市场，三者相互影响引发金融系统风险，需强化对银行的监督和管理。这与《巴塞尔协议Ⅲ》在宏观审慎政策框架引入了最低流动性国际标准相一致，该标准为流动性覆盖比率（LCR）和净稳定融资比率（NSFB）指标。

4.3.2.3 基于影子银行视角

影子银行与流动性、杠杆率、拨备和衍生品交易等构成了宏观审慎政策框架中的其他内容范畴（周小川，2011）。影子银行指游离于监管外的非银行金融机构，有对冲基金、私募股权基金、特殊目的机构（SPV）等。影子银行与传统商业银行业务交叉，杠杆率水平和流动性风险很高，信息不很透明，跨境投资较广，易引发金融系统风险，成为金融危机的重要推手。如2015年的中国股市异常波动，事实证明若杠杆资金一旦泛滥于某一资产，并在该类资产间自我循环、推高资产泡沫，不但会使得货币政策失效，而且会加剧金融市场的不稳定。监管层若不能及时干预和控制，可能会引致金融系统风险。

4.3.2.4 基于债务违约视角

拉美债务危机、俄罗斯及美、欧债务危机根源之一在于债务违约，且伴随有突发性的债务流动性从过剩到不足的逆转（Acharya et al.，2016）。伴随着中国经济的崛起，政府债券市场规模扩张较为迅猛，鉴于中国政府主权债务一向稳健，而地方政府事权和财权严重失衡下的债务规模急剧膨胀，中国地方政府性债务的违约风险问题引起关注（赵全厚，2011；王永钦等，2016）。目前中国地方政府性债务最大来源是银行贷款，其流动性低，一旦危机显现会感染金融系统，再通过银行系统和债券市场进行风险传导，则会引发金融系统风险甚至金融危机。

4.3.3 金融系统风险的传染路径研究

金融自由化和经济全球化提升了各国之间经济依存度，创新金融衍生品增强了实体经济与金融体系相关性，各国金融系统风险传染性随之增强，学术界日益关注金融系统风险的传导路径及实证研究。一些学者研究贸易和金融传染渠道（Eichengreen et al.，1999；Glick et al.，1999；Fratzscher，2000；Forbes，2001；Kaminsky et al.，2003；Caramazza et al.，2000；Van Rijckeghem et al.，2001）。艾尔新格等（Elsinger et al.，2006）将银行传染渠道分为两类，即银行同质性强化的风险暴露相关性导致的金融系统风险传染和由于资本业务联系紧密导致连锁反应的系统性风险传染。弗里德曼和施瓦茨（Friedman and Schwartz, 1963）则研究银行信贷传染渠道，同时也研究银行间经营业务传染路径（Stiglitz, 1994; DasguPta, 2000），还有研究国际银行间支付结算系统传染渠道（Lelyveld and Liedorp, 2004; Amundsen and Amt, 2005），以及从金融部门与行业间交叉传染、金融网络体系的关联性视角研究（刘春航, 2011; 苏明政, 2015）。同时也需关注超越监管理解的金融工具及体制创新、过度虚拟等风险源，也可能会引致金融系统危机的爆发。

金融系统风险传染实证研究经系统梳理大致可分为两部分：①基于金融市场高低频数据、运用极值理论和动静态 CoVaR 的传染研究（Cooperman et al., 1992; Kodres et al., 2002; Adrian et al., 2008; Diebold et al., 2011; Chen, 2014; 陈建青等, 2015; 申敏等, 2016）。②依据金融机构资产负债表风险敞口、金融网络体系鲁棒性及模拟方法的风险溢出研究（Allen et al., 2000; Brusco et al., 2007; Iori et al., 2008; Acemoglu et al., 2015; 高国华等, 2012; 欧阳红兵等, 2015）。

综上所述，金融系统风险独特的内涵、特性、成因、作用机制、传导路径和影响金融体系运行的方式，不仅与银行业金融机构直接相关，还与非银机构的证券业、保险业等密切相关，也应将整个金融体系内部的相互作用和金融体系与社会的相互作用考虑在内，故需采用系统方法将其作为有机整体进行研究。因而需要建立一个统一的、对金融系统风险高度有效的宏观审慎制度，实施统一监管与专业化监管相结合，扩大监管范围、重构金融安全网、设立防火墙和隔离网防护带，以维护整个金融体系的安全稳定。因此，国家设立国务院金融稳定发展委员会极为必要，旨在强化中国人民银行宏观审慎管理和系统性风险防范职责，结合风险预警体系，重点监管系统性重要银行，压力测试常态化，评估系统性重要银行及银行体系的及时风险指数，落实金融监管部门监管职责。同时，通过协调交叉和综合业务的宏观审慎监管，防范金融体系跨市场、跨领域的潜在金融系统风险发酵，建立应对金融系统风险的快速反应机制，高效稳妥地处置金融系统风险。

4.4 金融系统集成风险的防范、控制和化解

通过前述金融系统风险的内容介绍以及国家把防控金融系统风险提升到国家层面，确保不发生金融系统风险。那么，接下来的核心问题是如何防范、控制和监管中国金融系统风险。

4.4.1 如何防范金融系统风险

4.4.1.1 金融系统风险预警模型

经济全球化和金融自由化使得世界金融系统联系越来越紧密，较为发达、完善的美欧金融市场所爆发的金融危机，对于我国现有的金融结构的完善、金融工具的创新、资本市场的发展等方面有很好的借鉴作用。金融系统风险积累的结果是金融危机，需要事先预警、检测控制和监管，特别是引致危机产生的风险因素和潜在因素，因而金融系统风险预警系统应含银行体系、通胀、汇率、外资流动和债务风险等内容。鉴于金融系统风险的复杂化，国内外学者基于不同的视角对金融系统风险预警模型和度量模型进行研究。

在构建金融系统风险预警指标体系方面，艾德沃兹（Edwards，2004）运用央行外币资产/基础货币、信贷增长率、财政赤字/GDP 等 12 个指标构建危机预警指标体系。弗兰克尔等（J Frankel et al.，2011）构建含外汇储备、股指波动、GDP 变动率等 6 个先行指标来检验美国次贷危机。

金融系统风险预警模型主要有 FR（Frankel and Rose，1996）单位概率模型、STV（Sachs，Tornell and Velasco，1996）横截面回归模型、KLR（Kaminsky，Lizondo and Reinhart，1998）模型、发展中国家研究分工（developing country studies division，DCSD）模型、人工神经网络（artificial neural network，ANN）、时变转换概率（time-varying transtion probability，TTP）的马尔科夫转换模型和罗基斯（Logit）模型等。FR 模型是通过精准识别金融危机的引发因素，测算金融危机发生的概率，其缺陷在于模型是以货币危机发生与否为标准，没有考虑国别差异，降低模型的解释能力。STV 模型虽考虑了国别差异，但只能选取相似的国家做样本，适用性较低，还无法反映非线性原因并且难以给出危机发生的具体时间。KLR 模型优点在于简明地提供用于预测金融危机的指标体系、阈值以及各变量指标的边际贡献，但结果值过度依赖指标阈值是其固有缺陷。后几种模型基本思想是通过选择表征金融危机的因变量和影响该因变量的自变量，假设两变量间服从线性或非线性关系并拟合其相关性，通过自变量的变化来预测金融危机，重点关注外部冲击对银行体系造成的影响。

尽管上述金融系统风险预警模型之间具有差异，但其共性均是识别和确定金融危机的关键指标，量化关键指标值的阈值，进而基于阈值与关键指标值对比来度量金融系统风险。上述方法优点在于多使用低频数据且数据较易获取，模型简单也易理解。缺点在于多使用滞后的静态数据，预警模型尚无细分是由宏观冲击或传染引致的系统性风险，而后者对于监管部门更具实践价值。再者模型阈值是以发生金融危机国家为样本取得，难以有效测度像中国未发生过金融危机的阈值，同时也需在金融体系行业间的内在结构和相互影响方面完善。

4.4.1.2　金融系统风险度量模型

随着宏观审慎监管的提出和金融系统风险预警模型的构建，学者们进一步深入探讨金融系统风险的识别、评估和测度方法。该度量模型多从宏观视角展开，依赖于金融机构资产负债表的数据以及金融市场高、低频数据，构建金融体系内部关联性和传染性度量模型。

国外学者对金融系统风险的度量方法主要有六类：

①宏观经济分析法。构建不同国家或地区的金融系统风险预警指标体系的有比尔逊（Bilson，1979）、凯明斯基等（Kaminsky et al.，1998）、艾尔林等（Illing et al.，2003）、艾尔西等（Alessi et al.，2009）、布瑞欧（Borio，2009）、卡带瑞丽等（Cardarelli et al.，2009）。

②违约强度模型法。IMF（2009）运用违约强度（DIM）模型分析次贷危机中的美国金融行业，结果表明，DIM能够准确地捕捉到整个经济领域的违约事件。杰西卡等（Giesecke et al.，2011）通过DIM估计利率扩散方程的系数来确定违约率，再以违约率来度量系统性风险。

③网络结构模型与压力测试法。网络结构模型主要思想是通过银行间资产负债表相互敞口和交易数据构建网络，再依据网络体系模拟风险传导，进而测算每个银行网络中积累的系统性风险。该方法既能捕捉银行系统中的违约事件和流动性短缺的影响，又能度量金融机构应对金融危机引发多米诺效应的弹性。其优点在于银行间双边风险敞口可将系统性风险与银行实际交易相连，规避只分析单一银行的误区，也可使监管者重点监控首家违约银行，实时控制系统性风险。其缺点在于基于假设和模拟难以有效定量描述发生的金融系统风险诱导因素。压力测试法最初由艾尔林和刘（ILLing and Liu，2006）建立高频金融压力指数（FSI），用来测度加拿大金融体系压力状况。与滞后性的VaR显著不同，FSI广泛用于衡量宏观经济指标对银行体系稳健性的宏观压力测试。

④前瞻性CCA和AR测量方法。未定权益分析法（CCA）由力哈（Lehar，2003）提出，格雷和焦波斯特（Gray and Jobst，2009）进而将其用以度量在极端困境条件下金融部门的政府或有债务。CCA法基于前瞻性信息能更稳定地预测金融极端事件，应用性较广，参看格雷等（Gray et al.，2010）；国际货币基金组织

(IMF, 2011); 比思亚斯等 (Bisias et al., 2012); 萨尔德亚斯 (Saldias, 2013); 哈阿达等 (Harada et al., 2013) 和米勒林 (Milne, 2014)。依据主成分分析法, 克瑞斯曼、李和佩吉 (Kritzman, Li and Page, 2010) 提出用吸收率 (AR) 指标来度量系统性风险, 即 AR 越高, 意味着风险来源越统一, 对应的系统性风险水平越高。

⑤横截面方法。在测度 CDS 合约方面, 黄、周和朱 (Huang, Zhou and Zhu, 2009) 使用困境保费 (DIP) 作为系统性风险的测量指标。需要强调的是, 阿迪瑞恩和布闰那梅尔 (Adrian and Brunnermeier, 2010) 提出条件在险价值 (CoVaR) 来测度金融系统风险。基于期望损失 (ES), 阿彻西亚等 (Acharya et al., 2010) 拓展出系统性风险期望损失 (SES) 和边际期望损失 (MES) 测量方法, 该法适应宏观审慎监管之需, 通过监管那些边际风险贡献和杠杆率大的金融机构, 进而降低金融系统风险, 防范金融危机爆发。布朗丽思和恩格尔 (Brownlees and Engle, 2011) 提出了 SRISK 指标, 并结合 DCC – GARCH 模型来度量 MES。

⑥多维密度估计法。基于银行系统的多元密度函数 (BSMD), 希哥维诺和古德哈特 (Segoviano and Goodhart, 2009) 提出测度银行系统性风险方法, 即先根据银行组合推导其多维密度函数, 再依据多维密度函数估计系统性风险的测量指标, 包括联合违约概率 (JPoD)、银行业稳定性指数 (BSI)、困境依赖矩阵 (DDM) 及连锁反应概率 (CRP)。JPoD 由希哥维诺和古德哈特 (Segoviano and Goodhart, 2009) 提出, 用以刻画银行间的风险非线性相依性, 测度银行体系稳健性。

国内一些学者依据金融系统风险度量方法发展脉络进行追踪研究 (马君璐等, 2007; 范小云等, 2011; 朱元倩等, 2012; 赵进文等, 2012)。基于金融冲击作用机制视角, 国外学界针对全球金融危机, 重构宏观经济理论和金融理论取得创新方向, 即将金融作为内生性体系纳入动态随机一般均衡模型。王国静等 (2014) 尝试将金融冲击引入到动态随机一般均衡 (DSGE) 模型来解释金融冲击对实际经济变量和金融变量的动态影响, 并通过贝叶斯方法估计模型的结构参数, 发现金融冲击是驱动中国经济周期波动的最主要力量, 即使存在其他多个冲击, 金融冲击仍然能够解释近 80% 的产出增长波动。方意 (2016) 构建包含银行破产机制和去杠杆机制的资产负债表直接关联网络模型, 发现在传染过程中, 银行破产会导致系统性风险急剧上升, 系统性风险存在"区制转换"效应。

还有一些学者从其他独特视角对金融系统风险进行研究。王永钦等 (2016) 选取交易城投债独特视角, 将城投债收益率价差分解成流动性风险价差部分和违约风险价差部分, 利用外生冲击的双重差分法来进一步识别中国地方政府债务的违约风险。叶茜茜 (2016) 基于金融脆弱性理论视角, 认为国内区域金融风波频发暴露了中国金融脆弱性现状, 揭示了政府行为和金融监管的缺陷。张德鸿

(2016）选取通货膨胀率、总储备额、进出口额等预测我国金融系统风险关联程度最高的技术指标，应用 Logistic 分析模型进行指标的量化分析，建立经过改良的定性分析模型。曹廷求等（2017）基于公司治理视角、从金融风险的微观机理入手，研究金融系统风险的产生和传导机制、风险累积以及危机爆发的全过程，构建了金融系统风险的全新理论框架，即形成过程包括单位金融风险、局部金融风险和金融系统风险三个阶段，建议监管部门应根据不同风险演进阶段的特征和风险程度采取相对应的措施。唐文进等（2017）通过研究发生概率极小而被主流研究所忽略的极端金融事件，从理论上将风险激增的非线性机制纳入考量，改进已有模型使之更贴近极端金融事件的实际；从方法上探索利用改进后模型预警系统性风险的可行性并验证其先进性。

上述多种度量系统性金融方法，在各国监管和预警系统实践中，多数国家并非只使用一种方法来评估系统性关联，但在与其他方法整合度方面还存在较大的差异，表明在宏观审慎监管方面，监管实践与理论研究在金融系统风险度量上并未较好结合。现代金融理论或宏观经济学一般均衡理论建立在过多假设、模型优化及量化前提下，容易忽视人的行为因素及社会制度的复杂性，在此基础上构建的金融系统风险度量模型难以有效精准预测、防范与控制金融危机，进而指导和评估像新兴加转轨的我国实现最优政策选择和金融风险管控显然更具创新性和挑战性。金融风险度量模型的缺陷性和适用性尚需提升和修正，关键数据和极端事件的缺乏、金融危机的标准界定、非线性相关性的刻画难题、高低频数据收敛性等问题，亟须在目前系统支持水平和历史数据的基础上，构建有效且适用的金融系统风险测度模型，这是极具挑战性的课题。

4.4.2 如何控制和监管金融系统风险

我国金融监管体制伴随着市场发展而不断变革，在分业监管理念下，2003年构成"一行三会"的金融监管体制。为强化和协调各监管部门，2013 年建立金融监管协调部际联席会议制度。为强化央行宏观审慎管理和系统性风险防范职责，2017 年设立国务院金融稳定发展委员会。2018 年 3 月国务院机构改革方案，将原有"一行三会"调整为"一委一行两会"的金融监管体制。维护金融稳定已上升到国家战略高度，有效控制金融系统风险源，强化功能和行为监管，提高防范化解金融系统风险能力，守住不发生金融系统风险底线。目前我国金融系统风险源通过文献梳理和理论归纳，大致有金融体系信用扩张问题、房地产泡沫问题、地方政府债问题以及极端金融事件冲击等问题。鉴于极端金融事件具有发生概率小、随机性强、诱发的系统性风险具有"缓积急释"的激增特征,难以从理论上将风险激增的非线性机制纳入考量,也难以基于平稳随机模型来刻画风险全面爆发。因此,本章对我国金融系统风险源问题进行控制和监管研究。

4.4.2.1 控制金融体系信用扩张风险源

众所周知,美国次贷危机爆发根源之一在于让低收入居民等次级贷者扩大信用购买住房,进而过度衍生证券化最终导致金融体系崩溃及危机爆发。与此相似,在全球金融危机后,我国也运用信用过度扩张刺激经济高速增长,但由于实业投资资产回报率低导致资本脱实入虚催生了资产泡沫,构成了中国整体金融体系的风险源。财经数据表明,自2008年以来的10年,中国信用过度扩张引致金融体系的规模扩张如下:银行业资产规模由50万亿元上升到236万亿元;保险业由不足3万亿元上升到16万亿元;信托资产由不足3万亿元上升到20万亿元;资产管理规模由0.3万亿元上升到近18万亿元等。麦肯锡估计2017年中国的影子银行规模达到近68万亿元等,产生的直接后果就是导致金融市场流动性过剩、炒作之风盛行。同时,房地产市场泡沫集聚,2009年以来房地产贷款8年累计增长超过264%,从7.3万亿元上升到26.7万亿元。仅在2016年四大商业银行新增贷款超过60%流向房地产行业,这已成为中国货币政策中的难题。

与中国金融体系过度信用扩张相对应的是,中国金融市场还不完善,政府干预市场较强,这与政府传统监管思路和行为方式相关。政府认为金融市场存在结构不合理、直接融资比重过低,要改变银行体系间接融资主体地位,解决好企业融资困境问题。众多企业排队上市、超越式发展直接融资成为金融市场发展的必然选择,政策制定者以自身认定的某种价值来取代市场机制下的某一价格,加大制度性交易成本,削弱了国家的竞争力。"资产荒"说明金融市场既缺乏有效投资渠道,又未能有效配置资源,加之金融市场基础制度尚未完善,过度扩张的国家信用体系,高投机、加杠杆的金融市场风险积聚成为潜在金融危机的风险源。

各国事实明证,高风险市场、泡沫化资产,一旦极端风险事件发生,会引发资产价格暴跌和流动性困境,进而使得杠杆率飙升加剧资产抛售,恶性循环导致金融危机,通过市场风险溢出演变为实体经济危机。经验说明,金融整顿、加强监管成为必然。因而目前监管层强调金融"去杠杆",地产"去泡沫",针对表外理财、委外等高杠杆业务,将表外理财产品纳入宏观审慎评估体系(MPA)考核,推动资管统一标准,券商禁止开展资金池业务,资管产品不得存在期现错配、滚动发行、集合运作和分离定价的资金池业务。保监监管针对制度漏洞,重点排查主要聚焦于虚假出资、大股东或实控人关联交易、违规和激进投资、产品不当创新、销售误导、理赔难、违规套取费用和数据造假等乱象。针对新形势下衍生出的新风险形态更需严格监管，如一些公司通过增加股权层级规避监管，与非保险一致行动人共同收购；利用金融产品嵌套和金融通道业务，改变投资资产属性及类别，超范围、超比例投资和逃避监管的违法违规行为；金融产品、回购交易及资产抵（质）押融资中的违规放大杠杆的行为；通过"抽屉协议""阴阳合同"等形式向保险机构股东、投资项目的利益相关方输送利益等。

在金融监管过程中，与美国加息缩表不同的是，中国央行资产以外汇占款为主，没有像美联储持有庞大的证券资产需要处理，因而中国央行无"缩表"压力。但问题是近几年来中国央行缩表、商业银行大幅扩表。中国信用过度扩张若是商业银行投放的信用货币过多，则易导致资产泡沫和金融风险；若是央行资产负债表投放基础货币过多，则易带来通胀问题。

所以，从抑制资产泡沫和防控金融风险的角度看，监管层实施商业银行缩表、央行扩表以对冲和化解过去累积的问题，对商业银行"缩表"是金融监管的必然结果，在此监管过程中央行需要考量金融去杠杆与流动性的平衡问题，要防范货币政策收紧和金融去杠杆二者叠加效应引致的金融风险，避免双重叠加的过度紧缩导致资产泡沫崩溃，甚至是金融危机。央行需要适度的扩表缓释或对冲过度的金融紧缩，金融整顿更多依赖货币政策外的政策手段和监管措施。房地产行业作为国内金融信用过度扩张以及信用工具创新的源泉，去杠杆、挤泡沫必然也成为金融监管的重要领域，在强监管的同时也要把引致中国系统新金融风险降到最低程度。

在资管、保险等非金融机构领域，监管部门探索穿透式监管，如保险穿透式监管贯穿于保险公司的前中后端环节，同时强化从股东、股权、资本金、资金运用的资金来源和投向等层面监管，既要做到前端审批与后端监管的协同，又能提升审批和信披的透明度。

4.4.2.2 控制和监管地方政府债务风险源

地方债务规模是从严监管、不发生区域系统性风险底线的重要指标。据官方数据显示，2014年底地方政府性债务总规模为24万亿元，其中政府负有偿还责任的债务为15.4亿元（含1.06万亿元的债券和14.3万亿元的银行贷款、城投债等非债券债务），或有债务8.6万亿元（含政府负有担保责任和负有救助责任的债务）。通过数据可知，如果地方政府的债务风险不断发展也可能导致系统性风险，而且债务风险与金融风险可能存在交叉影响，也需全方位去杠杆，控制地方债务规模。

在"一行三会"联手整肃金融乱象、压缩同业链条推进金融去杠杆之际，财政部联合国家发改委等六部委合理整顿地方债乱象，出台《关于进一步规范地方政府举债融资行为的通知》，规范举债融资行为，严查违规举债，针对地方债、城投债、PPP模式，强化金融安全防火墙。通过3年置换期将14.3万亿元的非债券形式置换成地方债券，纳入地方政府债务的范畴。同时，严格界定和限定违法违规的或有债务规模。截至2016年末数据，我国地方政府债务15.32万亿元，地方政府债务率（债务余额/综合财力）80.5%，加上中央政府债务12.01万亿元，合计我国政府债务为27.33万亿元。我国政府债务率（债务余额/GDP）为36.7%，低于主要市场经济国家和新兴市场国家水平，地方政府债务风险总体可控，但违规融资担保形成的隐性债务成为主要隐患。

事实上，若从债务结构来观测中国地方性债务风险，债务结构风险凸显，确实并不乐观。首先，表现为地方政府性债务重心下移，县、乡镇比重上升；其次，地方政府性债务期限不匹配，易引发流动性和偿付性危机；最后，地方政府性债务过于依赖土地出让收入，易形成与房地产市场利益捆绑化，房地产市场一旦拐点财政难以为继。但也无须过度悲观，若从总量来衡量地方性债务风险，其总量可控，虽然目前经济步入新常态，但政府财政收入呈现稳健增长，加之地方政府性债务支出经多年经营已形成大量优质资产，为偿还债务提供了坚实的基础。

目前，我国监管核心在于全面堵住地方政府及其部门违规进行融资担保或变相融资担保形成地方政府或有债务的可能性，确保地方政府只能通过地方债形成政府债务，从而提升地方政府债务的可穿透性和可控性。如现阶段基建投资的重要投资来源于地方债、城投债和PPP模式。城投债向信用品质回归，失去地方政府直接信用支持，地方债又受到限制，因而PPP项目日益成为地方政府基础设施投资的重要方式。因此，防范PPP项目违规漏洞，监管不违规的PPP项目形成地方政府的或有负债，同时也需在资本市场端口为社会资本通过资产证券化和债券融资参与PPP基础设施项目开辟有效的融资渠道。

4.4.3 宏观审慎监管金融系统风险的结论

通过上述分析，我们系统地阐述了金融系统风险独特的内涵、特性、成因、作用机制、传导路径、预警和度量模型，进而通过梳理和归纳目前我国金融系统性风险源，针对金融体系信用扩张、房地产泡沫以及地方政府债问题进行防范和管控研究，强化金融协调监管，构建有效的金融系统风险防范和监管的宏观和微观审慎监管框架体系。

构建宏观审慎监管框架时，借鉴《巴塞尔协议Ⅲ》的逆周期监管策略，在经济繁荣期增加资本额度、保费调节和相机的逆周期贷款损失拨备，用以缓释经济衰退期的预期风险，尤其针对系统重要性金融机构运用这种策略。金融系统风险预警体系基于经济繁荣设定阈值，便于示警作用；在经济萧条期建立隔离网防护带，通过逆周期监管，抑制和防控风险积聚和传播。压力测试主要是配合金融系统风险预警体系使用，当风险预警体系示警时，通过量化金融体系或系统重要性金融机构的风险指数，也可基于定时或非定时的压力测试评估，采取针对性的监管政策，防范和监控风险集聚与蔓延。同时量化金融体系风险传染、机构倒闭引致市场信心崩溃的流动性风险，规避金融系统风险的爆发。以预防金融系统风险为目的的宏观审慎监管框架再与测度单一金融机构风险的微观审慎监管相结合，二者相互作用且互为补充，且体现行动方向上的一致性与协调性，维持着金融稳定和经济平稳格局，而稳健的货币政策以及提升企业资产回报率是其关键。

微观审慎监管侧重通过识别、量化、追踪和防范单一金融机构风险，在其演化及传染为金融系统风险前予以管控，化解潜在金融系统风险。

4.5 基于GARCH类模型的中国商业银行集成风险测度研究

4.5.1 研究背景

本章前述部分我们定性探讨了金融系统风险的理论基础、作用机理、预警和度量模型，梳理和归纳中国金融系统风险源，为构建宏观审慎监管框架体系提出了设想。本部分内容基于GARCH类模型对中国商业银行集成风险度量进行研究，再结合第5章实证内容来构建微观审慎监管框架体系、强化金融监管提供有益的思考。

目前，我国商业银行正处于加快转型发展的关键时期，外部环境复杂多变，中美贸易摩擦不断深化且无终止迹象。加之国内新资本管理办法的施行，利率市场化的加快，金融创新和业务创新不断深化，催生了国内银行体系的深化发展和结构性变革。商业银行体系越来越呈现出金融交易复杂化、信贷业务表外化、交易对手的多样化、产品业务同质化和高关联度的特征，使得商业银行集成风险不断累积，构建有效的测度商业银行集成风险模型是微观审监管面临的重要课题，有效测度其系统性风险是宏观和微观审慎监管框架体系的基石和前提。

4.5.2 实证分析

4.5.2.1 样本选取与统计描述

目前，银行业在中国金融系统中仍占据主要地位，本部分实证选取 25 家中国商业银行上市公司作为研究对象，由于每家上市时间起点不同，但基本涵盖在上市最久的平安银行样本内，故我们研究以平安银行作为样本区间：自 1991 年 4 月 3 日—2018 年 6 月 29 日计 6756 个日收盘数据，所有数据均来自锐思数据库以及 Choice 金融终端数据库。同时以每家上市商业银行整个上市时间作为回测区间进行后置检验。本实证部分对上述指数日收盘价进行对数收益率处理，令 p_t 为第 t 日的收盘指数，计算公式为：$R_t = \ln P_t - \ln P_{t-1}$，$R_t$ 的统计特征见表 4.1。由于 FIEGARCH 模型和 HYGARCH 模型均考虑了随机过程的长短记忆特征，因而分别采用这两种模型对金融条件收益和条件波动率进行建模，用以刻画金融条件收益和条件波动率的长记忆性。进而我们把这两种模型与 ARFIMA、GPD 模型和厚尾分布 GED 和 SKST 相结合，这样我们有效构建 4 个模型来整体测度 25 家中国商业银行的集成风险。

表 4.1　　　　　　　　　　描述性统计

银行与统计指标	均值	标准差	极大值	极小值	偏度	峰度	J–B	Q (16)	ARCH
吴江银行（WJYH）	−0.0006	0.0309	0.0957	−0.1054	0.51833	6.2078	181.8 (0.0)	26.17 (0.0)	63.07 (0.0)
上海银行（SHYH）	−0.0014	0.0210	0.0953	−0.2856	−6.3997	90.514	127116 (00.0)	11.35 (0.0)	1.947 (0.0)
常熟银行（CSYH）	−0.0002	0.0284	0.0959	−0.1050	0.9275	6.8389	318.9 (0.0)	56.39 (0.0)	39.74 (0.0)
杭州银行（HZYH）	−0.0016	0.0258	0.0954	−0.3573	−5.8792	92.307	137262 (0.0)	9.189 (0.0)	0.03 (0.9)
江苏银行（JSYH）	−0.0008	0.0164	0.0951	−0.0523	1.7368	12.548	1987.0 (0.0)	40.20 (0.0)	359 (0.0)
无锡银行（WXYH）	−0.0005	0.0314	0.0957	−0.1054	0.6235	6.0099	184.9 (0.0)	53.51 (0.0)	91.75 (0.0)
江阴银行（JYYH）	−0.0004	0.0342	0.0959	−0.1055	0.4021	5.6280	135.6 (0.0)	70.76 (0.0)	116 (0.0)
贵阳银行（GYYH）	0.0001	0.0192	0.0956	−0.0633	1.3280	9.5955	947.9 (0.0)	53.43 (0.0)	380.2 (0.0)
光大银行（GDYH）	−1.5E−05	0.0186	0.0966	−0.1044	0.4343	10.029	3886 (0.0)	31.94 (0.0)	140.6 (0.0)

续表

银行与统计指标	均值	标准差	极大值	极小值	偏度	峰度	J-B	Q(16)	ARCH
北京银行（BJYH）	-0.0005	0.0237	0.0958	-0.2109	-1.1301	15.378	16736 (0.0)	23.10 (0.0)	7.821 (0.0)
兴业银行（XYYH）	-0.0001	0.0288	0.0958	-0.6198	-5.1432	106.94	1234124 (0.0)	31.23 (0.0)	0.009 (0.9)
华夏银行（HXYH）	8.2E-05	0.0255	0.0959	-0.3408	-1.1827	19.241	38683 (0.0)	28.24 (0.0)	7.233 (0.0)
南京银行（NJYH）	-0.0002	0.0272	0.0959	-0.6074	-5.3407	112.86	1327564 (0.0)	19.11 (0.0)	0.047 (0.8)
招商银行（ZSYH）	0.0003	0.0230	0.0956	-0.3631	-1.1326	24.254	72470.34 (0.0)	28.13 (0.0)	4.239 (0.0)
宁波银行（NBYH）	-6.6E-06	0.0256	0.0960	-0.2724	-0.7170	12.942	10997.34 (0.0)	45.39 (0.0)	7.914 (0.0)
民生银行（MSYH）	-0.00011	0.0245	0.0962	-0.3399	-2.0562	29.590	123823.7 (0.0)	21.88 (0.0)	2.040 (0.2)
平安银行（PAYH）	-0.00025	0.0320	0.3662	-0.7005	-4.8553	107.39	2922129 (0.0)	18.13 (0.0)	8.235 (0.0)
浦发银行（PFYH）	-0.00025	0.0250	0.0956	-0.4019	-2.3776	39.122	238544.9 (0.0)	22.79 (0.0)	1.83 (0.17)
交通银行（JTYH）	-0.00020	0.0209	0.0962	-0.1095	-0.0888	8.6200	3510.741 (0.0)	46.55 (0.0)	114.2 (0.0)
农业银行（NYYH）	0.000121	0.0144	0.0964	-0.1042	-0.0550	13.427	8649.56 (0.0)	63.74 (0.0)	142.2 (0.0)
工商银行（GSYH）	0.000155	0.0178	0.0958	-0.1054	-0.0174	9.4840	4871.77 (0.0)	31.32 (0.0)	149.8 (0.0)
中国银行（ZGYH）	-5.3E-05	0.0180	0.0968	-0.1163	0.1565	10.651	7016.17 (0.0)	40.17 (0.0)	184.4 (0.0)
建设银行（JSYH）	-6.4E-05	0.0185	0.0957	-0.1064	-0.1099	9.5893	4645.60 (0.0)	32.19 (0.0)	253.0 (0.0)
成都银行（CDYH）	-0.00145	0.0369	0.0956	-0.1015	0.0831	5.0475	17.0548 (0.0)	14.11 (0.0)	55.98 (0.0)
中信银行（ZXYH）	-0.0002	0.0235	0.0961	-0.1056	0.1120	6.7687	1582 (0.0)	27.58 (0.0)	179.4 (0.0)

注：J-B 为检验正态的 Jarque-Bera 统计量，Q（16）是收益序列相关计算 16 阶的 Ljung-Box 统计量，ARCH 为运用 16 阶进行异方差检验的 Engle's LM 检验，检验的 P 值显示在（）中。

这 4 种组合模型分别是：M1 模型为 ARFIMA（1, d, 2）-FIEGARCH-GPD-SKST 模型，M2 模型为 ARFIMA（1, d, 2）-FIEGARCH-GPD-GED 模型，M3 模型为 ARFIMA（1, d, 2）-HYGARCH-GPD-SKST 模型，M4 模型为 ARFIMA（1, d, 2）-HYGARCH-GPD-GED 模型。

从表 4.1 中可以看出，25 家银行收益率 15 家左偏、10 家右偏且均具有尖峰厚尾特征，J-B 检验说明收益率显著异于正态分布，均拒绝有效市场假说的正态分布假设；Ljung-Box 统计量对收益率序列进行自相关性检验，表明在滞后 16 期时，各银行收益率序列明显拒绝无自相关性；由标准差得出国有股份制银行的波动性明显低于其他股份制商业银行，说明资产规模越大，相应波动性越小。ARCH-LM 检验显示收益率序列除个别银行外具有显著 ARCH 效应，说明其条件收益序列具有异方差性，可考虑采用刻画长记忆性的 FIEGARCH 模型和 HYGARCH 模型分别进行建模。由 25 家银行的统计特征可推断其价格收益率具有显著的尖峰、偏态和厚尾等特征。

4.5.2.2 银行的残差图及模型参数估计

以 ZX、GD 等为代表的商业银行的残差图，如图 4.1，银行的模型参数估计，如表 4.2 所示。

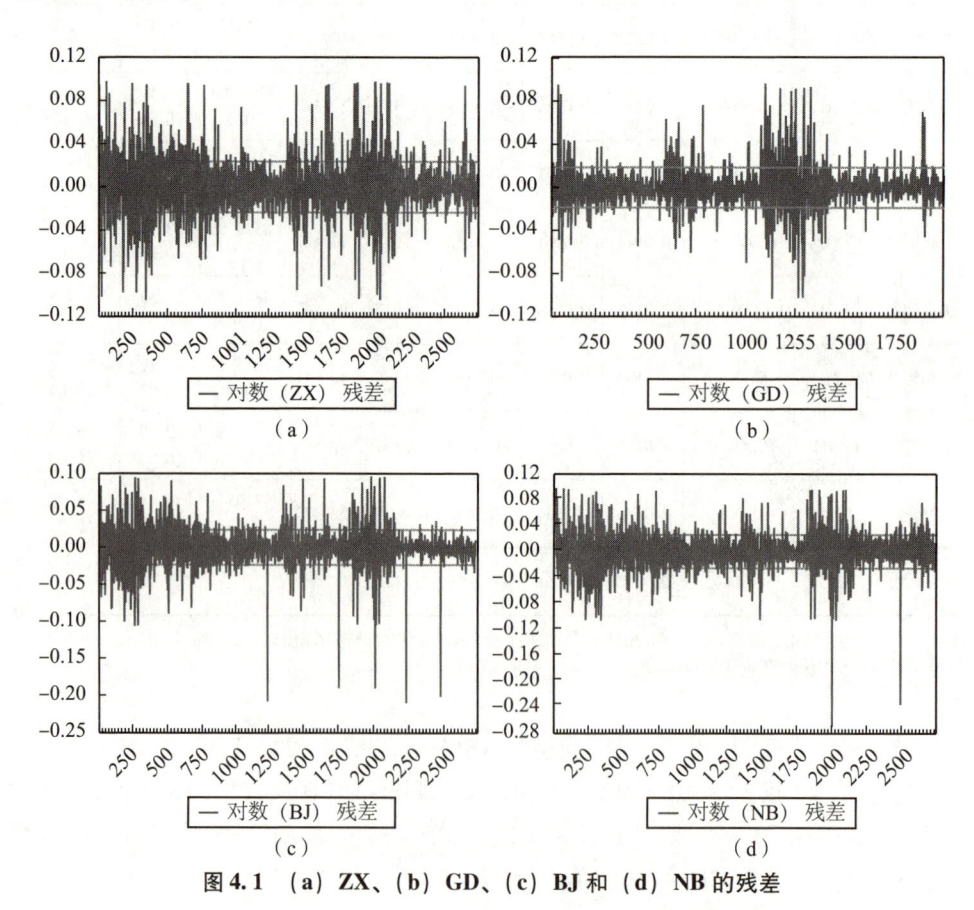

图 4.1 (a) ZX、(b) GD、(c) BJ 和 (d) NB 的残差

表 4.2　　中国银行业收益的边际分布模型的参数估计（Ⅰ）

名称与指标	WJYH	SHYH	CSYH	HZYH	WXYH	JYYH	GYYH	ZXYH
M1：ARFIMA（1，d，2）								
Cst（M）	-0.1430	—	0.0581	0.0050	0.0252	—	0.0349	0.3880
d-Arfima	0.5699	—	0.0649	0.0032	0.0303	—	0.0374	0.1085
AR（1）	0.5239	—	0.0588	0.0030	0.0257	—	0.0368	0.0347
MA（1）	-0.8846	—	0.0437	0.0034	0.0506	—	0.0376	0.0329
MA（2）	0.2416	—	0.0815	0.0031	0.0247	—	0.0369	0.0312
FIEGARCH-SKST								
Cst（V）	0.0397	—	0.0609	0.0032	0.0256	—	0.0348	0.2408
d-Figarch	1.3951	—	0.0597	0.0327	0.0251	—	0.0345	0.2793
ARCH（α）	0.5822	—	0.0595	0.0522	0.0252	—	0.0355	0.3325
GARCH（β1）	0.2633	—	0.0610	0.0068	0.0252	—	0.0350	0.1910
EGARCH（θ1）	0.2530	—	0.0589	0.0028	0.0239	—	0.0352	0.1928
EGARCH（θ2）	0.3053	—	0.0605	0.0029	0.0258	—	0.0343	0.5058
Asymmetry	0.1534	—	0.4044	0.1555	0.2980	—	0.1348	0.4745
Tail	5.5653	—	0.1417	1.2200	0.1036	—	0.1266	0.4174
ARCH-in-means（std）	-1.6429	—	0.0603	0.0041	—	—	0.0346	—
Log-likelihood	744.54	—	922.78	1042.46	969.19	—	1224.3	940.53
AIC	-3.8049	—	-4.6604	-5.0663	-4.5703	—	-5.3790	-4.1179
ARCH（10）	0.1928 [0.9967]	—	1.7819 [0.0623]	0.0063 [1.0000]	3.2854 [0.0004]	—	0.4784 [0.9040]	1.1709 [0.3085]
SBT-Test	0.5163 [0.6057]	—	0.2341 [0.8149]	0.2641 [0.7917]	1.4970 [0.1344]	—	0.6884 [0.4912]	0.0743 [0.9407]
NSB-Test	1.1157 [0.2646]	—	1.0468 [0.2952]	0.0451 [0.9640]	0.8026 [0.4222]	—	0.0532 [0.9575]	0.5098 [0.6102]
PSB-Test	1.0033 [0.3157]	—	0.9543 [0.3399]	10.463 [0.0000]	4.1362 [0.0000]	—	0.1622 [0.8712]	1.1381 [0.2551]
Three effects Test	3.7483 [0.2899]	—	2.1604 [0.5398]	112.99 [0.0000]	17.9241 [0.0005]	—	1.0531 [0.7884]	1.6946 [0.6381]
M2：ARFIMA（1，d，2）								
Cst（M）	0.7319	0.1192	0.0581	0.3892	0.6519	0.3541	0.0349	0.4293

续表

名称与指标	WJYH	SHYH	CSYH	HZYH	WXYH	JYYH	GYYH	ZXYH
d – Arfima	0.7833	0.0692	0.0649	0.5095	0.6509	0.3305	0.0374	0.4309
AR (1)	0.7417	0.8634	0.0588	0.3539	0.6516	0.7466	0.0368	0.4294
MA (1)	0.7354	0.3732	0.0437	0.3541	0.6511	0.9981	0.0376	0.4302
MA (2)	0.4861	0.1428	0.0815	0.4424	0.6504	0.3811	0.0369	0.4304
FIEGARCH – GED								
Cst (V)	0.7391	0.0392	0.0609	0.4529	0.6505	0.3535	0.0348	0.4411
d – Figarch	0.7851	0.1746	0.0597	0.4030	0.6504	0.3878	0.0345	0.4296
ARCH (α)	0.7482	0.0548	0.0595	0.7894	0.6517	0.3969	0.0355	0.4289
GARCH ($\beta1$)	0.7518	0.2944	0.0610	0.6263	0.6492	0.4038	0.0350	0.4274
EGARCH ($\theta1$)	0.7261	−0.4840	0.0589	0.4091	0.6497	0.3912	0.0352	0.4303
EGARCH ($\theta2$)	0.7440	−0.5364	0.0605	0.2592	0.6489	0.4129	0.0343	0.4328
G.E.D (DF)	0.7146	0.1447	0.0621	0.3895	0.3042	2.3464	0.1348	2.9459
ARCH – in – mean (std)	0.7414	−0.1020	0.1417	0.3894	0.6522	0.3338	0.1266	0.4326
Log Likelihood	49.07	856.73	729.47	919.53	769.06	699.60	914.35	5192.0
AIC	−3.1362	−4.3047	−3.6742	−4.4657	−3.6175	−3.1861	−4.0060	−3.8896
ARCH (10)	0.0000 [1.0000]	1.9457 [0.0382]	4.3850 [0.0000]	0.0503 [1.0000]	11.000 [0.0000]	8.0841 [0.0000]	8.7842 [0.0000]	32.853 [0.0000]
SBT – Test	0.4874 [0.6260]	0.6929 [0.4884]	1.1138 [0.2654]	0.7918 [0.4285]	0.9370 [0.3488]	0.5685 [0.5697]	1.6913 [0.0908]	0.5894 [0.5556]
NSB – Test	0.3193 [0.6260]	2.6836 [0.0073]	2.5714 [0.0101]	0.8271 [0.4082]	3.5700 [0.0004]	0.3473 [0.7284]	0.5869 [0.5573]	8.4090 [0.0000]
PSB – Test	2.8842 [0.0039]	1.8933 [0.0583]	3.8115 [0.0001]	0.6020 [0.5472]	5.1292 [0.0000]	0.7952 [0.4265]	1.3495 [0.1772]	10.354 [0.0000]
Three Effects Test	12.7011 [0.2115]	11.6309 [0.0088]	22.05 [0.0001]	1.8979 [05939]	39.431 [0.0000]	1.2419 [0.7430]	3.3222 [0.3446]	178.64 [0.0000]
M3: ARFIMA (1, d, 2)								
Cst (M)	0.0385	—	−0.0028 (0.5246)	0.0014 (0.5408)	−0.0040 (0.2101)	0.0782	−0.0024 (0.5167)	0.0058 (0.3308)
d – Arfima	0.1181	—	−0.0370 (0.9344)	0.1733 (0.7000)	0.0584 (0.8446)	0.1431	0.0405 (0.9010)	−0.0792 (0.1511)
AR (1)	0.1199	—	0.8512 (0.0000)	0.6860 (0.0000)	0.8633 (0.0000)	0.1334	0.8114 (0.0000)	−0.1362 (0.1191)

续表

名称与指标	WJYH	SHYH	CSYH	HZYH	WXYH	JYYH	GYYH	ZXYH
MA（1）	0.2334	—	-0.8658 (0.1127)	-0.9239 (0.0314)	-0.9853 (0.0051)	0.0941	-0.9135 (0.0046)	0.0528 (0.6263)
MA（2）	0.4454	—	0.0140 (0.9526)	0.0563 (0.7964)	0.0475 (0.7249)	0.1734	0.1034 (0.4769)	-0.0290 (0.6782)
HYGARCH-SKST								
Cst（V）	0.1415	—	0.3520 (0.0586)	0.6444 (0.0294)	0.3827 (0.2038)	0.1425	0.1633 (0.1983)	1.4825 (0.3363)
d-Figarch	0.1353	—	1.1749 (0.0000)	1.1074 (0.0000)	0.8658 (0.4357)	0.0831	0.6530 (0.0136)	0.5215 (0.2969)
ARCH（α）	0.0626	—	-0.0838 (0.6393)	-0.1832 (0.4486)	0.2694 (0.7842)	0.1483	0.1625 (0.2898)	0.2317 (0.1481)
GARCH（β1）	0.0853	—	0.8457 (0.0000)	0.6696 (0.0000)	0.8060 (0.0011)	0.1227	0.6475 (0.0000)	0.6297 (0.0572)
Asymmetry	0.2776	—	0.0765 (0.3097)	-0.0211 (0.7658)	0.0523 (0.4955)	1.1248	0.0324 (0.5597)	-0.1093 (0.0783)
Tail	—	—	—	—	—	—	—	4.4848 (0.0000)
Log Alpha（HY）	0.2532	—	0.0086 (0.8497)	-0.0793 (0.5681)	0.0424 (0.8855)	0.1029	-0.0568 (0.4989)	-0.1754 (0.0783)
ARCH-in-mean（std）	0.0397	—	0.0429 (0.8497)	-0.1154 (0.4624)	0.0391 (0.7660)	0.0593	0.0376 (0.8991)	—
Log Likelihood	904.93	—	934.87	1123.86	977.45	190.50	1253.3	946.16
AIC	-4.6455	—	-4.7275	-5.4722	-4.6146	-4.5511	-5.5123	-4.1474
ARCH（10）	0.3631 [0.9617]	—	0.6735 [0.7492]	0.0544 [1.0000]	0.4371 [0.9280]	0.5635 [0.8362]	0.8646 [0.5666]	0.6783 [0.7448]
SBT-Test	2.2885 [0.0221]	—	1.0653 [0.2867]	0.8760 [0.3810]	1.0969 [0.2727]	0.5685 [0.5697]	1.3456 [0.1784]	0.7107 [0.4773]
NSB-Test	1.3642 [0.1725]	—	0.8945 [0.3711]	0.3874 [0.6984]	1.2546 [0.2096]	0.3473 [0.7284]	0.7778 [0.4367]	0.8827 [0.3774]
PSB-Test	0.3519 [0.7249]	—	0.1460 [0.8839]	0.1145 [0.9088]	0.2599 [0.7949]	0.7952 [0.4265]	0.7339 [0.4630]	0.4733 [0.6360]
Three Effects Test	6.0416 [0.1096]	—	1.4029 [0.7049]	1.1917 [0.7550]	1.9077 [0.5918]	1.2419 [0.7430]	1.8568 [0.6027]	1.0121 [0.7983]

续表

名称与指标	WJYH	SHYH	CSYH	HZYH	WXYH	JYYH	GYYH	ZXYH
M4：ARFIMA（1，d，2）								
Cst（M）	0.4743	—	0.0511	0.0930	0.0590	0.0213	0.5793	0.5793
d – Arfima	0.0943		0.2254	0.0594	0.2567	0.8427	0.1886	0.1886
AR（1）	0.4209	—	0.0968	0.0275	0.0827	0.1578	0.1306	0.1306
MA（1）	0.0491		0.1789	0.0451	0.1139	0.9801	0.1421	0.1421
MA（2）	0.0296		0.1898	0.0239	0.0603	0.3825	0.0472	0.0472
HYGARCH – GED								
Cst（V）	0.2510		0.0781	0.3716	0.3317	0.0482	0.1470	0.1470
d – Figarch	0.2366	—	0.0617	0.0106	0.0422	0.0196	0.1652	0.1652
ARCH（α）	0.1288		0.0895	0.1491	0.2392	0.0549	0.3363	0.3363
GARCH（β1）	0.1077		0.0905	0.1252	0.1657	0.0625	0.1768	0.1768
G.E.D（DF）	0.0567	—	0.0669	0.2958	0.0585	0.0652	0.0456	0.0456
Log Alpha（HY）	0.7316		0.1930	03740	0.9131	0.7767	0.1565	0.1565
ARCH – in – mean（std）	0.4470		0.2344	0.3271	0.9349	0.1157	0.2601	0.2601
Log Likelihood	904.27		934.36	1098.8	977.20	976.12	1255.3	945.44
AIC	–4.6472		–4.7301	–5.3537	–4.6182	–4.4739	–5.5258	–4.1486
ARCH（10）	0.3941 [0.9490]	—	0.5527 [0.8519]	0.0307 [1.0000]	0.4316 [0.9309]	0.2741 [0.9866]	0.8788 [0.5531]	0.6503 [0.7704]
SBT – Test	2.2661 [0.0234]		1.4176 [0.1563]	0.6964 [0.4862]	1,5603 [0.1187]	0.7724 [0.4399]	1.0808 [0.2798]	0.5366 [0.5916]
NSB – Test	1.2218 [0.2218]	—	0.8064 [0.4200]	0.1625 [0.8709]	1.3813 [0.1672]	1.6565 [0.0976]	0.5359 [0.5920]	0.4822 [0.6297]
PSB – Test	0.3210 [0.7482]		0.3789 [0.7047]	0.1717 [0.8637]	0.6455 [0.5186]	0.1903 [0.8491]	0.5055 [0.6132]	0.4097 [0.6820]
Three Effects Test	5.8075 [0.1214]		2.1122 [0.5495]	0.8233 [0.8439]	2.9947 [0.3925]	2.8289 [0.4188]	1.1801 [0.7578]	0.4162 [0.9369]

注：表中为 FIEGARCH 模型和 HYGARCH 模型的参数估计和 Z 及 T 统计量在（ ）中体现，ARCH 是残差至 10 阶的 ARCH 效应的 Engle's LM 检验，SBT、NSB 和 PSB 检验为了保证 SKST 分布的充分性。[ ] 中为 P 值，表示为对 SBT、NSB 和 PSB 系数估计值进行 t 检验的结果，其中 SBT 检验负的收益率对条件方差的影响，NSB 检验不同程度的正收益率对条件方差的影响程度，PSB 则检验不同程度的负的收益率对条件方差的影响程度。表中空白处表示无法通过相应模型估计参数。

由表 4.2 可知，依据前述 M1～M4 组合模型对 25 家商业银行进行参数估计，由于需要拟合 GPD 模型，我们需要把 25 家银行收益序列转换成标准残差序列，依据标准残差序列进行组合模型拟合。我们发现表 4.2 中 SHYH 在 M3 模型和 M4 模型，JYYH 在 M1 模型的适用方面难以有效拟合和估计参数。分数分差项参数 d 反映了其作用于远距离观测值之间的效果以双曲率缓慢下降的长记忆性，在表 4.2 中能拟合模型的银行中，参数取值均在（0，1）间，以吴江银行的参数值最大。同样在 M1 模型和 M3 模型中，多数银行估计偏 t 分布的非对称系数显示为右偏，其中以吴江银行的不对称系数值较为突出。M1 模型中仅上海银行和中信银行显示为左偏，M3 模型中杭州银行和中信银行显示为左偏。模型拟合较好地通过相应检验。同理，我们也对其他银行基于 M1～M4 模型进行参数估计，详见表 4.3 和表 4.4。

表 4.3　　　　中国银行业收益的边际分布模型的参数估计（Ⅱ）

名称与指标	GDYH	BJYH	XYYH	HXYH	NJYH	JBYH	MSYH	PAYH	PFYH
M1：ARFIMA（1, d, 2）									
Cst（M）	0.1226	-0.5236	-0.0031	—	-0.1099	0.0106 (0.489)	—	—	-0.0003
d - Arfima	0.1226	0.9976	0.0297	—	0.6919	-0.0058 (-0.339)			0.2601
AR（1）	0.1234	-0.1028	0.3033	—	-0.4912	-0.6144 (-4.445)			0.6247
MA（1）	0.1227	-0.9292	-0.3320	—	-0.3204	0.6537 (4.902)			-0.9747
MA（2）	0.1227	-0.0094	-0.0192	—	-0.0928				0.1219
FIEGARCH - SKST									
Cst（V）	0.1222	-90.637	101.11	—	0.0397	0.0112 (2.308)			-4.9063
d - Figarch	0.1222	0.4709	1.6312	—	0.4483	—			0.2704
ARCH（α）	0.1227	-0.5647	-0.7037	—	0.2292	0.0889 (7.067)			4.8814

续表

名称与指标	GDYH	BJYH	XYYH	HXYH	NJYH	JBYH	MSYH	PAYH	PFYH
GARCH ($\beta 1$)	0.1221	0.9641	0.9851	—	0.6332	0.9272 (83.62)	—	—	0.7667
EGARCH ($\theta 1$)	0.1233	-0.1526	0.0008	—	0.0199	—	—	—	0.2643
EGARCH ($\theta 2$)	0.1216	-0.0399	-0.0000	—	0.0198	—	—	—	1.4949
Asymmetry	0.3866	-0.1101	0.0555	—	0.3697	-0.1798 (-7.534)	—	—	0.0292
Tail	0.3882	9.1223	2.0013	—	0.1361	6.1671 (9.583)	—	—	2.0001
ARCH – in – mean (std)	-0.0014	-0.5971	0.0070	—	5.7376	—	—	—	0.0001
Log – likelihood	5288.6	2258.4	4292.4	—	-0.8157	-5899	—	—	3905.7
AIC	-4.4224	4.4224	-4.6029	—	-2.7208	3.6064	—	—	-5.2876
ARCH (10)	7.5497 [0.0000]	7.5497 [0.0000]	0.0256 [1.0000]	—	1.0266 [0.4889]	0.6223 [0.7956]	—	—	0.0512 [1.0000]
SBT – Test	0.0828 [0.9340]	0.0828 [0.9340]	1.0358 [0.3003]	—	0.6175 [0.5369]	2.2151 [0.0268]	—	—	0.1408 [0.8880]
NSB – Test	0.9527 [0.3408]	0.9527 [0.3408]	0.3304 [0.7411]	—	0.1822 [0.8555]	0.3972 [0.6912]	—	—	0.1031 [0.9179]
PSB – Test	1.0508 [0.2933]	1.0508 [0.2933]	0.0214 [0.9829]	—	0.0187 [0.9851]	0.0944 [0.9248]	—	—	1.0749 [0.2824]
Three effects Test	2.4369 [0.4868]	2.4369 [0.4868]	1.6226 [0.6536]	—	0.5387 [0.9103]	11.323 [0.0101]	—	—	1.8962 [0.5942]
M2: ARFIMA (1, d, 2)									
Cst (M)	0.6754	—	0.0848	—	-0.1041	—	—	0.0106	0.8893
d – Arfima	0.3882	—	0.6804	—	0.4191	—	—	0.1292	1.0041
AR (1)	0.3876	—	-0.2599	—	-0.1033	—	—	0.0245	-0.3794
MA (1)	0.3822	—	-0.1332	—	-0.0979	—	—	0.0232	-0.4583
MA (2)	0.3966	—	0.3971	—	-0.1094	—	—	0.0274	-0.4084
FIEGARCH – GED									

续表

名称与指标	GDYH	BJYH	XYYH	HXYH	NJYH	JBYH	MSYH	PAYH	PFYH
Cst（V）	0.3988	—	0.0397	—	0.0397	—	—	0.0401	0.0397
d–Figarch	0.3860	—	1.4630	—	-1.7110	—	—	0.4111	-0.6353
ARCH（α）	0.3856	—	0.5696	—	-0.1233	—	—	0.0901	-0.0450
GARCH（β1）	0.3852	—	0.7187	—	-0.0398	—	—	0.3822	0.1239
EGARCH（θ1）	0.3835	—	-0.8199	—	-1.4602	—	—	-0.0905	-0.9012
EGARCH（θ2）	0.3873	—	-0.3460	—	-2.2451	—	—	0.1473	-0.8106
G.E.D（DF）	77.627	—	0.3883	—	0.1506	—	—	0.0692	0.1494
ARCH–in–mean（std）	—	—	-0.2885	—	0.0729	—	—	-0.0128	0.1974
Log Likelihood	3817.1	—	48.183	—	5003.5	—	—	387.46	2973.2
AIC	-4.0926	—	-2.0696	—	-3.8168	—	—	-12.080	-4.0220
ARCH（10）	60.971 [0.0000]	—	2.3173 [0.0921]	—	1.7121 [0.0724]	—	—	0.0160 [1.0000]	448.83 [0.0000]
SBT–Test	0.7980 [0.4249]	—	0.9985 [0.3181]	—	0.3691 [0.7120]	—	—	0.8486 [0.3961]	3.2474 [0.0012]
NSB–Test	7.4096 [0.0000]	—	0.0462 [0.9632]	—	3.3503 [0.0008]	—	—	0.2991 [0.7649]	18.869 [0.0000]
PSB–Test	19.818 [0.0000]	—	0.0669 [0.9467]	—	1.7475 [0.0806]	—	—	0.1006 [0.9199]	1.2908 [0.1968]
Three Effects	470.76 [0.0000]	—	1.7081 [0.6351]	—	15.1399 [0.0017]	—	—	1.0160 [0.7974]	359.24 [0.0000]
M3：ARFIMA（1, d, 2)									
Cst（M）	0.0006 (0.4772)	-0.0030 (0.1360)	-0.0005 (0.4697)	-0.0004 (0.5147)	-0.0006 (0.5984)	—	-0.0011 (0.3966)	-0.0025 (0.0002)	-0.0022
d–Arfima	0.1710 (0.0802)	-0.0377 (0.6023)	0.0733 (0.6470)	0.1079 (0.1107)	0.1635 (0.0723)	—	0.0616 (0.0535)	0.1503 (0.0019)	0.2310
AR（1）	0.7758 (0.0000)	-0.3651 (0.5773)	0.6779 (0.0271)	0.6734 (0.0000)	0.7116 (0.0000)	—	-0.1607 (0.4175)	0.6432 (0.0000)	0.6049
MA（1）	-0.9892 (0.0000)	0.3264 (0.5939)	-0.7566 (0.0994)	-0.8202 (0.0000)	-0.9145 (0.0000)	—	0.0683 (0.7451)	-0.8253 (0.0000)	-0.9081

续表

名称与指标	GDYH	BJYH	XYYH	HXYH	NJYH	JBYH	MSYH	PAYH	PFYH
MA（2）	0.1048 (0.2384)	-0.0025 (0.9850)	0.0119 (0.8709)	0.0318 (0.4057)	0.0604 (0.3131)	—	-0.0784 (0.0023)	0.0463 (0.2583)	0.0814
HYGARCH-SKST									
Cst（V）	0.1194 [0.0534]	-0.1915 (0.4495)	0.0301 (0.3689)	0.0468 (0.4648)	0.1719 (0.0092)	—	0.4539 (0.3773)	0.6478 (0.1230)	0.1549
d-Figarch	0.5956 [0.0000]	0.3383 (0.0594)	0.6641 (0.0000)	0.6939 (0.0553)	1.0109 (0.0000)	—	0.2298 (0.1159)	0.9072 (0.0000)	0.0006
ARCH（α）	0.1322 [0.2174]	0.3911 (0.0001)	0.0782 (0.2462)	0.0610 (0.6448)	-0.0410 (0.5620)	—	-0.1549 (0.2644)	-0.0409 (0.6774)	0.8343
GARCH（β1）	0.6291 [0.0000]	0.7164 (0.0000)	0.7137 (0.0000)	0.7595 (0.0006)	0.8471 (0.0000)	—	0.0938 (0.6260)	0.6455 (0.0001)	0.8047
Asymmetry	0.0776 [0.0127]	-0.0631 (0.1344)	0.0502 (0.0250)	0.0192 (0.3798)	0.0042 (0.8629)	—	0.0272 (0.2769)	0.0699 (0.0002)	0.0441
Tail	3.1651 [0.0000]	7.2594 (0.0000)	3.6296 (0.0000)	3.7073 (0.0000)	3.3950 (0.0000)	—	3.8132 (0.0000)	2.8723 (0.0000)	3.9222
Log Alpha（HY）	0.0376 [0.5121]	0.1060 (0.5024)	0.0444 (0.1434)	0.0395 (0.4903)	0.0016 (0.9299)	—	0.1041 (0.7023)	0.0951 (0.0730)	5.0489
ARCH-in-mean（std）	-0.0797 [0.1915]	0.1602 (0.0655)	0.0426 (0.2172)	0.0108 (0.7859)	0.0283 (0.5962)	—	0.0779 (0.2396)	0.0989 (0.0003)	0.1168
Log Likelihood	5288.62	2361.2	6781.6	8572.5	6508.8	—	6327.3	10704.4	3924.7
AIC	-5.6747	-4.6270	-4.9861	-4.9664	-4.9681	—	-4.8274	-4.7098	-5.3148
ARCH（10）	9.0835 [0.0000]	0.5334 [0.8673]	0.0120 [1.0000]	0.1314 [0.9994]	0.0204 [1.0000]	—	0.0554 [1.0000]	0.0275 [1.0000]	0.1125 [0.9997]
SBT-Test	0.6137 [0.5394]	0.1965 [0.8442]	0.8770 [0.3805]	0.4512 [0.6519]	0.6933 [0.4881]	—	1.1277 [0.2595]	1.2740 [0.2027]	0.3152 [0.7526]
NSB-Test	2.3334 [0.0196]	0.9167 [0.3593]	0.3246 [0.7455]	0.2514 [0.8015]	0.8539 [0.3932]	—	0.1836 [0.8544]	0.7458 [0.4558]	0.1509 [0.8801]
PSB-Test	5.3333 [0.0000]	0.6382 [0.5233]	0.1938 [0.8463]	0.7163 [0.4738]	0.1896 [0.8497]	—	1.0467 [0.2952]	0.1856 [0.8528]	0.3740 [0.7084]
Three Effects Test	39.930 [0.0000]	2.0711 0.5578	1.3709 0.7124	2.0479 [0.5625]	1.1647 [0.7615]	—	5.8791 [0.1176]	2.4997 [0.4753]	0.7145 [0.8698]

续表

名称与指标	GDYH	BJYH	XYYH	HXYH	NJYH	JBYH	MSYH	PAYH	PFYH
M4: ARFIMA (1, d, 2)									
Cst (M)	0.2055	−0.0025 (0.5575)	−0.0012	−0.0009	0.0001	—	−0.0020	−0.0029	—
d − Arfima	0.1382	−0.0096 (0.8585)	0.1141	0.1106	0.2157	—	0.0684	0.9561	—
AR (1)	0.0908	−0.5129 (0.0065)	0.7428	0.6343	0.7595	—	−0.0834	−0.2760	—
MA (1)	0.0399	0.4385 (0.0169)	−0.8656	−0.7801	−1.0303	—	−0.0183	−0.6993	—
MA (2)	0.0263	−0.0399 (0.5937)	0.0343	0.0293	0.1264	—	−0.0754	−0.2859	—
HYGARCH − GED									
Cst (V)	0.7959	−01835 (0.4636)	0.0520	0.0663	0.2675	—	1.0515	0.8037	—
d − Figarch	0.9852	0.3338 (0.0949)	0.7061	0.9705	0.9558	—	0.2568	0.8396	—
ARCH (α)	0.3643	0.4015 (0.0001)	0.0130	−0.0397	−0.0675	—	−0.2044	−0.0202	—
GARCH (β_1)	1.1423	0.7174 (0.0000)	0.7028	0.8825	0.7891	—	−0.0131	0.5609	—
G.E.D (DF)	0.0734	1.4075 (0.0000)	0.9486	1.0351	0.8999	—	0.9767	0.8195	—
Log Alpha (HY)	0.7362	0.1028 (0.5441)	0.0357	−0.0004	−0.0128	—	−0.0156	0.0091	—
ARCH − in − mean (std)	0.3185	0.1605 (0.4221)	0.0374	0.0452	0.0024	—	0.1007	0.0477	—
Log Likelihood	5349.1	2361.2	6755.2	8543.8	6463.2	—	6273.2	10608.2	—
AIC	−5.7419	−4.6289	−4.9674	−4.9503	−4.9340	—	−4.7868	−4.6679	—
ARCH (10)	0.7991 [0.6297]	0.5037 [0.8882]	0.0128 [1.0000]	0.1706 [0.9981]	0.0211 [1.0000]	—	0.0574 [1.0000]	0.0331 [1.0000]	—

续表

名称与指标	GDYH	BJYH	XYYH	HXYH	NJYH	JBYH	MSYH	PAYH	PFYH
SBT – Test	0.3336 [0.7387]	0.4141 [0.6788]	0.9589 0.3376	0.2919 [0.7703]	0.6995 [0.4843]	—	1.3711 [0.1704]	0.9614 [0.3364]	—
NSB – Test	0.7904 [0.4293]	0.9232 [0.3559]	0.3055 0.7599	0.4648 [0.6421]	0.7936 [0.4274]	—	0.0045 [0.9964]	0.5455 [0.5854]	—
PSB – Test	0.6876 [0.4917]	0.7472 [0.4550]	0.1519 [0.8793]	0.7296 [0.4656]	0.1535 [0.8780]	—	0.5226 [0.6013]	0.3105 [0.7562]	—
Three Effects Test	2.7239 [0.4362]	1.8583 [0.6023]	1.5302 [0.6753]	2.0299 [0.5662]	1.0659 [0.7853]	—	5.1824 [0.1589]	1.6846 [0.6404]	—

注：表中为 FIEGARCH 模型和 HYGARCH 模型的参数估计和 Z 及 T 统计量在（）中体现，ARCH 是残差至 10 阶的 ARCH 效应的 Engle's LM 检验，SBT、NSB 和 PSB 检验为了保证 SKST 分布的充分性。[ ] 中为 P 值，表示为对 SBT、NSB 和 PSB 系数估计值进行 t 检验的结果，其中 SBT 检验负的收益率对条件方差的影响，NSB 检验不同程度的正收益率对条件方差的影响程度，PSB 则检验不同程度的负的收益率对条件方差的影响程度。表中空白处表示无法通过相应模型估计参数。

表4.4　中国银行业收益的边际分布模型的参数估计（Ⅲ）

名称与指标	JTYH	NYYH	GSYH	ZGYH	JSYH	CDYH	NBYH	ZSYH
M1：ARFIMA (1, d, 2)								
Cst (M)	0.8060	–0.0026	–0.0017	—	0.0338	0.0324	–0.1609	0.1130
d – Arfima	–2.0523	–0.0843	0.3059	—	–0.0608	0.0430	–0.2323	0.1566
AR (1)	0.9998	–0.6877	0.7925	—	0.3147	0.0391	0.7840	–0.2389
MA (1)	–0.0634	0.6837	–1.1741	—	–0.1215	0.0387	–0.7982	–0.2032
MA (2)	–0.0690	0.0048	0.2260	—	0.2745	0.0487	–0.3217	–0.2696
FIEGARCH – SKST								
Cst (V)	–94.179	–6.3253	766.37	—	0.0392	0.0650	9.7788	–1498.3
d – Figarch	–0.0115	0.6969	1.5646	—	–0.1606	0.0548	0.0052	–1.0148
ARCH (α)	–0.7625	–0.9722	–0.9970	—	0.5577	0.0473	0.7386	0.5353
GARCH (β1)	0.7186	0.9949	0.9988	—	0.9613	0.0541	–0.9309	0.9592
EGARCH (θ1)	–2.6091	15.8901	0.0063	—	–0.3126	0.0468	1.1404	–3.8170
EGARCH (θ2)	–0.2435	1.4320	–0.0015	—	–0.7458	0.0599	–9.4324	–0.5278
Asymmetry	–0.0295	0.0920	0.0552	—	–1.4440	0.0513	0.0419	0.0641
Tail	2.0003	2.0001	2.0007	—	5.5097	0.1024	2.0004	2.0004

续表

名称与指标	JTYH	NYYH	GSYH	ZGYH	JSYH	CDYH	NBYH	ZSYH
ARCH–in–mean (std)	−0.8245	0.0021	0.0037	—	−1,2188	0.0527	0.1676	−0.1212
Log–likelihood	3646.7	4493.8	5423.6	—	237.04	1149.4	121.2	6286.2
AIC	−4.9357	−6.0867	−5.6674	—	−4.4166	−5.8225	−4.2141	−4.7971
ARCH (10)	19.802 [0.0000]	1.1180 [0.3446]	3.0700 [0.0007]	—	0.1323 [0.9993]	0.1491 [0.9989]	0.4390 [0.9142]	1.1024 [0.3561]
SBT–Test	0.4896 [0.6244]	0.5104 [0.6098]	0.4365 [0.6625]	—	0.4820 [0.6298]	0.4648 [0.6421]	0.4988 [0.6179]	0.5210 [0.6024]
NSB–Test	5.9852 [0.0000]	2.1839 [0.0290]	1.8072 [0.0707]	—	0.6798 [0.4966]	0.0782 [0.9377]	0.1142 [0.9091]	1.5230 [0.1278]
PSB–Test	6.4940 [0.0000]	1.8154 [0.0695]	2.2362 [0.0253]	—	0.1002 [0.9202]	1.8086 [0.0705]	0.4576 [0.6473]	1.9946 [0.0461]
Three effects Test	78.359 [0.0000]	8.5692 [0.0356]	8.3689 [0.0390]	—	0.4946 [0.9201]	3.9379 [0.2682]	0.4192 [0.9363]	7.7889 [0.0506]
M2：ARFIMA (1, d, 2)								
Cst (M)	—	0.0715	−0.1860	−0.0080	0.0574	0.9497	—	0.0539
d–Arfima	—	0.0344	0.8963	0.1956	0.7029	0.9671	—	0.9613
AR (1)	—	−0.0724	0.0103	−0.0833	−0.0878	0.9695	—	−0.4408
MA (1)	—	−0.0664	−1.1592	−0.0696	−0.1186	0.9721	—	−0.3353
MA (2)	—	0.3031	0.3256	−0.0320	0.1687	1.0283	—	0.4294
FIEGARCH–GED								
Cst (V)	—	0.0397	0.0396	0.0398	0.0398	0.9655	—	0.0396
d–Figarch	—	−0.7446	−0.6567	−0.8328	−0.0041	0.9561	—	0.2143
ARCH (α)	—	−0.0633	0.0212	−0.0669	0.0002	0.9489	—	0.0605
GARCH (β1)	—	0.1009	0.1714	0.0901	0.2139	0.9137	—	0.3092
EGARCH (θ1)	—	−0.8052	−0.6828	−0.8754	−0.6944	0.9963	—	−0.2798
EGARCH (θ2)	—	−1.0578	−1.2193	−1.1466	−0.6862	1.0001	—	−0.1179
G.E.D (DF)	—	0.1275	0.1448	0.1429	0.1439	0.0981	—	0.1228
ARCH–in–mean (std)	—	−0.0718	−0.6102	0.0074	0.0384	0.9497	—	−0.0604
Log Likelihood	—	4809.9	6157.6	6962.0	208.01	940.85	—	89.09
AIC	—	−5.0256	−4.4190	−4.7695	−3.8616	−4.7582	—	−4.6113

续表

名称与指标	JTYH	NYYH	GSYH	ZGYH	JSYH	CDYH	NBYH	ZSYH
ARCH (10)	—	47.845 [0.0000]	1823.1 [0.0000]	42.591 [0.0000]	10.184 [0.0000]	0.4599 [0.9151]	—	1.2885 [0.3481]
SBT-Test	—	0.5041 [0.6142]	7.4962 [0.0000]	1.9710 [0.0487]	2.1721 [0.0299]	0.3956 [0.6924]	—	1.6070 [0.1080]
NSB-Test	—	6.8181 [0.0000]	0.2621 [0.7933]	7.0614 [0.0000]	1.6870 [0.0916]	2.0097 [0.0445]	—	0.7998 [0.4238]
PSB-Test	—	10.131 [0.0000]	54.479 [0.0000]	13.6019 [0.0000]	1.3454 [0.1785]	1.6072 [0.1080]	—	0.2735 [0.7845]
Three Effects	—	150.68 [0.0000]	2767.8 [0.0000]	236.28 [0.0000]	5.8965 [0.1168]	7.6432 [0.0540]	—	3.8158 [0.2821]
M3: ARFIMA (1, d, 2)								
Cst (M)	-0.0020 (0.0975)	0.0009 (0.1199)	0.0006 (0.4319)	0.0000 (0.9545)	0.0177	0.0581	0.0010 (0.4802)	-0.0007 (0.3114)
d-Arfima	0.0338 (0.8116)	0.1476 (0.0598)	0.1955 (0.0307)	0.1245 (0.0586)	-0.3620	0.0649	0.2571 (0.0142)	0.0445 (0.5191)
AR (1)	0.8979 (0.0000)	0.7098 (0.0000)	0.6746 (0.0000)	0.6896 (0.0000)	0.7987	0.0588	0.6474 (0.0000)	0.8312 (0.0000)
MA (1)	-0.9650 (0.0000)	-0.9101 (0.0000)	-0.9035 (0.0000)	-0.8754 (0.0000)	-0.4606	0.0437	-0.9588 (0.0000)	-0.9022 (0.0000)
MA (2)	0.0508 (0.5923)	0.0681 (0.2406)	0.0655 (0.3926)	0.0551 (0.2587)	-0.1041	0.0815	0.0784 (0.1704)	0.0291 (0.3901)
HYGARCH-SKST								
Cst (V)	0.0003 (0.9203)	0.1230 (0.0211)	0.0380 (0.2861)	0.0789 (0.0578)	0.2025	0.0609	-0.2168 (0.5773)	0.0304 (0.6942)
d-Figarch	1.0678 (0.0000)	0.6862 (0.0000)	0.4748 (0.0000)	0.4634 (0.0000)	1.1130	0.0597	0.2251 (0.0745)	0.4415 (0.0001)
ARCH (α)	-0.0475 (0.4993)	-0.0304 (0.7482)	0.1113 (0.1955)	0.1353 (0.2665)	-0.0864	0.0595	0.0658 (0.7919)	0.2440 (0.0000)
GARCH ($\beta1$)	0.9805 (0.0000)	0.5929 (0.0000)	0.5282 (0.0000)	0.4972 (0.0003)	1.0195	0.0610	0.3440 (0.2759)	0.6636 (0.0000)
EGARCH ($\theta1$)	—	—	—	—	—	0.0589	—	—
EGARCH ($\theta2$)	—	—	—	—	—	0.0605	—	—

续表

名称与指标	JTYH	NYYH	GSYH	ZGYH	JSYH	CDYH	NBYH	ZSYH
Asymmetry	-0.0158	0.0211 (0.4143)	0.0518 (0.0287)	0.0464 (0.0497)	0.1225	0.4044	0.0159 (0.5471)	0.0859 (0.0003)
Tail	4.6443	3.1705 (0.0000)	3.8609 (0.0000)	3.3619 (0.0000)	19.9435	0.1417	3.8037 (0.0000)	4.2816 (0.0000)
Log Alpha (HY)	0.0007	0.0269 (0.6281)	0.0686 (0.1615)	0.0688 (0.2279)	-0.0635	—	0.2833 (0.2944)	0.0434 (0.4070)
ARCH-in-mean (std)	0.0825	-0.1092 (0.0311)	-0.0506 (0.2845)	-0.0219 (0.6466)	-1.1893	0.0603	-0.0499 (0.4688)	0.0336 (0.3822)
Log Likelihood	3796.8	5945.6	7997.0	8384.2	265.80	922.78	6354.3	9709.9
AIC	-5.1411	-6.2154	-5.7418	-5.8295	-5.0060	-4.6604	-4.8481	-5.0942
ARCH (10)	0.1408 [0.9992]	0.1994 [0.9964]	0.2141 [0.9753]	0.3256 [0.9747]	1.4070 [0.1929]	1.7819 [0.0623]	0.5631 [0.8451]	0.1994 [0.9964]
SBT-Test	0.8059 [0.4203]	1.1074 [0.2681]	0.4449 [0.6564]	0.4467 [0.6551]	0.0256 [0.9796]	0.2341 [0.8149]	0.9961 [0.3192]	1.2560 [0.2077]
NSB-Test	0.4263 [0.6699]	0.8218 [0.4112]	0.1858 [0.8526]	1.0716 [0.2839]	0.6184 [0.5363]	1.0468 [0.8518]	0.4198 [0.6746]	0.5646 [0.5724]
PSB-Test	0.9013 [0.3674]	0.5169 [0.6052]	0.1092 [0.9131]	0.2811 [0.7787]	1.2410 [0.2146]	0.9543 [0.3399]	0.4158 [0.6775]	0.9006 [0.3678]
Three Effects Test	1.0432 [0.7908]	1.3898 [0.7079]	0.2141 [0.9753]	2.2757 [0.5172]	2.1871 [0.5345]	2.1604 [0.5398]	2.1197 [0.5479]	1.6945 [0.6382]
M4: ARFIMA (1, d, 2)								
Cst (M)	-0.0028	0.0001	-0.0003	-0.0004	0.0101	0.1076	0.0017	-0.0006
d-Arfima	-0.0753	0.1750	0.2283	0.1427	-0.5810	0.0452	0.2580	0.1034
AR (1)	0.8515	0.7457	0.6989	0.7257	0.7621	0.0937	0.6378	0.7846
MA (1)	-0.8220	-0.9304	-0.9687	-0.9168	-0.1981	0.0460	-0.9554	-0.9264
MA (2)	0.0075	0.0752	0.1029	0.0814	0.0291	0.0465	0.0781	0.0606
HYGARCH-GED								
Cst (V)	-0.0209	0.1045	0.0479	0.0982	0.1468	0.0449	0.1530	0.1047
d-Figarch	0.3889	0.6575	0.4732	0.4947	1.0738	0.0456	0.3856	0.5462
ARCH (α)	0.4411	-0.0045	0.0924	0.1201	0.5064	0.0492	0.0901	0.1997
GARCH (β1)	0.7638	0.5648	0.4903	0.4950	1.0259	0.0728	0.4607	0.6904

续表

名称与指标	JTYH	NYYH	GSYH	ZGYH	JSYH	CDYH	NBYH	ZSYH
G.E.D（DF）	1.1730	0.8304	1.0701	0.9746	3.0190	3.1274	1.0967	1.1116
Log Alpha（HY）	0.0482	0.0071	0.0269	-0.0143	-0.1331	0.0449	0.0284	-0.0035
ARCH-in-mean（std）	0.1370	-0.0629	-0.0618	-0.0297	-0.6490	0.0480	-0.1016	-0.0051
Log Likelihood	3781.2	5960.8	7989.2	8364.3	266.71	105.31	6339.3	9668.8
AIC	-5.1212	-6.2324	-5.7369	-5.8163	-5.0438	-5.8317	-4.8374	-5.0732
ARCH（10）	0.2833 [0.9850]	0.1916 [0.9969]	0.2128 [0.9952]	0.3326 [0.9726]	2.3468 [0.0177]	0.7289 [0.6865]	0.5382 [0.8641]	0.2290 [0.9936]
SBT-Test	0.5736 [0.5662]	0.8855 [0.3759]	0.2856 [0.7752]	0.1852 [0.8531]	0.7566 [0.4493]	1.05514 [0.2914]	1.4484 [0.1475]	1.0554 [0.2913]
NSB-Test	0.2552 [0.7986]	1.0206 [0.3075]	0.1462 [0.8838]	1.0389 [0.2989]	0.9284 [0.3532]	0.1868 [0.8518]	0.1219 [0.9030]	0.4275 [0.6690]
PSB-Test	1.0030 [0.3159]	0.1294 [0.8971]	0.0551 [0.9560]	0.0581 [0.9537]	0.2180 [0.8274]	0.4638 [0.6428]	0.5206 [0.6026]	0.8425 [0.3995]
Three Effects Test	1.0780 [0.7824]	1.2873 [0.7322]	0.0894 [0.9931]	1.7327 [0.6297]	1.2639 [0.7377]	1.4591 [0.6918]	3.1400 [0.3705]	1.2511 [0.7408]

注：表中为 FIEGARCH 模型和 HYGARCH 模型的参数估计和 Z 及 T 统计量在（）中体现，ARCH 是残差至 10 阶的 ARCH 效应的 Engle's LM 检验，SBT、NSB 和 PSB 检验为了保证 SKST 分布的充分性。[]中为 P 值，表示为对 SBT、NSB 和 PSB 系数估计值进行 t 检验的结果，其中 SBT 检验负的收益率对条件方差的影响，NSB 检验不同程度的正收益率对条件方差的影响程度，PSB 则检验不同程度的负的收益率对条件方差的影响程度。表中空白处表示无法通过相应模型估计参数。

在表 4.3 和表 4.4 中，鉴于拟合 GPD 模型运用 25 家银行的标准残差序列，故在 M1～M4 模型中，有些模型难以拟合进而得不到相应的估计参数。表 4.3 中 MSYH、HXYH 和 PAYH 难以拟合 M1 模型，MSYH、BJYH、HXYH 和 JBYH 难以拟合 M2 模型，JBYH 同时还难以拟合 M3 模型和 M4 模型。在表 4.4 中，ZGYH 难以拟合 M1 模型，MSYH 和 PAYH 难以拟合 M2 模型。在表 4.2～表 4.4 中，也均出现即使能够拟合 M1～M4 的某一模型，但估计参数的 Z 和 T 统计量和一些检验值难以得到。

4.5.2.3 银行拟合模型图和回测检验

通过图 4.2～图 4.5 我们以 ZXYH、ZGYH、HXYH 和 GSYH 为例，代表 25 家商业银行对 M1～M4 模型进行拟合，每幅图中均显示残差、平方残差、标准残差、条件均值、条件方差、标准残差（核）和观测收益序列等，可以直观观测 M1～M4 模型的拟合效果。

图 4.2　ZXYH 的 ARFIMA（1, d, 2）– FIEGARCH – GPD – SKST 模型（M1）

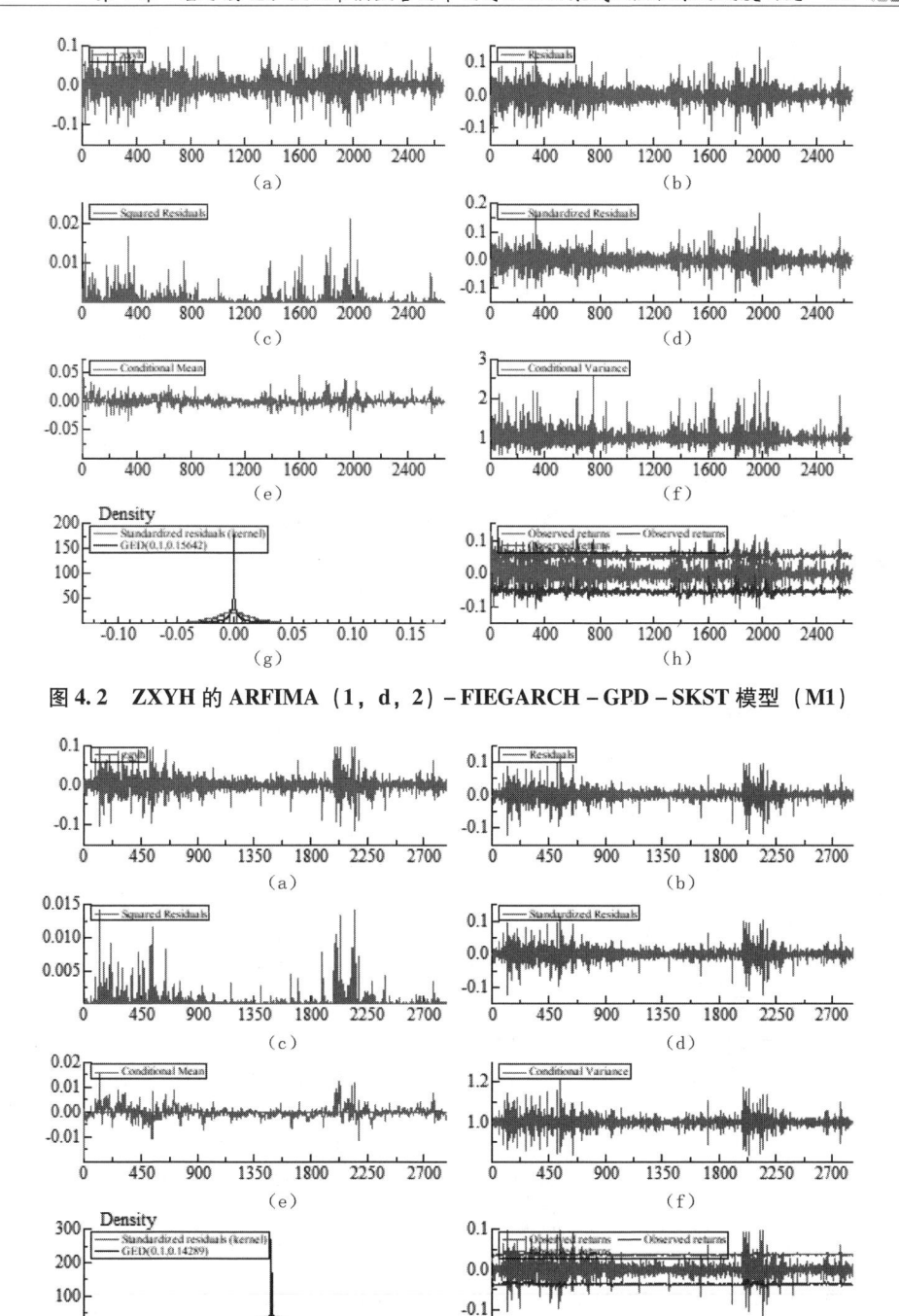

图 4.3　ZGYH 的 ARFIMA（1, d, 2）– FIEGARCH – GPD – GED 模型（M2）

图 4.4　HXYH 的 ARFIMA（1, d, 2）– HYGARCH – GPD – SKST 模型（M3）

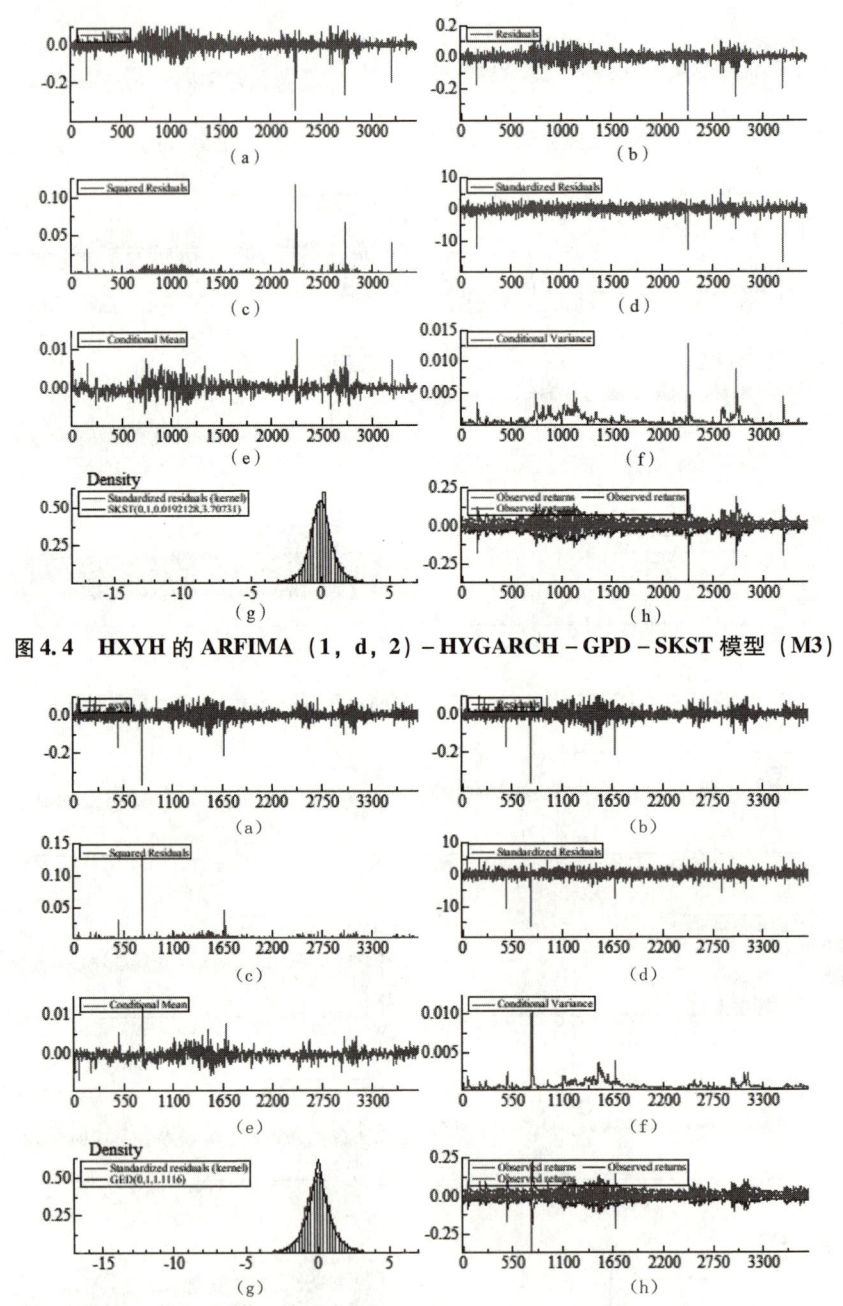

图 4.5　GSYH 的 ARFIMA（1, d, 2）– HYGARCH – GPD – GED 模型（M4）

由表 4.5 和表 4.6 可以看出，通过对 25 家银行样本区间的 M1 ~ M4 模型的 VaR 进行拟合检验，整体而言，M3 模型和 M4 模型除个别银行无法检验外，整体

表 4.5　银行业样本区间的多空 VaR 后置检验

银行业	WJ	SH	CS	HZ	JS	WX	JY	GY	ZX	GD	BJ	XY	HX
M1: Kupiec 检验 空方 95%													
成功率	91.4%	—	94.1%	97.3%	94.1%	95.9%	—	94.9%	80.0%	86.8%	95.7%	—	—
K-LRT	9.674	—	0.627	5.343	0.178	0.816	—	0.012	11.18	3.750	0.987	—	—
P值	0.003	—	0.429	0.021	0.673	0.366	—	0.914	0.001	0.053	0.320	—	—
97.5%													
成功率	96.1%	—	98.9%	98.1%	99.0%	98.8%	—	98.2%	80.0%	86.8%	97.5%	—	—
K-LRT	2.667	—	4.459	0.503	1.221	3.601	—	1.069	20.61	8.967	0.006	—	—
P值	0.102	—	0.035	0.478	0.269	0.058	—	0.301	0.000	0.003	0.940	—	—
99%													
成功率	97.7%	—	100%	98.8%	99.0%	99.8%	—	99.6%	80.0%	89.5%	99.2%	—	—
K-LRT	5.082	—	—	0.205	0.000	3.524	—	1.770	34.29	11.95	0.496	—	—
P值	0.024	—	0.000	0.651	0.992	0.060	—	0.183	0.000	0.001	0.481	—	—
多方 Q=5%													
失败率	9.64%	—	4.62%	6.90%	0.00%	4.07%	—	2.44%	0.00%	5.26%	5.52%	—	—

续表

银行业	WJ	SH	CS	HZ	JS	WX	JY	GY	ZX	GD	BJ	XY	HX
K-LRT	13.83	—	0.125	2.763	—	0.816	—	7.563	—	0.005	0.554	—	—
P值	0.000	—	0.724	0.096	0.000	0.366	—	0.006	0.000	0.941	0.457	—	—
Q=2.5%													
失败率	6.77%	—	2.56%	2.71%	0.00%	2.63%	—	0.89%	0.00%	2.63%	2.56%	—	—
K-LRT	19.74	—	0.007	0.071	—	0.029	—	6.347	—	0.003	0.016	—	—
P值	0.000	—	0.936	0.780	0.000	0.864	—	0.012	0.000	0.959	0.900	—	—
Q=1%													
失败率	4.69%	—	1.79%	0.49%	0.00%	0.96%	—	0.22%	0.00%	2.63%	0.59%	—	—
K-LRT	27.83	—	2.014	1.298	—	0.008	—	4.019	—	0.705	2.009	—	—
P值	0.000	—	0.156	0.255	0.000	0.929	—	0.045	0.000	0.401	0.156	—	—
DQT													
检验													
空方													
95%													
DQ值	10.71	—	3.812	46.93	6.099	22.28	—	4.436	12.32	9.018	7.479		
P值	0.098	—	0.702	2E-01	0.412	0.001	—	0.618	0.055	0.173	0.279		
97.5%													
DQ值	9.599	—	33.23	72.87	2.411	133.7	—	7.510	14.51	10.87	1.704		
P值	0.143	—	0.000	1E-01	0.878	0.000	—	0.276	0.024	0.093	0.945		

续表

银行业	WJ	SH	CS	HZ	JS	WX	JY	GY	ZX	GD	BJ	XY	HX
Q=99%													
DQ值	12.38	—	0.000	257.7	0.056	10.15	—	228.7	15.98	6.428	15.58	—	—
P值	0.054	—	0.000	0.000	1.000	0.118	—	0.000	0.014	0.377	0.016	—	—
多方													
Q=5%													
DQ值	12.45	—	10.11	25.66	—	9.831	—	26.71	—	36.37	9.234	—	—
P值	0.053	—	0.120	0.000	—	0.132	—	0.000	—	0.000	0.161	—	—
Q=2.5%													
DQ值	19.43	—	26.45	7.402	—	12.72	—	13.46	—	0.159	4.577	—	—
P值	0.004	—	0.000	0.285	—	0.048	—	0.036	—	0.999	0.599	—	—
Q=1%													
DQ值	15.95	—	8.208	2.185	—	0.214	—	12.29	—	0.553	31.41	—	—
P值	0.014	—	0.223	0.902	—	0.999	—	0.056	—	0.997	2E−005	—	—
M2:													
Kupiec													
检验													
空方													
95%	—	—	—	—	—	—	—	—	—	—	—	—	—
成功率	95.7%												

续表

银行业		WJ	SH	CS	HZ	JS	WX	JY	GY	ZX	GD	BJ	XY	HX
97.5%	K-LRT	0.022	—	—	—	—	—	—	—	—	—	—	—	—
	P值	0.883	—	—	—	—	—	—	—	—	—	—	—	—
	成功率	100%	—	—	—	—	—	—	—	—	—	—	—	—
99%	K-LRT	—	—	—	—	—	—	—	—	—	—	—	—	—
	P值	0.000	—	—	—	—	—	—	—	—	—	—	—	—
	成功率	—	—	—	—	—	—	—	—	—	—	—	—	—
多方	K-LRT	—	—	—	—	—	—	—	—	—	—	—	—	—
	P值	—	—	—	—	—	—	—	—	—	—	—	—	—
Q=5%	失败率	8.70%	0.26%	—	0.25%	—	—	—	0.44%	—	—	—	2.94%	—
	K-LRT	0.547	31.97	—	33.53	—	—	—	32.29	—	—	—	0.354	—
	P值	0.460	0.000	—	0.000	—	—	—	0.000	—	—	—	0.552	—
Q=2.5%	失败率	—	—	—	—	—	—	—	—	—	—	—	2.94%	—
	K-LRT	—	—	—	—	—	—	—	—	—	—	—	0.026	—
	P值	—	—	—	—	—	—	—	—	—	—	—	0.873	—

续表

银行业	WJ	SH	CS	HZ	JS	WX	JY	GY	ZX	GD	BJ	XY	HX
Q=1%													
失败率	—	—	—	—	—	—	—	0.22%	—	—	—	2.94%	0.81%
K-LRT	—	—	—	—	—	—	—	4.019	—	—	—	0.851	1.311
P值	—	—	—	—	—	—	—	0.045	—	—	—	0.356	0.252
DQT													
检验													
空方													
95%													
DQ值	0.077	—	—	—	—	—	—	—	—	—	—	—	—
P值	0.999	—	—	—	—	—	—	—	—	—	—	—	—
97.5%													
DQ值	—	—	—	—	—	—	—	—	—	—	—	—	—
P值	—	—	—	—	—	—	—	—	—	—	—	—	—
Q=99%													
DQ值	—	—	—	—	—	—	—	—	—	—	—	—	—
P值	—	—	—	—	—	—	—	—	—	—	—	—	—
多方													
Q=5%													
DQ值	7.570	343.2	—	373.4	—	—	—	661.1	—	—	—	0.686	5.920

续表

银行业	WJ	SH	CS	HZ	JS	WX	JY	GY	ZX	GD	BJ	XY	HX
P值	0.271	0.000	—	0.000	—	—	—	0.000	—	—	—	0.995	0.432
Q=2.5%													
DQ值	—	—	—	—	—	—	—	106.4	—	—	—	0.202	5.130
P值	—	—	—	—	—	—	—	0.000	—	—	—	0.999	0.527
Q=1%													
DQ值	—	—	—	—	—	—	—	12.39	—	—	—	0.630	5.105
P值	—	—	—	—	—	—	—	0.054	—	—	—	0.996	0.530
M3: Kupiec检验 空方 95%													
成功率	94.3%	—	95.1%	96.3%	97.0%	94.2%	95.6%	94.0%	96.4%	94.6%	95.5%	95.1%	95.0%
K-LRT	0.411	—	0.014	1.595	1.019	0.799	0.330	0.893	2.189	0.550	0.483	0.059	0.001
P值	0.521	—	0.907	0.207	0.313	0.371	0.566	0.345	0.139	0.458	0.487	0.808	0.978
97.5%													
成功率	96.9%	—	96.2%	98.3%	97.0%	97.1%	96.9%	96.4%	97.8%	97.1%	97.4%	97.9%	97.5%
K-LRT	0.571	—	2.496	1.123	0.087	0.225	0.443	1.823	0.148	1.189	0.016	2.264	0.017
P值	0.450	—	0.114	0.289	0.769	0.635	0.506	0.177	0.701	0.276	0.900	0.132	0.898

续表

银行业	WJ	SH	CS	HZ	JS	WX	JY	GY	ZX	GD	BJ	XY	HX
99%													
成功率	98.9%	—	98.5%	99.0%	99.0%	98.8%	99.1%	98.4%	99.1%	98.6%	99.3%	99.2%	99.0%
K-LRT	0.007	—	0.981	0.001	0.000	0.153	0.023	1.200	0.058	2.655	1.108	1.526	0.064
P值	0.935	—	0.322	0.976	0.992	0.696	0.879	0.273	0.809	0.103	0.293	0.217	0.801
多方													
Q=5%													
失败率	4.17%	—	3.85%	2.71%	5.94%	3.11%	4.87%	5.11%	5.56%	3.50%	5.02%	3.72%	4.53%
K-LRT	0.594	—	1.184	5.343	0.178	3.611	0.012	0.529	0.283	9.824	0.001	10.24	1.684
P值	0.441	—	0.277	0.021	0.673	0.057	0.914	0.467	0.595	0.002	0.971	0.001	0.194
Q=2.5%													
失败率	1.82%	—	2.31%	1.72%	1.98%	2.15%	2.32%	1.78%	3.33%	1.94%	2.46%	1.77%	1.97%
K-LRT	0.796	—	0.061	1.123	0.120	0.216	0.059	1.069	1.163	2.622	0.006	6.638	4.234
P值	0.372	—	0.805	0.289	0.729	0.642	0.809	0.301	0.281	0.105	0.940	0.010	0.040
Q=1%													
失败率	0.78%	—	0.51%	0.25%	0.00%	1.20%	0.69%	0.00%	1.11%	1.02%	1.48%	0.77%	0.754%
K-LRT	0.207	—	1.138	3.341	—	0.153	0.450	—	0.054	0.001	2.041	1.526	2.297
P值	0.654	—	0.286	0.068	0.000	0.696	0.502	0.000	0.816	0.924	0.153	0.217	0.131
DQT													
检验													

续表

银行业	WJ	SH	CS	HZ	JS	WX	JY	GY	ZX	GD	BJ	XY	HX
平方													
95%													
DQ值	14.30	—	5.872	9.478	2.055	16.65	5.807	1.750	5.279	6.296	7.669	4.774	12.19
P值	0.026	—	0.438	0.148	0.915	0.011	0.445	0.941	0.509	0.391	0.263	0.573	0.058
97.5%													
DQ值	11.48	—	7.331	1.924	0.651	11.50	3.081	7.383	3.837	8.380	10.22	5.086	5.780
P值	0.075	—	0.291	0.927	0.995	0.074	0.799	0.287	0.699	0.212	0.116	0.533	0.448
Q=99%													
DQ值	0.232	—	1.261	0.138	0.056	0.462	0.224	8.937	0.198	11.28	1.682	2.670	2.851
P值	0.999	—	0.974	0.999	1.000	0.998	0.999	0.177	0.999	0.080	0.947	0.849	0.827
多方													
Q=5%													
DQ值	3.301	—	7.581	11.11	3.039	7.691	3.812	4.563	8.764	17.71	2.347	19.29	3.831
P值	0.771	—	0.270	0.085	0.804	0.262	0.702	0.601	0.187	0.007	0.885	0.004	0.701
Q=2.5%													
DQ值	7.663	—	4.202	2.133	0.384	1.372	1.431	2.137	3.666	4.920	12.05	10.24	14.42
P值	0.264	—	0.649	0.907	0.999	0.968	0.964	0.907	0.722	0.554	0.061	0.115	0.025
Q=1%													
DQ值	0.363	—	1.869	9.400	0.000	0.462	0.687	0.000	0.352	1.047	22.42	6.834	6.939

第4章 基于宏观和微观审慎监管的中国商业银行集成风险框架与测度研究

续表

银行业	WJ	SH	CS	HZ	JS	WX	JY	GY	ZX	GD	BJ	XY	HX
P值	0.999	—	0.931	0.152	0.000	0.998	0.995	0.000	0.999	0.984	0.001	0.336	0.327
M4: Kupiec 检验 空方													
95% 成功率	94.3%	—	94.1%	94.3%	94.8%	93.1%	95.8%	95.1%	95.6%	94.4%	94.7%	94.6%	94.3%
K-LRT	0.411	—	0.627	0.363	0.025	2.964	0.651	0.000	0.303	1.581	0.215	0.650	3.842
P值	0.521	—	0.429	0.547	0.874	0.085	0.420	0.990	0.582	0.209	0.643	0.420	0.050
97.5% 成功率	97.4%	—	95.9%	96.8%	97.0%	97.1%	98.1%	—	97.6%	97.3%	97.2%	97.7%	97.3%
K-LRT	0.017	—	3.454	0.755	0.327	0.225	0.804	—	0.006	0.438	0.270	0.537	0.395
P值	0.897	—	0.063	0.385	0.567	0.635	0.370	—	0.940	0.508	0.604	0.464	0.530
99% 成功率	99.2%	—	98.7%	99.3%	98.3%	99.3%	99.1%	99.1%	98.9%	98.9%	98.9%	99.3%	99.1%
K-LRT	0.201	—	0.288	0.307	1.768	0.373	0.023	0.098	0.054	0.009	0.070	3.535	0.612
P值	0.654	—	0.592	0.579	0.184	0.541	0.879	0.754	0.816	0.924	0.791	0.060	0.434
多方 Q=5%													

续表

银行业	WJ	SH	CS	HZ	JS	WX	JY	GY	ZX	GD	BJ	XY	HX
失败率	5.47%	—	5.38%	4.43%	5.42%	5.02%	5.80%	5.28%	5.33%	5.06%	4.93%	4.94%	5.22%
K-LRT	0.173	—	0.119	0.285	0.146	0.001	0.554	0.529	0.103	0.012	0.012	0.024	0.353
P值	0.678	—	0.731	0.594	0.702	0.982	0.457	0.467	0.748	0.911	0.914	0.877	0.553
Q=2.5%													
失败率	2.86%	—	2.56%	2.46%	3.69%	2.39%	2.55%	—	3.11%	2.42%	2.27%	2.87%	2.38%
K-LRT	0.200	—	0.007	0.002	2.077	0.020	0.005	—	0.641	0.049	0.235	1.479	0.211
P值	0.655	—	0.936	0.962	0.150	0.887	0.945	—	0.424	0.826	0.628	0.224	0.646
Q=1%													
失败率	0.78%	—	1.54%	0.99%	0.99%	1.20%	1.86%	1.25%	1.11%	1.08%	1.48%	0.81%	0.81%
K-LRT	0.200	—	0.981	0.001	0.001	0.153	2.548	1.934	0.054	0.105	2.041	1.055	0.311
P值	0.654	—	0.322	0.976	0.976	0.696	0.110	0.164	0.816	0.745	0.153	0.304	0.252
DQT检验													
空方													
95%													
DQ值	7.973	—	15.61	11.90	2.191	18.85	19.88	2.212	2.249	15.85	5.525	3.594	8.774
P值	0.240	—	0.016	0.064	0.901	0.004	0.003	0.899	0.895	0.015	0.479	0.731	0.187
97.5%													
DQ值	3.375	—	7.085	3.797	3.850	11.50	6.903	—	3.076	22.95	8.639	4.071	6.014

续表

银行业	WJ	SH	CS	HZ	JS	WX	JY	GY	ZX	GD	BJ	XY	HX
P值	0.761	—	0.313	0.704	0.697	0.074	0.330	—	0.799	0.001	0.195	0.667	0.422
Q=99%													
DQ值	0.363	—	0.597	0.496	1.938	0.582	0.224	14.08	0.292	18.44	7.374	5.307	2.052
P值	0.999	—	0.996	0.998	0.925	0.997	0.999	0.029	0.999	0.005	0.288	0.505	0.915
多方													
Q=5%													
DQ值	4.855	—	2.857	3.544	2.904	2.429	2.893	15.92	9.680	3.752	3.620	9.201	5.920
P值	0.563	—	0.827	0.738	0.821	0.876	0.822	0.014	0.139	0.710	0.728	0.163	0.432
Q=2.5%													
DQ值	2.959	—	3.406	3.405	4.361	1.440	1.687	—	4.130	2.044	6.811	3.181	5.130
P值	0.814	—	0.756	0.757	0.628	0.963	0.946	—	0.659	0.916	0.339	0.786	0.527
Q=1%													
DQ值	0.363	—	1.261	0.214	0.214	0.462	2.580	4.154	0.352	1.254	22.42	5.761	5.105
P值	0.999	—	0.974	0.999	0.999	0.998	0.859	0.656	0.999	0.974	0.001	0.450	0.530

注：P 值为 Kupiec 似然比 p 值，实际失败率与 a 的相对误差（=100（实际失败率-a）/α），LR 为 Kupiec 的似然比 LR 检验值，其值越小，模型可信度和精确度越高。DQ 判别标准为在给定显著性水平下，若 χ² 检验不显著，一表明模型无法通过残差序列数据估计模型参数。M1 模型为 ARFIMA（1，d，2）-FIEGARCH-GPD-SKST 模型；M2 模型为 ARFIMA（1，d，2）-FIEGARCH-GPD-GED 模型；M3 模型为 ARFIMA（1，d，2）-FIEGARCH-GPD-GED 模型；M4 模型为 ARFIMA（1，d，2）-FIEGARCH-GPD-SKST 模型。

表 4.6 银行业的样本区间的多空 VaR 后置检验

银行业	NJ	JB	MS	PA	PF	JT	NY	GS	ZG	JS	CD	NB	ZS
M1: Kupiec 检验 空方													
95%													
成功率	100%	—	—	—	96.5%	95.2%	—	—	—	—	97.2%	94.1%	93.9%
K-LRT	—	—	—	—	7.402	0.098	—	—	—	—	4.598	0.079	0.073
P 值	0.000	—	—	—	0.007	0.755	—	—	—	—	0.034	0.778	0.786
97.5%													
成功率	100%	—	—	—	98.9%	98.2%	—	—	—	—	99.2%	100%	93.9%
K-LRT	—	—	—	—	15.25	3.616	—	—	—	—	6.547	—	1.236
P 值	0.000	—	—	—	0.000	0.057	—	—	—	—	0.011	0.000	0.266
99%													
成功率	100%	—	—	—	99.7%	99.7%	—	—	—	—	99.7%	100%	100%
K-LRT	—	—	—	—	11.10	8.707	—	—	—	—	3.099	—	—
P 值	0.000	—	—	—	0.001	0.003	—	—	—	—	0.078	0.000	0.000
多方 Q=5%													
失败率	6.25%	—	—	—	2.65%	5.03%	—	—	—	—	3.08%	5.88%	9.09%

续表

银行业	NJ	JB	MS	PA	PF	JT	NY	GS	ZG	JS	CD	NB	ZS
K-LRT	0.098	—	—	—	20.51	0.002	—	—	—	—	3.501	0.079	0.946
P值	0.754	—	—	—	0.000	0.962	—	—	—	—	0.061	0.778	0.331
Q=2.5%													
失败率	6.25%	—	—	—	1.02%	1.83%	—	—	—	—	1.79%	1.96%	0.000
K-LRT	1.312	—	—	—	17.01	2.945	—	—	—	—	0.881	0.066	—
P值	0.252	—	—	—	0.000	0.086	—	—	—	—	0.348	0.798	0.000
Q=1%													
失败率	3.13%	—	—	—	0.20%	0.34%	—	—	—	—	0.77%	1.62%	0.00%
K-LRT	0.934	—	—	—	13.99	8.707	—	—	—	—	0.228	10.63	—
P值	0.334	—	—	—	0.000	0.003	—	—	—	—	0.633	0.001	0.000
DQT检验空方													
95%													
DQ值	—	—	—	—	15.40	15.88	—	—	—	—	11.52	1.630	1.232
P值	—	—	—	—	0.017	0.014	—	—	—	—	0.074	0.950	0.975
97.5%													
DQ值	—	—	—	—	28.29	7.397	—	—	—	—	15.33	0.000	1.817
P值	—	—	—	—	0.000	0.286	—	—	—	—	0.018	0.000	0.936

续表

银行业	NJ	JB	MS	PA	PF	JT	NY	GS	ZG	JS	CD	NB	ZS
Q=99%													
DQ值	—	—	—	—	28.87	82.44	—	14.08	—	—	8.446	0.000	0.000
P值	—	—	—	—	0.000	0.000	—	0.029	—	—	0.207	0.000	0.000
多方													
Q=5%													
DQ值	30.71	—	—	—	51.46	33.99	—	—	—	—	15.83	5.254	6.337
P值	0.000	—	—	—	0.000	0.000	—	—	—	—	0.015	0.512	0.387
Q=2.5%													
DQ值	32.18	—	—	—	64.79	28.15	—	—	—	—	8.197	0.207	0.000
P值	0.000	—	—	—	0.000	0.000	—	—	—	—	0.224	0.999	0.000
Q=1%													
DQ值	0.830	—	—	—	45.90	82.44	—	—	—	—	0.396	0.000	0.000
P值	0.991	—	—	—	0.000	0.000	—	—	—	—	0.999	0.000	0.000
M2:													
Kupiec													
检验													
空方													
95%													
成功率	95.7%	100%	—	100%	100%			99.6%			100%	—	100%

续表

银行业	NJ	JB	MS	PA	PF	JT	NY	GS	ZG	JS	CD	NB	ZS
K-LRT	0.022	—	—	—	—	—	—	206.4	—	—	—	—	—
P值	0.883	0.000	—	0.000	0.000	—	—	0.000	—	—	0.000	—	0.000
97.5%													
成功率	100%	100%	—	100%	100%	—	—	99.8%	—	—	100%	—	100%
K-LRT	—	—	—	—	—	—	—	99.13	—	—	—	—	—
P值	0.000	0.000	—	0.000	0.000	—	—	0.000	—	—	0.000	—	0.000
99%													
成功率	100%	100%	—	—	100%	—	—	99.9%	—	—	100%	—	100%
K-LRT	—	—	—	—	—	—	—	47.23	—	—	—	—	—
P值	0.000	0.000	—	—	0.000	—	—	0.000	—	—	—	—	—
多方													
Q=5%													
失败率	—	0.26%	—	—	0.95%	—	—	—	—	—	0.26%	—	—
K-LRT	—	31.97	—	—	75.24	—	—	—	—	—	31.97	—	—
P值	—	0.000	—	—	0.000	—	—	—	—	—	0.000	—	—
Q=2.5%													
失败率	—	0.00%	—	—	0.34%	—	—	—	—	—	0.00%	—	—
K-LRT	—	—	—	—	44.34	—	—	—	—	—	—	—	—
P值	—	0.000	—	—	0.000	—	—	—	—	—	0.000	—	—

续表

银行业	NJ	JB	MS	PA	PF	JT	NY	GS	ZG	JS	CD	NB	ZS
Q=1%													
失败率	—	0.00%	—	—	0.07%	—	—	—	—	—	—	—	—
K-LRT检验	—	—	—	—	22.19	—	—	—	—	—	—	—	—
P值	—	0.000	—	—	0.000	—	—	—	—	—	—	—	—
DQT检验													
空方													
95%													
DQ值	—	—	—	—	—	—	6.848	21942	3.571	—	—	—	—
P值	—	—	—	—	—	—	0.335	0.000	0.735	—	—	—	—
97.5%													
DQ值	—	—	—	—	—	—	—	8986	—	—	—	—	—
P值	—	—	—	—	—	—	—	0.000	—	—	—	—	—
Q=99%													
DQ值	—	—	—	—	—	—	—	720.0	—	—	—	76.98	—
P值	—	—	—	—	—	—	—	0.000	—	—	—	1E-014	—
多方													
Q=5%													
DQ值	8295	343.2	—	—	5282	—	—	—	—	—	343.2	—	—

续表

银行业	NJ	JB	MS	PA	PF	JT	NY	GS	ZG	JS	CD	NB	ZS
P值	0.000	0.000	—	—	0.000	—	—	—	—	—	0.000	—	—
Q=2.5%													
DQ值	0.000	—	—	—	3504	—	—	—	—	—	—	—	—
P值	0.000	—	—	—	0.000	—	—	—	—	—	—	—	—
Q=1%													
DQ值	—	—	—	—	188.9	—	—	—	—	—	—	—	—
P值	—	—	—	—	0.000	—	—	—	—	—	—	—	—
M3: Kupiec 检验 空方													
95%													
成功率	95.8%	—	95.7%	95.5%	—	95.5%	95.1%	94.6%	95.0%	97.0%	84.4%	95.4%	94.5%
K-LRT	3.655	—	2.984	2.108	—	0.855	0.023	0.733	0.001	1.019	4.989	0.792	2.069
P值	0.056	—	0.084	0.147	—	0.355	0.879	0.392	0.973	0.313	0.026	0.374	0.150
97.5%													
成功率	98.1%	—	98.0%	97.8%	—	97.9%	97.8%	97.3%	97.6%	97.0%	84.4%	97.4%	97.3%
K-LRT	4.031	—	3.025	2.275	—	0.990	0.734	0.289	0.210	0.087	10.52	0.040	0.358
P值	0.045	—	0.082	0.132	—	0.320	0.392	0.591	0.647	0.769	0.001	0.842	0.549

续表

银行业	NJ	JB	MS	PA	PF	JT	NY	GS	ZG	JS	CD	NB	ZS
99%													
成功率	99.2%	—	99.5%	99.2%	—	99.0%	99.3%	99.0%	98.9%	99.0%	100%	98.9%	98.9%
K-LRT	1.590	—	6.872	2.116	—	0.005	1.511	0.051	0.365	0.000	—	0.128	0.097
P值	0.207	—	0.009	0.146	—	0.942	0.219	0.822	0.546	0.992	0.000	0.721	0.755
多方													
Q=5%													
失败率	3.90%	—	3.40%	3.48%	—	3.87%	3.82%	3.70%	3.90%	5.94%	21.9%	4.28%	3.91%
K-LRT	7.175	—	15.76	24.59	—	4.259	6.028	10.77	7.893	0.059	10.88	2.984	10.19
P值	0.007	—	7E-05	0.000	—	0.039	0.014	0.001	0.005	0.178	0.001	0.084	0.001
Q=2.5%													
失败率	2.03%	—	1.79%	1.37%	—	2.24%	1.62%	1.83%	1.81%	1.98%	18.75%	2.29%	1.60%
K-LRT	2.566	—	5.877	28.62	—	0.417	6.849	5.571	6.185	0.120	14.70	0.470	14.39
P值	0.109	—	0.015	0.000	—	0.519	0.009	0.018	0.013	0.729	0.000	0.493	0.000
Q=1%													
失败率	0.80%	—	0.76%	0.62%	—	1.09%	0.63%	1.01%	0.94%	100%	0.00%	0.99%	0.58%
K-LRT	1.099	—	1.595	7.802	—	0.109	3.064	0.001	0.243	—	—	0.001	8.080
P值	0.295	—	0.207	0.005	—	0.741	0.080	0.971	0.622	0.745	0.000	0.975	0.004
DQT													
检验													

续表

银行业	NJ	JB	MS	PA	PF	JT	NY	GS	ZG	JS	CD	NB	ZS
空方 95%													
DQ	10.93	—	5.973	5.934	—	3.551	8.555	8.261	8.333	2.055	6.476	4.106	17.16
P值	0.091	—	0.426	0.431	—	0.737	0.200	0.220	0.215	0.915	0.372	0.662	0.009
97.5%													
DQ值	11.99	—	8.373	4.484	—	4.056	4.208	10.13	10.62	0.651	8.022	2.540	12.20
P值	0.062	—	0.212	0.612	—	0.669	0.649	0.119	0.101	0.995	0.236	0.864	0.058
Q=99%													
DQ值	2.670	—	11.01	5.433	—	0.823	2.404	14.73	9.390	0.056	0.000	1.685	17.84
P值	0.849	—	0.088	0.490	—	0.991	0.879	0.022	0.153	1.000	0.000	0.946	0.007
多方 Q=5%													
DQ值	14.16	—	29.79	36.89	—	8.689	10.53	16.05	11.06	3.039	13.68	6.745	18.75
P值	0.028	—	0.000	0.000	—	0.192	0.104	0.013	0.087	0.804	0.033	0.345	0.005
Q=2.5%													
DQ值	9.252	—	9.901	49.18	—	20.45	16.01	14.02	11.24	0.384	11.96	5.894	22.78
P值	0.160	—	0.129	0.000	—	0.002	0.014	0.029	0.081	0.999	0.063	0.435	0.001
Q=1%													
DQ值	2.162	—	2.716	11.78	—	14.73	4.610	4.756	3.320	0.000	0.000	13.21	18.46

续表

银行业	NJ	JB	MS	PA	PF	JT	NY	GS	ZG	JS	CD	NB	ZS
P值	0.904	—	0.844	0.067	—	0.022	0.595	0.575	0.768	0.000	0.000	0.040	0.005
M4: Kupiec 检验 空方													
95% 成功率	94.5%	—	95.1%	94.7%	94.9%	95.0%	94.4%	94.5%	94.6%	95.1%	96.9%	94.6%	94.5%
K-LRT	1.370	—	0.026	0.892	0.028	0.002	1.418	1.429	0.775	0.001	0.272	0.667	1.867
P值	0.242	—	0.871	0.345	0.867	0.962	0.234	0.232	0.379	0.982	0.602	0.414	0.172
97.5% 成功率	97.5%	—	97.6%	97.4%	97.4%	97.1%	97.2%	97.3%	97.5%	98.0%	100%	97.1%	97.4%
K-LRT	0.002	—	0.091	0.056	0.132	1.017	0.812	0.289	0.020	0.120	—	1.676	0.156
P值	0.963	—	0.762	0.813	0.716	0.313	0.367	0.591	0.886	0.729	0.000	0.195	0.693
99% 成功率	99.0%	—	99.5%	99.3%	98.9%	99.0%	99.2%	99.2%	99.1%	100%	100%	99.1%	99.2%
K-LRT	0.001	—	6.872	5.192	0.109	0.036	0.535	1.840	0.106	—	—	0.185	1.864
P值	0.976	—	0.009	0.023	0.741	0.849	0.465	0.175	0.745	0.000	0.000	0.667	0.172
多方 Q=5%													

续表

银行业	NJ	JB	MS	PA	PF	JT	NY	GS	ZG	JS	CD	NB	ZS
失败率	4.82%	—	4.24%	5.09%	4.89%	4.69%	4.87%	5.07%	4.87%	4.95%	6.25%	4.93%	5.25%
K-LRT	0.184	—	3.318	0.074	0.037	0.309	0.067	0.029	0.096	0.001	0.098	0.026	0.507
P值	0.668	—	0.069	0.786	0.848	0.578	0.796	0.866	0.757	0.982	0.754	0.871	0.476
Q=2.5%													
失败率	2.60%	—	2.29%	2.18%	1.80%	2.11%	2.36%	2.37%	2.40%	1.98%	6.25%	2.56%	2.42%
K-LRT	0.107	—	0.470	1.984	2.945	0.990	0.163	0.186	0.113	0.120	1.312	0.040	0.110
P值	0.744	—	0.493	0.159	0.086	0.320	0.687	0.666	0.736	0.729	0.252	0.842	0.740
Q=1%													
失败率	0.92%	—	1.07%	0.81%	0.54%	1.02%	0.73%	1.15%	1.04%	0.99%	0.00%	0.84%	0.79%
K-LRT	0.184	—	0.128	1.676	3.715	0.005	1.511	0.608	0.057	0.000	1.9337	0.706	1.864
P值	0.668	—	0.721	0.195	0.054	0.942	0.219	0.435	0.812	0.992	0.1644	0.401	0.172
DQT检验													
空方95%													
DQ值	5.561	—	7.633	11.73	2.297	1.560	12.74	10.60	9.093	3.798	0.638	13.45	19.68
P值	0.474	—	0.266	0.068	0.890	0.955	0.047	0.102	0.168	0.704	0.996	0.036	0.003
97.5%													
DQ值	17.88	—	4.921	2.470	1.226	3.878	8.721	10.13	7.461	0.384	0.000	3.761	13.21

续表

银行业	NJ	JB	MS	PA	PF	JT	NY	GS	ZG	JS	CD	NB	ZS
P值	0.007	—	0.554	0.872	0.976	0.693	0.190	0.119	0.280	0.999	0.000	0.709	0.040
Q=99%													
DQ值	1.337	—	11.01	10.57	1.038	0.747	6.807	11.88	13.28	0.000	0.000	1.323	16.46
P值	0.970	—	0.088	0.103	0.984	0.993	0.339	0.065	0.389	0.000	0.000	0.970	0.012
多方													
Q=5%													
DQ值	3.150	—	9.414	5.262	6.243	2.501	2.330	3.226	2.599	1.606	1.316	5.191	8.425
P值	0.790	—	0.152	0.511	0.397	0.868	0.887	0.780	0.857	0.952	0.971	0.520	0.209
Q=2.5%													
DQ值	6.447	—	8.234	6.493	10.92	7.835	5.164	2.376	2.359	0.384	1.908	6.331	5.017
P值	0.375	—	0.221	0.370	0.091	0.250	0.523	0.882	0.884	0.999	0.928	0.387	0.542
Q=1%													
DQ值	1.363	—	2.992	3.511	27.48	14.31	10.37	11.23	2.815	0.056	0.000	5.203	10.02
P值	0.968	—	0.810	0.742	0.000	0.026	0.110	0.081	0.832	1.000	0.000	0.518	0.124

注：P值为 Kupiec 似然比 p 值，实际失败率与 a 的相对误差（=100（实际失败率 − a）/α），LR 为 Kupiec 的似然比 LR 检验值，其值越小，模型可信度和精确度越高。DQ 判别标准为在给定显著性水平下，若 χ^2 检验不显著，则视为模型刻画市场风险是准确的。—表明模型无法通过残差序列数据估计模型参数。M1 模型为 ARFIMA（1, d, 2）-FIEGARCH-GPD-SKST 模型；M2 模型为 ARFIMA（1, d, 2）-FIEGARCH-GPD-GED 模型；M3 模型为 ARFIMA（1, d, 2）-FIEGARCH-GPD-GED 模型；M4 模型为 ARFIMA（1, d, 2）-FIEGARCH-GPD-SKST 模型。

回测检验效果较佳。明显优于 M1 模型和 M2 模型的检验效果，尤其是 M2 模型多数银行无法进行检验。具体而言，表 4.5 中，在 M1 模型中，ZX、GD 在成功率拟合较差，WJ 拟合较差；WJ 和 HZ 在失败率检验中较差，特别是在 1% 置信度下，WJ 和 GD 检验效果差。M2 模型由于拟合情况差，整体检验在模型中很难显示。表 4.6 中，在 M1 模型中，ZS 和 NJ 在失败率检验中较差。同样地，M2 模型整体检验类似于表 5，效果不佳。M3 模型中，CD 在成功率和失败率拟合不理想，M4 模型中 JB 难以检验。

4.6 本章小结

本章通过构建宏微观审慎监管的中国商业银行集成风险框架与测度研究，前半部分主要介绍宏观审慎监管体系下金融系统集成风险的理论阐释、作用机理、传导机制、预警和度量，进而通过梳理和归纳目前我国金融系统性风险源，针对金融体系信用扩张、房地产泡沫以及地方政府债问题进行防范和管控研究，强化金融协调监管，构建有效的金融系统风险防范和监管的宏观审慎监管框架体系。本章后半部分基于微观审慎监管框架进行了量化研究，构建符合中国商业银行集成风险的长记忆特性，构建四个 GARCH 类组合模型对中国商业银行集成风险度量进行研究，再结合第 5 章实证内容共同来构建微观审慎监管框架体系和强化金融监管提供有益的思考。

第5章 基于 Copula – SV 类的中国商业银行集成风险量化实证研究

5.1 研究背景

前述实证我们基于 GARCH 类模型结合厚尾和偏 T 分布对中国商业银行集成风险的长记忆性、厚尾和不对称性进行了研究，实证发现一些 GARCH 类模型拟合和检验均不理想。GARCH 类模型描述离散的可观测的时间序列的波动情况，即波动过程可由过去的观测值和过去误差的平方项线性表示。其一个潜在缺陷在于只能解释波动聚簇性的一小部分，并且某一时间异常损益可能导致参数估计不稳定。对于不可观测的随机过程的波动，需要引入更为精准的随机波动率模型（stochastic volatility，SV）来刻画。SV 类模型具有数理金融学和金融计量学双重根源，其显著特征是将随机过程引入到方差表达式中，视波动率由内在的不可观测的随机过程来决定，也就是在波动率方程中引入一个新的随机变量，使得无论是从长期波动性的预测能力来看，还是从波动率序列的稳定性，抑或对资产定价理论的应用来看，SV 类模型对金融波动性的刻画较 GARCH 簇模型更加接近于金融现实，实践上对金融数据的拟合效果更好。鉴于目前实证金融计量文献的波动模型主要有 GARCH 类和 SV 族类，本章中我们以 SV 类模型和 GPD 模型结合构建动态风险测度模型，这类方法较易扩展到更复杂的模型研究。

Copula 函数是一种在构造多元联合分布以及随机变量间相关结构分析的有力工具，由 Copula 导出的相关性度量，不仅可以描述变量间复杂的非线性、非对称相关性，而且还可以很好地刻画分布的尾部相关性。尾部相关性分析常用来刻画当极端情形发生时金融市场间非对称的相关程度，而极值模型（EVT）是目前研究尾部分布最有效的方法，结合 SV – GPD 模型和 Copula 理论是刻画金融市场多元联合分布的发展趋势。Copula 建模一般分为两步：第一步，针对金融样本数据特征选取最佳相依结构的 Copula 模型；第二步，对已选定的最佳相依结构和边缘分布模型进行风险测度。其中边缘分布模型建模思路首先应用马尔科夫链蒙特卡洛方法（markov chain monte carlo，MCMC）对金融收益序列进行 SV 类模型拟合，通过估计的模型参数和得到不可观测的波动序列，将收益序列转化成标准残差序列，再用 GPD 分布拟合残差序列尾部数据，进而代入构造混合风险模型得到相应的 VaR 和 ES，最后为了确保动态风险模型的精确性，需要进行该模型的拟合检验和回测检验。

本章余下部分拟从两个部分进行实证，其一是运用 Copula – SV（类） – GPD 模型对中国商业银行按照中信指数划分，分别探究国有商业银行与股份制商业银行和城市商业银行的相关性研究；其二进一步拓展至金融行业、非金融行业和房地产行业的相关性研究。

5.2 实证分析

5.2.1 样本选取与统计描述

依据前述 GARCH 类模型对中国商业银行的实证数据，本章实证选取 22 家中国商业银行上市公司作为研究对象（由于样本数据较少，我们去除了吴江、成都和江苏三家城商行），由于每家上市时间起点不同，但基本涵盖在上市最久的平安银行样本内，故我们研究以平安银行作为样本区间：自 1991 年 4 月 3 日—2018 年 6 月 29 日计 6756 个日收盘数据，所有数据均来自锐思数据库以及 Choice 金融终端数据库。同时以每家上市商业银行整个上市时间作为回测区间进行后置检验。本实证部分对上述指数日收盘价进行对数收益率处理，令 p_t 为第 t 日的收盘指数，计算公式为：$R_t = \ln P_t - \ln P_{t-1}$，$R_t$ 的统计特征见表 5.1。我们选用目前较为常用的 SV 类模型结合不同的尾部分布计 7 种模型对商业银行的金融条件收益和条件波动率进行建模，用以刻画金融条件收益和条件波动率的厚尾和不对称性等特征，并与 Copula – GPD 相结合整体测度 22 家中国商业银行的集成风险。

这 7 种组合模型分别是 M1 模型为 Copula – SV – N – GPD 模型、M2 模型为 Copula – SV – MN – GPD 模型、M3 模型为 Copula – SV – T – GPD 模型、M4 模型为 Copula – SV – MT – GPD 模型、M5 模型为 Copula – ASV – GPD 模型、M6 模型为 Copula – ASV – N – GPD 模型和 M7 模型为 Copula – ASV – T – GPD 模型。

表 5.1   描述性统计

银行与统计指标	均值	标准差	极大值	极小值	偏度	峰度	J-B	Q(16)	ARCH
上海银行 (SHYH)	-0.0014	0.0210	0.0953	-0.2856	-6.3997	90.514	127116 (0.0)	11.35 (0.0)	1.947 (0.0)
常熟银行 (CSYH)	-0.0002	0.0284	0.0959	-0.1050	0.9275	6.8389	318.9 (0.0)	56.39 (0.0)	39.74 (0.0)
杭州银行 (HZYH)	-0.0016	0.0258	0.0954	-0.3573	-5.8792	92.307	137262 (0.0)	9.189 (0.0)	0.03 (0.9)
无锡银行 (WXYH)	-0.0005	0.0314	0.0957	-0.1054	0.6235	6.0099	184.9 (0.0)	53.51 (0.0)	91.75 (0.0)
江阴银行 (JYYH)	-0.0004	0.0342	0.0959	-0.1055	0.4021	5.6280	135.6 (0.0)	70.76 (0.0)	116 (0.0)
贵阳银行 (GYYH)	0.0001	0.0192	0.0956	-0.0633	1.3280	9.5955	947.9 (0.0)	53.43 (0.0)	380.2 (0.0)
光大银行 (GDYH)	-1.5E-05	0.0186	0.0966	-0.1044	0.4343	10.029	3886 (0.0)	31.94 (0.0)	140.6 (0.0)
兴业银行 (XYYH)	-0.0001	0.0288	0.0958	-0.6198	-5.1432	106.94	1234124 (0.0)	31.23 (0.0)	0.009 (0.9)
华夏银行 (HXYH)	8.2E-05	0.0255	0.0959	-0.3408	-1.1827	19.241	38683 (0.0)	28.24 (0.0)	7.233 (0.0)
南京银行 (NJYH)	-0.0002	0.0272	0.0959	-0.6074	-5.3407	112.86	1327564 (0.0)	19.11 (0.0)	0.047 (0.8)
招商银行 (ZSYH)	0.0003	0.0230	0.0956	-0.3631	-1.1326	24.254	72470.34 (0.0)	28.13 (0.0)	4.239 (0.0)
宁波银行 (NBYH)	-6.6E-06	0.0256	0.0960	-0.2724	-0.7170	12.942	10997.34 (0.0)	45.39 (0.0)	7.914 (0.0)
民生银行 (MSYH)	-0.00011	0.0245	0.0962	-0.3399	-2.0562	29.590	123823.7 (0.0)	21.88 (0.0)	2.040 (0.2)
平安银行 (PAYH)	-0.00025	0.0320	0.3662	-0.7005	-4.8553	107.39	2922129 (0.0)	18.13 (0.0)	8.235 (0.0)
浦发银行 (PFYH)	-0.00025	0.0250	0.0956	-0.4019	-2.3776	39.122	238544.9 (0.0)	22.79 (0.0)	1.83 (0.17)
交通银行 (JTYH)	-0.00020	0.0209	0.0962	-0.1095	-0.0888	8.6200	3510.741 (0.0)	46.55 (0.0)	114.2 (0.0)
北京银行 (BJYH)	-0.0005	0.0237	0.0958	-0.2109	-1.1301	15.378	16736 (0.0)	23.10 (0.0)	7.821 (0.0)
农业银行 (NYYH)	0.000121	0.0144	0.0964	-0.1042	-0.0550	13.427	8649.56 (0.0)	63.74 (0.0)	142.2 (0.0)
工商银行 (GSYH)	0.000155	0.0178	0.0958	-0.1054	-0.0174	9.4840	4871.77 (0.0)	31.32 (0.0)	149.8 (0.0)
中国银行 (ZGYH)	-5.3E-05	0.0180	0.0968	-0.1163	0.1565	10.651	7016.17 (0.0)	40.17 (0.0)	184.4 (0.0)
建设银行 (JSYH)	-6.4E-05	0.0185	0.0957	-0.1064	-0.1099	9.5893	4645.60 (0.0)	32.19 (0.0)	253.0 (0.0)
中信银行 (ZXYH)	-0.0002	0.0235	0.0961	-0.1056	0.1120	6.7687	1582 (0.0)	27.58 (0.0)	179.4 (0.0)

注：J-B 为检验正态的 Jarque-Bera 统计量，Q(16) 是收益序列相关计算第 16 阶的 Ljung-Box 统计量，ARCH 为运用 16 阶进行异方差检验检验的 Engle's LM 检验，检验的 P 值显示在 ( ) 中。

从表5.1中可以看出，22家商业银行收益率14家左偏、10家右偏且均具有尖峰厚尾特征，J-B检验说明收益率显著异于正态分布，均拒绝有效市场假说的正态分布假设；Ljung-Box统计量对收益率序列进行自相关性检验，表明在滞后16期时，各商业银行收益率序列明显拒绝无自相关性；由标准差得出国有股份制银行的波动性明显低于其他股份制商业银行，说明资产规模越大，相应波动性越小。ARCH-LM检验显示收益率序列除个别银行外具有显著ARCH效应，说明其条件收益序列具有异方差性，可采用同时考虑预期收益和波动率关系的SV类模型过滤异方差。

5.2.2　SV类模型参数估计

SV类模型的参数通过贝叶斯估计，鉴于22家商业银行样本的广泛性，MCMC的Gibbs的抽样次数各为10000次，舍去前3000次作为"燃数期"确保收敛，另7000次抽样作为各参数的稳定分布抽样，结果见表5.2～表5.8，97.5%CI表示为97.5%的置信区间。

由表5.2～表5.8可知，各个参数估计结果的蒙特卡标准误差和所有样本的标准离差都很小，通过对参数估计值CODA序列进行Geweke谱密度收敛性检验，SV类模型构造的t统计量均小于临界值2，因而基于MCMC模拟的样本序列是平稳收敛的，参数估计值是有效的。μ值基本显示为负值，7个SV类模型除了ASV-N模型μ值较小且τ值较大，表明该模型波动性高和噪声高。φ说明22家商业银行有很强的波动持续性，τ值表示余下6个模型市场噪声相对平稳。ω值明确22家银行呈现厚尾，ASV-T模型的尾部比SV-T和SV-MT模型的尾部更厚。d值为正预示22家银行中呈现正相关且预期收益率与市场波动也正相关，反之呈负相关。

5.2.3　以GYYH为例的SV-MT-GPD风险测度

5.2.3.1　基于DIC准则的SV-MT模型图

我们以GYYH（贵阳银行）作为22家商业银行的代表，故以贵阳银行样本区间：自2016年8月18日—2018年6月29日458个日收盘数据，取对数收率为457个数据，所有数据均来自锐思数据库以及Choice金融终端数据。基于DIC最小准则，在7种SV类模型中择选SV-MT模型，图5.1即为GYYH的SV-MT图。

表5.2　SV-N模型的参数估计

银行	参数	均值	标准差	MCMC	CI	中位数	CI	DIC值			
	node	mean	sd	MC error	2.5%	median	97.5%	Dbar	Dhat	PD	DIC
JYYH	τ	1.366	0.4501	0.0456	0.7110	1.3	2.476	—	—	—	—
	μ	-7.662	0.2604	0.0113	-8.159	-7.667	-7.129	-2132	-2212	79.8	-2052
	φ	0.9019	0.0261	0.0020	0.8445	0.9042	0.9474	—	—	—	—
JTYH	τ	8.245	1.401	0.1474	5.546	8.335	10.9	—	—	—	—
	μ	-8.504	0.1754	0.0063	-8.848	-8.504	-8.159	-15134	-15305	170	-14964
	φ	0.9796	0.0043	3.57E-4	0.9703	0.9799	0.9871	—	—	—	—
JSYH	τ	17.8	6.645	0.6818	8.358	16.62	33.28	—	—	—	—
	μ	-5.783	0.6465	0.0483	-6.975	-5.811	-4.421	-2815.4	-2838.4	23.0	-2792.3
	φ	0.9975	0.0018	8.702E-5	0.9928	0.9978	0.9997	—	—	—	—
HZYH	τ	1.872	0.5017	0.0467	1.071	1.805	2.989	—	—	—	—
	μ	-8.57	0.2422	0.0098	-9.008	-8.584	-8.063	-2371.3	-2433.3	62.0	-2309.3
	φ	0.9056	0.0304	0.0025	0.8373	0.9092	0.9544	—	—	—	—
MSYH	τ	4.462	0.5118	0.0521	3.494	4.411	5.528	—	—	—	—
	μ	-8.16	0.0969	0.0024	-8.351	-8.159	-7.969	-22260	-22647	387	-21873
	φ	0.9606	0.0052	4.406E-4	0.9502	0.9608	0.9702	—	—	—	—
NBYH	τ	8.933	1.777	0.1923	5.993	9.045	12.5	—	—	—	—
	μ	-7.769	0.112	0.0041	-7.981	-7.771	-7.541	-13150	-13276	126	-13024
	φ	0.9685	0.0068	6.465E-4	0.9527	0.9694	0.9796	—	—	—	—

续表

银行	参数	均值	标准差	MCMC	CI	中位数	CI	\multicolumn{3}{c	}{DIC 值}
	node	mean	sd	MC error	2.5%	median	97.5%	Dbar	Dhat	PD	DIC
NJYH	τ	4.157	0.5702	0.05789	3.24	4.092	5.301	−13710	−13937	227	−13482
	μ	−8.037	0.1035	0.003559	−8.237	−8.04	−7.83	—	—	—	—
	φ	0.9502	0.0076	6.413E−4	0.935	0.9505	0.9642	—	—	—	—
NYYH	τ	5.134	1.144	0.1236	3.047	5.142	7.447	−12622	−12803	182	−12441
	μ	−9.291	0.1446	0.004621	−9.565	−9.296	−9.0	—	—	—	—
	φ	0.9617	0.0086	8.096E−4	0.9422	0.9628	0.9763	—	—	—	—
PAYH	τ	2.721	0.2333	0.02353	2.278	2.725	3.198	−33388	−34254	865	−32522
	μ	−7.974	0.0689	0.001861	−8.11	−7.974	−7.838	—	—	—	—
	φ	0.9423	0.0053	4.468E−4	0.9311	0.9427	0.9519	—	—	—	—
PFYH	τ	6.102	0.7307	0.07479	4.824	6.004	7.689	−23320	−23708	387	−22933
	μ	−8.123	0.1075	0.00304	−8.336	−8.124	−7.909	—	—	—	—
	φ	0.9704	0.0039	2.949E−4	0.9627	0.9704	0.9776	—	—	—	—
SHYH	τ	1.694	0.5705	0.0541	0.8503	1.601	3.048	−2470.4	−2541.7	71.3	−2399.2
	μ	−8.972	0.1899	0.009465	−9.321	−8.981	−8.569	—	—	—	—
	φ	0.8648	0.0403	0.003446	0.7736	0.8688	0.9338	—	—	—	—
WXYH	τ	5.826	3.235	0.3538	1.941	4.812	15.15	−2104.6	−2173.6	69.1	−2035.5
	μ	−6.877	0.9237	0.08409	−7.935	−7.213	−4.497	—	—	—	—
	φ	0.9682	0.0222	0.002175	0.9205	0.9702	0.9983	—	—	—	—

续表

银行	参数 node	均值 mean	标准差 sd	MCMC MC error	CI 2.5%	中位数 median	CI 97.5%	Dbar	Dhat	PD	DIC
XYYH	τ	10.39	2.391	0.2629	6.686	9.873	16.58	—	—	—	—
	μ	−7.827	0.2089	0.007825	−8.208	−7.836	−7.396	−14133	−14274	141	−13991
	φ	0.9852	0.0038	3.27E−4	0.9775	0.9853	0.9922	—	—	—	—
ZGYH	τ	5.842	0.892	0.0932	4.091	5.816	7.615	—	—	—	—
	μ	−8.859	0.1485	0.004082	−9.146	−8.863	−8.564	−17554	−17812	258	−17296
	φ	0.9726	0.0049	4.199E−4	0.9612	0.9729	0.9813	—	—	—	—
ZSYH	τ	13.92	2.444	0.2654	10.2	13.38	18.76	—	—	—	—
	μ	−8.051	0.1129	0.003485	−8.277	−8.05	−7.829	−20073	−20189	117	−19956
	φ	0.9799	0.0038	3.235E−4	0.9721	0.9801	0.9864	—	—	—	—
ZXYH	τ	8.724	1.598	0.1706	6.159	8.55	12.59	—	—	—	—
	μ	−7.944	0.1317	0.004117	−8.193	−7.947	−7.673	−13988	−14154	165	−13823
	φ	0.9741	0.0049	3.924E−4	0.9644	0.9743	0.9834	—	—	—	—
BJYH	τ	4.15	0.5904	0.06039	3.126	4.074	5.585	—	—	—	—
	μ	−8.206	0.135	0.003531	−8.466	−8.207	−7.935	−13950	−14251	301	−13648
	φ	0.9618	0.0062	5.104E−4	0.949	0.962	0.9734	—	—	—	—
CSYH	τ	2.724	1.01	0.103	1.332	2.509	5.198	—	—	—	—
	μ	−7.666	0.5576	0.04421	−8.284	−7.769	−5.988	−2173.6	−2238.2	64.6	−2108.9
	φ	0.9386	0.0258	0.00223	0.8847	0.9404	0.9908	—	—	—	—

续表

银行	参数	均值	标准差	MCMC	CI	中位数	CI	DIC 值			
	node	mean	sd	MC error	2.5%	median	97.5%	Dbar	Dhat	PD	DIC
GDYH	τ	4.095	0.8848	0.09473	2.696	3.957	6.464	—	—	—	—
	μ	-8.841	0.1518	0.00461	-9.136	-8.842	-8.54	-11662	-11875	213	-11449
	φ	0.9607	0.0077	6.462E-4	0.9447	0.9614	0.9744	—	—	—	—
GSYH	τ	4.229	0.8052	0.08276	2.943	4.124	6.086	—	—	—	—
	μ	-8.061	1.701	0.1929	-9.089	-8.731	-3.075	-16694	-16895	200	-16494
	φ	0.9833	0.0079	8.49E-4	0.9722	0.9813	0.9997	—	—	—	—
GYYH	τ	11.48	6.638	0.7532	6.2	8.866	29.89	—	—	—	—
	μ	-5.683	0.557	0.04758	-6.743	-5.689	-4.599	-2558.5	-2567.1	8.61	-2549.9
	φ	0.9978	0.0018	1.105E-4	0.9941	0.9981	0.9998	—	—	—	—
HXYH	τ	11.39	1.919	0.208	8.239	11.23	15.46	—	—	—	—
	μ	-7.973	0.1455	0.005086	-8.267	-7.975	-7.691	-17841	-18032	191	-17649
	φ	0.9821	0.0037	3.217E-4	0.974	0.9825	0.9887	—	—	—	—

表5.3　　SV – MN 模型的参数估计

银行	参数 node	均值 mean	标准差 sd	MCMC MC error	CI 2.5%	中位数 median	CI 97.5%	DIC值 Dbar	DIC值 Dhat	DIC值 PD	DIC值 DIC
JYYH	τ	1.369	0.418	0.04084	0.8156	1.259	2.43	—	—	—	—
	μ	-7.666	0.2529	0.009765	-8.144	-7.674	-7.143	-2151	-2234	83.9	-2067
	φ	0.9029	0.0247	0.001752	0.8531	0.9036	0.9477	—	—	—	—
	d	-0.125	0.7981	0.009759	-1.705	-0.1363	1.449	—	—	—	—
JTYH	τ	9.851	4.21	0.4751	6.019	8.711	24.95	—	—	—	—
	μ	-8.19	1.1	0.1235	-8.838	-8.46	-4.192	-15101	-15245	144	-14958
	φ	0.982	0.0064	6.61E-4	0.9715	0.9715	0.9813	—	—	—	—
	d	-0.3845	0.6647	0.008668	-1.691	-0.3812	0.9373	—	—	—	—
JSYH	μ	-5.832	0.7004	0.05686	-7.695	-5.741	-4.693	-2835.0	-2857.6	22.5	-2812.5
	φ	0.9967	0.0046	4.197E-4	0.985	0.9977	0.9997	—	—	—	—
	τ	15.33	6.118	0.6612	6.15	14.21	29.72	—	—	—	—
	d	-0.3165	0.9556	0.01162	-2.147	-0.3238	1.569	—	—	—	—
HZYH	μ	-8.483	0.4241	0.03006	-8.982	-8.546	-7.601	-2384.0	-2454.7	70.7	-2313.3
	φ	0.9147	0.0316	0.00278	0.8477	0.9159	0.9742	—	—	—	—
	τ	2.175	0.7287	0.07298	1.12	2.038	3.807	—	—	—	—
	d	-0.5496	0.9173	0.0105	-2.355	-0.5302	1.257	—	—	—	—

续表

银行	参数	均值	标准差	MCMC	CI	中位数	CI	DIC 值			
	node	mean	sd	MC error	2.5%	median	97.5%	Dbar	Dhat	PD	DIC
MSYH	μ	-7.711	1.565	0.1778	-8.346	-8.146	-1.658	-22216	-22566	350	-21866
	φ	0.9639	0.0124	0.001358	0.9492	0.9609	0.9996	—	—	—	—
	τ	5.625	3.485	0.397	3.558	4.457	18.7	—	—	—	—
	d	-0.2752	0.5274	0.006002	-1.301	-0.2869	0.7937	—	—	—	—
NBYH	μ	-7.746	0.1234	0.006121	-7.976	-7.749	-7.489	-13139	-13286	147	-12992
	φ	0.9711	0.0068	6.37E-4	0.955	0.972	0.9821	—	—	—	—
	τ	10.18	2.268	0.2449	5.949	10.1	15.06	—	—	—	—
	d	-0.1158	0.6117	0.008698	-1.316	-0.1189	1.079	—	—	—	—
NJYH	μ	-8.029	0.1071	0.003481	-8.234	-8.234	-8.029	-13744	-14014	271	-13474
	φ	0.953	0.0086	7.894E-4	0.9344	0.9537	0.9679	—	—	—	—
	τ	4.503	0.7342	0.07687	3.101	4.49	5.914	—	—	—	—
	d	-0.3515	0.6207	0.008353	-1.547	-0.3553	0.9071	—	—	—	—
NYYH	μ	-9.263	0.4062	0.04004	-9.586	-9.307	-8.921	-12527	-12665	139	-12388
	φ	0.9612	0.0102	9.912E-4	0.9416	0.9612	0.9825	—	—	—	—
	τ	5.073	1.704	0.1888	3.081	4.752	11.19	—	—	—	—
	d	0.1603	0.8489	0.01226	-1.508	0.1672	1.803	—	—	—	—

续表

银行	参数 node	均值 mean	标准差 sd	MCMC MC error	CI 2.5%	中位数 median	CI 97.5%	DIC 值 Dbar	DIC 值 Dhat	DIC 值 PD	DIC 值 DIC
PAYH	μ	-7.975	0.0692	0.002122	-8.11	-7.976	-7.839	-33157	-33471	314	-32843
	φ	0.9417	0.0057	4.968E-4	0.9299	0.942	0.9522	—	—	—	—
	τ	2.698	0.2683	0.02729	2.215	2.704	3.247	—	—	—	—
	d	-0.259	0.3865	0.00483	-1.009	-0.2587	0.5104	—	—	—	—
PFYH	μ	-7.635	1.57	0.1787	-8.338	-8.106	-1.75	-23266	-23598	331	-22935
	φ	0.9749	0.0091	9.923E-4	0.9631	0.9728	0.997	—	—	—	—
	τ	8.251	5.057	0.5761	4.926	6.513	26.62	—	—	—	—
	d	-0.2847	0.5202	0.008351	-1.291	-0.2874	0.7403	—	—	—	—
SHYH	μ	-8.957	0.2064	0.01172	-9.338	-8.968	-8.51	-2467.4	-2545.1	77.8	-2389.6
	φ	0.8648	0.0403	0.003446	0.7736	0.8888	0.9338	—	—	—	—
	τ	1.796	0.6241	0.06286	0.9024	1.699	3.283	—	—	—	—
	d	-0.4363	0.9275	0.01316	-2.181	-0.4326	1.379	—	—	—	—
WXYH	μ	-7.252	0.6497	0.04947	-8.027	-7.411	-5.415	-2120.1	-2195.9	75.9	-2044.2
	φ	0.9565	0.0229	0.002036	0.9067	0.9573	0.9947	—	—	—	—
	τ	3.93	1.722	0.1796	1.752	3.47	8.132	—	—	—	—
	d	-0.0833	0.8261	0.01187	-1.719	-0.0917	1.552	—	—	—	—

续表

银行	参数 node	均值 mean	标准差 sd	MCMC MC error	CI 2.5%	中位数 median	CI 97.5%	DIC 值 Dbar	Dhat	PD	DIC
XYYH	μ	-7.825	0.2186	0.008813	-8.221	-7.836	-7.368	-14094	-14236	142	-13952
	φ	0.9851	0.0039	3.39E-4	0.9772	0.9852	0.9922	—	—	—	—
	τ	10.56	2.511	0.276	7.075	9.831	16.08	—	—	—	—
	d	-0.1441	0.5897	0.007282	-1.315	-0.14	0.9791	—	—	—	—
ZGYH	μ	-8.851	0.1632	0.008227	-9.148	-8.859	-8.525	-17529	-17779	249	-17279
	φ	0.9727	0.0052	4.456E-4	0.9636	0.9724	0.9849	—	—	—	—
	τ	5.985	1.371	0.1495	4.463	5.629	10.79	—	—	—	—
	d	-0.0180	0.7089	0.008762	-1.401	-0.0036	1.349	—	—	—	—
ZSYH	μ	-7.94	0.1397	0.005654	-8.2	-7.945	-7.654	-20056	-20191	135	-19921
	φ	0.9827	0.0089	9.799E-4	0.9701	0.9802	0.9998	—	—	—	—
	τ	15.96	6.316	0.7143	9.013	13.09	31.71	—	—	—	—
	d	0.279	0.5648	0.007803	-0.8395	0.2607	1.401	—	—	—	—
ZXYH	μ	-8.851	0.1317	0.004117	-8.193	-7.947	-7.673	-13890	-14026	136	-13754
	φ	0.9754	0.0047	3.753E-4	0.9658	0.9756	0.9841	—	—	—	—
	τ	9.366	1.635	0.1747	6.704	9.177	12.75	—	—	—	—
	d	-0.2517	0.6331	0.01038	-1.476	-0.259	1.014	—	—	—	—

续表

银行	参数	均值	标准差	MCMC	CI	中位数	CI	DIC 值			
	node	mean	sd	MC error	2.5%	median	97.5%	Dbar	Dhat	PD	DIC
BJYH	μ	-8.186	0.1404	0.004877	-8.45	-8.189	-7.898	-13912	-14200	288	-13625
	φ	0.9646	0.0066	5.664E-4	0.951	0.965	0.976	—	—	—	—
	τ	4.621	0.7976	0.08353	3.099	4.591	6.31	—	—	—	—
	d	-0.548	0.6379	0.00823	-1.786	-0.549	0.7204	—	—	—	—
CSYH	μ	-7.277	0.8751	0.08259	-8.196	-7.579	-4.844	-2094.4	-2125.2	30.7	-2063.7
	φ	0.9571	0.0246	0.00235	0.9102	0.9554	0.9976	—	—	—	—
	τ	4.445	2.505	0.2733	1.847	3.428	10.51	—	—	—	—
	d	-0.055	0.8708	0.01162	-1.775	-0.052	1.652	—	—	—	—
GDYH	μ	-8.841	0.1518	0.00461	-9.136	-8.842	-8.54	-11662	-11875	213	-11449
	φ	0.9607	0.0077	6.462E-4	0.9447	0.9614	0.9744	—	—	—	—
	τ	4.229	0.8052	0.0828	2.943	4.124	6.086	—	—	—	—
	d	3.86E-5	0.7708	0.0107	-1.466	-0.0012	1.522	—	—	—	—
GSYH	μ	-8.061	1.701	0.1929	-9.089	-8.731	-3.075	-16695	-16895	200	-16494
	φ	0.9833	0.0079	8.49E-4	0.9722	0.9813	0.9997	—	—	—	—
	τ	11.48	6.638	0.7532	6.2	8.866	29.89	—	—	—	—
	d	0.2372	0.7161	0.00978	-1.174	0.2371	1.631	—	—	—	—

第5章 基于 Copula-SV 类的中国商业银行集成风险量化实证研究

续表

银行	参数	均值	标准差	MCMC	CI	中位数	CI	DIC值			
	node	mean	sd	MC error	2.5%	median	97.5%	Dbar	Dhat	PD	DIC
GYYH	μ	-5.682	0.567	0.039	-6.802	-5.687	-4.557	-2561.0	-2581.8	20.8	-2540.2
	φ	0.9973	0.0019	9.673E-5	0.9927	0.9976	0.9997	—	—	—	—
	τ	19.44	5.059	0.4993	10.15	19.01	30.26	—	—	—	—
	d	-0.0071	0.9435	0.0117	-1.886	0.0045	1.812	—	—	—	—
HXYH	μ	-7.973	0.1455	0.005086	-8.267	-7.975	-7.691	-17840	-18051	211	-17629
	φ	0.9821	0.0037	3.217E-4	0.974	0.9825	0.9887	—	—	—	—
	τ	10.11	1.562	0.1647	8.012	9.87	15.18	—	—	—	—
	d	0.0159	0.5565	0.007154	-1.084	0.0263	1.093	—	—	—	—

表 5.4　SV - MT 模型的参数估计

银行	参数 node	均值 mean	标准差 sd	MCMC MC error	CI 2.5%	中位数 median	CI 97.5%	DIC 值 Dbar	Dhat	PD	DIC
JYYH	τ	13.76	7.864	0.8535	1.172	13.84	29.31	—	—	—	—
	μ	-7.047	1.867	0.2062	-10.64	-6.82	-4.185	-2163	-2259	95.7	-2067
	φ	0.9747	0.0302	0.001752	0.8531	0.9036	0.9477	—	—	—	—
	d	-0.1065	0.9954	0.02168	-1.999	-0.0915	1.725	—	—	—	—
	ω	4.578	4.533	0.474	0.7334	3.58	17.19	—	—	—	—
JTYH	μ	-8.738	0.2772	0.0233	-9.31	-8.729	-8.197	-14922	-14940	18.1	-14904
	φ	0.9936	0.0032	3.15E-4	0.9865	0.9945	0.9979	—	—	—	—
	d	-0.4139	0.8021	0.01278	-2.001	-0.408	1.155	—	—	—	—
	τ	36.84	14.75	1.667	15.65	38.14	61.4	—	—	—	—
	ω	5.305	1.509	0.1662	3.886	4.705	9.28	—	—	—	—
JSYH	μ	-5.804	0.5603	0.04567	-6.881	-5.802	-4.71	-2801.5	-2817.9	16.4	-2785.1
	φ	0.998	0.0014	7.246E-5	0.9945	0.9983	0.9998	—	—	—	—
	τ	21.73	8.84	0.9339	9.022	20.43	45.17	—	—	—	—
	d	-0.3423	0.9756	0.01303	-2.267	-0.3414	1.578	—	—	—	—
	ω	15.1	4.713	0.3669	7.91	14.42	26.32	—	—	—	—
HZYH	μ	-6.795	0.7129	0.07079	-8.355	-6.774	-5.468	-2284.6	-2289.7	5.17	-2279.4
	φ	0.9964	0.0038	3.03E-4	0.9845	0.9974	0.9997	—	—	—	—
	τ	26.59	12.37	1.339	8.719	24.41	52.93	—	—	—	—
	d	-0.3487	0.9631	0.0126	-2.243	-0.3555	1.544	—	—	—	—
	ω	4.545	1.257	0.1167	2.959	4.28	7.966	—	—	—	—

续表

银行	参数	均值	标准差	MCMC	CI	中位数	CI	DIC 值			
	node	mean	sd	MC error	2.5%	median	97.5%	Dbar	Dhat	PD	DIC
MSYH	μ	-8.492	0.1844	0.0117	-8.843	-8.495	-8.495	-21818	-21872	54.5	-21763
	φ	0.9928	0.0019	1.56E-4	0.9888	0.9929	0.9963	—	—	—	—
	τ	35.27	7.719	0.8598	22.3	35.27	49.86	—	—	—	—
	d	0.0325	0.7264	0.01287	-1.423	0.0362	1.476	—	—	—	—
	ω	4.308	0.2894	0.02407	3.832	4.28	4.941	—	—	—	—
NBYH	μ	-7.8	0.2851	0.02801	-8.241	-7.857	-7.149	-12901	-12908	6.64	-12895
	φ	0.9949	0.0031	3.096E-4	0.9871	0.9956	0.9989	—	—	—	—
	τ	84.04	27.81	3.129	32.07	87.89	135.7	—	—	—	—
	d	-0.2074	0.7489	0.01248	-1.646	-0.2175	1.277	—	—	—	—
	ω	5.346	0.5281	0.04457	4.538	5.265	6.647	—	—	—	—
NJYH	μ	-7.965	0.2799	0.02442	-8.414	-7.999	-7.309	-13424	-13441	16.5	-13408
	φ	0.9954	0.0018	1.305E-4	0.9914	0.9955	0.9985	—	—	—	—
	τ	63.62	12.66	1.388	38.6	65.64	84.19	—	—	—	—
	d	-0.0174	0.7705	0.01193	-1.532	-0.0189	1.493	—	—	—	—
	ω	4.921	0.5815	0.05593	4.055	4.81	6.387	—	—	—	—
NYYH	μ	-9.149	0.5782	0.06301	-9.979	-9.322	-7.919	-12348	-12377	27.8	-12321
	φ	0.9879	0.00471	4.464E-4	0.9748	0.9888	0.9945	—	—	—	—
	τ	38.15	23.26	2.633	17.45	27.15	97.2	—	—	—	—
	d	0.1237	0.8981	0.01278	-1.693	0.1362	1.89	—	—	—	—
	ω	11.92	9.009	1.006	4.441	7.029	34.64	—	—	—	—

续表

银行	参数	均值	标准差	MCMC	CI	中位数	CI	DIC 值			
	node	mean	sd	MC error	2.5%	median	97.5%	Dbar	Dhat	PD	DIC
PAYH	μ	−8.441	0.129	0.004273	−8.7	−8.439	−8.19	−32120	−32202	82.2	−32038
	φ	0.9899	0.0018	1.427E−4	0.9861	0.942	0.9522	—	—	—	—
	τ	24.27	3.834	0.4244	18.31	23.76	31.38	—	—	—	—
	d	−0.6658	0.6157	0.01308	−1.885	−0.6638	0.544	—	—	—	—
	ω	3.745	0.164	0.01183	3.443	3.737	4.084	—	—	—	—
PFYH	μ	−7.603	0.9425	0.1067	−8.725	−7.982	−5.552	−22766	−22792	25.8	−22740
	φ	0.9855	0.0143	0.00162	0.9532	0.9924	0.9978	—	—	—	—
	τ	8.251	5.057	0.5761	4.926	6.513	26.62	—	—	—	—
	d	−0.1305	0.5497	0.01247	−1.296	−0.1172	0.9489	—	—	—	—
	ω	21.15	19.87	2.249	4.85	9.968	64.72	—	—	—	—
SHYH	μ	−8.015	0.9725	0.1034	−9.405	−7.942	−6.042	−2354.9	−2361.9	6.97	−2347.9
	φ	0.9881	0.0144	0.001443	0.9489	0.9949	0.9995	—	—	—	—
	τ	35.42	18.23	1.984	11.77	31.26	76.06	—	—	—	—
	d	−0.1336	0.9862	0.01405	−2.097	−0.1344	1.793	—	—	—	—
	ω	4.548	0.9839	0.07899	3.042	4.402	6.838	—	—	—	—
WXYH	μ	−5.556	0.8102	0.0751	−7.347	−5.425	−4.176	−2036.9	−2051.4	14.6	−2022.3
	φ	0.9939	0.0089	8.296E−4	0.9653	0.9968	0.9997	—	—	—	—
	τ	16.68	7.052	0.7486	4.809	15.88	31.71	—	—	—	—
	d	−0.0805	0.8831	0.01319	−1.78	−0.0970	1.637	—	—	—	—
	ω	9.885	4.912	0.4878	4.645	8.144	23.25	—	—	—	—

续表

银行	参数 node	均值 mean	标准差 sd	MCMC MC error	CI 2.5%	中位数 median	CI 97.5%	Dbar	Dhat	PD	DIC
XYYH	μ	-7.559	0.3923	0.03829	-8.165	-7.6	-6.7	-13966	-13983	16.8	-13949
	φ	0.9977	0.001162	7.917E-5	0.9951	0.9978	0.9995	—	—	—	—
	τ	61.29	16.1	1.799	36.85	58.95	94.93	—	—	—	—
	d	-0.2176	0.7447	0.01215	-1.668	-0.2135	1.261	—	—	—	—
	ω	4.806	0.408	0.03356	4.115	4.763	5.753	—	—	—	—
ZGYH	μ	-9.119	0.2239	0.01347	-9.573	-9.117	-8.684	-17199	-17248	49.1	-17149
	φ	0.9907	0.003861	3.848E-4	0.9814	0.9914	0.9961	—	—	—	—
	τ	22.0	7.283	0.8197	9.387	21.49	34.73	—	—	—	—
	d	-0.1687	0.8289	0.01378	-1.775	-0.1675	1.465	—	—	—	—
	ω	5.48	0.8616	0.08922	4.424	5.319	8.128	—	—	—	—
ZSYH	μ	-8.454	0.1949	0.01541	-8.838	-8.456	-8.075	-19867	-19883	16.7	-19851
	φ	0.995	0.0013	6.509E-5	0.9923	0.995	0.9974	—	—	—	—
	τ	69.96	7.895	0.818	55.78	68.63	87.27	—	—	—	—
	d	-0.1907	0.7163	0.01361	-1.613	-0.1901	1.218	—	—	—	—
	ω	5.438	0.598	0.05805	4.397	5.422	6.619	—	—	—	—
ZXYH	μ	-4.288	1.594	0.1818	-6.682	-4.38	-1.575	-12211	-12213	2.82	-12209
	φ	0.9775	0.0104	0.001126	0.9544	0.9803	0.9916	—	—	—	—
	τ	116.6	21.87	2.352	81.5	115.2	165.8	—	—	—	—
	d	-0.0371	0.2443	0.005989	-0.6368	-0.0136	0.4533	—	—	—	—
	ω	48.07	8.456	0.7032	33.59	47.23	66.07	—	—	—	—

续表

银行	参数	均值	标准差	MCMC	CI	中位数	CI	DIC 值			
	node	mean	sd	MC error	2.5%	median	97.5%	Dbar	Dhat	PD	DIC
BJYH	μ	-4.625	1.789	0.2041	-7.591	-4.643	-2.126	-13053	-13069	16.3	-13037
	φ	0.8947	0.0572	0.00641	0.7562	0.8976	0.9854	—	—	—	—
	τ	131.1	61.19	6.881	44.14	128.8	270.3	—	—	—	—
	d	-0.0919	0.3329	0.01205	-0.9681	-0.0334	0.5114	—	—	—	—
	ω	40.78	11.23	1.161	15.14	42.19	60.49	—	—	—	—
CSYH	μ	-6.089	1.021	0.1016	-8.084	-5.926	-4.424	-2119.7	-2138.4	18.7	-2100.9
	φ	0.9787	0.0298	0.00321	0.8944	0.9935	0.9993	—	—	—	—
	τ	12.55	8.41	0.92	3.408	10.99	33.55	—	—	—	—
	d	-0.1429	0.8863	0.01337	-1.919	-0.13	1.617	—	—	—	—
	ω	11.32	6.065	0.6223	4.708	9.405	27.64	—	—	—	—
GDYH	μ	-3.265	3.572	0.4074	-8.937	-2.616	-2.001	-11359	-11408	49.1	-11309
	φ	0.9234	0.0393	0.00433	0.8419	0.9208	0.9882	—	—	—	—
	τ	62.37	35.43	3.986	13.46	65.15	152.3	—	—	—	—
	d	-0.0337	0.4112	0.008494	-1.099	-0.0016	0.8619	—	—	—	—
	ω	36.0	12.01	1.246	7.827	37.56	56.45	—	—	—	—
GSYH	μ	-3.888	2.597	0.2961	-8.344	-2.961	-0.626	-16297	-16345	47.7	-16249
	φ	0.9543	0.02925	0.00327	0.8902	0.9621	0.9903	—	—	—	—
	τ	99.62	59.23	6.709	27.07	95.44	227.9	—	—	—	—
	d	0.0584	0.3495	0.01103	-0.6224	0.0064	1.03	—	—	—	—
	ω	44.64	8.287	0.7324	28.26	44.13	62.73	—	—	—	—

第5章 基于 Copula-SV 类的中国商业银行集成风险量化实证研究

续表

银行	参数	均值	标准差	MCMC	CI	中位数	CI	DIC 值			
	node	mean	sd	MC error	2.5%	median	97.5%	Dbar	Dhat	PD	DIC
GYYH	μ	-6.248	0.4215	0.04219	-6.961	-6.313	-5.191	-2557.9	-2563.1	3.14	-2556.2
	φ	0.996	0.00492	4.487E-4	0.9808	0.9977	0.9997	—	—	—	—
	τ	97.74	65.8	7.246	21.31	83.61	245.6	—	—	—	—
	d	-0.0434	0.9161	0.01389	-1.817	-0.050	1.751	—	—	—	—
	ω	19.25	8.404	0.8186	6.513	19.45	37.08	—	—	—	—
HXYH	μ	-8.598	0.3154	0.02821	-9.315	-8.574	-8.048	-17604	-17626	22.2	-17582
	φ	0.9956	0.00157	1.174E-4	0.9922	0.9957	0.9984	—	—	—	—
	τ	48.4	7.457	0.8079	31.9	48.77	62.71	—	—	—	—
	d	0.2533	0.7007	0.01225	-1.151	0.261	1.604	—	—	—	—
	ω	4.911	0.4521	0.04139	4.136	4.878	5.845	—	—	—	—

表 5.5　SV-T 模型的参数估计

银行	参数 node	均值 mean	标准差 sd	MCMC MC error	CI 2.5%	中位数 median	CI 97.5%	DIC 值 Dbar	DIC 值 Dhat	DIC 值 PD	DIC 值 DIC
JYYH	μ	-8.144	1.711	0.1762	-11.79	-7.793	-4.915	-2074	-2133	86.9	-2031
	φ	0.9395	0.04764	0.004496	0.846	0.9411	0.9988	—	—	—	—
	τ	36.85	60.87	6.134	0.8622	3.723	216.3	—	—	—	—
	ω	8.054	7.008	0.6733	0.5156	6.879	24.2	—	—	—	—
JTYH	μ	-5.577	2.905	0.4566	-8.935	-6.935	-0.8108	-14763	-14857	25.5	-14841
	φ	0.9729	0.02404	0.003729	0.9261	0.9808	0.9966	—	—	—	—
	τ	75.07	50.39	7.867	29.36	55.29	199.7	—	—	—	—
	ω	33.49	17.82	2.736	5.185	39.33	59.03	—	—	—	—
JSYH	μ	-5.787	0.5949	0.03433	-6.948	-5.786	-4.619	-2793.5	-2811.7	18.2	-2775.3
	φ	0.9978	0.0017	7.302E-5	0.9938	0.9982	0.9998	—	—	—	—
	τ	20.51	9.734	0.8783	9.323	18.14	46.03	—	—	—	—
	ω	16.23	5.928	0.4365	7.822	15.22	30.59	—	—	—	—
HZYH	μ	-6.668	0.6286	0.07778	-8.003	-6.606	-5.566	-2281.4	-2285.2	4.36	-2276.1
	φ	0.9968	0.00274	2.74E-4	0.99	0.9974	0.9996	—	—	—	—
	τ	23.09	9.861	1.493	11.5	21.12	52.2	—	—	—	—
	ω	4.77	1.129	0.159	3.05	4.605	7.507	—	—	—	—

第5章 基于 Copula-SV 类的中国商业银行集成风险量化实证研究

续表

银行	参数 node	均值 mean	标准差 sd	MCMC MC error	CI 2.5%	中位数 median	CI 97.5%	Dbar	Dhat	PD	DIC
MSYH	μ	—	—	—	—	—	—	—	—	—	—
	φ	—	—	—	—	—	—	—	—	—	—
	τ	—	—	—	—	—	—	—	—	—	—
	ω	—	—	—	—	—	—	—	—	—	—
NBYH	μ	-7.837	0.198	0.02402	-8.188	-7.848	-7.428	-11863	-11927	5.42	-12107
	φ	0.9912	0.002937	4.739E-4	0.985	0.9915	0.9961	—	—	—	—
	τ	0.1618	0.0216	0.004292	0.1284	0.1605	0.2007	—	—	—	—
	ω	7.554	1.931	0.3819	5.237	7.227	12.41	—	—	—	—
NJYH	μ	-7.869	0.3546	0.04019	-8.435	-7.924	-7.924	-12784	-13013	14.2	-13129
	φ	0.9965	0.00169	1.6E-4	0.993	0.9966	0.9992	—	—	—	—
	τ	0.1142	0.00998	0.001257	0.09658	0.1123	0.1355	—	—	—	—
	ω	4.491	0.4995	0.06032	3.787	4.411	5.899	—	—	—	—
NYYH	μ	-9.664	0.2478	0.01242	-10.16	-9.664	-9.181	-12146	-12263	26.2	-12274
	φ	0.9903	0.00342	2.622E-4	0.9827	0.9907	0.996	—	—	—	—
	τ	0.1997	0.03192	0.003336	0.1472	0.1973	0.2722	—	—	—	—
	ω	4.949	0.8721	0.08143	3.839	4.786	6.971	—	—	—	—

续表

银行	参数		均值	标准差	MCMC	CI	中位数	CI	DIC 值			
	node		mean	sd	MC error	2.5%	median	97.5%	Dbar	Dhat	PD	DIC
PAYH	μ		-8.407	0.1319	0.004437	-8.673	-8.402	-8.156	-32253	-32515	262	-31991
	φ		0.9896	0.001933	1.359E-4	0.9857	0.9896	0.9931	—	—	—	—
	τ		23.44	3.94	0.378	17.43	22.71	31.93	—	—	—	—
	ω		3.899	0.2077	0.01517	3.506	3.894	4.322	—	—	—	—
PFYH	μ		—	—	—	—	—	—	—	—	—	—
	φ		—	—	—	—	—	—	—	—	—	—
	τ		—	—	—	—	—	—	—	—	—	—
	ω		—	—	—	—	—	—	—	—	—	—
SHYH	μ		—	—	—	—	—	—	—	—	—	—
	φ		—	—	—	—	—	—	—	—	—	—
	τ		—	—	—	—	—	—	—	—	—	—
	ω		—	—	—	—	—	—	—	—	—	—
WXYH	μ		-5.302	0.9423	0.07534	-7.053	-5.357	-3.017	-2036.9	-2051.4	14.6	-2022.3
	φ		0.9882	0.026	0.002534	0.895	0.9964	0.9996	—	—	—	—
	τ		0.2516	0.0849	0.008283	0.07665	0.2592	0.4096	—	—	—	—
	ω		10.7	7.912	0.7736	4.042	7.657	33.32	—	—	—	—

续表

银行	参数 node	均值 mean	标准差 sd	MCMC MC error	CI 2.5%	中位数 median	CI 97.5%	Dbar	Dhat	PD	DIC
XYYH	μ	—	—	—	—	—	—	—	—	—	—
	φ	—	—	—	—	—	—	—	—	—	—
	τ	—	—	—	—	—	—	—	—	—	—
	ω	-5.815	4.563	0.4695	-9.554	-8.693	4.71	-17155	-17231	76.3	-17079
ZGYH	μ	0.9699	0.033	0.003339	0.8875	0.9916	0.9969	—	—	—	—
	φ	96.43	83.59	8.487	22.61	46.66	299.0	—	—	—	—
	τ	24.8	22.02	2.23	4.194	6.785	62.38	—	—	—	—
	ω	-8.279	0.8971	0.09121	-8.888	-8.421	-6.306	-19867	-19883	16.7	-19851
ZSYH	μ	0.9914	0.02523	0.002597	0.8695	0.9964	0.9986	—	—	—	—
	φ	104.4	29.81	2.97	29.65	104.8	158.9	—	—	—	—
	τ	7.364	8.876	0.9138	4.254	5.231	42.95	—	—	—	—
	ω	-6.868	1.673	0.2121	-8.443	-7.565	-2.63	-12211	-12213	2.82	-12209
ZXYH	μ	0.9913	0.00422	4.625E-4	0.9821	0.9915	0.9984	—	—	—	—
	φ	0.1403	0.0504	0.00635	0.0702	0.129	0.2202	—	—	—	—
	τ	23.73	19.6	2.452	5.001	11.14	61.22	—	—	—	—

续表

银行	参数 node	均值 mean	标准差 sd	MCMC MC error	CI 2.5%	中位数 median	CI 97.5%	Dbar	Dhat	DIC值 PD	DIC
BJYH	μ	-7.721	0.4527	0.03726	-8.495	-7.771	-6.701	-13508	-13540	32.3	-13476
	φ	0.998	0.00149	1.224E-4	0.9947	0.9983	0.9997	—	—	—	—
	τ	0.1136	0.01541	0.00149	0.0897	0.112	0.1461	—	—	—	—
	ω	4.25	0.7498	0.07155	3.518	4.122	6.223	—	—	—	—
CSYH	μ	-7.938	0.3543	0.0188	-8.442	-7.976	-7.207	-2136.9	-2204.5	67.6	-2069.3
	φ	0.9112	0.03128	0.002764	0.8451	0.9144	0.9664	—	—	—	—
	τ	1.803	0.5945	0.06183	0.9254	1.715	3.156	—	—	—	—
	ω	15.01	6.158	0.642	6.476	13.76	29.88	—	—	—	—
GDYH	μ	-3.871	0.2713	0.08847	-4.349	-3.854	-3.402	-10328	-10481	47.7	-10288
	φ	0.9142	0.00911	0.001799	0.8977	0.9123	0.933	—	—	—	—
	τ	58.66	7.07	2.06	43.67	59.85	70.99	—	—	—	—
	ω	40.64	3.882	1.106	33.79	40.93	47.34	—	—	—	—
GSYH	μ	-6.36	2.024	0.375	-8.821	-6.937	-2.849	—	—	—	—
	φ	0.9552	0.03203	0.00583	0.8906	0.9471	0.995	—	—	—	—
	τ	50.65	17.16	3.124	31.37	42.38	87.13	—	—	—	—
	ω	35.35	13.35	2.412	9.817	39.48	56.79	—	—	—	—

续表

银行	参数	均值	标准差	MCMC	CI	中位数	CI	DIC 值			
	node	mean	sd	MC error	2.5%	median	97.5%	Dbar	Dhat	PD	DIC
GYYH	μ	-5.787	0.4974	0.05671	-6.742	-5.795	-4.815	-2554.6	-2557.1	2.46	-2552.2
	φ	0.9982	0.001258	7.261E-4	0.9849	0.9984	0.9998	—	—	—	—
	τ	33.0	12.18	1.572	17.18	30.62	69.34	—	—	—	—
	ω	14.5	4.166	0.4312	8.229	13.81	24.87	—	—	—	—
HXYH	μ	—	—	—	—	—	—	—	—	—	—
	φ	—	—	—	—	—	—	—	—	—	—
	τ	—	—	—	—	—	—	—	—	—	—
	ω	—	—	—	—	—	—	—	—	—	—

表5.6 ASV模型的参数估计

银行	参数	均值	标准差	MCMC	CI	中位数	CI	\multicolumn{4}{c	}{DIC 值}
	node	mean	sd	MC error	2.5%	median	97.5%	Dbar	Dhat	PD	DIC
JYYH	μ	-7.557	0.2557	0.0116	-8.038	-7.565	-7.025	-2189.8	-2302.3	112	-2077
	φ	0.9106	0.031	0.002831	0.8442	0.9114	0.964	—	—	—	—
	τ	1.83	0.8648	0.09293	0.7891	1.626	4.335	—	—	—	—
	ρ	0.2037	0.1035	0.00788	-0.0061	0.2066	0.3974	—	—	—	—
JTYH	μ	-8.448	0.1827	0.00411	-8.809	-8.446	-8.077	-15246	-15459	213	-15033
	φ	0.9811	0.00658	6.79E-4	0.9642	0.9825	0.9891	—	—	—	—
	τ	9.372	2.171	0.2387	3.953	9.52	13.16	—	—	—	—
	ρ	0.0920	0.0605	0.00536	-0.0295	0.09209	0.2108	—	—	—	—
JSYH	μ	-8.062	1.832	0.209	-8.968	-8.624	-1.094	-15203	-15352	149	-15053
	φ	0.9576	0.0558	0.00633	0.7727	0.9775	0.9858	—	—	—	—
	τ	7.735	2.796	0.3137	0.3094	8.149	11.85	—	—	—	—
	ρ	-0.0913	0.2944	0.0334	-0.9905	8.27E-4	0.1128	—	—	—	—
HZYH	μ	-8.419	0.2737	0.01018	-8.922	-8.435	-7.828	-2407.3	-2488.5	81.2	-2326.2
	φ	0.9312	0.02311	0.001917	0.8819	0.9326	0.9712	—	—	—	—
	τ	2.573	0.8327	0.08019	1.387	2.432	4.504	—	—	—	—
	ρ	0.3174	0.1047	0.00788	0.1091	0.3176	0.5212	—	—	—	—

第 5 章　基于 Copula-SV 类的中国商业银行集成风险量化实证研究

续表

银行	参数 node	均值 mean	标准差 sd	MCMC MC error	CI 2.5%	中位数 median	CI 97.5%	DIC 值 Dbar	Dhat	PD	DIC
MSYH	μ	-7.132	2.359	0.2696	-8.329	-8.124	-0.2713	-22288	-22652	363	-21925
	φ	0.932	0.06028	0.00683	0.7388	0.9589	0.9709	—	—	—	—
	τ	4.243	0.7447	0.08024	2.72	4.274	5.617	—	—	—	—
	ρ	-0.1049	0.3454	0.03935	-0.9652	0.0349	0.1237	—	—	—	—
NBYH	μ	-7.203	1.578	0.1802	-8.009	-7.78	-1.869	-5184.5	-5185.7	1.19	-5183.4
	φ	0.9496	0.03213	0.0036	0.8509	0.9613	0.9754	—	—	—	—
	τ	7.437	2.557	0.2845	2.251	7.169	13.88	—	—	—	—
	ρ	-0.1745	0.2619	0.02963	-0.9587	-0.09224	0.05753	—	—	—	—
NJYH	μ	-23.1	0.4822	0.05273	-23.76	-23.25	-22.12	-14363	-15267	904	-13459
	φ	0.9651	0.00803	7.74E-4	0.9488	0.9654	0.9795	—	—	—	—
	τ	3.191	0.4678	0.04961	2.387	3.162	4.172	—	—	—	—
	ρ	1141	245.3	27.89	689.2	1234	1459	—	—	—	—
NYYH	μ	-9.266	0.1487	0.00415	-9.559	-9.265	-8.969	-12438	-12608	170	-12268
	φ	0.9657	0.00747	6.63E-4	0.949	0.9666	0.9777	—	—	—	—
	τ	5.774	1.034	0.1091	3.68	5.812	7.607	—	—	—	—
	ρ	0.1257	0.05797	0.004769	0.002997	0.1272	0.2365	—	—	—	—

续表

银行	参数 node	均值 mean	标准差 sd	MCMC MC error	CI 2.5%	中位数 median	CI 97.5%	DIC 值 Dbar	Dhat	PD	DIC
PAYH	μ	-7.962	0.06748	0.00217	-8.092	-7.962	-7.829	-33249	-34072	823	-32426
	φ	0.9408	0.00546	4.64E-4	0.9302	0.9407	0.9517	—	—	—	—
	τ	2.688	0.2471	0.02515	2.29	2.656	3.243	—	—	—	—
	ρ	0.0707	0.02651	0.00162	0.0177	0.0707	0.1221	—	—	—	—
PFYH	μ	-8.125	0.1066	0.00256	-8.333	-8.128	-7.914	-23225	-23544	319	-22906
	φ	0.9703	0.00462	4.12E-4	0.9606	0.9707	0.9786	—	—	—	—
	τ	6.157	0.8538	0.09062	4.616	6.139	8.029	—	—	—	—
	ρ	0.0474	0.0437	0.00367	-0.03596	0.04952	0.1278	—	—	—	—
SHYH	μ	-7.16	2.044	0.2329	-9.217	-8.283	-2.479	-2474	-2545	71.1	-2403
	φ	0.9135	0.05091	0.005289	0.7711	0.9243	0.9746	—	—	—	—
	τ	28.12	34.05	3.772	1.483	4.242	112.2	—	—	—	—
	ρ	0.153	0.2956	0.02757	-0.6096	0.1976	0.651	—	—	—	—
WXYH	μ	2.487	0.0812	0.00921	2.329	2.507	2.603	-14099	-14238	139	-13960
	φ	0.9134	0.0067	6.97E-4	0.8979	0.9149	0.9258	—	—	—	—
	τ	0.9043	0.5546	0.06006	0.1441	0.8425	2.161	—	—	—	—
	ρ	-0.9997	2.75E-4	2.897E-5	-0.9999	-0.9998	-0.9988	—	—	—	—

续表

银行	参数 node	均值 mean	标准差 sd	MCMC MC error	CI 2.5%	中位数 median	CI 97.5%	Dbar	Dhat	DIC值 PD	DIC
XYYH	μ	-3.752	0.00843	7.2E-4	-3.768	-3.751	-3.736	-4993.8	-4999.0	5.19	-4988.6
	φ	0.5296	0.02751	0.00126	0.472	0.5303	0.5817	—	—	—	—
	τ	66.89	4.159	0.2689	59.37	66.69	75.87	—	—	—	—
	ρ	-6.9E-6	3.4E-4	4.36E-6	-6.69E-4	-4.56E-6	6.6E-4	—	—	—	—
ZGYH	μ	-8.841	0.1512	0.00479	-9.143	-8.842	-8.537	-17440	-17624	184	-17256
	φ	0.9738	0.00517	4.57E-4	0.9626	0.974	0.983	—	—	—	—
	τ	6.291	1.092	0.1167	4.624	6.086	8.674	—	—	—	—
	ρ	0.0761	0.0536	0.004422	-0.03267	0.07844	0.177	—	—	—	—
ZSYH	μ	-8.047	0.1079	0.003151	-8.259	-8.047	-7.831	-20123	-20274	151	-19973
	φ	0.9765	0.0039	3.292E-4	0.9685	0.9766	0.9839	—	—	—	—
	τ	11.79	1.783	0.1926	8.415	11.83	15.23	—	—	—	—
	ρ	-0.0128	0.0527	0.00469	-0.1161	-0.012	0.0891	—	—	—	—
ZXYH	μ	-6.147	2.482	0.2833	-8.183	-7.607	-0.5326	-13951	-14102	151	-13801
	φ	0.9589	0.0302	0.00339	0.8979	0.9735	0.9906	—	—	—	—
	τ	26.67	11.77	1.319	7.941	29.57	46.45	—	—	—	—
	ρ	0.0876	0.1682	0.01439	-0.2909	0.09515	0.485	—	—	—	—

续表

银行	参数 node	均值 mean	标准差 sd	MCMC MC error	CI 2.5%	中位数 median	CI 97.5%	DIC 值 Dbar	Dhat	PD	DIC
BJYH	μ	-8.236	0.1419	0.003862	-8.513	-8.237	-7.951	-13897	-14152	255	-13642
	φ	0.9646	0.00617	5.089E-4	0.9517	0.9647	0.9757	—	—	—	—
	τ	4.455	0.6741	0.06913	3.267	4.376	5.844	—	—	—	—
	ρ	0.0205	0.05472	0.004455	-0.0798	0.01968	0.1321	—	—	—	—
CSYH	μ	-7.587	0.3598	0.02687	-8.216	-7.61	-6.901	-2172.5	-2255.2	82.7	-2089.7
	φ	0.954	0.01931	0.001764	0.9096	0.9575	0.9828	—	—	—	—
	τ	8.548	8.4	0.9411	1.87	4.715	29.73	—	—	—	—
	ρ	0.3216	0.1866	0.01926	0.02374	0.2856	0.7203	—	—	—	—
GDYH	μ	0.8592	0.415	0.04724	-0.0270	0.967	1.471	-2634	-2706	71.7	-2562
	φ	0.9325	0.01738	0.001944	0.9088	0.925	0.9633	—	—	—	—
	τ	1.281	1.417	0.1498	0.1783	0.7044	5.292	—	—	—	—
	ρ	-0.9975	0.00312	3.34E-4	-0.9998	-0.9991	-0.9891	—	—	—	—
GSYH	μ	-2.888	3.819	0.4355	-8.58	-2.282	-2.079	-16543	-16719	176	-16366
	φ	0.9562	0.01873	0.00207	0.9224	0.9539	0.9915	—	—	—	—
	τ	14.56	11.17	1.262	2.892	8.213	34.69	—	—	—	—
	ρ	-0.5657	0.4827	0.05472	-0.9915	-0.8982	0.3062	—	—	—	—

续表

银行	参数	均值	标准差	MCMC	CI	中位数	CI	DIC 值			
	node	mean	sd	MC error	2.5%	median	97.5%	Dbar	Dhat	PD	DIC
GYYH	μ	−8.254	0.4103	0.01445	−8.774	−8.288	−7.581	−2726.3	−2912.1	186	−2540.6
	φ	0.9832	0.00576	3.342E−4	0.9708	0.9836	0.9935	—	—	—	—
	τ	25.43	7.506	0.788	11.33	24.89	43.27	—	—	—	—
	ρ	0.5792	0.1532	0.0162	0.1442	0.6162	0.7726	—	—	—	—
HXYH	μ	−7.949	0.1454	0.00315	−8.231	−7.95	−7.659	−17875	−18090	215	−17659
	φ	0.9815	0.00322	2.42E−4	0.9748	0.9817	0.9817	—	—	—	—
	τ	10.64	1.31	0.1355	8.153	10.63	13.35	—	—	—	—
	ρ	0.0888	0.05669	0.005143	−0.0244	0.09109	0.195	—	—	—	—

表 5.7　ASV-N 模型的参数估计

银行	参数	均值	标准差	MCMC	CI	中位数	CI	\multicolumn{3}{c}{DIC 值}
	node	mean	sd	MC error	2.5%	median	97.5%	Dbar	Dhat	PD	DIC
JYYH	μ	-14.6	1.283	0.145	-17.56	-14.15	-13.08	-2282	-2480	198	-2083
	φ	0.856	0.0294	0.00219	0.7981	0.856	0.9134	—	—	—	—
	τ	0.786	0.1903	0.01778	0.4881	0.759	1.233	—	—	—	—
	ρ	27.06	21.97	2.506	10.17	16.82	87.79	—	—	—	—
JTYH	μ	-24.5	0.2825	0.02279	-25.06	-24.54	-23.96	-15912	-16801	889	-15023
	φ	0.980	0.0040	2.72E-4	0.9716	0.98	0.987	—	—	—	—
	τ	4.046	0.4285	0.04151	3.275	4.026	4.942	—	—	—	—
	ρ	1917	176	19.75	1588	1941	2211	—	—	—	—
JSYH	μ	-22.3	1.558	0.1558	-24.36	-22.52	-19.03	-15840	-16708	868	-14971
	φ	0.993	0.0067	6.95E-4	0.9778	0.9965	0.999	—	—	—	—
	τ	5.002	0.8544	0.09188	3.22	5.122	6.514	—	—	—	—
	ρ	1273	135.8	15.33	1034	1310	1486	—	—	—	—
HZYH	μ	-17.1	1.48	0.1665	-20.01	-16.58	-15.12	-2509	-2677	168	-2341
	φ	0.911	0.0260	0.002177	0.8513	0.9123	0.957	—	—	—	—
	τ	1.494	0.3683	0.03542	0.8325	1.447	2.275	—	—	—	—
	ρ	66.37	54.11	6.169	18.7	36.98	215.6	—	—	—	—

续表

银行	参数 node	均值 mean	标准差 sd	MCMC MC error	CI 2.5%	中位数 median	CI 97.5%	DIC 值 Dbar	DIC 值 Dhat	DIC 值 PD	DIC 值 DIC
MSYH	μ	-24.3	0.2153	0.02098	-24.67	-24.26	-23.86	-23248	-24615	137	-21882
	φ	0.971	0.0041	3.38E-4	0.9622	0.9713	0.979	—	—	—	—
	τ	4.031	0.4319	0.04479	3.206	4.011	4.97	—	—	—	—
	ρ	1891	179.1	20.25	1562	1842	2203	—	—	—	—
NBYH	μ	-7.20	1.578	0.1802	-8.009	-7.78	-1.869	-5185	-5186	1.19	-5183
	φ	0.950	0.0321	0.0036	0.8509	0.9613	0.975	—	—	—	—
	τ	7.437	2.557	0.2845	2.251	7.169	13.88	—	—	—	—
	ρ	-0.17	0.2619	0.02963	-0.9587	-0.0922	0.058	—	—	—	—
NJYH	μ	-23.1	0.4822	0.05273	-23.76	-23.25	-22.12	-14363	-15267	904	-13459
	φ	0.965	0.0080	7.74E-4	0.9488	0.9654	0.980	—	—	—	—
	τ	3.191	0.4678	0.04961	2.387	3.162	4.172	—	—	—	—
	ρ	1141	245.3	27.89	689.2	1234	1459	—	—	—	—
NYYH	μ	-3.73	0.0114	2.91E-4	0.9792	0.9878	0.994	-3542	-3548	6.01	-3536
	φ	0.988	0.0038	0.001425	0.4766	0.5383	0.603	—	—	—	—
	τ	44.5	4.65	0.2722	47.38	56.33	61.82	—	—	—	—
	ρ	1368	235.8	26.81	971.8	1393	1724	—	—	—	—

续表

银行	参数 node	均值 mean	标准差 sd	MCMC MC error	CI 2.5%	中位数 median	CI 97.5%	Dbar	Dhat	PD	DIC
PAYH	μ	−24.0	0.2181	0.02385	−24.31	−23.92	−23.63	−34687	−37028	234	−32346
	φ	0.944	0.0050	4.39E−4	0.934	0.944	0.953	—	—	—	—
	τ	2.302	0.1886	0.01936	1.962	2.285	2.728	—	—	—	—
	ρ	1855	197.1	22.35	1590	1796	2152	—	—	—	—
PFYH	μ	−23.8	0.627	0.06829	3.381	4.048	5.725	−24373	−25789	1416	−22957
	φ	0.974	0.0048	4.64E−4	0.9655	0.9738	0.984	—	—	—	—
	τ	4.238	0.627	0.06829	3.381	4.048	5.725	—	—	—	—
	ρ	−1.6E−5	2.2E−4	3.1E−6	−4.4E−4	−1.9E−5	4.2E−4	—	—	—	—
SHYH	μ	−14.55	1.224	0.1385	−17.7	−14.32	−13.08	−2552	−2718	166	−2386
	φ	0.8659	0.0424	0.003882	0.7651	0.8724	0.9297	—	—	—	—
	τ	1.351	0.4021	0.03966	0.7323	1.304	2.278	—	—	—	—
	ρ	13.01	10.72	1.223	5.305	9.222	53.32	—	—	—	—
WXYH	μ	−16.53	1.226	0.1344	−18.89	−16.25	−14.56	−2226	−2416	190	−2035
	φ	0.9199	0.0284	0.002634	0.8583	0.9227	0.9679	—	—	—	—
	τ	1.489	0.5009	0.05242	0.7706	1.436	2.749	—	—	—	—
	ρ	74.94	48.89	5.573	22.19	52.74	192.7	—	—	—	—

续表

银行	参数	均值	标准差	MCMC	CI	中位数	CI	DIC 值			
	node	mean	sd	MC error	2.5%	median	97.5%	Dbar	Dhat	PD	DIC
XYYH	μ	-23.32	0.4578	0.03531	-23.94	-23.38	-22.22	-14812	-15680	868	-13944
	φ	0.986	0.0039	2.91E-4	0.9791	0.9858	0.9958	—	—	—	—
	τ	5.061	0.5567	0.05494	4.203	4.968	6.374	—	—	—	—
	ρ	1396	122.4	13.77	1132	1438	1560	—	—	—	—
ZGYH	μ	-23.97	0.2836	0.0246	-24.51	-23.96	-23.43	-18237	-19171	934	-17304
	φ	0.9772	0.0049	4.01E-4	0.9673	0.9774	0.986	—	—	—	—
	τ	3.495	0.4542	0.04734	2.74	3.48	4.493	—	—	—	—
	ρ	1151	123.7	13.95	946.6	1151	1380	—	—	—	—
ZSYH	μ	-23.95	0.2188	0.01846	-24.39	-23.95	-23.56	-21231	-22469	1237	-19994
	φ	0.9813	0.0040	3.456E-4	0.9732	0.9814	0.9886	—	—	—	—
	τ	6.047	0.6802	0.07071	4.849	6.008	7.432	—	—	—	—
	ρ	1630	123	13.83	1442	1613	1829	—	—	—	—
ZXYH	μ	-24.28	0.1505	0.009891	-24.56	-24.29	-23.97	-14817	-15649	832	-13985
	φ	0.9757	0.0042	3.357E-4	0.9669	0.976	0.9832	—	—	—	—
	τ	7.436	0.956	0.09947	5.585	7.454	9.125	—	—	—	—
	ρ	2053	86.62	9.313	1894	2059	2216	—	—	—	—

续表

银行	参数 node	均值 mean	标准差 sd	MCMC MC error	CI 2.5%	中位数 median	CI 97.5%	Dbar	Dhat	DIC值 PD	DIC
BJYH	μ	-22.87	0.3675	0.03633	-23.58	-22.89	-22.16	-14471	-15370	899	-13572
	φ	0.9726	0.0062	5.435E-4	0.9596	0.9731	0.9834	—	—	—	—
	τ	3.009	0.4035	0.04181	2.283	3.03	3.819	—	—	—	—
	ρ	956.7	147.4	16.74	707.1	965.3	1300	—	—	—	—
CSYH	μ	-14.73	1.224	0.1378	-17.26	-14.36	-13.07	-2137	-2205	67.6	-2069.3
	φ	0.9104	0.0227	0.001762	0.8637	0.9116	0.9524	—	—	—	—
	τ	1.707	0.5038	0.04946	0.9561	1.628	3.012	—	—	—	—
	ρ	25.97	18.0	2.051	10.09	17.41	69.04	—	—	—	—
GDYH	μ	-18.48	1.783	0.1998	-21.84	-18.56	-15.8	-2463	-2618	154	-2308.9
	φ	0.885	0.0506	0.004871	0.76	0.8922	0.9681	—	—	—	—
	τ	1.016	0.3246	0.03247	0.5043	0.9831	1.736	—	—	—	—
	ρ	135.4	123.7	14.1	22.54	95.75	481.8	—	—	—	—
GSYH	μ	-24.36	0.5007	0.04509	-25.25	-24.4	-23.38	-17359	-18241	882	-16478
	φ	0.9876	0.0038	2.924E-4	0.9792	0.9878	0.9944	—	—	—	—
	τ	68.17	4.155	0.2617	60.12	68.07	76.5	—	—	—	—
	ρ	1361	239.3	27.1	958.2	1389	1724	—	—	—	—

续表

银行	参数	均值	标准差	MCMC	CI	中位数	CI	DIC 值			
	node	mean	sd	MC error	2.5%	median	97.5%	Dbar	Dhat	PD	DIC
GYYH	μ	-15.75	2.418	0.2291	-20.29	-15.59	-11.51	-2726	-2912	186	-2540.6
	φ	0.9717	0.0330	0.00342	0.893	0.9912	0.999	—	—	—	—
	τ	1.763	0.6158	0.06441	0.8042	1.649	3.218	—	—	—	—
	ρ	138.4	84.36	9.599	40.44	111.2	294.1	—	—	—	—
HXYH	μ	-24.0	0.2977	0.02846	-24.52	-24.02	-23.43	-18889	-20024	115	-17754
	φ	0.9814	0.0037	3.03E-4	0.9736	0.9815	0.9882	—	—	—	—
	τ	5.662	0.6404	0.06539	4.527	5.642	7.119	—	—	—	—
	ρ	1732.0	210.0	23.82	1360.0	1737.0	2020.0	—	—	—	—

表 5.8　ASV-T 模型的参数估计

银行	参数 node	均值 mean	标准差 sd	MCMC MC error	CI 2.5%	中位数 median	CI 97.5%	DIC 值 Dbar	Dhat	PD	DIC
JYYH	μ	-3.586	0.03307	0.002273	-3.645	-3.587	-3.515	-681.1	-688.3	7.2	-673.9
	φ	0.6074	0.05322	0.001992	0.5051	0.6071	0.7112	—	—	—	—
	τ	18.23	2.408	0.1178	13.9	18.15	23.26	—	—	—	—
	ω	26.38	6.103	0.3585	16.74	25.58	40.31	—	—	—	—
	ρ	-1.3E-4	0.00163	2.224E-5	-0.003	-1.4E-4	0.0031	—	—	—	—
JTYH	μ	-3.751	0.00912	8.156E-4	-3.768	-3.751	-3.732	-4912	-4917	4.6	-4908
	φ	0.532	0.02902	0.001426	0.4748	0.5318	0.5893	—	—	—	—
	τ	66.06	4.241	0.2864	57.99	65.96	74.61	—	—	—	—
	ω	46.02	7.344	0.6163	32.69	45.69	60.84	—	—	—	—
	ρ	-3.8E-5	3.5E-4	4.4E-6	-7.1E-4	-4.3E-5	6.3E-4	—	—	—	—
JSYH	μ	-3.748	0.00902	7.91E-4	-3.766	-3.748	-3.731	-4765	-4769	3.4	-4762
	φ	0.5312	0.02857	0.001425	0.4757	0.5315	0.5874	—	—	—	—
	τ	64.7	4.188	0.2806	56.99	64.62	73.44	—	—	—	—
	ω	44.87	6.948	0.5765	32.19	44.62	59.27	—	—	—	—
	ρ	-1.2E-5	3.5E-4	4.95E-6	-6.7E-4	-1.4E-5	6,54E-4	—	—	—	—
HZYH	μ	-3.577	0.0377	0.002851	-3.644	-3.578	-3.494	-643.9	-650.5	6.7	-637.2
	φ	0.6112	0.05664	0.001841	0.4991	0.6118	0.7237	—	—	—	—
	τ	17.3	2.302	0.1163	13.16	17.19	22.19	—	—	—	—
	ω	25.56	6.392	0.3847	14.83	25.01	39.57	—	—	—	—
	ρ	-2.3E-4	0.00175	2.598E-5	-0.0038	-2.4E-4	0.0032	—	—	—	—

第5章 基于 Copula-SV 类的中国商业银行集成风险量化实证研究

续表

银行	参数	均值	标准差	MCMC	CI	中位数	CI	\multicolumn{4}{c}{DIC 值}
	node	mean	sd	MC error	2.5%	median	97.5%	Dbar	Dhat	PD	DIC
MSYH	μ	-3.78	0.00619	5.123E-4	-3.791	-3.78	-3.767	-7777	-7784	7.3	-7770
	φ	0.5216	0.02395	0.001022	0.4756	0.5216	0.5695	—	—	—	—
	τ	90.03	4.803	0.2995	80.96	89.96	99.56	—	—	—	—
	ω	54.78	7.998	0.6885	39.82	54.48	70.8	—	—	—	—
	ρ	-2E-5	2.4E-4	2.7E-6	-4.9E-4	-1.9E-5	4.5E-4	—	—	—	—
NBYH	μ	-3.752	0.01037	9.75E-4	-3.77	-3.752	-3.729	-4795	-4799	439	-4790
	φ	0.5314	0.02846	0.001294	0.474	0.5321	0.5861	—	—	—	—
	τ	64.75	4.143	0.2644	56.9	64.67	73.23	—	—	—	—
	ω	44.76	6.739	0.5239	32.85	44.39	58.94	—	—	—	—
	ρ	-1.1E-5	3.5E-4	4.1E-6	-6.9E-4	-1.2E-5	6.7E-4	—	—	—	—
NJYH	μ	-7.869	0.3546	0.04019	-8.435	-7.924	-7.924	-4812	-4817	4.7	-4807
	φ	0.5315	0.02918	0.001469	0.4742	0.5311	0.5891	—	—	—	—
	τ	66.16	4.585	0.3486	57.12	66.12	75.13	—	—	—	—
	ω	45.39	7.714	0.6691	31.42	44.68	61.73	—	—	—	—
	ρ	3.2E-5	3.4E-4	4.2E-6	-7.1E-4	-3.2E-5	6.5E-4	—	—	—	—
NYYH	μ	-3.727	0.01135	9.833E-4	-3.749	-3.727	-3.704	-3542	-3548	6.0	-3536
	φ	0.5386	0.03226	0.001425	0.4766	0.5383	0.603	—	—	—	—
	τ	52.6	3.8	0.2544	45.69	52.45	60.37	—	—	—	—
	ω	41.5	6.809	0.5128	28.63	41.42	56.23	—	—	—	—
	ρ	2.1E-5	4.5E-4	6.6E-6	-8.4E-4	1.9E-5	9.2E-4	—	—	—	—

续表

银行	参数 node	均值 mean	标准差 sd	MCMC MC error	CI 2.5%	中位数 median	CI 97.5%	Dbar	Dhat	PD	DIC
PAYH	μ	-3.805	0.00591	5.993E-4	-3.816	-3.805	-3.793	-12171	-12178	7.0	-12164
	φ	0.5163	0.02154	0.001316	0.4749	0.5158	0.5603	—	—	—	—
	τ	122.5	6.365	0.5438	110.4	122.4	134.9	—	—	—	—
	ω	62.89	8.587	0.8219	48.78	61.83	81.74	—	—	—	—
	ρ	-1.3E-5	1.6E-4	2.2E-6	-3.3E-4	-1.5E-5	2.96E-4	—	—	—	—
PFYH	μ	-3.782	0.00681	6.253E-4	-3.795	-3.782	-3.769	-8179	-8185	6.2	-8172
	φ	0.5236	0.02428	0.001274	0.4771	0.523	0.5701	—	—	—	—
	τ	93.28	5.201	0.3811	83.7	93.23	103.7	—	—	—	—
	ω	56.99	7.513	0.6359	43.46	56.58	72.59	—	—	—	—
	ρ	-1.6E-5	2.2E-4	2.99E-6	-4.4E-4	-1.9E-5	4.24E-4	—	—	—	—
SHYH	μ	-3.581	0.03778	0.002609	-3.646	-3.582	-3.498	-627.6	-634.5	6.9	-620.7
	φ	0.6136	0.05595	0.001616	0.5041	0.6128	0.72	—	—	—	—
	τ	17.2	2.371	0.1243	12.98	17.02	22.23	—	—	—	—
	ω	24.69	6.338	0.3872	14.0	24.29	38.62	—	—	—	—
	ρ	-2.6E-4	0.0017	2.01E-5	-0.0036	-2.8E-4	0.0032	—	—	—	—
WXYH	μ	-3.58	0.03216	0.002247	-3.639	-3.58	-3.515	-669.2	-675.1	5.9	-663.4
	φ	0.6101	0.05365	0.001814	0.5024	0.611	0.7126	—	—	—	—
	τ	17.87	2.21	0.1103	13.83	17.77	22.52	—	—	—	—
	ω	25.52	5.96	0.3252	15.89	25.01	38.51	—	—	—	—
	ρ	-8.7E-5	0.00164	1.83E-5	-0.0034	-5.4E-5	0.0031	—	—	—	—

续表

银行	参数 node	均值 mean	标准差 sd	MCMC MC error	CI 2.5%	中位数 median	CI 97.5%	Dbar	Dhat	PD	DIC
XYYH	μ	-3.752	0.00843	7.203E-4	-3.768	-3.751	-3.736	-4994	-4999	5.2	-4989
	φ	0.5296	0.02751	0.001264	0.472	0.5303	0.5817	—	—	—	—
	τ	66.89	4.159	0.2689	59.37	66.69	75.87	—	—	—	—
	ω	46.04	7.104	0.6118	34.2	45.41	61.74	—	—	—	—
	ρ	-6.9E-6	3.41E-4	4.36E-6	-6.7E-4	-4.6E-6	6.61E-4	—	—	—	—
ZGYH	μ	-3.756	0.0094	8.73E-4	-3.773	-3.757	-3.736	-5355	-5359	4.2	-5351
	φ	0.5276	0.0298	0.001506	0.4684	0.5282	0.5828	—	—	—	—
	τ	69.94	4.42	0.3324	61.1	69.95	78.58	—	—	—	—
	ω	47.29	6.94	0.5864	35.52	46.82	62.87	—	—	—	—
	ρ	2.64E-6	3.23E-4	4.047E-6	-6.5E-4	2.25E-6	6.56E-4	—	—	—	—
ZSYH	μ	-3.776	0.00653	5.754E-4	-3.789	-3.776	-3.763	-7198	-7202	4.5	-7193
	φ	0.5226	0.0256	0.001351	0.4732	0.522	0.5732	—	—	—	—
	τ	86.07	4.738	0.3232	77.08	85.92	95.69	—	—	—	—
	ω	53.27	7.536	0.6319	40.61	52.8	68.97	—	—	—	—
	ρ	2.39E-5	2.55E-4	3.04E-6	-4.8E-4	2.29E-5	5.19E-4	—	—	—	—
ZXYH	μ	-3.752	0.00920	8.26E-4	-3.768	-3.752	-3.733	-4915	-4921	5.2	-4910
	φ	0.531	0.02901	0.001377	0.4739	0.5309	0.5875	—	—	—	—
	τ	66.67	4.104	0.274	58.8	66.63	74.74	—	—	—	—
	ω	46.17	8.708	0.7538	32.72	45.04	67.35	—	—	—	—
	ρ	-3.2E-5	3.42E-4	4.299E-6	-7.1E-4	-3.2E-5	6.24E-4	—	—	—	—

续表

银行	参数	均值	标准差	MCMC		CI	中位数	CI	DIC 值			
	node	mean	sd	MCMC	MC error	2.5%	median	97.5%	Dbar	Dhat	PD	DIC
BJYH	μ	-3.747	0.00894	7.449E-4		-3.765	-3.747	-3.73	-4669	-4674	5.1	-4665
	φ	0.5308	0.02893	0.001308		0.475	0.5299	0.5882	—	—	—	—
	τ	63.86	4.079	0.2684		56.25	63.73	72.18	—	—	—	—
	ω	45.95	7.603	0.5927		32.49	45.55	62.04	—	—	—	—
	ρ	-5.7E-5	3.57E-4	5.06E-6		-7.8E-4	-5.6E-5	6.46E-4	—	—	—	—
CSYH	μ	-7.938	0.3543	0.0188		-8.442	-7.976	-7.207	-2137	-2205	68	-2069
	φ	0.9112	0.03128	0.002764		0.8451	0.9144	0.9664	—	—	—	—
	τ	1.803	0.5945	0.06183		0.9254	1.715	3.156	—	—	—	—
	ω	15.01	6.158	0.642		6.476	13.76	29.88	—	—	—	—
	ρ	-6.6E-5	0.0017	1.92E-5		-0.0033	-7.6E-5	0.0031	—	—	—	—
GDYH	μ	-3.725	0.01106	9.484E-4		-3.748	-3.725	-3.704	-3470	-3475	5.5	-3465
	φ	0.5398	0.03164	0.001427		0.4801	0.5397	0.6009	—	—	—	—
	τ	51.97	3.769	0.2365		44.8	51.87	59.72	—	—	—	—
	ω	40.74	6.949	0.5321		28.32	40.35	55.49	—	—	—	—
	ρ	6.0E-6	4.63E-4	5.824E-6		-9.2E-4	4.39E-6	9.11E-4	—	—	—	—
GSYH	μ	-3.753	0.00789	2.617	0.001421	60.12	68.07	76.5	-5192	-5196	4.1	-5188
	φ	0.5306	0.02929	0.2617		0.4724	0.5308	0.5893	—	—	—	—
	τ	68.17	4.155	0.2617		60.12	68.07	76.5	—	—	—	—
	ω	48.43	7.381	0.5861		35.89	48.01	64.67	—	—	—	—
	ρ	1.91E-5	3.21E-4	3.691E-6		-6.1E-4	1.99E-5	6.53E-4	—	—	—	—

续表

银行	参数 node	均值 mean	标准差 sd	MCMC MC error	CI 2.5%	中位数 median	CI 97.5%	Dbar	DIC 值 Dhat	PD	DIC
GYYH	μ	-3.593	0.03264	0.002051	-3.655	-3.594	-3.526	-727.5	-734.3	6.8	-720.7
	φ	0.605	0.05071	0.001743	0.5064	0.6045	0.7044	—	—	—	—
	τ	97.74	6.021	0.378	15.5	24.98	38.64	—	—	—	—
	ω	25.62	8.404	0.8186	6.513	19.45	37.08	—	—	—	—
	ρ	-2.3E-5	0.00154	1.864E-5	-0.0031	1.20E-5	0.0030	—	—	—	—
HXYH	μ	-3.767	0.00824	7.343E-4	-3.783	-3.766	-3.752	-6457	-6461	4.1	-6452
	φ	0.5234	0.02579	0.001404	0.4725	0.5231	0.5753	—	—	—	—
	τ	78.81	4.784	0.3569	70.32	78.41	89.14	—	—	—	—
	ω	52.31	7.975	0.6788	39.03	51.59	70.53	—	—	—	—
	ρ	1.61E-6	2.80E-4	3.282E-6	-5.5E-4	2.88E-6	5.56E-4	—	—	—	—

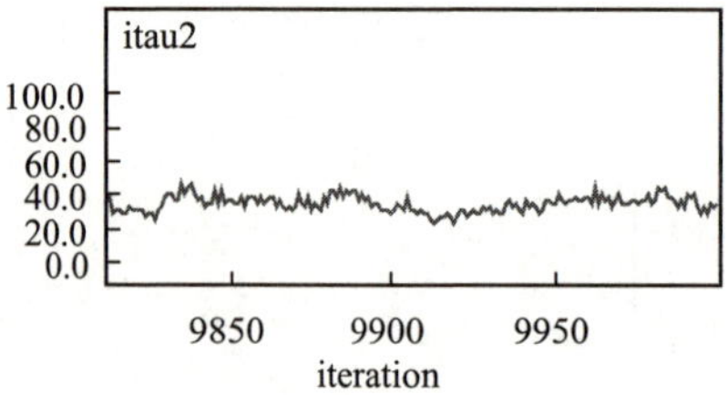
itau2
100.0
80.0
60.0
40.0
20.0
0.0
9850
9900
9950
iteration
（a）

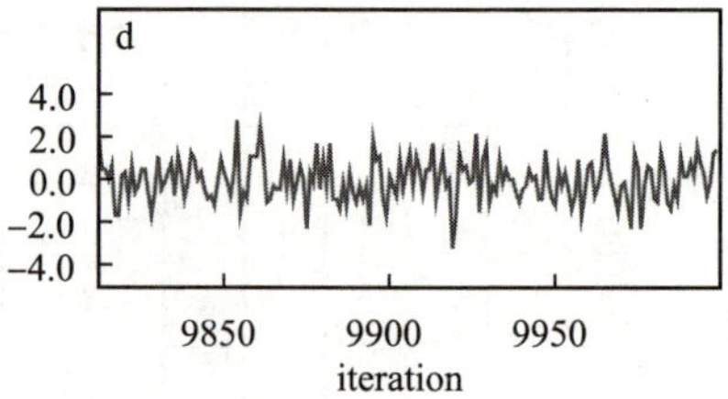
d
4.0
2.0
0.0
-2.0
-4.0
9850
9900
9950
iteration
（b）

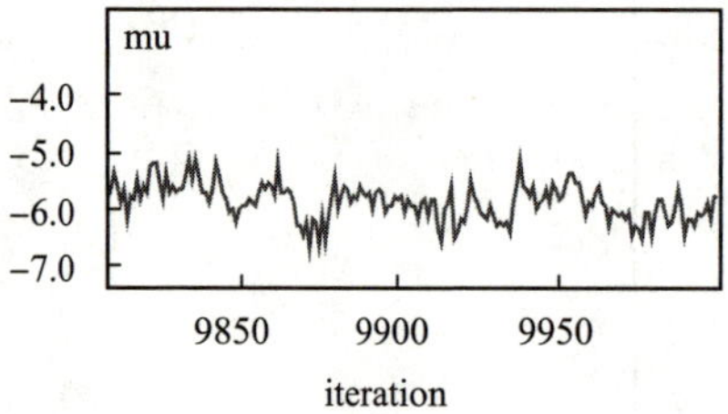
mu
-4.0
-5.0
-6.0
-7.0
9850
9900
9950
iteration
（c）

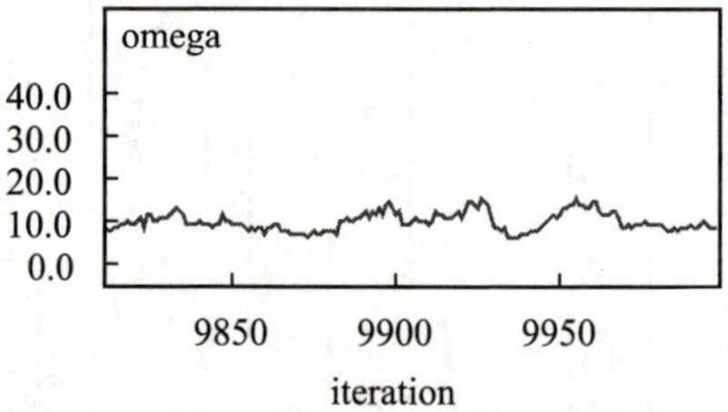
omega
40.0
30.0
20.0
10.0
0.0
9850
9900
9950
iteration
（d）

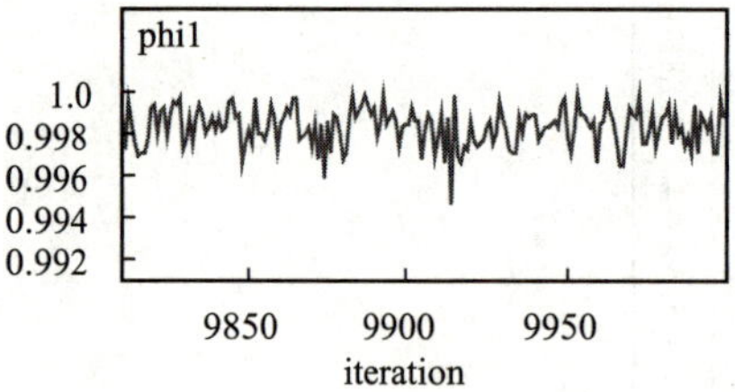
phi1
1.0
0.998
0.996
0.994
0.992
9850
9900
9950
iteration
（e）

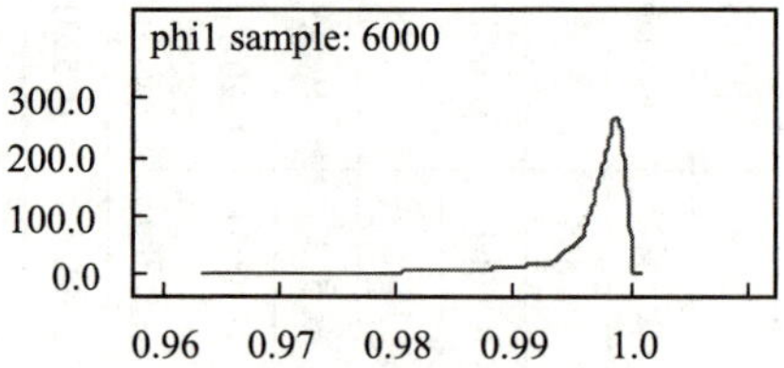
phi1 sample: 6000
300.0
200.0
100.0
0.0
0.96
0.97
0.98
0.99
1.0
（f）

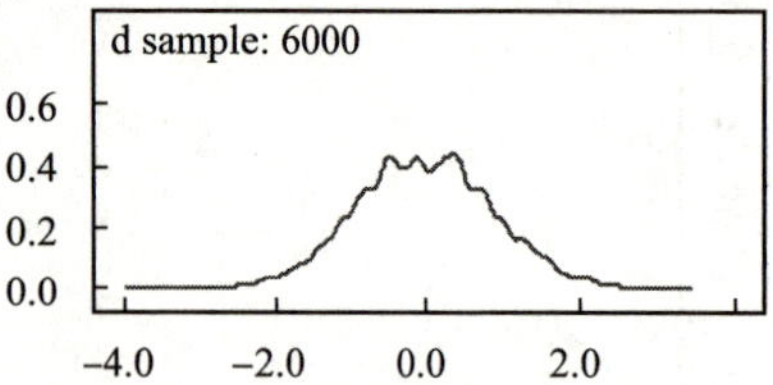
d sample: 6000
0.6
0.4
0.2
0.0
-4.0
-2.0
0.0
2.0
（g）

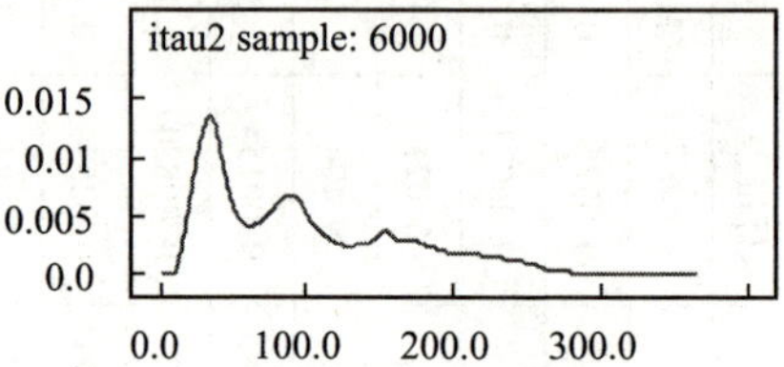
itau2 sample: 6000
0.015
0.01
0.005
0.0
0.0
100.0
200.0
300.0
（h）

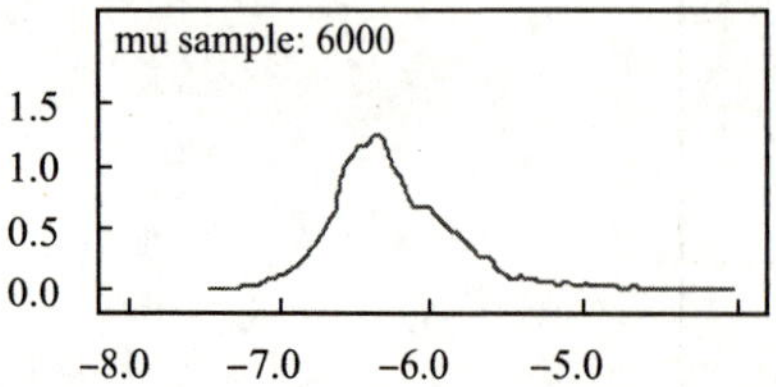
mu sample: 6000
1.5
1.0
0.5
0.0
-8.0
-7.0
-6.0
-5.0
（i）

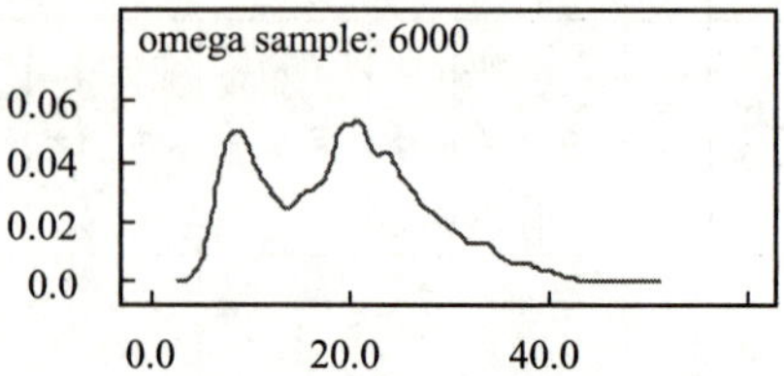
omega sample: 6000
0.06
0.04
0.02
0.0
0.0
20.0
40.0
（j）

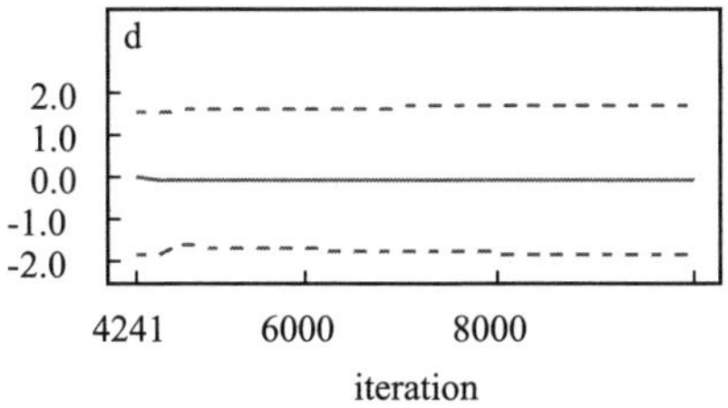
d
2.0
1.0
0.0
-1.0
-2.0
4241
6000
8000
iteration
(k)

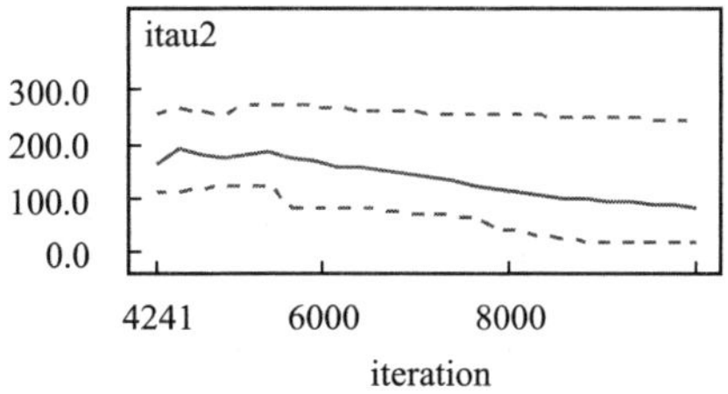
itau2
300.0
200.0
100.0
0.0
4241
6000
8000
iteration
(l)

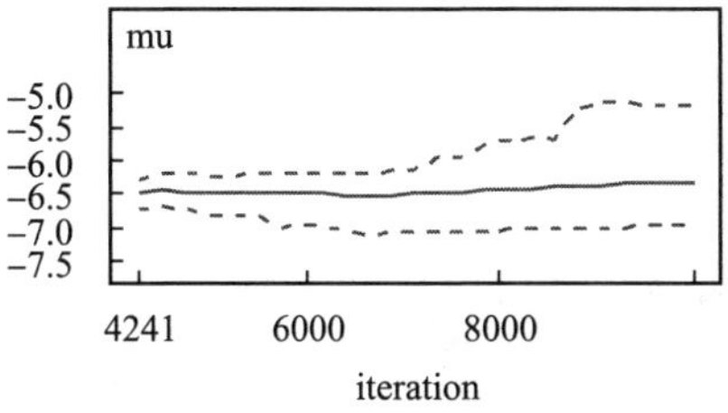
mu
−5.0
−5.5
−6.0
−6.5
−7.0
−7.5
4241
6000
8000
iteration
(m)

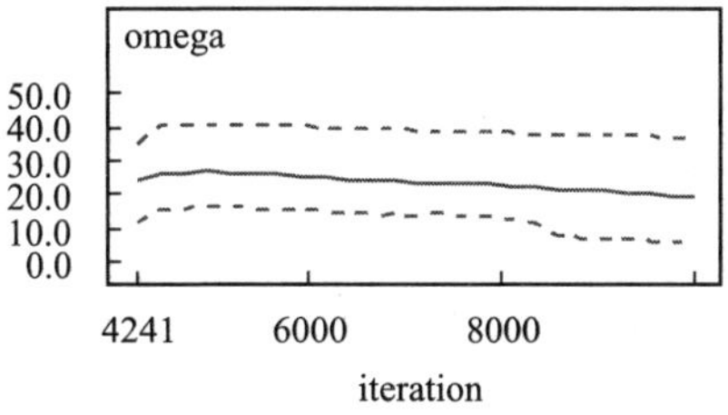
omega
50.0
40.0
30.0
20.0
10.0
0.0
4241
6000
8000
iteration
(n)

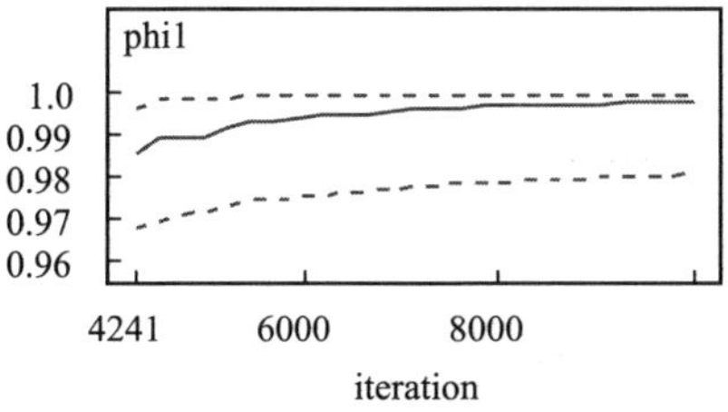
phi1
1.0
0.99
0.98
0.97
0.96
4241
6000
8000
iteration
(o)

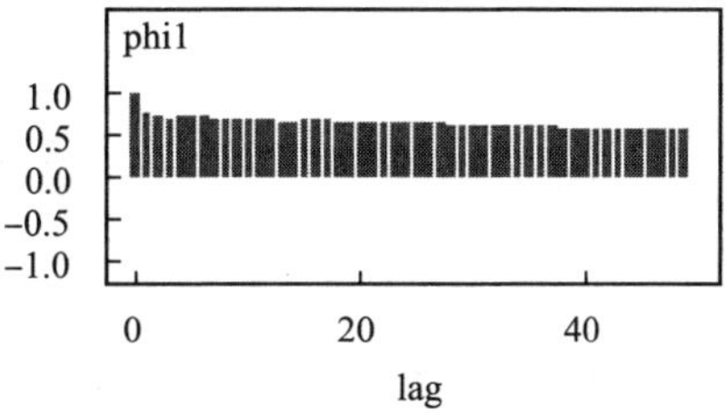
phi1
1.0
0.5
0.0
−0.5
−1.0
0
20
40
lag
(p)

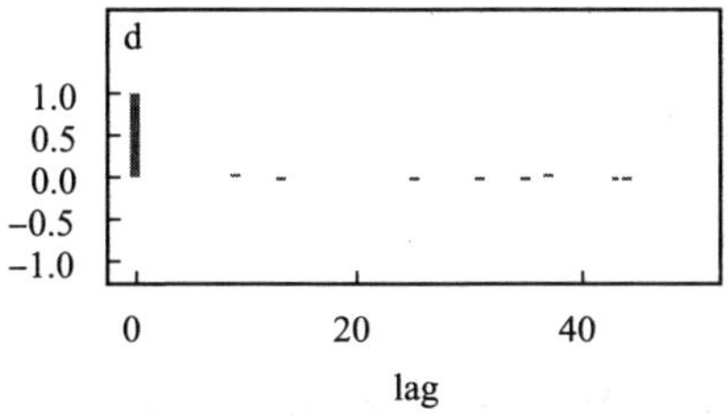
d
1.0
0.5
0.0
−0.5
−1.0
0
20
40
lag
(q)

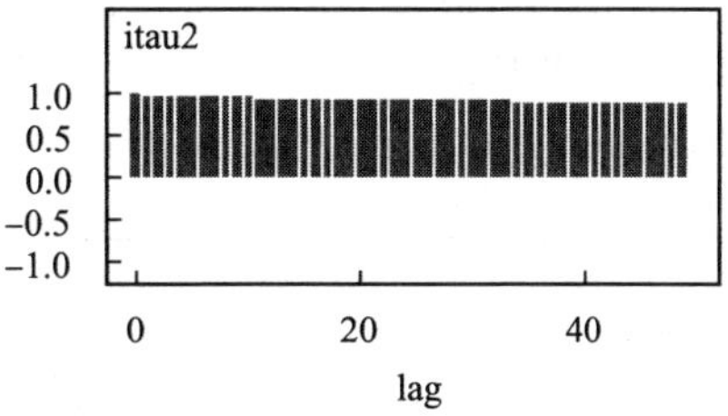
itau2
1.0
0.5
0.0
−0.5
−1.0
0
20
40
lag
(r)

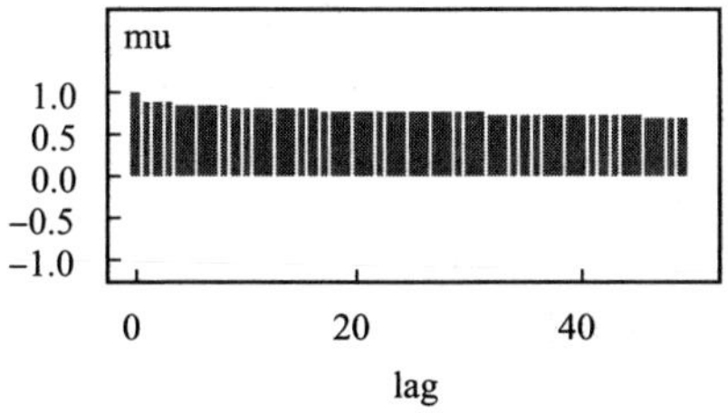
mu
1.0
0.5
0.0
−0.5
−1.0
0
20
40
lag
(s)

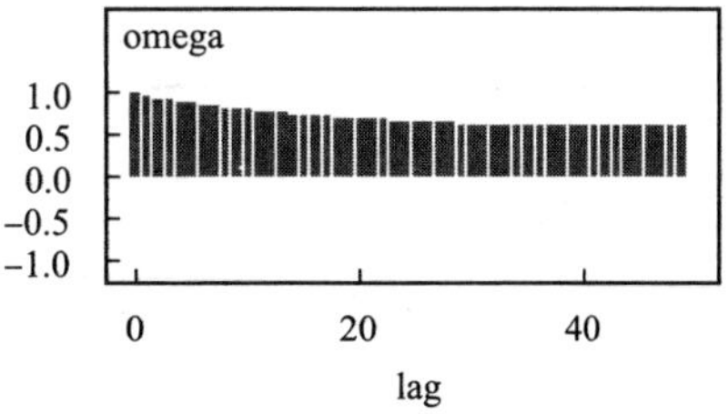
omega
1.0
0.5
0.0
−0.5
−1.0
0
20
40
lag
(t)

(u)

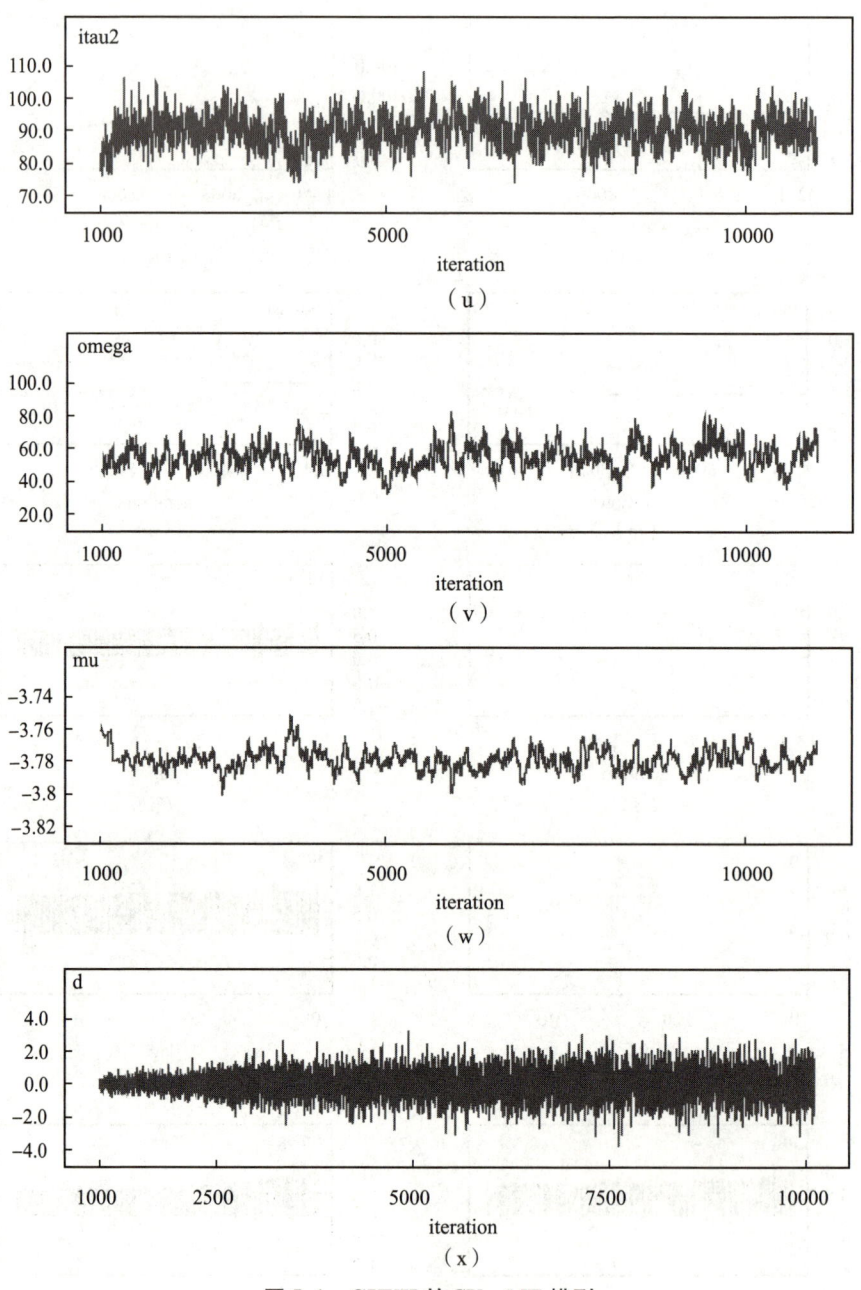

(v)

(w)

(x)

图 5.1　GYYH 的 SV – MT 模型

5.2.3.2 SV – MT – GPD 模型的阈值的确定和参数估计

接下来把 SV 类模型参数估计值通过转换得到标准残差序列 Z_t，运用 GPD 拟合尾部数据，进而通过均值超额函数图得到 GYYH 上尾和下尾的阈值，如图 5.2 所示。

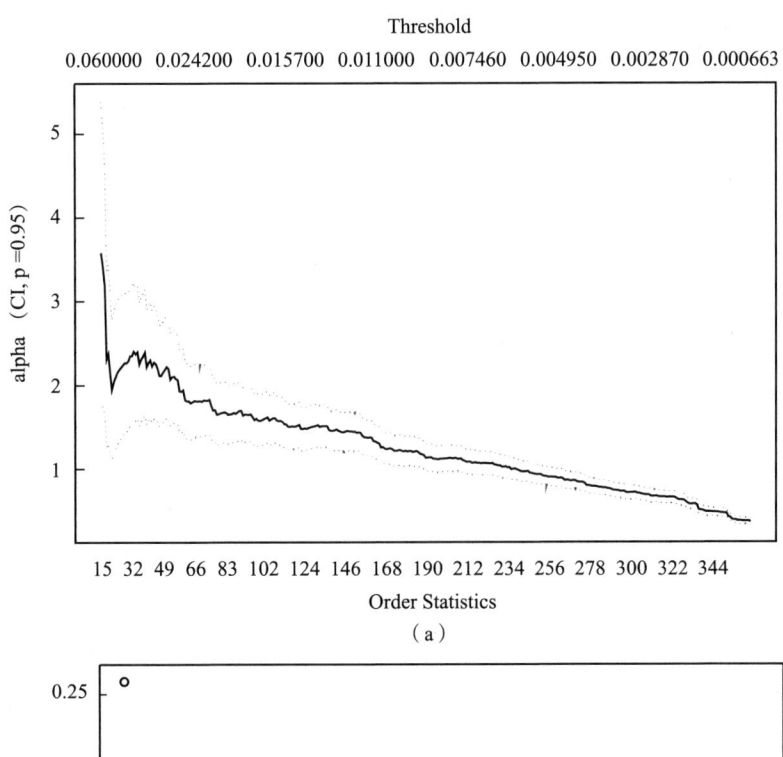

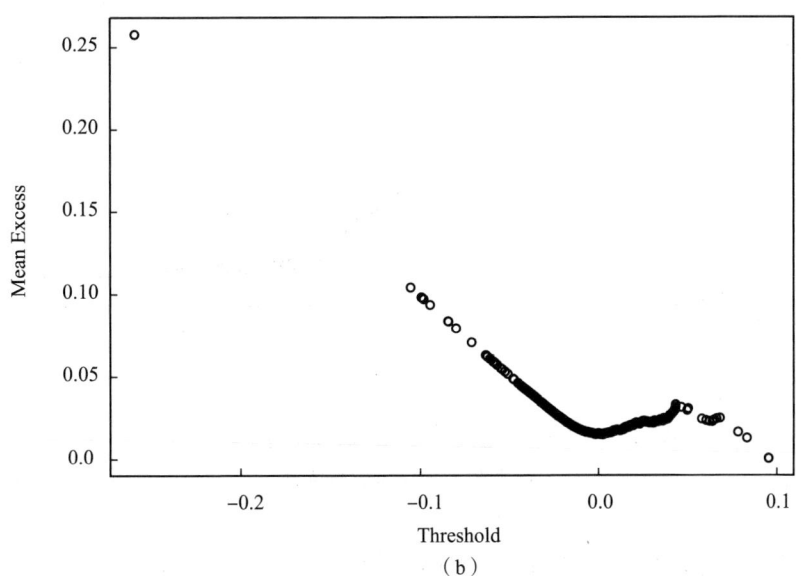

(a)

(b)

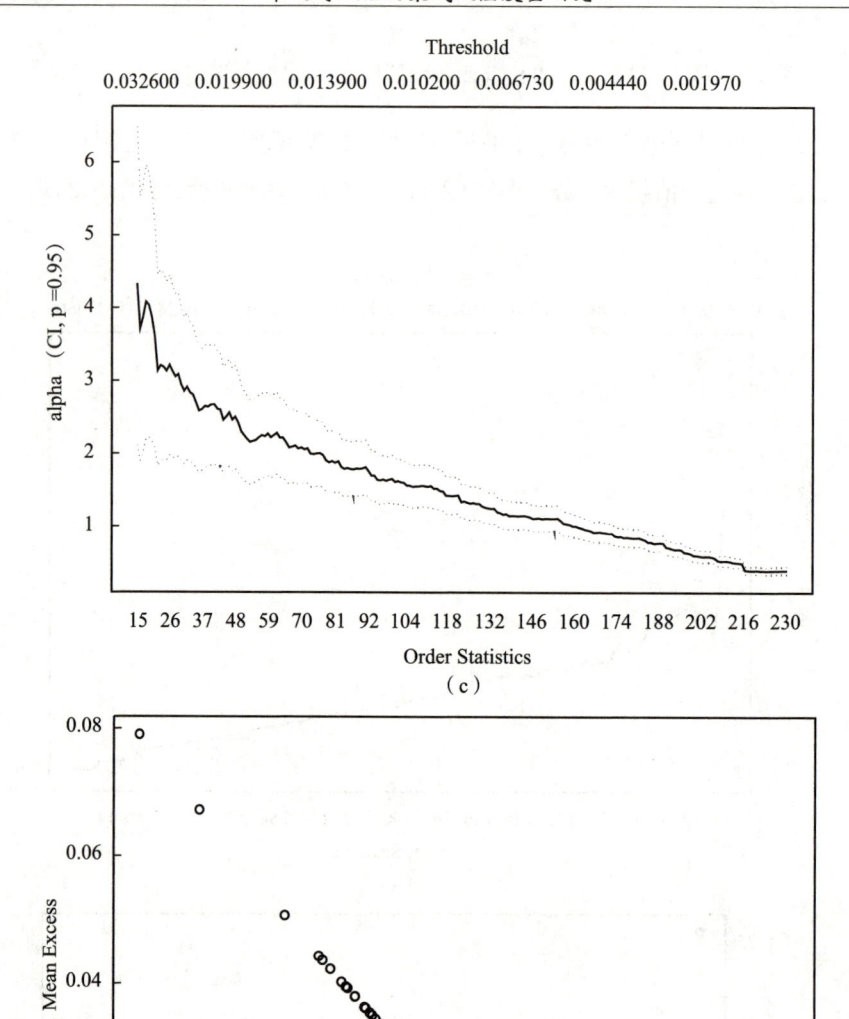

图 5.2 GYYH 的上尾（a）、(b) 和下尾（c）、(d)
标准残差的均值超额函数

从图 5.2 可以看出，当 BRENT 和 WTI 的 SV – MT 模型阈值取 0.019、0.026

时，均值超额数图呈现出近似线性的正斜率，故选择的阈值是合理的。再运用极大似然估计得到 GPD 模型参数如表 5.9 所示，进而对 GYYH 进行极值风险测度。

表 5.9　　　　　　　　SV – MT 的阈值及参数估计结果

商业银行	尾部	阈值	比例	形状参数 ξ 估计值	标准误	t 值	尺度参数 β 估计值	标准误	t 值
GYYH	上尾	0.0197	9.14%	-0.0128	0.0683	2.4763	0.0125	0.1247	12.329
	下尾	-0.0263	8.71%	-0.2700	0.0753	3.3176	0.0147	0.0946	10.811

5.2.3.3　模型的拟合检验和风险测度

为了验证 GPD 模型的有效性，把估计的 GPD 与经验的尾部分布图分别进行比较。拟合结果如图 5.3、图 5.4 及表 5.10 所示。

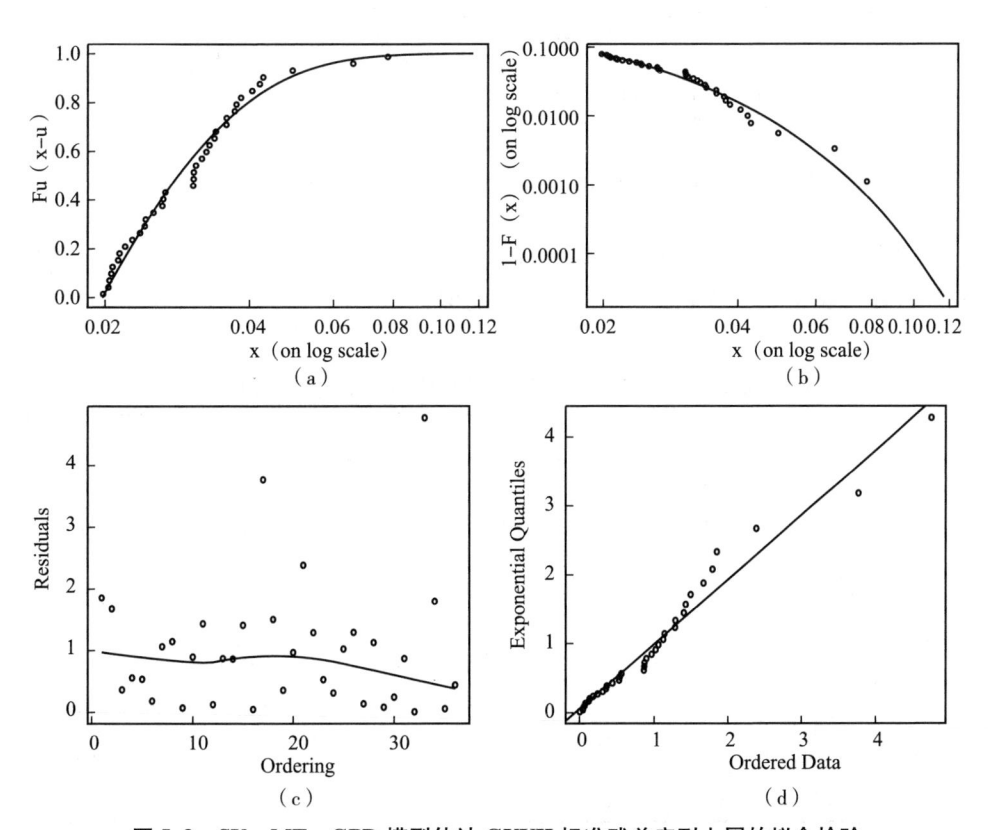

图 5.3　SV – MT – GPD 模型估计 GYYH 标准残差序列上尾的拟合检验

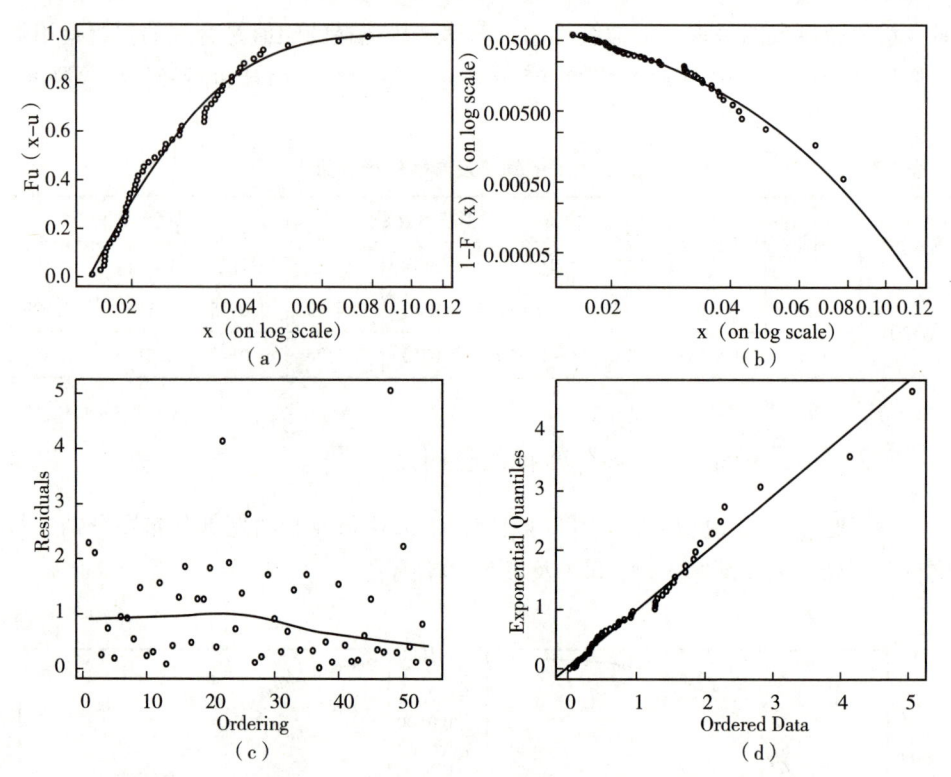

图 5.4 SV – MT – GPD 模型估计 GYYH 标准残差序列下尾的拟合检验

图 5.4 拟合显示了 GYYH 的总体分布尾部分布图，除个别点外，整体拟合的效果较好，表明 SV – MT – GPD 模型较好地拟合了 GYYH 的上下尾部极值。

表 5.10 基于 Copula – SV – MT – GPD 模型的 GYYH 上尾和下尾的风险测度

置信度	95%	97.5%	99%	99.9%	99.99%
上尾：VaR	0.0259	0.0341	0.0452	0.0743	0.1054
ES	0.0379	0.0464	0.0578	0.0878	0.1198
VaR 后验接受域	6 < N < 21	2 < N < 12	N < 7	N < 2	0 ≤ N < 2
实际失败次数	12	9	4	1	0
下尾：VaR	0.0289	0.0378	0.0471	0.0626	0.0710
ES	0.0399	0.0469	0.0543	0.0665	0.0730
VaR 后验接受域	6 < N < 21	2 < N < 12	N < 7	N < 2	0 ≤ N < 2
实际失败次数	11	7	6	1	1

注：LR 在各分位下的临界值分别为 3.84、5.02、6.63、7.88 和 10.83。LR 值均小于临界值。

表 5.10 展示了在显著水平 α = 5%、2.5%、1%、0.1% 和 0.01% 下，SV‒MT‒GPD 模型刻画的 GYYH 的 VaR 预测结果，较好地描述了检验样本的实际损失，且精确地刻画了样本期间波动的市场风险。表明该模型能精确地度量 GYYH 损失序列的市场风险。该模型在置信度 95%、97.5%、99%、99.9% 和 99.99% 下均通过了回测检验，失败次数聚在接受域且具有稳健性。表明该模型具有样本测度的稳健性和可靠性。

5.3 基于 Copula‒ASV‒GPD 的商业银行间的相关性研究

5.3.1 样本的选取及统计特征

考虑到 2007 年美国次贷危机爆发，因而择选样本涵盖 2008 年世界金融危机、2015 年中国证券市场巨幅波动和 2018 年中美贸易摩擦初露端倪，选用中信证券编制的国有银行指数（GYYHindex，GY）、股份制银行指数（GFYH index，GF）和城市商业银行指数（CSYHindex，CS），这些指数采用派式加权进行编制。因此本章选取从 2007 年 8 月 2 日—2018 年 7 月 2 日的 GY、GF 和 CS 指数日数据收盘 p_t 为研究样本，共 2655 组有效数据。样本估计区间为 2007 年 8 月 2 日—2018 年 7 月 2 日，共 2655 组样本数据，样本后验区间为 2017 年 6 月 23 日—2018 年 7 月 2 日，共 250 个日收盘数据，数据来源于锐思数据库。考虑序列平稳性，三指数日对数收益率定义为：$X_t = \ln p_t - \ln p_{t-1}$，如图 5.5～图 5.7 所示。

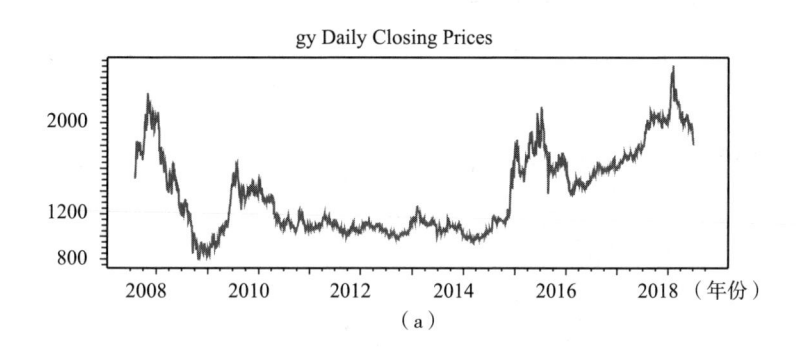

(a)

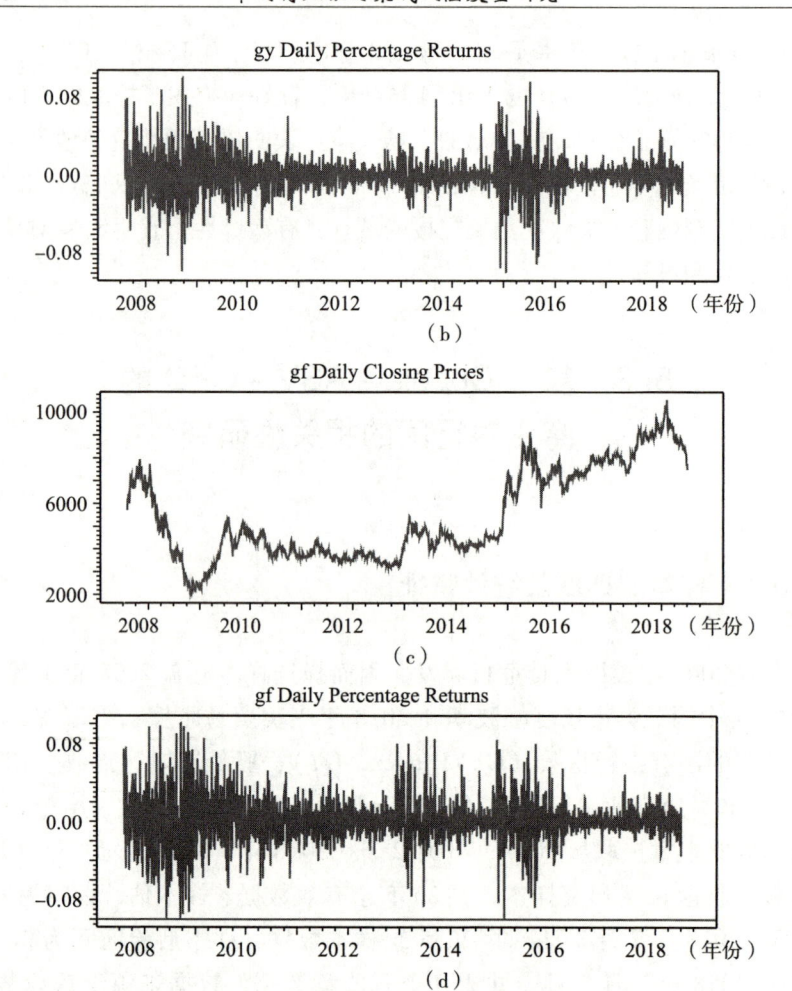

图 5.5 GY 和 GF 的价格和收益率序列

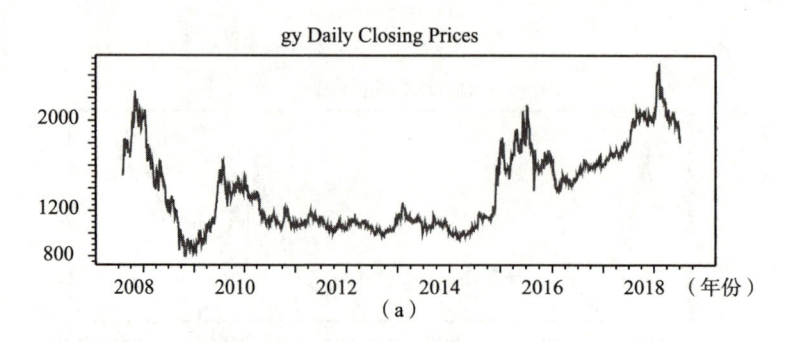

第 5 章　基于 Copula-SV 类的中国商业银行集成风险量化实证研究

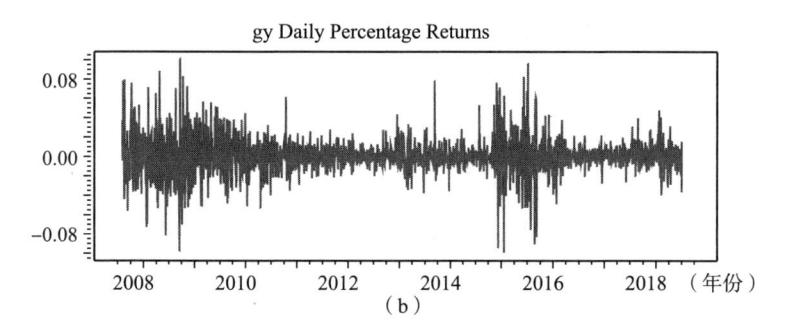

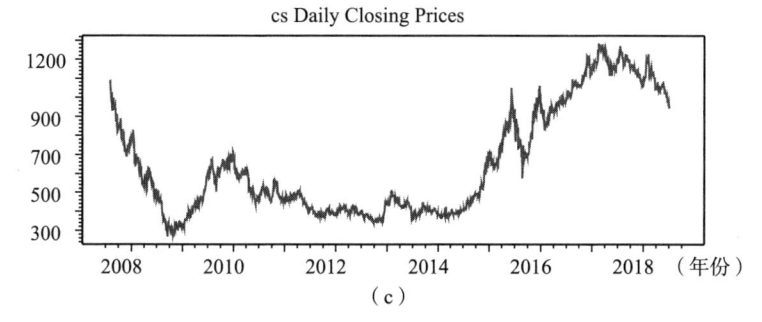

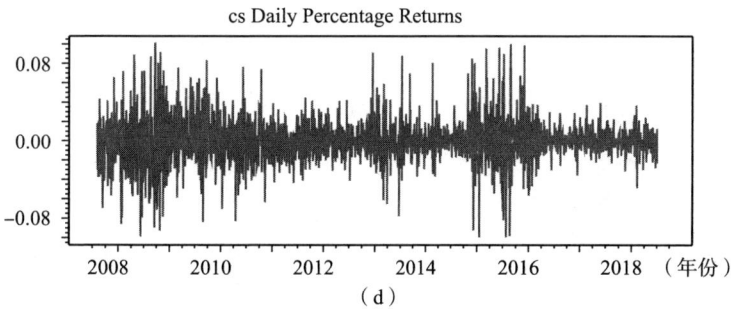

图 5.6　GY 和 CS 的价格和收益率序列

cs Daily Percentage Returns

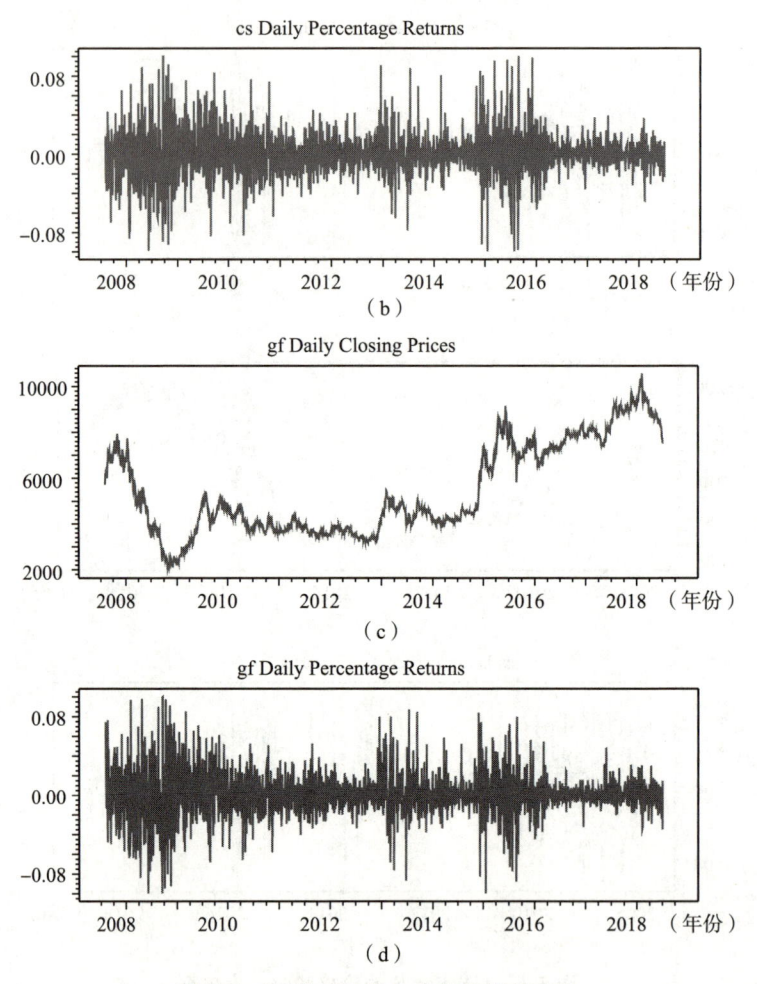

(b)

gf Daily Closing Prices

(c)

gf Daily Percentage Returns

(d)

图 5.7　CS 和 GF 的价格和收益率序列

由图 5.5 ~ 图 5.7 可以看出，展示出样本区间 GY、GF 和 CS 的日收盘价格和收益率序列图，其中三指数的收益率序列呈现聚簇、厚尾和非对称等特征，三图中波动最大的和聚簇的部分。进一步，我们通过测算三指数间的相关系数分别得到：GY 与 GF 为 0.799081；GY 与 CS 为 0.869762；GF 与 CS 为 0.8705506。与我们预期不一致的是，三指数相关性最高的是股份制商业银行指数和城市商业银行指数，我们预期相关性最好的国有商业银行指数和股份制商业银行指数的相关性反而是三指数中最低的，甚至低于国有商业银行指数与城市商业银行指数的相关性。可能的原因在于与我们所选的样本区间和样本规模大小有关，规模越小的相关度较高，如表 5.11 所示。

表 5.11　　　　GYYH、GFYH 和 CSYH 样本收益率的统计特征

指数	ADF 检验	均值	标准差	偏度	峰度	J-B 检验	Q (20)	Q^2 (20)
GYYH	-50.77 (0.0001)	6.7E-05	0.0173	0.0292	9.2245	4283.3 (0)	62.14 (0)	715.66 (0)
GFYH	-51.76 (0.0001)	0.0001	0.0212	-0.0044	6.9592	1732.7 (0)	44.49 (0)	726.12 (0)
CSYH	-54.43 (0.0001)	-4.8E-05	0.0215	0.0167	6.9558	1729.9 (0)	45.70 (0)	776.68 (0)

由表 5.11 可知，GY、GF 和 CS 的收益率均值较小，标准差较大，GF 偏度为负意味着序列负向冲击比正向冲击更剧烈，GY 和 CS 偏度为正则相反。峰度都大于 3，JB 假设检验表明不服从正态分布，ADF 检验均为 0 阶平稳的随机过程。Ljung-Box 统计量 $Q(k)$ 显示存在弱的序列自相关性，$Q^2(k)$ 检验表明收益率的平方自相关性较强，该统计量较显著表明为序列非线性相依具有条件异方差，在图 5.5~图 5.7 中显示为波动率聚簇性，在 2008 年和 2015 年波动率巨幅波动中，向下波动与向上波动呈现不一致，可考虑用不对称的 ASV 模型建模。因此，三指数收益率序列均为偏态、厚尾但平稳的分布。

接下来运用 ASV 模型拟合三指数的收益序列，消除其条件异方差和得到不可观测的波动率序列，基于 MCMC 的 Gibbs 的抽样 10000 次，ASV 模型的参数估计结果见表 5.12 和图 5.8。

表 5.12　　　　GY、GF 和 CS 的 ASV 模型参数估计

指数	参数	均值	标准差	MC 误差	2.5%	中位数	97.5%	燃烧值	Gibbs 抽样样本
GY	μ	-6.534	3.15	0.3593	-9.12	-8.21	0.9473	4001	6000
	φ	0.9372	0.07115	0.008063	0.8014	0.9869	0.9948	4001	6000
	τ	30.34	12.87	1.44	11.75	29.14	58.21	4001	6000
	ρ	-0.03785	0.1716	0.01453	-0.4828	-0.02517	0.2922	4001	6000
GF	μ	-5.745	2.506	0.2855	-8.367	-7.318	-1.72	4001	6000
	φ	0.9696	0.03082	0.003479	0.8792	0.9737	0.9961	4001	6000
	τ	54.75	22.44	2.501	21.84	49.7	110.9	4001	6000
	ρ	-0.07411	0.2376	0.02378	-0.5876	-0.08531	0.4857	4001	6000

续表

指数	参数	均值	标准差	MC 误差	2.5%	中位数	97.5%	燃烧值	Gibbs 抽样样本
CS	μ	-6.441	2.608	0.2974	-8.49	-7.807	0.05534	4001	6000
	φ	0.9669	0.03575	0.004034	0.876	0.9889	0.9956	4001	6000
	τ	31.48	13.62	1.53	14.07	26.7	62.28	4001	6000
	ρ	-0.06346	0.3728	0.04186	-0.6881	-0.1102	0.8356	4001	6000

(a) itau2

(b) mu

(c) phi1

(d) rho

(e) itau2 sample: 6000

(f) mu sample: 6000

(g) phi1 sample: 6000

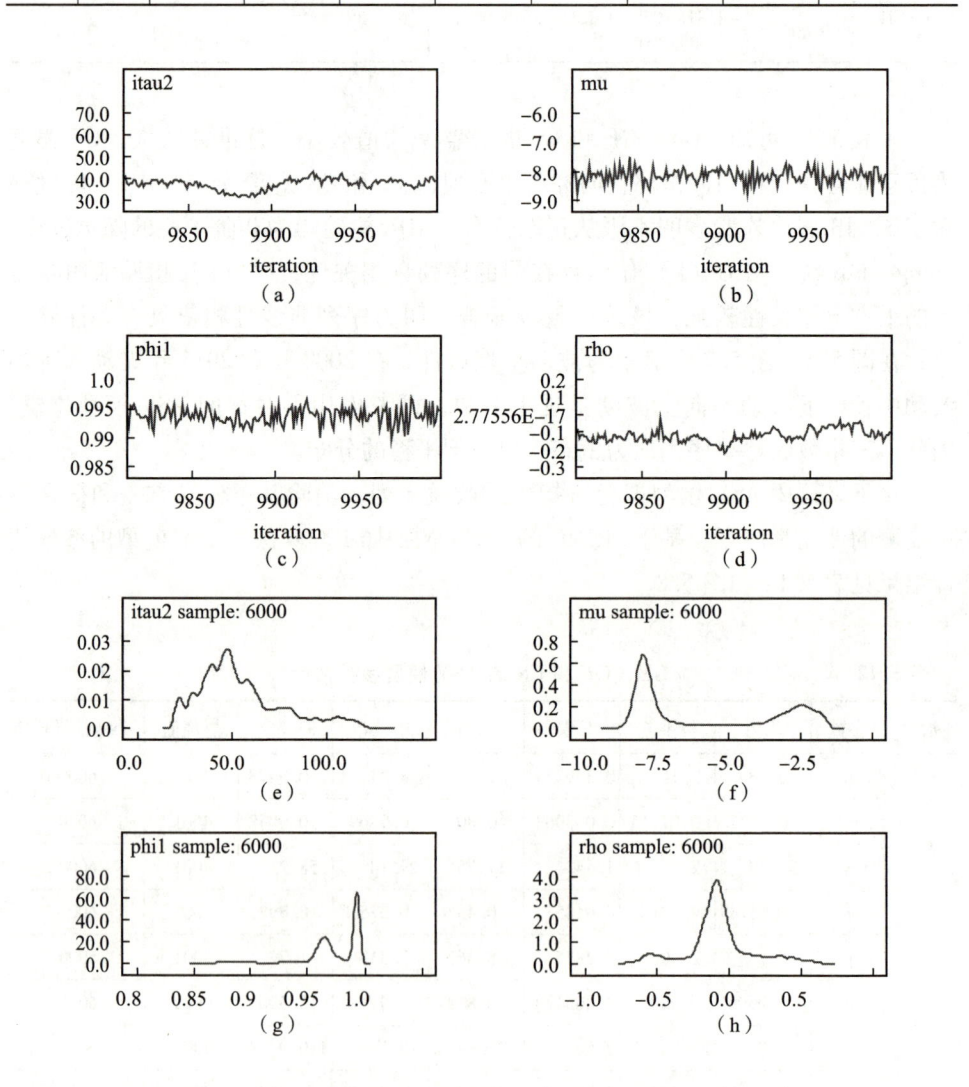

(h) rho sample: 6000

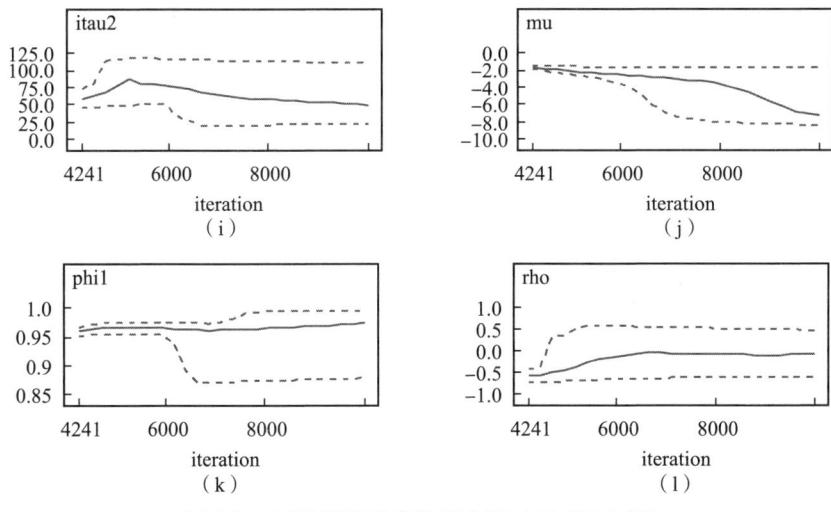

图 5.8　ASV 模型的参数拟合图（以 GF 为例）

由表 5.12 可知，通过对 GY、GF 和 CS 的参数估计值 CODA 序列进行 Geweke 谱密度收敛性检验，构造的 t 统计量 1.0478 小于临界值 2。因而模拟 MCMC 法的样本序列是平稳收敛的，参数估计值是有效的。同时，三指数收益序列的参数 ρ 均为负值，表明两指数在估计样本期存在显著的非对称杠杆效应。通过前述章节内容，将三指数收益序列得到渐进独立同分布的标准残差序列（其统计特征，见表 5.13 所示），再应用 POT 模型对其进行建模。

表 5.13　GY、GF 和 CS 样本标准残差序列的统计特征

指数	样本分位数					样本矩			
	最小	25%	中位数	75%	最大	均值	标准差	偏度	峰度
GY	-0.0996	-0.0070	-0.00015	0.0065	0.1002	0.0002	0.0174	0.2423	9.141
GF	-0.0998	-0.0087	-0.00046	0.0088	0.1002	0.0003	0.0213	0.1847	6.908
CS	-0.0997	-0.0097	-0.00009	0.0098	0.1001	0.0002	0.0215	0.2074	6.948

下面来讨论三指数标准残差序列的相依程度。以 GF 和 CS 为例，经计算其线性相关系数 $\rho = 0.8108$，秩相关系数 $\rho_s = 0.8421$，Kendall$\tau = 0.6749$，GF 和 CS 标准残差序列存在着较强的线性相关性，说明研究两指数的相关性是具有意义的。如果比较两指数标准残差的散点图以及均值和协方差构造的二元正态分布的模拟图（见图 5.9），图 5.10 直方图和标准正态的分位图显示并不服从正态分

布，显然基于正态分布假设来描述两指数标准残差序列的分布显然是不准确的，表明使用线性相关系数来度量相依性可能产生误导性的结果。

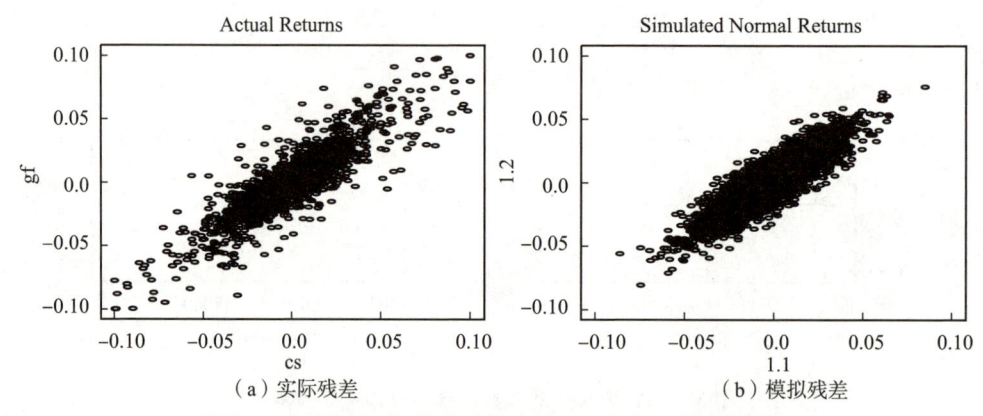

(a) 实际残差　　　　　　　　(b) 模拟残差

图 5.9　GF 和 CS 标准残差构造的二元正态分布的模拟图

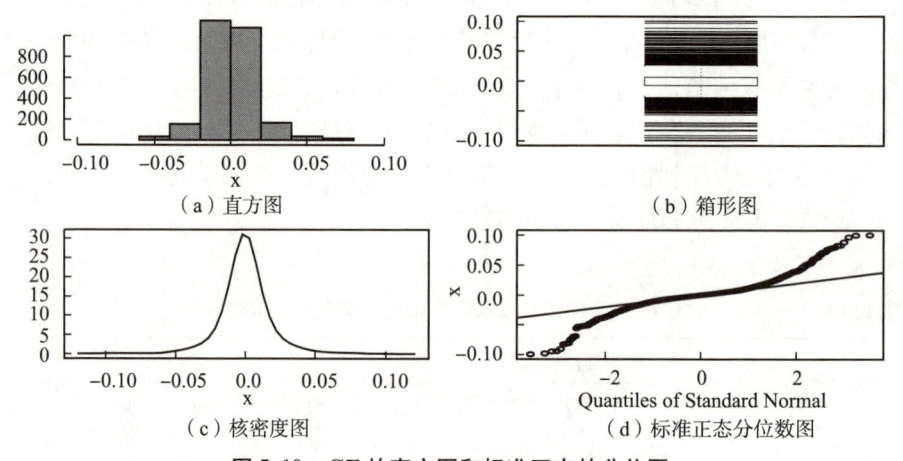

(a) 直方图　　　　　　　　(b) 箱形图

(c) 核密度图　　　　　　　　(d) 标准正态分位数图

图 5.10　GF 的直方图和标准正态的分位图

5.3.2　边缘分布模型

5.3.2.1　参数估计

在运用 POT 模型拟合 GPD 分布时，考虑到 MEF 图选择阈值的较强主观性，可以先确定阈值的一个大致范围（见图 5.11），进而结合 Hill 的 SHAPE 图来选取阈值（见图 5.12）。

第 5 章 基于 Copula-SV 类的中国商业银行集成风险量化实证研究

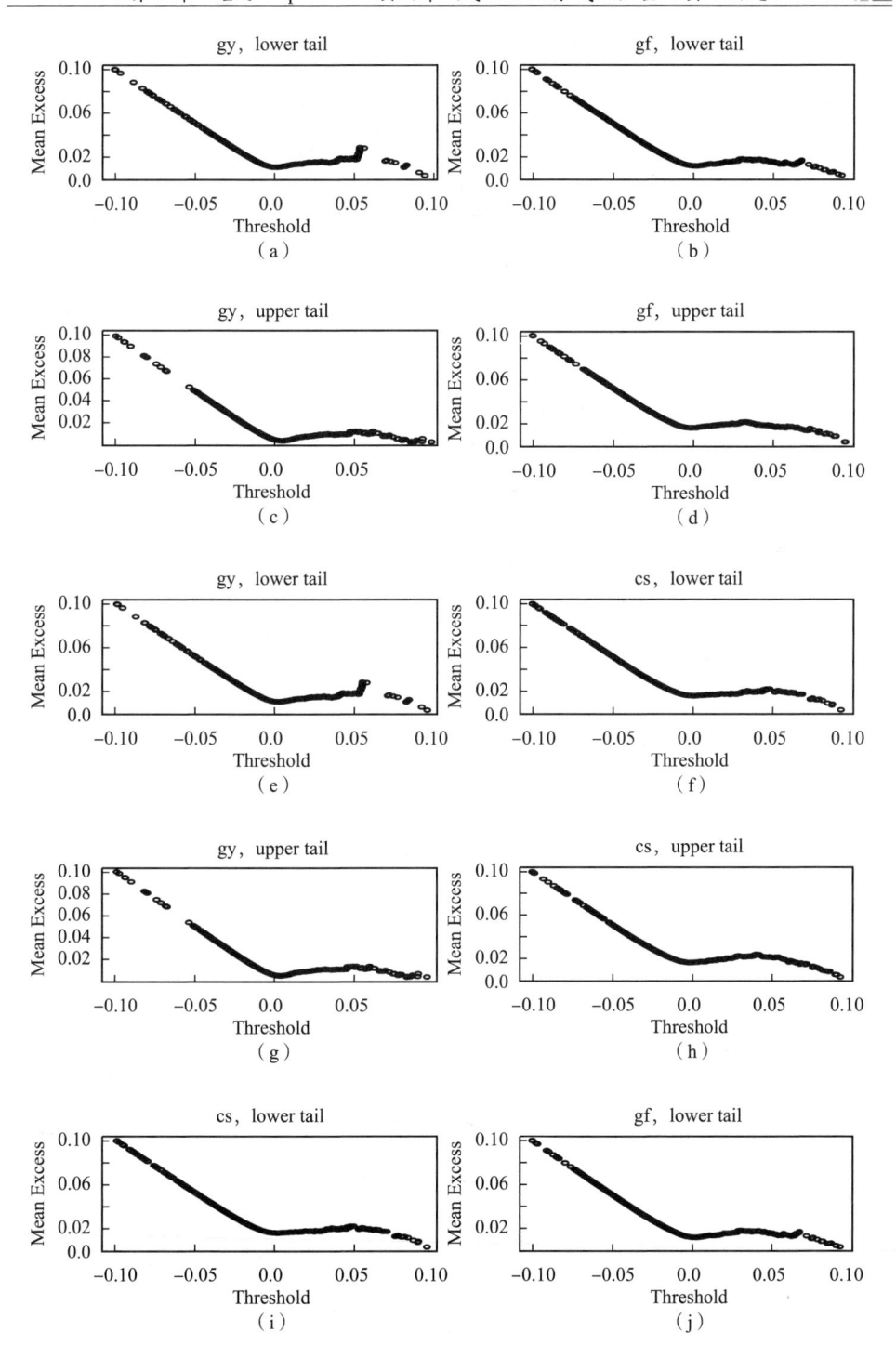

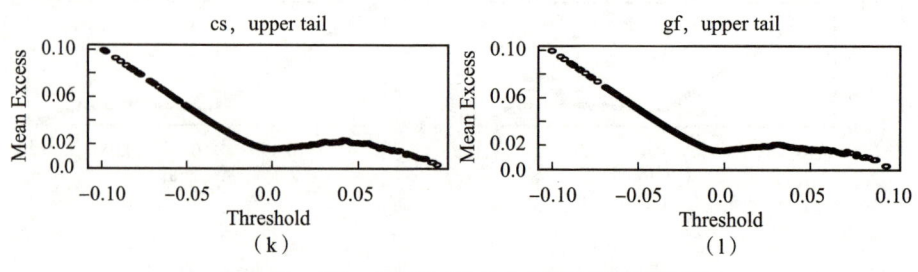

图 5.11　GY、GF 和 CS 的上尾和下尾 MEF 图

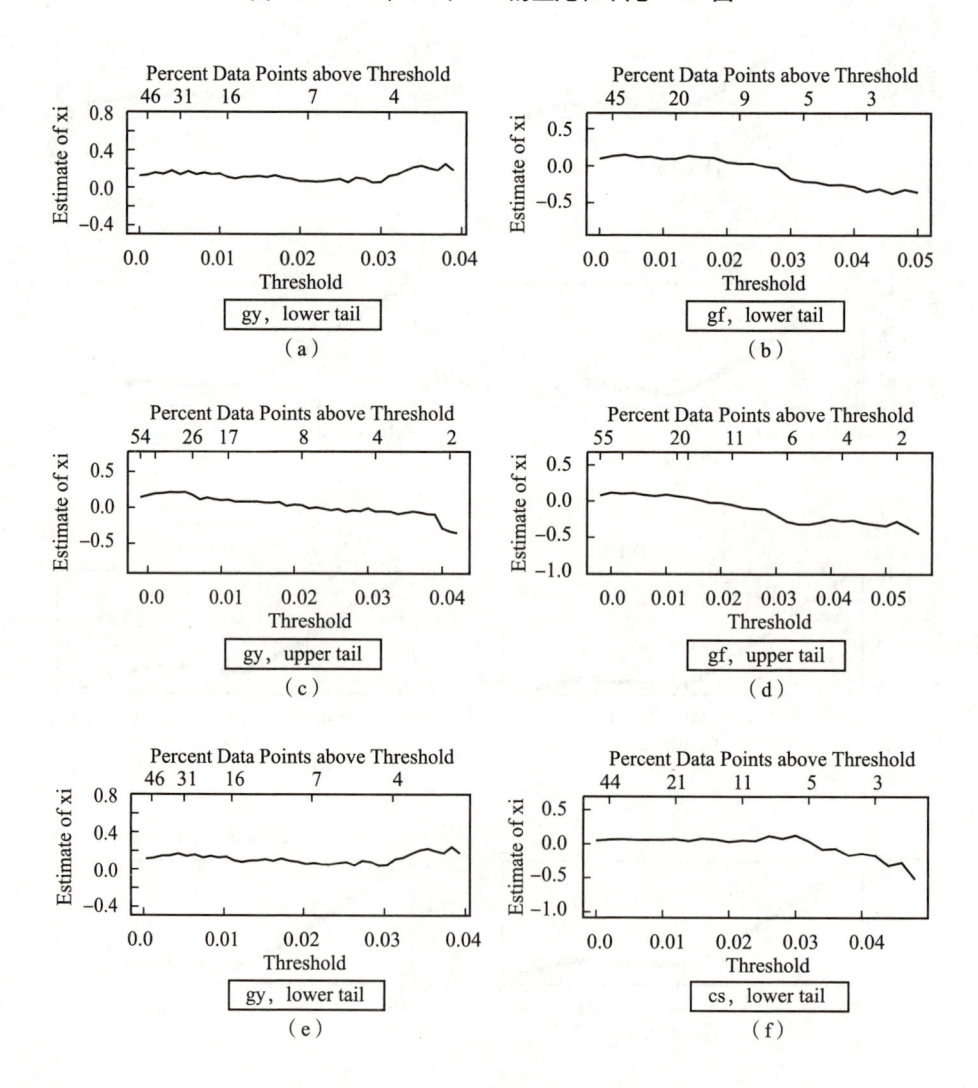

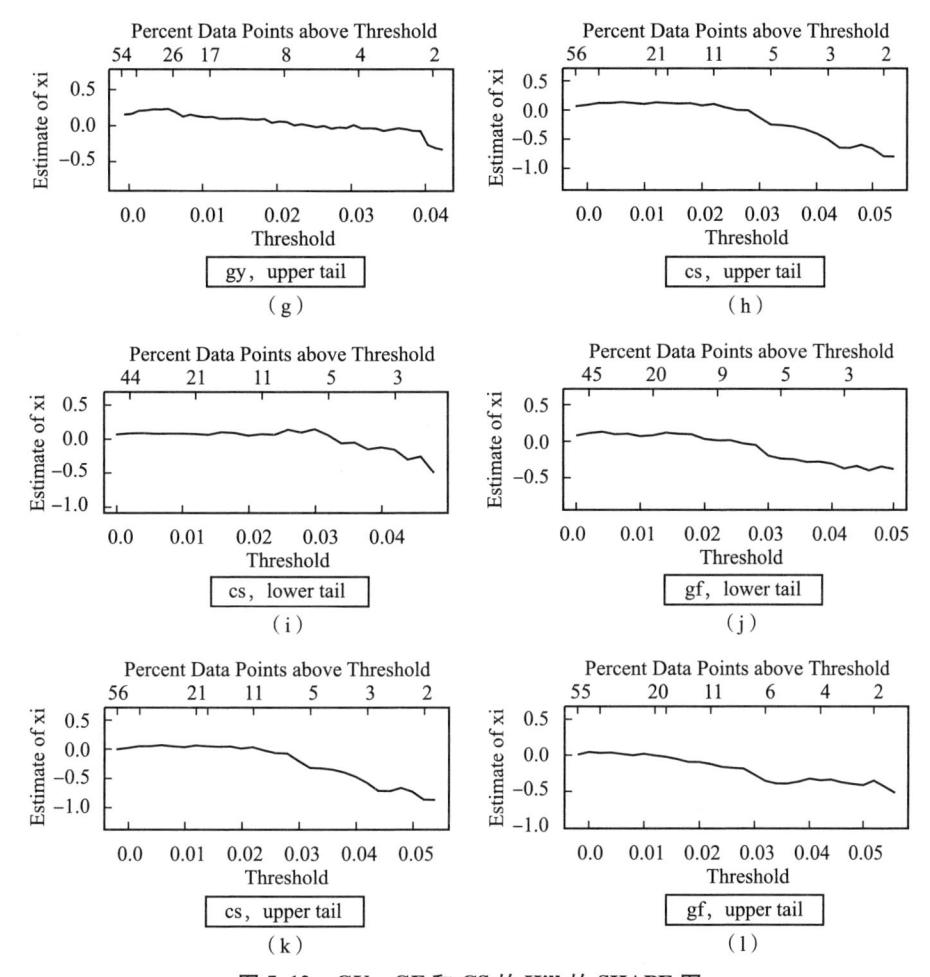

图 5.12 GY、GF 和 CS 的 Hill 的 SHAPE 图

阈值确定后,利用极大似然法估计 GPD 中的形状参数 ξ 和尺度参数 β,在估计形状参数时,以三指数上尾、下尾为例,采用信息丰富的 SHAPE 图,图 5.12 基于阈值观察,形状参数范围可大致确定,且形状参数为正,表明三指数的标准残差序列尾部服从 GPD Ⅰ型分布。

阈值和参数的估计结果见表 5.14,GY、GF 和 CS 的 GPD 分布尽管不满足正则条件,但不影响其在极值模型中的应用,说明 GPD 分布较好地拟合了三指数的标准残差序列。

表 5.14　　　　　　　　阈值及 GPD 参数的估计结果

指数	尾部	阈值	超阈值比例	对数似然值	形状参数 ξ			尺度参数 β		
					ξ 值	标准误	t 值	β 值	标准误	t 值
GY	上尾	0.0158	11.48%	962.7	0.0679	0.0769	−0.7385	0.0145	0.0017	6.7037
	下尾	−0.0148	11.82%	1036	0.1200	0.1347	−1.7938	0.0119	0.0022	6.5782
GF	上尾	0.0169	14.61%	1174	0.0045	0.0817	−1.6205	0.0176	0.0013	6.6531
	下尾	−0.0164	14.35%	1205	0.1273	0.1028	−3.5713	0.0136	0.0019	8.1152
CS	上尾	0.0193	12.56%	1217	0.1155	0.0934	−0.8271	0.0150	0.0020	7.1082
	下尾	−0.0210	10.55%	1304	0.0669	0.1142	−2.6118	0.0143	0.0017	6.9026

5.3.2.2　拟合检验

为了验证 GPD 模型的有效性，分别拟合 GY、GF 和 CS 的上尾指数和下尾指数（见图 5.13）。

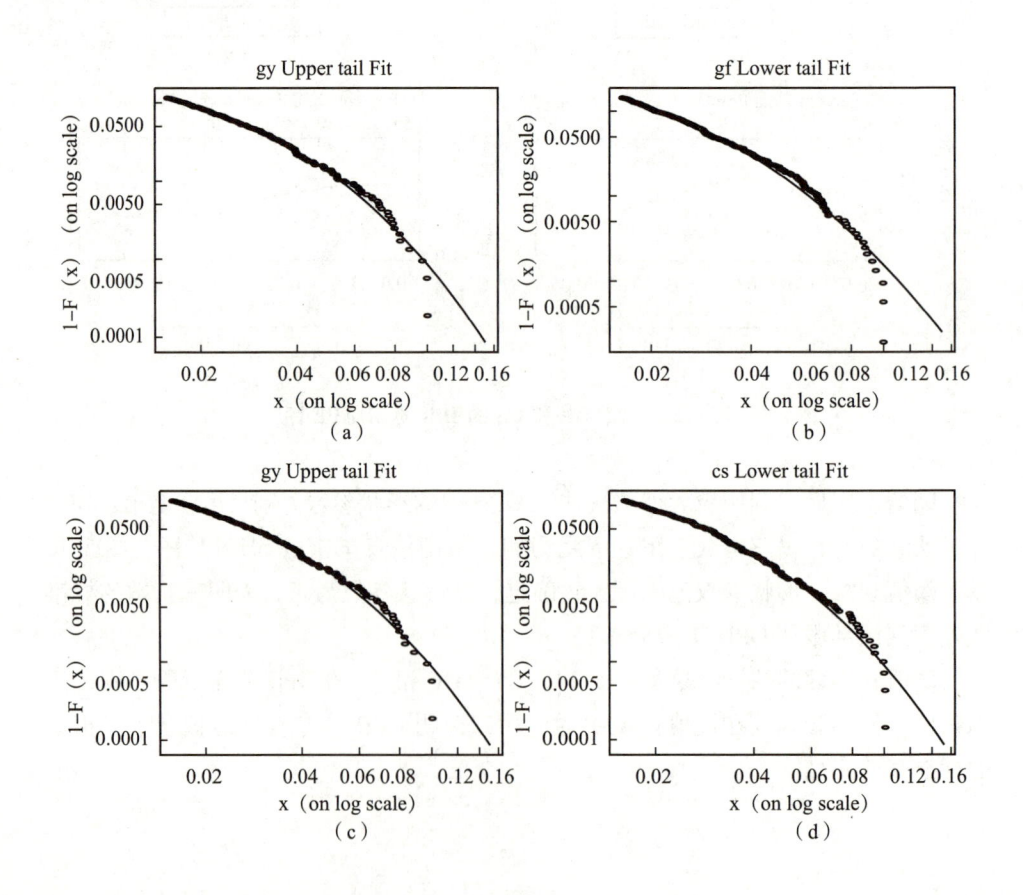

(a) gy Upper tail Fit

(b) gf Lower tail Fit

(c) gy Upper tail Fit

(d) cs Lower tail Fit

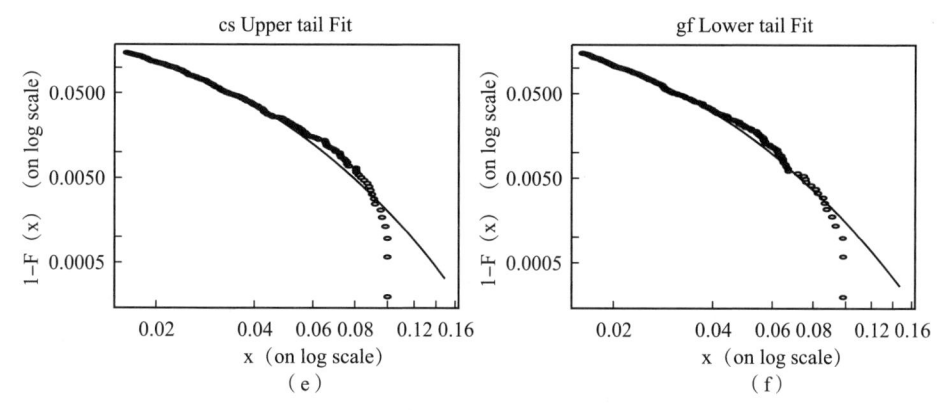

图5.13 GY、GF 和 CS 的样本标准残差序列的上尾和下尾拟合图

图 5.13 直观显示出除极个别点外，大多数点均在向下倾斜的曲线上，说明 GPD 模型较好地拟合了 GY、GF 和 CS 指数标准残差序列的上尾和下尾极值。

5.3.3 Copula 的选取和拟合优度检验

精确刻画金融时间序列间相关结构的关键在于选择最优的 Copula 函数，使其根据模型的特性描述变量间非线性和非对称的尾部相关关系。如 GY 和 GF 的 Normal Copula 在 $\delta = 0.67$ 的条件下拟合的轮廓图等（见图 5.14）。

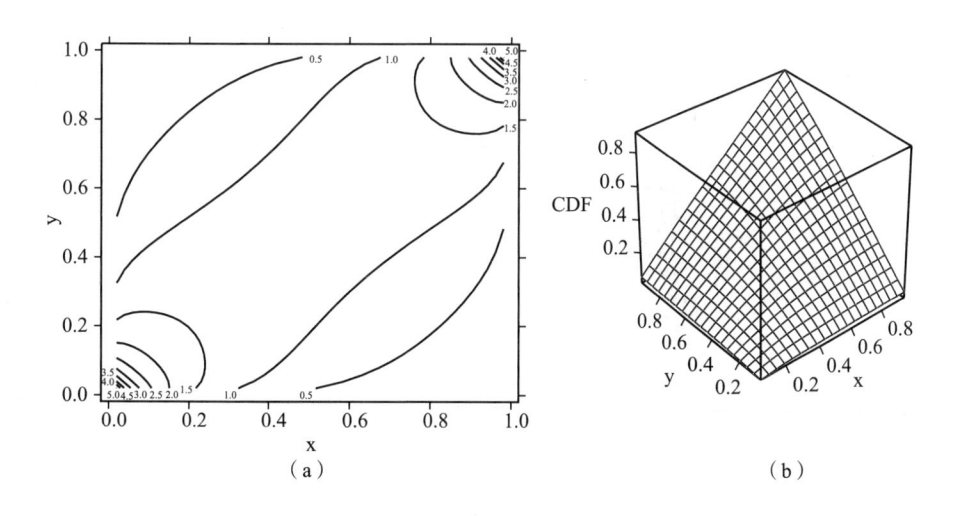

(c)   (d)

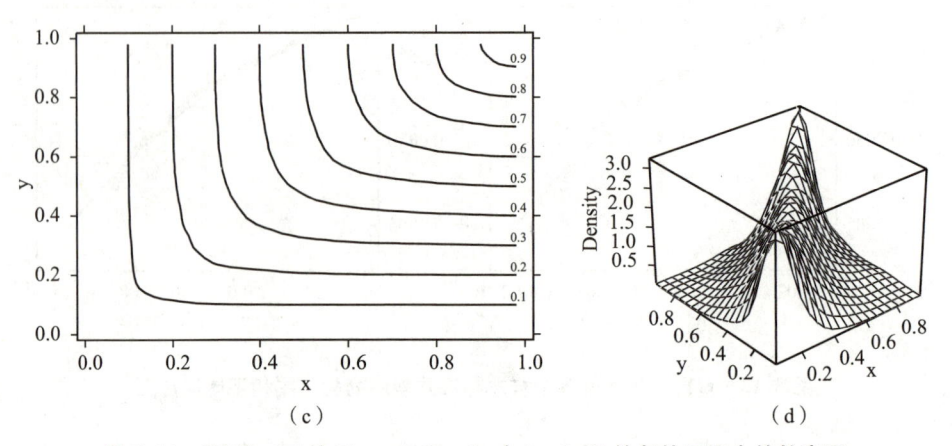

图 5.14   GY 和 GF 的 Normal Copula 在 $\delta = 0.67$ 的条件下拟合的轮廓图

再以极值 Copula 的 Gumbel 为例，我们基于其参数运用蒙特卡洛模拟了 GF 和 CS 的密度和累计分布图。分别构建基于 Gumbel 的双变量的密度和累计分布轮廓图。过程如下：首先通过整个估计样本的方差—协方差矩阵获得双变量 Gumbel Copula 的参数为 3.03，然后基于核定义和选择的窗宽来进行核密度估计，模拟的结果如图 5.15，显示估计的核密度为单峰，拟合的精度较高。显然维度越高，样本越大，越容易得到合理的核密度估计。

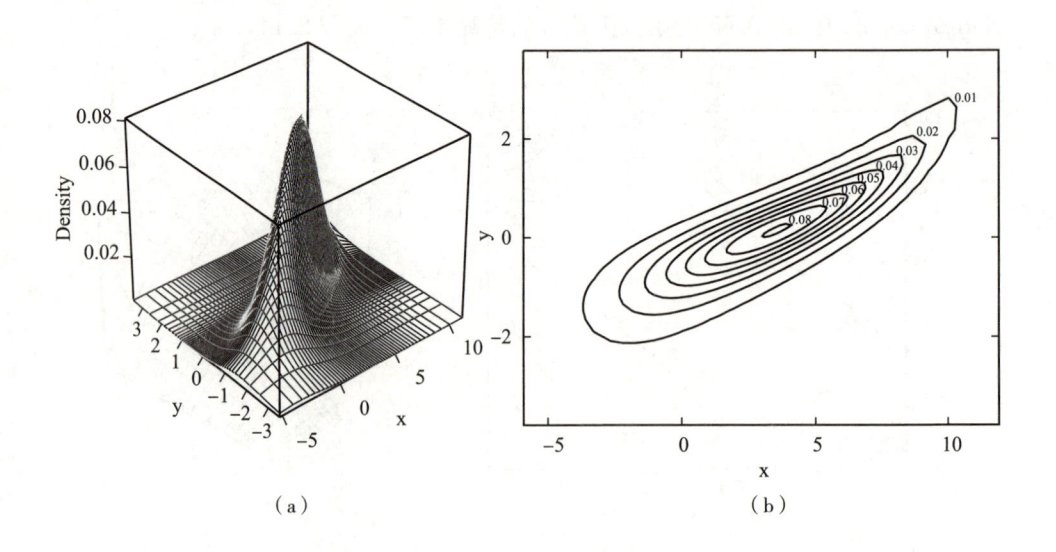

(a)   (b)

(c)   (d)

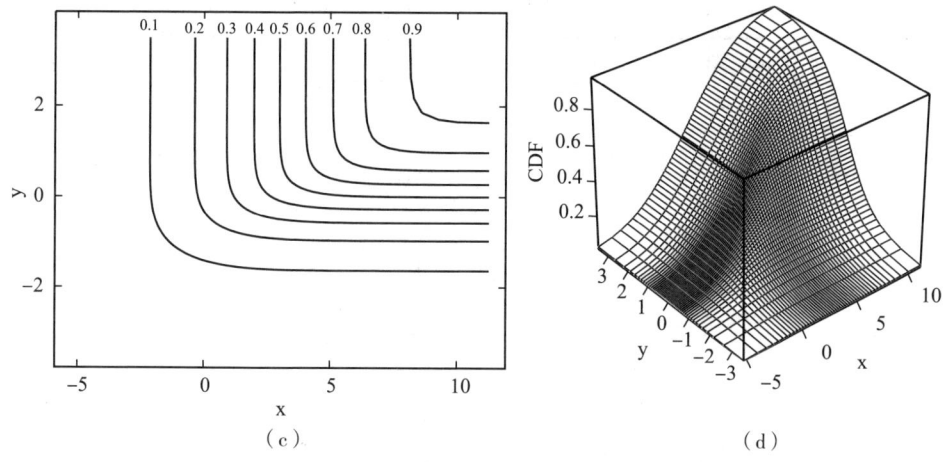

图 5.15   基于 Gumbel 参数模拟的 HS300 和 QFII 的密度和累计分布图

  Copula 函数常用的参数估计方法有：极大似然估计法（MLE）、边缘分布推导法（IFM）。MLE 法在高维情形下，估计参数常难以收敛到极值点，而 IFM 方法在不降低效率的前提下，计算更为简便，故运用 IFM 方法按下述二步骤来估计最优 Copula 函数的参数，即首先估计边缘分布的参数，然后估计 Copula 的参数，如表 5.15 所示。

表 5.15   Copula 簇中的参数估计和模型检验结果

Copula 簇	Copula 名称	δ	θ	似然值	AIC	BIC	HQ
1. GYYH 与 CSYH							
ArchimaxCopulas	BB4	1.1530	0.6986	1462.3	−2920.5	−2908.7	−2916.2
	Frank	8.0621 (44.91)	—	1279.5	−2556.9	−2551.0	−2554.8
	Joe	—	2.7926 (55.71)	1074.0	−2146.1	−2140.2	−2143.9
	BB1	1.8706	0.7064	1483.9	−2963.9	−2952.2	−2959.7
	BB2	8042.9	0.0003	1208.7	−2413.4	−2401.6	−2409.1
Archimedean Copulas	**BB3**	**0.9313 (21.41)**	**1.4221 (82.28)**	**1568.5**	**−3133.0**	**−3121.2**	**−3128.7**
	BB6	1.0000 (32.60)	2.7926 (24.11)	1074.0	−2144.1	−2132.3	−2139.8
	BB7	1.7175 (24.25)	2.1882 (36.43)	1462.0	−2920.1	−2908.2	−2915.7
	Clayton	2.1678 (37.78)	—	1208.8	−2415.7	−2409.8	−2413.5
	Gumbel	2.4147 (61.71)	—	1358.9	−2715.9	−2709.9	−2713.8

续表

Copula 簇	Copula 名称	δ	θ	似然值	AIC	BIC	HQ
	Galambos	1.6902 (44.20)	—	1336.0	−2670.0	−2664.2	−2667.9
EV Copulas	Husler. reiss	2.0282 (57.80)	—	1227.3	−2452.7	−2446.8	−2450.5
	Tawn	$\alpha = 0.9365$, $\beta = 0.9723$	$\rho = 2.7052$	1396.4	−2786.9	−2769.2	−2780.5
	BB5	1.6902	1.0000	1336.0	−2668.1	−2656.3	−2663.8
Elliptic Copula	Normal	0.7985 (145.0)		1343.1	−2684.2	−2678.3	−2682.1

2. GYYH 与 GFYH

Copula 簇	Copula 名称	δ	θ	似然值	AIC	BIC	HQ
ArchimaxCopulas	BB4	1.4784 (26.93)	0.7500 (14.17)	1918.2	−3832.3	−3820.5	−3828.1
	Frank	10.081 (48.10)	—	1669.7	−3337.4	−3331.5	−3335.3
	Joe	—	3.4041 (158.2)	1437.0	−2871.9	−2866.0	−2869.8
	BB1	**2.1971 (39.16)**	**0.7455 (13.82)**	**1929.2**	**−3854.3**	**−3842.6**	**−3850.1**
	BB2	11471.8	0.0002	1565.4	−3126.8	−3115.1	−3122.6
Archimedean Copulas	BB3	1.1538 (21.57)	1.4414 (79.12)	1919.9	−3835.9	−3824.1	−3831.6
	BB6	1.0000	3.4076	1437.0	−2869.9	−2858.2	−2865.7
	BB7	2.2142 (26.04)	2.6412 (24.72)	1893.4	−3782.8	−3771.0	−3778.5
	Clayton	2.7554 (41.45)	—	1565.6	−3129.2	−3123.3	−3127.1
	Gumbel	2.8866 (61.52)	—	1789.8	−3577.7	−3571.8	−3575.5
	Galambos	2.1649 (47.24)	—	1774.1	−3546.2	−3540.3	−3544.1
EV Copulas	Husler. reiss	2.5730 (61.00)	—	1684.7	−3367.4	−3361.5	−3365.3
	Tawn	$\alpha = 0.9684$, $\beta = 0.9974$	3.0426	1805.7	−3605.3	−3587.7	—
	BB5	2.1649	1.0000	1774.1	−3544.2	−3532.4	−3539.9
Elliptic Copula	Normal	0.8655 (234.8)		1832.5	−3663.0	−3657.1	−3660.9

3. CSYH 与 GFYH

Copula 簇	Copula 名称	δ	θ	似然值	AIC	BIC	HQ
ArchimaxCopulas	BB4	1.6166 (27.96)	0.6631 (13.05)	1945.0	−3886.1	−3874.3	−3881.8
	Frank	10.484 (48.77)	—	1718.0	−3434.0	−3428.2	−3431.9
	Joe	—	3.5602	1508.4	−3014.7	−3008.8	−3012.6
	BB1	**2.3263 (39.37)**	**0.6734 (12.86)**	**1965.9**	**−3927.9**	**−3916.2**	**−3923.7**
	BB2	13119	0.0003	1561.1	−3118.2	−3106.4	−3113.9
Archimedean Copulas	BB3	1.1598 (21.13)	1.4458 (78.36)	1913.1	−3822.1	−3810.4	−3817.9
	BB6	1.0000	3.5602	1508.4	−3012.7	−3000.9	−3008.4

第5章 基于Copula-SV类的中国商业银行集成风险量化实证研究

续表

Copula簇	Copula名称	δ	θ	似然值	AIC	BIC	HQ
	BB7	2.1905 (29.52)	2.8018 (34.70)	1922.6	-3841.1	-3829.4	-3836.9
	Clayton	2.8293 (41.17)	—	1561.2	-3120.5	-3120.5	-3118.4
	Gumbel	2.9844 (61.03)	—	1850.3	-3698.5	-3692.6	-3696.4
	Galambos	2.2610 (47.25)	—	1828.7	-3655.3	-3649.5	-3653.2
EV Copulas	Husler.reiss	2.6216 (61.11)	—	1715.6	-3429.2	-3423.3	-3427.0
	Tawn	α=0.9572, β=0.9681	ρ=3.3591	1881.1	-3756.2	-3738.6	-3749.8
	BB5	2.2610	1.0000	1828.7	-3653.3	-3641.6	-3649.1
Elliptic Copula	Normal	0.8636 (230.9)	—	1813.1	-3624.1	-3618.2	-3622.0

注：表中黑体为拟合最优的单参数和双参数Copula，（）内为统计的t值。

由表5.15可以看出，基于似然函数最大准则和AIC、BIC和HQ最小准则，在单参数结构的Normal、Gumbel、Galambos、Husler.reiss、Frank和Joe拟合的Copula中，Gumbel和Normal拟合度较好，Joe最差；双参数结构拟合最差的则为BB6。在整个样本中给出的所有单参数和双参数Copula函数，拟合最优的为BB1 Copula和BB3 Copula，最差的为BB6 Copula。具体而言，在GY和CS拟合的最优结构中，BB3 Copula为最优，BB6最差，Joe次之；在GY和GF的拟合中，BB1 Copula最优，BB6最差，Joe次之；在CS和GF的拟合中，BB1 Copula最优，BB6最差，Joe次之。在三对拟合的最优结构中，我们发现最优的和最差的拟合结构均为双参数Copula，说明最优Copula选取取决于样本自身的结构。

尾部相关系数是一个广泛应用于极值理论的测度，常用来说明当一个随机变量为极值时，另一个变量也出现极值的概率。为了细致地刻画尾部的相关性，参照Ledford和Tawn的联合生成函数法对GY与GF、CS与GF的BB1 Copula尾部相关系数分别进行求解，GY与CS的BB3 Copula尾部相关函数求解。以GY与GF为例，其上尾部相关系数和缓慢变化函数分别为$\eta_u=1$，$\varphi(t)^u=2-2^{1/\theta}=0.6529$，这意味着若GY指数超出一定值出现的价格向上跳跃，相应地，GF超出一定值出现价格向上跳跃的概率是65.29%。同理，CS与GF出现价格向上跳跃的概率是61.91%；GY与GF的下尾部相关系数和缓慢变化函数分别为$\eta_l=1$，$\varphi(t)^l=2-2^{-1/\theta}=0.6426$。同样地，若GY超出一定值出现价格向下跳跃，则GF超出相应一定值出现向下价格跳跃的概率为 64.26%。同理，CS 与 GF 出现价格向下跳跃的概率是 65.50%。GY 与 CS 的 BB3 Copula 上尾部相关系数和缓慢变化函数分别为 $2-2^{1/\theta}$，下尾部相关系数为 1，这即意味着若 GY 指数超出一定值出现的价格向上跳跃，相应地，CS 超出一定值出现价格向上跳跃的概率是 31.19%。由此可知，GY 与 CS 指数的上下尾部渐近相关且下尾部相对强度高于上尾部，表明两指数在下跌的相关性明显高于其上涨的相关性。这与 Longin F 等和 Ang A 等研究的研究结论是一致的。而 GY 与 GF、CS 与 GF 指数的上下尾部渐近相关且上尾部相对强度高于下尾部，表明两对指数在上涨的相关性明显高于其下跌的相关性，这与 Karmakar M 等研究的结论相一致。

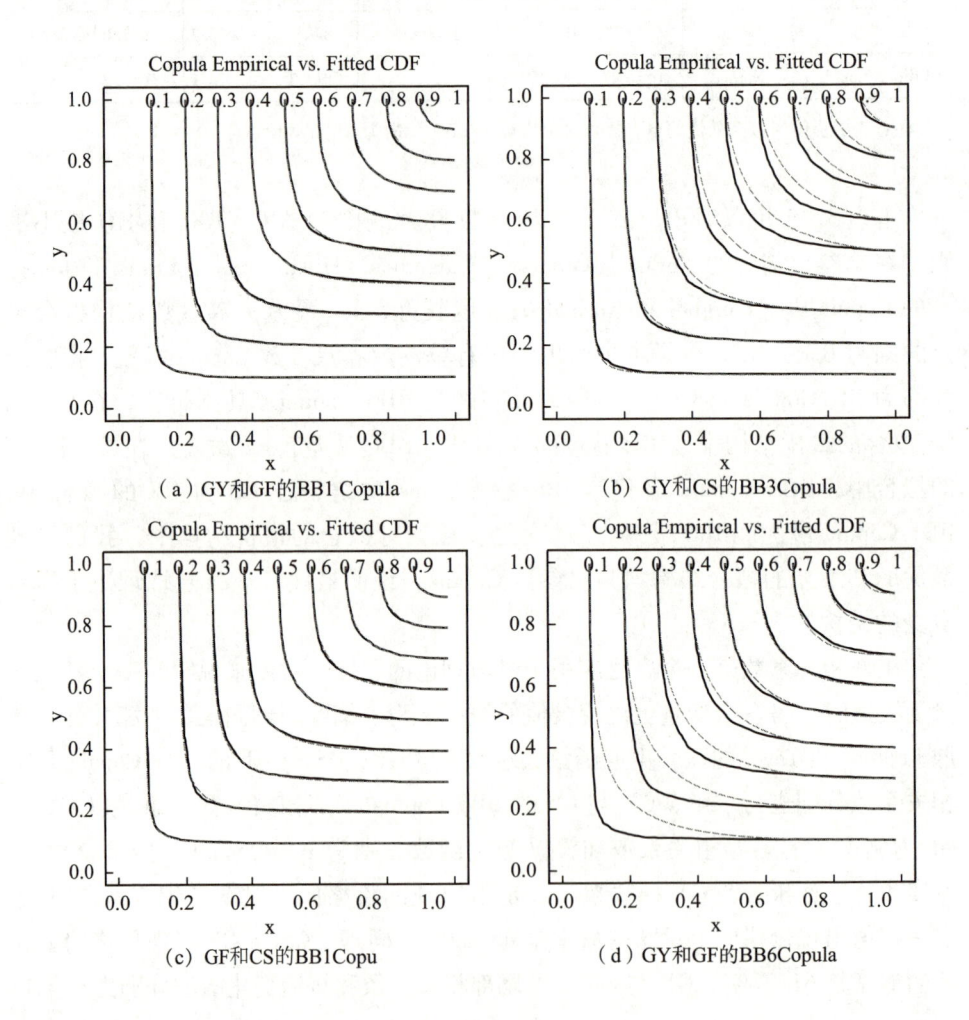

（a）GY和GF的BB1 Copula

（b）GY和CS的BB3Copula

（c）GF和CS的BB1Copu

（d）GY和GF的BB6Copula

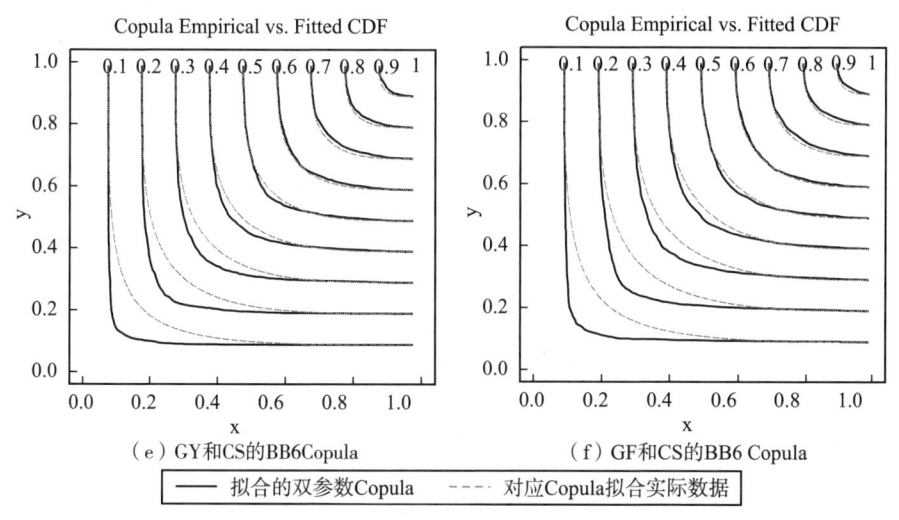

Copula Empirical vs. Fitted CDF　　　　　Copula Empirical vs. Fitted CDF

（e）GY和CS的BB6Copula　　　　（f）GF和CS的BB6 Copula

—— 拟合的双参数Copula　　---- 对应Copula拟合实际数据

图 5.16　适应 GY、GF 和 CS 相关结构的最优（差）Copula 与经验 Copula 拟合 CDF 效果对比图

根据前面的分析，GY、GF 和 CS 在确定最优 Copula 后，通过每对的估计样本来构建等权重组合，其收益定义为 $r = \ln(\omega_1 e^x + \omega_2 e^y)$，其中 $x = \ln(P_{1,t+1}/P_t)$ 和 $y = \ln(P_{2,t+1}/P_{2,t})$ 分别为每对的对数收益，给定损失概率为 $1-q$ 和分布函数为 F_r，则 $VaR_q = F_r^{-1}(q)$ 和 $CVaR_q = E(-r | -r > VaR_q)$。模拟程序通过蒙特卡洛模拟 10000 次独立的均匀变量，该变量来自各自最优 Copula 函数的估计参数，再将其转换为标准残差序列，然后将该残差序列导入 ASV – GPD 模型，模拟出每对指数组合在给定置信水平下的 VaR 和 CVaR，最后将模拟的风险值与计算的组合收益序列进行分析，结果见表 5.16，进而对数值模拟的风险值通过后验样本进行 Kupiec 回测检验，结果显示 VaR 的失败次数均在不拒绝域内，LR 值均低于临界值和相应的概率值显著高于设定的损失概率值，表明基于各自最优 Copula 的风险测度效果较好。

表 5.16　基于最优 Copula 模型的银行间指数标准残差序列的风险测度

1. GY 与 CS BB3 Copula

置信度	95%	97.5%	99%	99.5%	99.9%
VaR	0.0264	0.0361	0.0479	0.0577	0.0970
ES	0.0408	0.0508	0.0657	0.0790	0.1106
VaR 后验接受域	37 < N < 65	15 < N < 36	4 < N < 17	N < 4	0 ≤ N < 1

续表

实际失败次数	48	24	13	2	0
LR 统计量	1.6754	0.1357	0.8102	0.1942	0.5638
P 概率值	0.4029	0.6913	0.7276	0.9404	0.4774

2. GY 与 GF BB1 Copula

置信度	95%	97.5%	99%	99.5%	99.9%
VaR	0.0262	0.0344	0.0472	0.0569	0.0784
CVaR	0.0390	0.0484	0.0613	0.0709	0.0884
VaR 后验接受域	37 < N < 65	15 < N < 36	4 < N < 17	N < 4	0 ≤ N < 1
实际失败次数	47	20	8	1	0
LR 统计量	1.4627	0.0955	0.7302	0.0911	0.6018
P 概率值	0.2508	0.8183	0.3812	0.7464	0.4643

3. GF 与 CS BB1 Copula

置信度	95%	97.5%	99%	99.5%	99.9%
VaR	0.0301	0.0407	0.0535	0.0650	0.1047
CVaR	0.0457	0.0570	0.0737	0.0890	0.1263
VaR 后验接受域	37 < N < 65	15 < N < 36	4 < N < 17	N < 4	0 ≤ N < 1
实际失败次数	59	29	14	3	0
LR 统计量	1.8424	0.1744	0.7892	0.1059	0.4836
P 概率值	0.4329	0.8425	0.4676	0.7504	0.5310

注：LR 在各分位下的临界值分别为 3.84、5.02、6.63、7.88 和 10.83。LR 均小于临界值，P 值为不拒绝域的概率，置信度为 $1-q$，ω_1、ω_2 为构建组合的权重。

5.4 基于 Copula – ASV – T – GPD 的中国金融系统的风险测度研究

5.4.1 样本的选取及统计特征

考虑到 2005 年中国股权分置改革起始之年、2007 年美国次贷危机爆发，因而择选样本涵盖 2005 年股改和汇改、2008 年世界金融危机、2015 年中国证券市场巨幅波动和 2018 年中美贸易摩擦初露端倪，选用中信证券编制的中国金融行业指数（JinRong index，JR）、非金融行业指数（FJR index，FJR）和房地产行业指数（FDC index，FDC），这些指数采用派式加权进行编制。因此本书选取从 2005 年 1 月 4 日—2018 年 7 月 2 日的 JR、FJR 和 FDC 指数日数据收盘 p_t 为研究样本，共 3280 组有效数据。样本估计区间为 2005 年 1 月 4 日—2018 年 7 月 2 日，共 3280 组样本数据，样本后验区间为 2014 年 5 月 28 日—2018 年 7 月 2 日，共 1000 个日收盘数据，数据来源于锐思数据库。考虑序列平稳性，三指数日对数收益率定义为：$X_t = \ln p_t - \ln p_{t-1}$，如图 5.17～图 5.19。

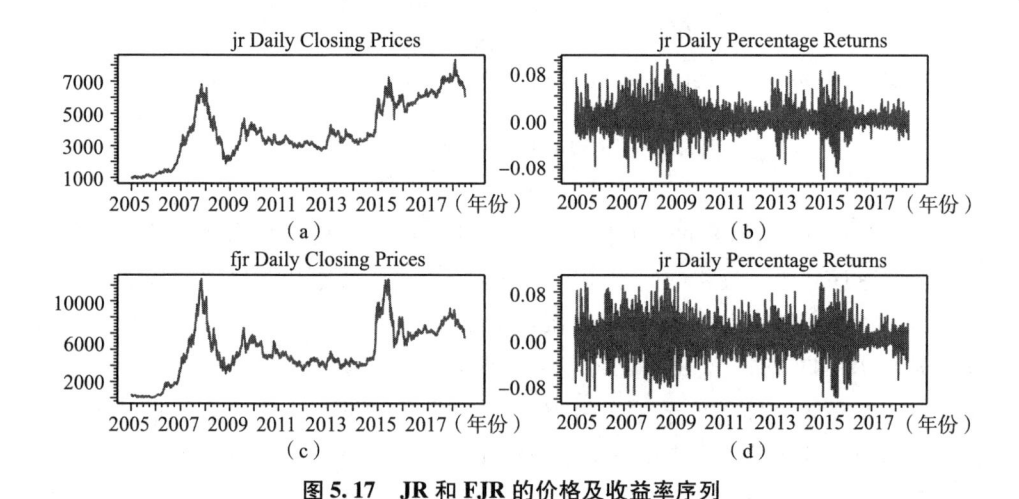

图 5.17　JR 和 FJR 的价格及收益率序列

图 5.18　FDC 和 FJR 的价格及收益率序列

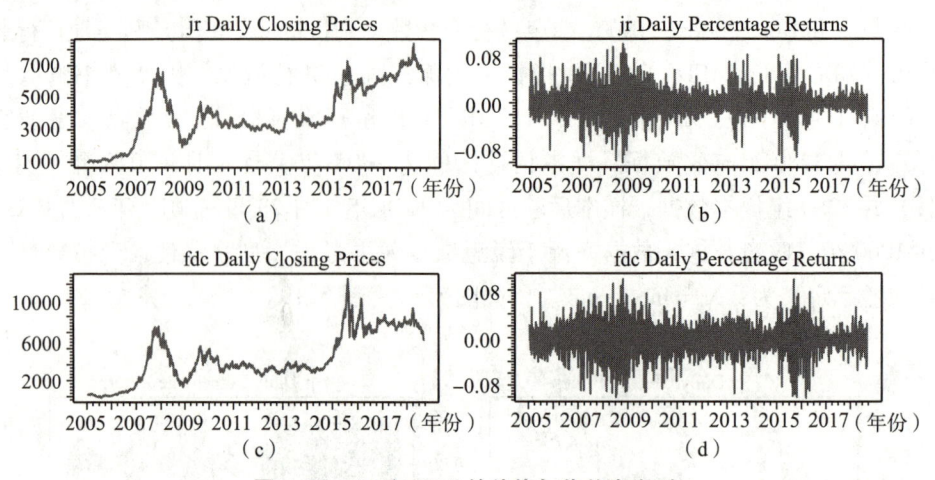

图 5.19 JR 和 FDC 的价格与收益率序列

从图 5.17~图 5.19 可以看出,显示出 JR、FJR 和 FDC 样本区间的日收盘价格和收益率序列图,三指数的收益率序列呈现聚簇、厚尾和非对称等特征,进一步,我们通过测算三指数间的相关系数分别得到:JR 与 FJR 为 0.7278718,JR 与 FDC 为 0.6479771,FJR 与 FDC 为 0.6984405。与我们预期相一致的是,银行类金融行业与非银行金融行业相关度最高。与我们预期不一致的是,非银行金融行业与房地产的相关度高于银行类金融行业。可能的原因在于与我们所选的样本区间和银行严格贷款政策有关,非银行金融行业如信托贷款与房地产的限制条件相对较少。

由表 5.17 可知,JR、FJR 和 FDC 的收益率均值较小且相近,标准差则较大,三者偏度为负意味着序列负向冲击比正向冲击更剧烈。峰度都大于 3,JB 假设检验表明不服从正态分布,ADF 检验均为 0 阶平稳的随机过程。Ljung-Box 统计量 $Q(k)$ 显示存在弱的序列自相关性,$Q^2(k)$ 检验表明收益率的平方自相关性较强,该统计量较显著表明为序列非线性相依具有条件异方差,在图 5.17~图 5.19 中显示为波动率聚簇性,在 2008 年和 2015 年波动率巨幅波动中,向下波动与向上波动呈现不一致,可考虑用不对称的 ASV-T 模型建模。因此,三指数收益率序列均为偏态、厚尾但平稳的分布。

接下来运用 ASV-T 模型拟合三指数的收益序列,消除其条件异方差和得到不可观测的波动率序列,基于 MCMC 的 Gibbs 的抽样 10000 次,ASV-T 模型的参数估计结果见表 5.18 和图 5.20。

第5章 基于Copula-SV类的中国商业银行集成风险量化实证研究

表5.17　　　　　　　　JR、FJR和FDC样本收益率的统计特征

指数	ADF检验	均值	标准差	偏度	峰度	J-B检验	Q(20)	Q^2(20)
JR	-57.68 (0.0001)	0.0006	0.0199	-0.0027	6.8003	1972.5 (0)	44.89 (0)	851.43 (0)
FJR	-51.76 (0.0001)	0.0006	0.0251	-0.0547	5.4268	806.01 (0)	51.38 (0)	853.31 (0)
FDC	-54.26 (0.0001)	0.0005	0.0226	-0.5076	5.6083	1070.0 (0)	41.92 (0)	748.86 (0)

表5.18　　　　　　　　JR、FJR和FDC的ASV-T模型参数估计

指数	参数	均值	标准差	MC误差	2.5%	中位数	97.5%	燃烧值	Gibbs抽样样本
JR	μ	-3.766	0.0081	7.35E-4	-3.781	-3.766	-3.75	4001	6000
	φ	0.5266	0.0265	0.001216	0.4748	0.5266	0.5789	4001	6000
	τ	76.72	4.847	0.3488	67.57	76.61	86.29	4001	6000
	ρ	5.7E-5	2.9E-4	3.32E-6	-5.12E-4	5.73E-5	6.36E-4	4001	6000
	ω	50.63	7.847	0.6724	37.15	50.04	66.96	4001	6000
FJR	μ	-3.765	0.00852	7.92E-4	-3.783	-3.764	-3.749	4001	6000
	φ	0.5267	0.02698	0.00135	0.4705	0.5271	0.5793	4001	6000
	τ	76.39	4.813	0.3556	67.82	76.16	86.43	4001	6000
	ρ	7.83E-5	2.93E-4	3.78E-6	-4.99E-4	7.51E-5	6.54E-4	4001	6000
	ω	50.18	7.052	0.5945	36.51	50.01	65.35	4001	6000
FDC	μ	-3.766	0.00799	7.15E-4	-3.782	-3.766	-3.752	4001	6000
	φ	0.5269	0.02598	0.00106	0.4756	0.5269	0.5797	4001	6000
	τ	76.75	4.642	0.3124	68.16	76.61	86.28	4001	6000
	ρ	6.1E-5	2.87E-4	3.61E-6	-5.0E-4	6.3E-5	6.2E-4	4001	6000
	ω	50.3	7.715	0.6578	37.08	49.52	67.18	4001	6000

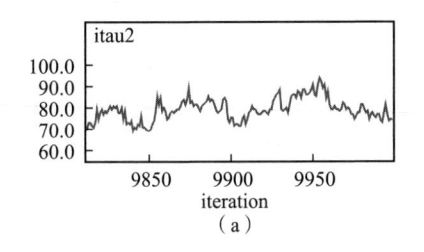

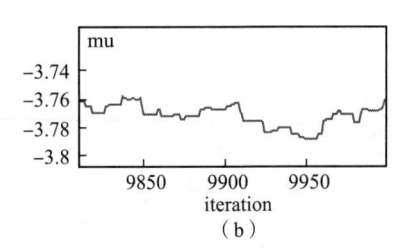

(a)

(b)

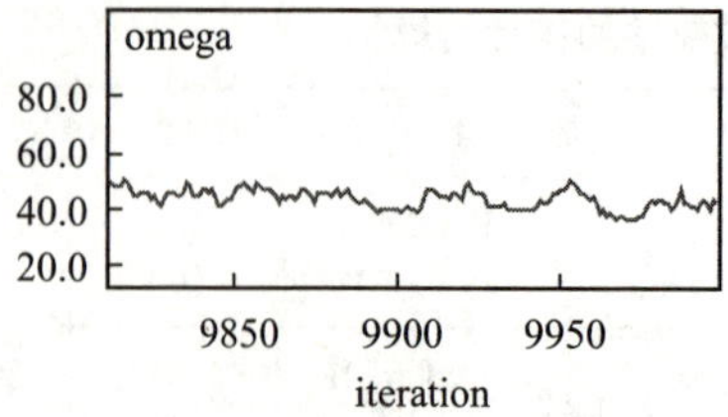

(c)

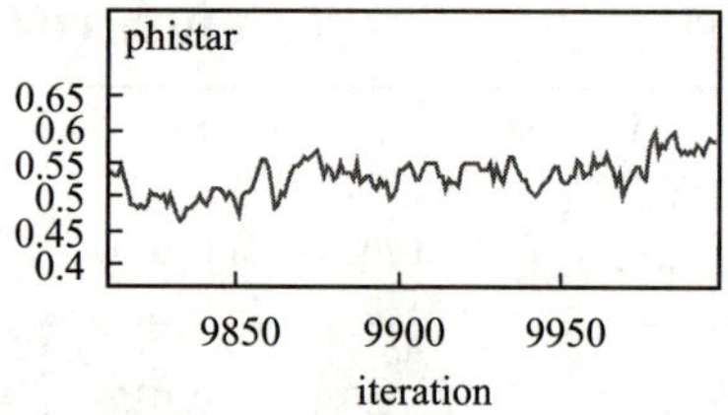

(d)

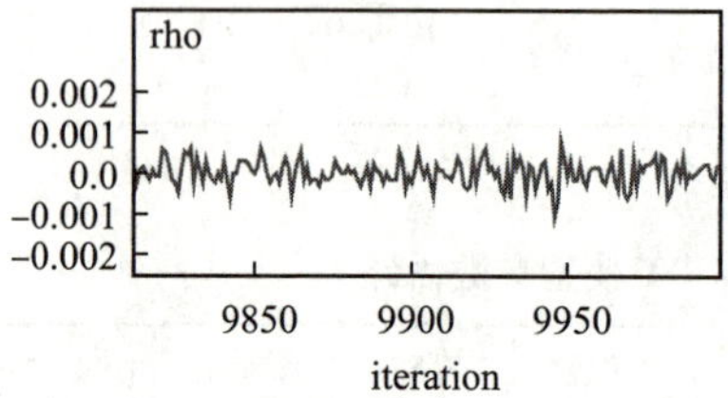

(e)

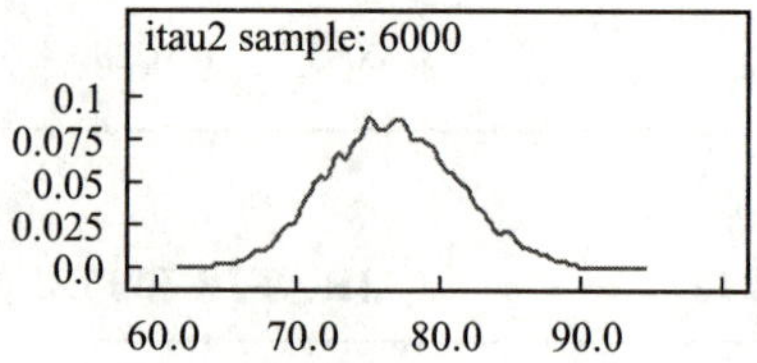

(f)

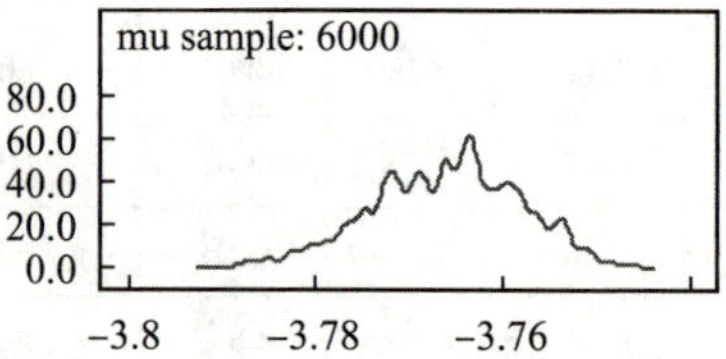

(g)

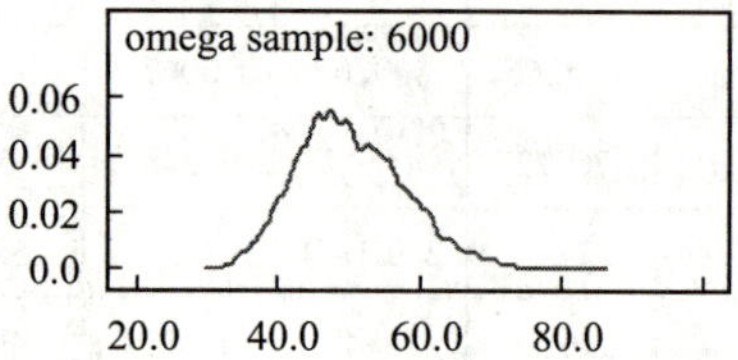

(h)

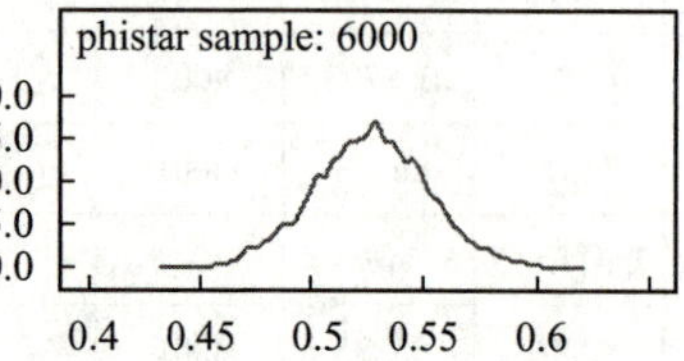

(i)

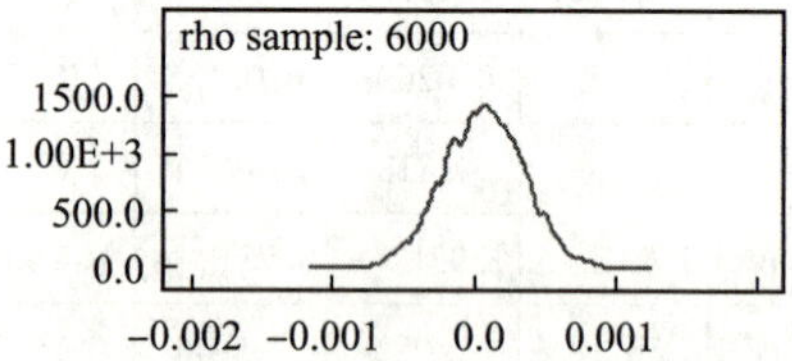

(j)

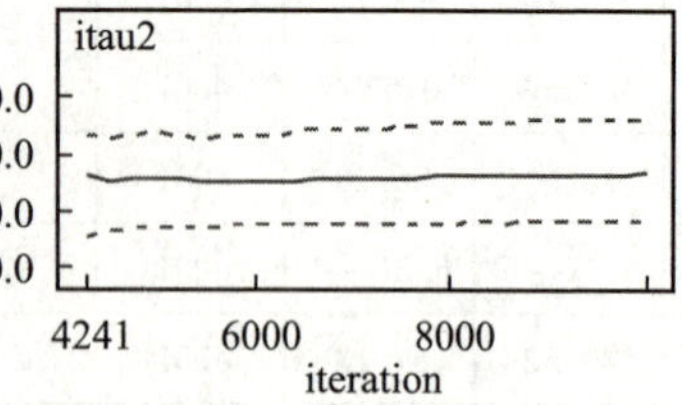

(k)

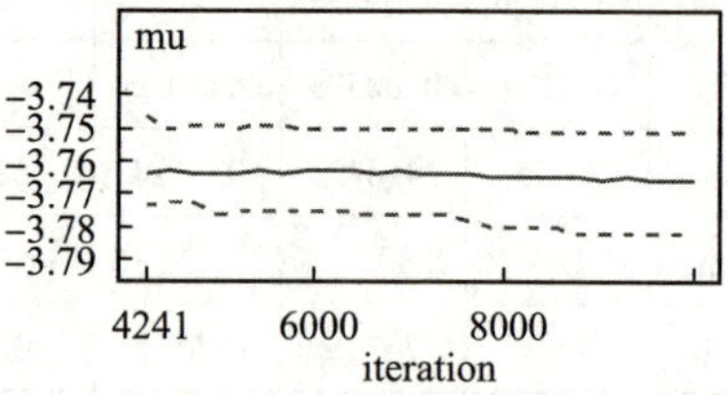

(l)

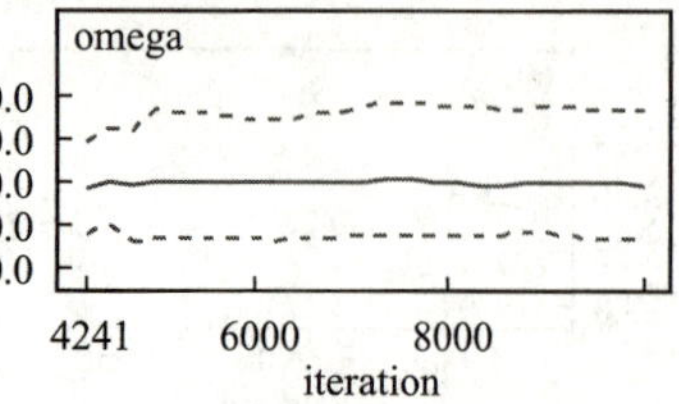

(m)

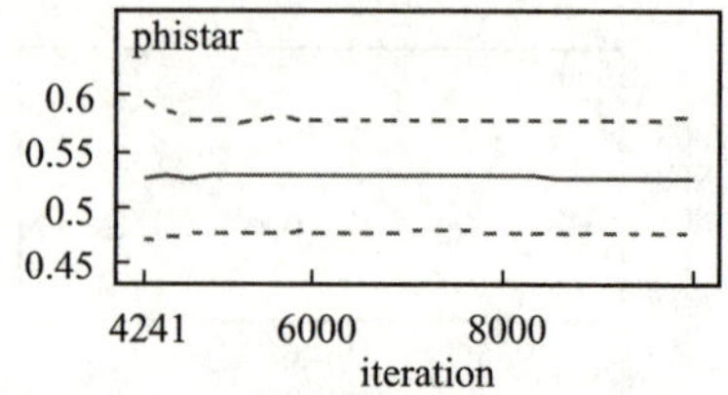

(n)

(o)

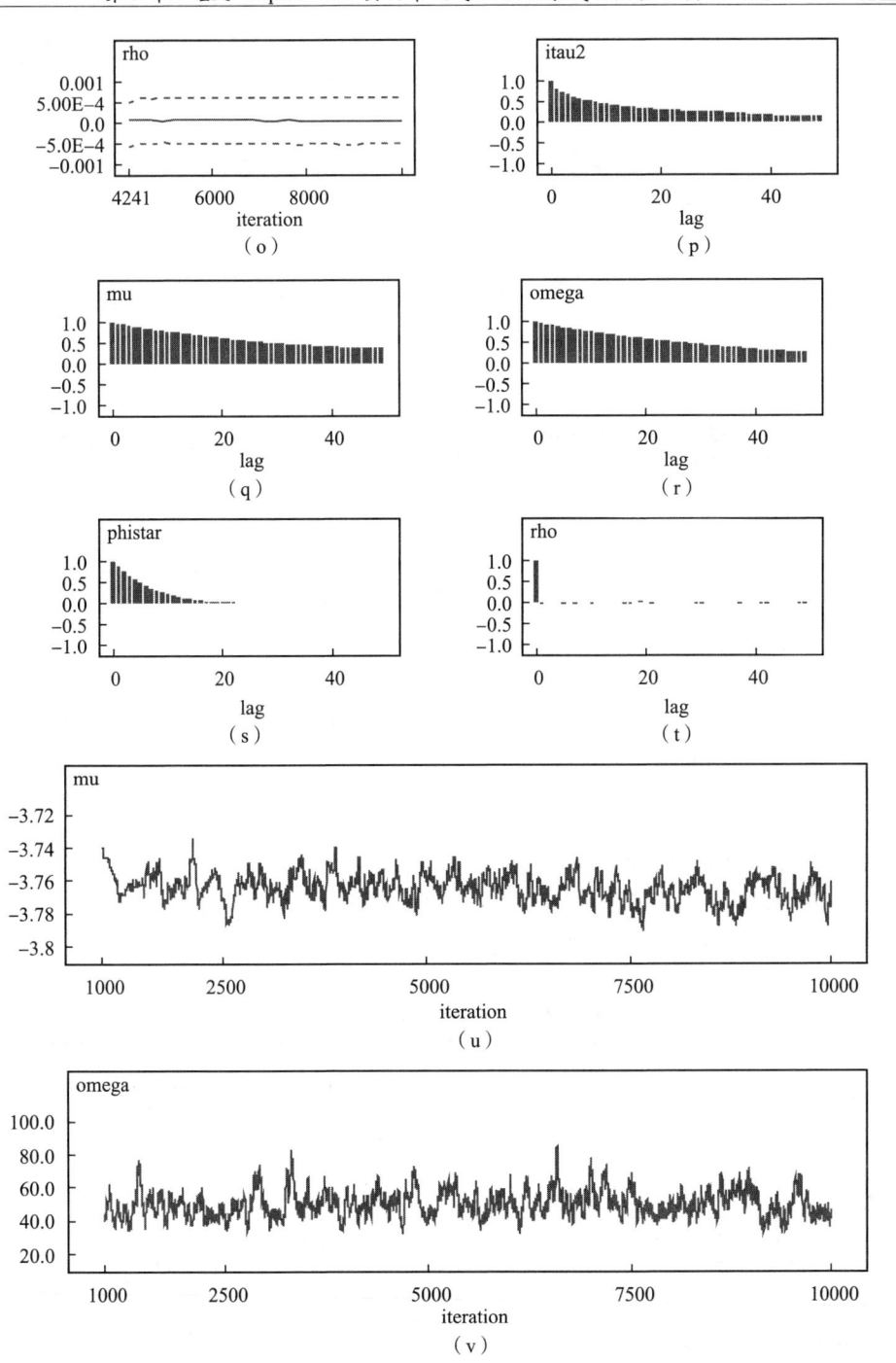

(p)

(q)

(r)

(s)

(t)

(u)

(v)

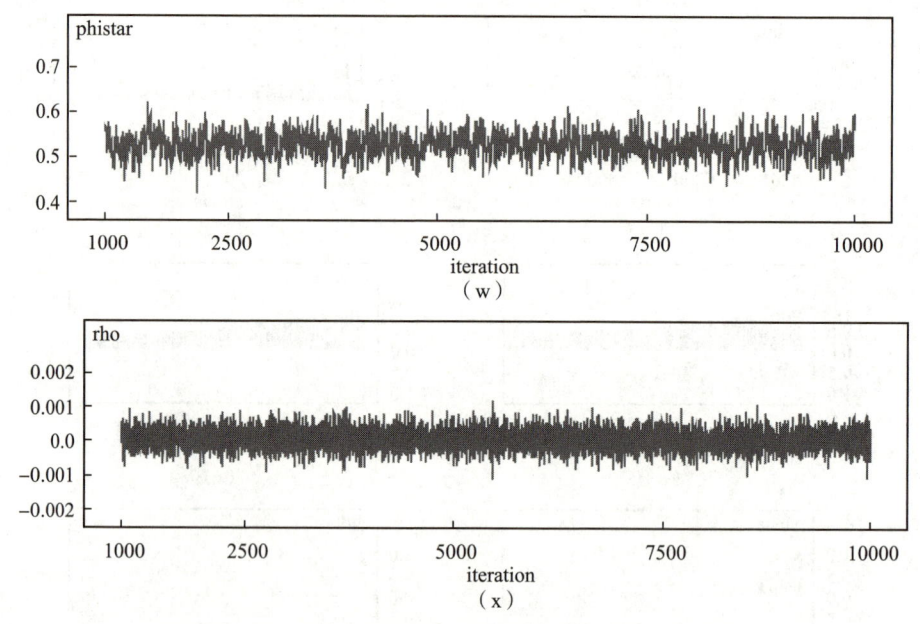

图 5.20　ASV – T 模型的参数拟合图（以 FDC 为例）

由表 5.18 及图 5.20 可知，通过对 JR、FJR 和 FDC 的参数估计值 CODA 序列进行 Geweke 谱密度收敛性检验，构造的 t 统计量 1.0217 小于临界值 2。因而模拟 MCMC 法的样本序列是平稳收敛的，参数估计值是有效的。同时，三指数收益序列的参数 ρ 均为正值，表明在估计样本期存在显著的非对称杠杆效应。通过前述章节内容，将三指数收益序列得到渐进独立同分布的标准残差序列（其统计特征见表 5.19），再应用 POT 模型对其进行建模。

表 5.19　JR、FJR 和 FDC 样本标准残差序列的统计特征

指数	样本分位数					样本矩			
	最小	25%	中位数	75%	最大	均值	标准差	偏度	峰度
JR	-0.0997	-0.0082	-0.00004	0.0091	0.1002	0.0007	0.0199	0.1691	6.734
FJR	-0.0999	-0.0106	-0.00005	0.0124	0.1002	0.0009	0.0251	0.1106	5.381
FDC	-0.0949	-0.0099	0.00113	0.0123	0.0991	0.0008	0.0225	-0.361	5.419

下面来讨论三指数标准残差序列的相依程度。以 FJR 和 FDC 为例，经计算其线性相关系数 $\rho = 0.6984$，秩相关系数 $\rho_s = 0.6563$，Kendall$\tau = 0.4893$，FJR 和 FDC 标准残差序列存在着较强的线性相关性，说明研究两指数的相关性是具有意

义的。如果比较两指数标准残差的散点图以及均值和协方差构造的二元正态分布的模拟图（见图5.21），图5.22中的直方图和标准正态的分位图显示并不服从正态分布，显然基于正态分布假设来描述两指数标准残差序列的分布显然是不准确的，表明使用线性相关系数来度量相依性可能产生误导性的结果。

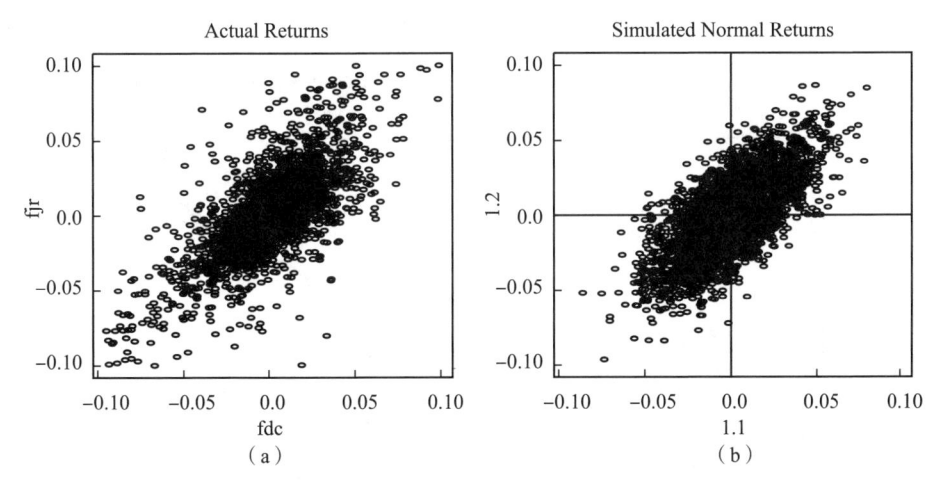

图5.21 FJR和FDC标准残差的散点图以及均值和协方差构造的二元正态分布的模拟图

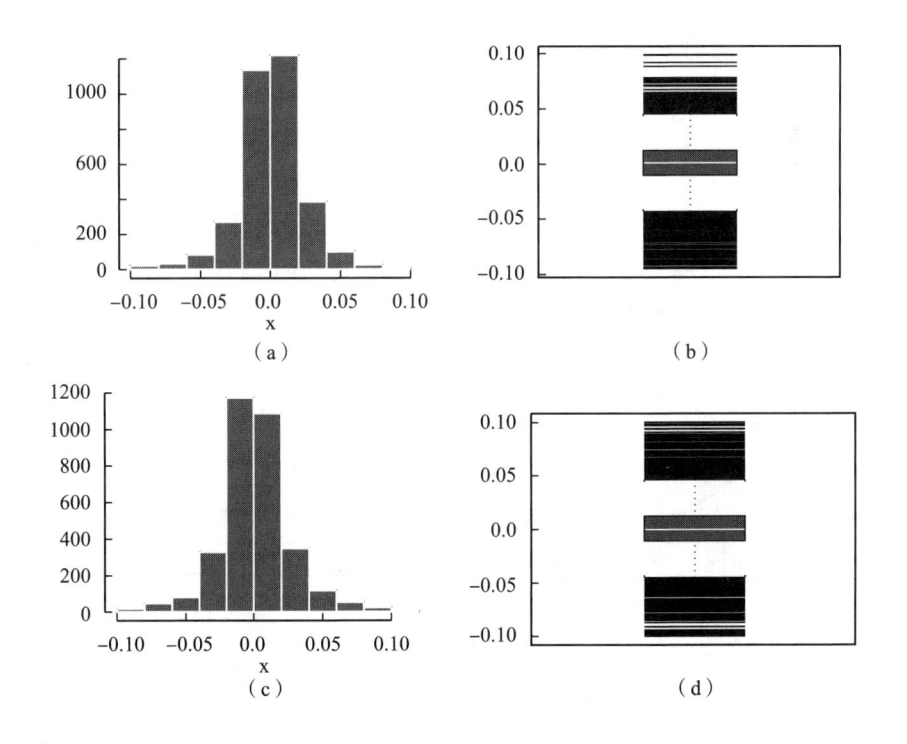

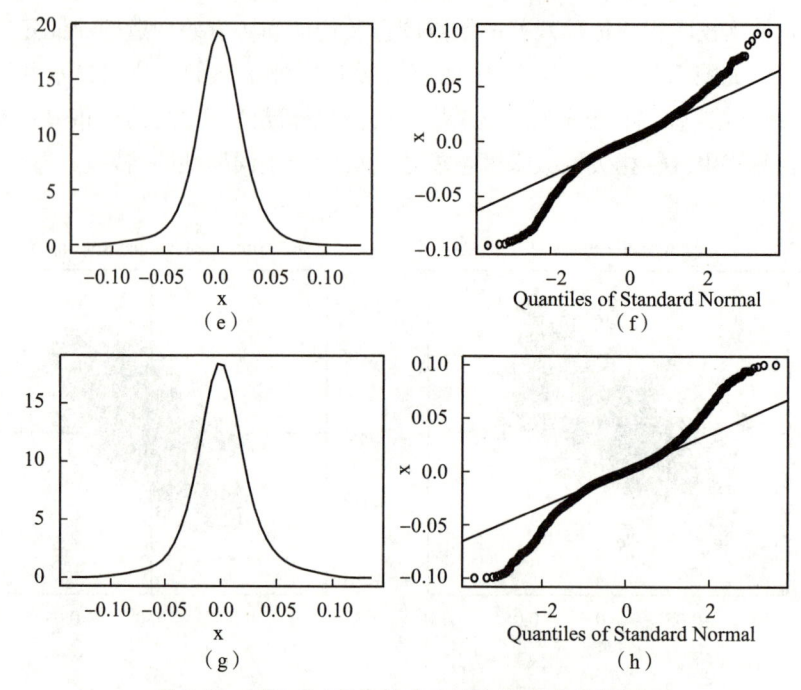

图 5.22 FJR 和 FDC 的直方图和标准残差分位图

5.4.2 边缘分布模型

5.4.2.1 参数估计

在运用 POT 模型拟合 GPD 分布时，考虑到 MEF 图选择阈值的较强主观性，可以先确定阈值的一个大致范围（见图 5.23），进而结合 Hill 的 SHAPE 图来选取阈值（见图 5.24）。

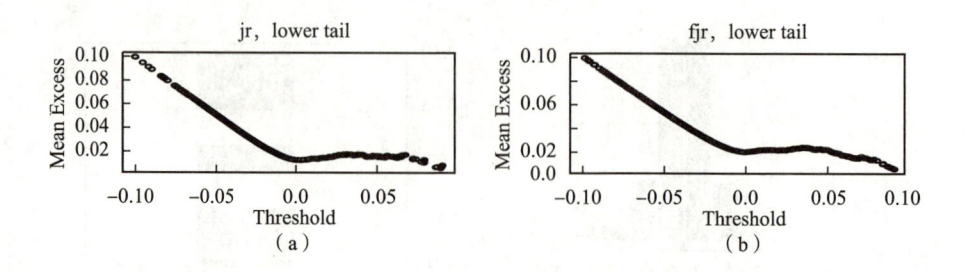

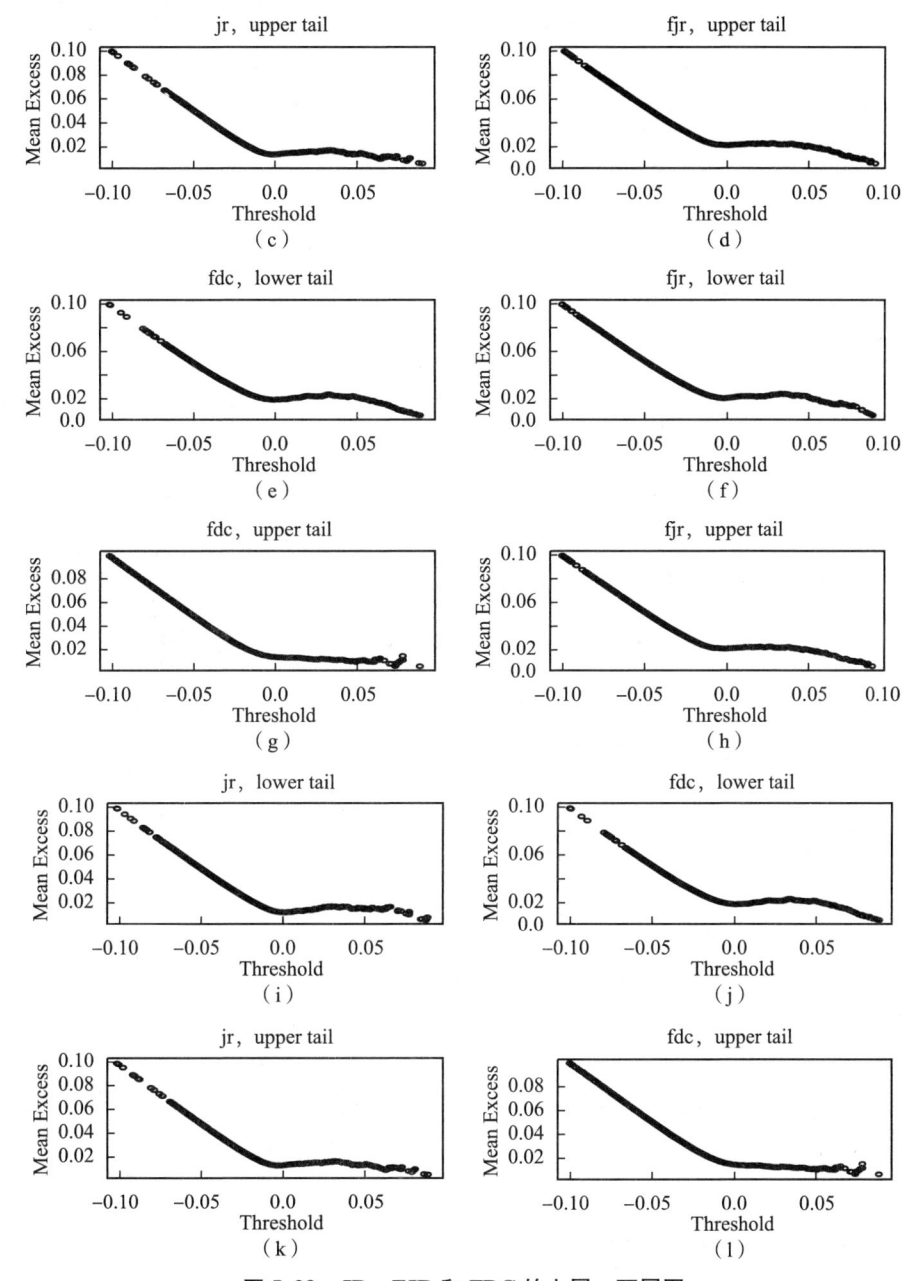

图 5.23　JR、FJR 和 FDC 的上尾、下尾图

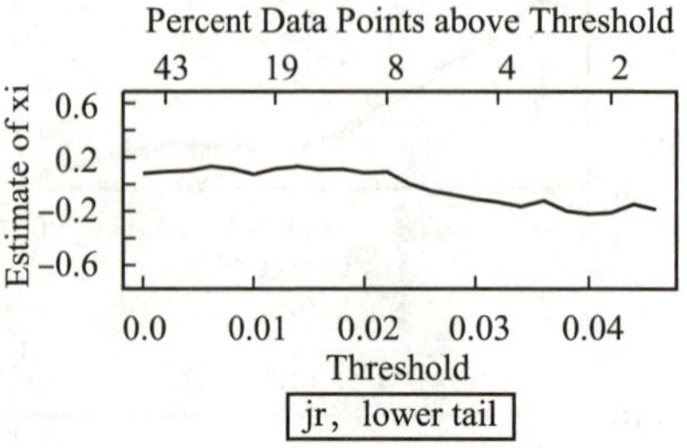
Percent Data Points above Threshold
43 19 8 4 2
Estimate of xi
0.6 0.2 −0.2 −0.6
0.0 0.01 0.02 0.03 0.04
Threshold
jr，lower tail

（a）

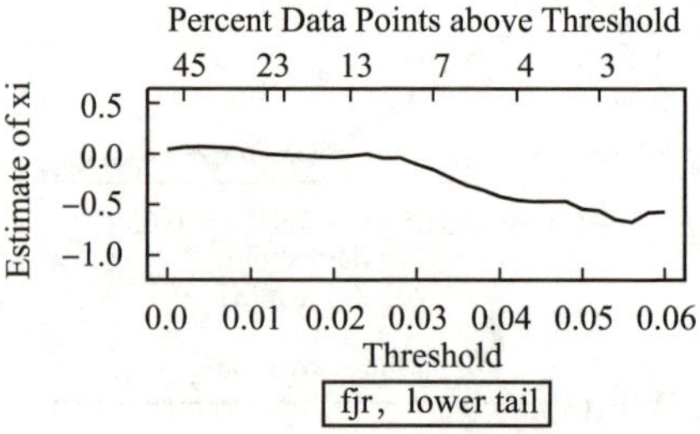
Percent Data Points above Threshold
45 23 13 7 4 3
Estimate of xi
0.5 0.0 −0.5 −1.0
0.0 0.01 0.02 0.03 0.04 0.05 0.06
Threshold
fjr，lower tail

（b）

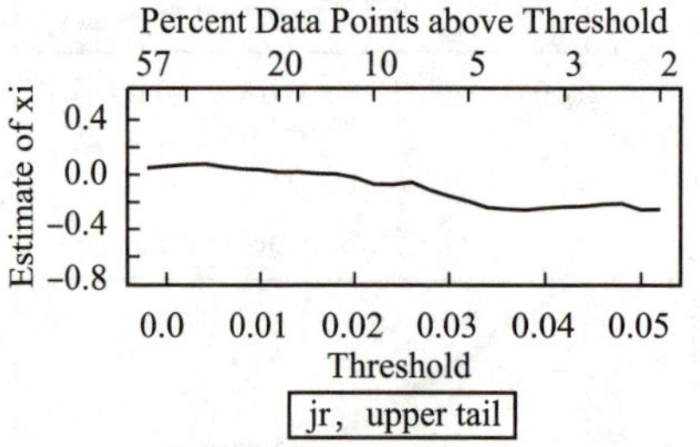
Percent Data Points above Threshold
57 20 10 5 3 2
Estimate of xi
0.4 0.0 −0.4 −0.8
0.0 0.01 0.02 0.03 0.04 0.05
Threshold
jr，upper tail

（c）

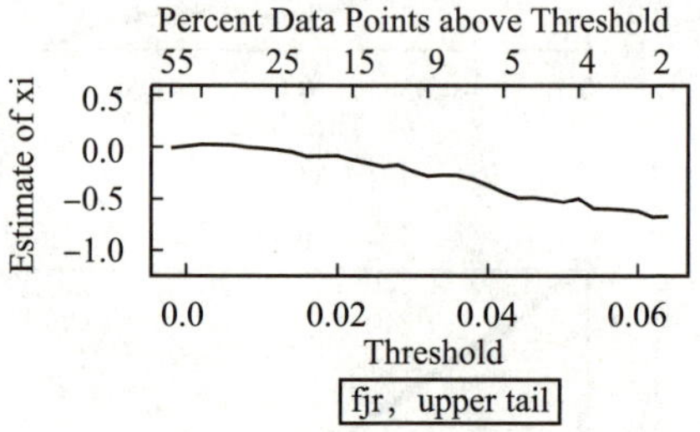
Percent Data Points above Threshold
55 25 15 9 5 4 2
Estimate of xi
0.5 0.0 −0.5 −1.0
0.0 0.02 0.04 0.06
Threshold
fjr，upper tail

（d）

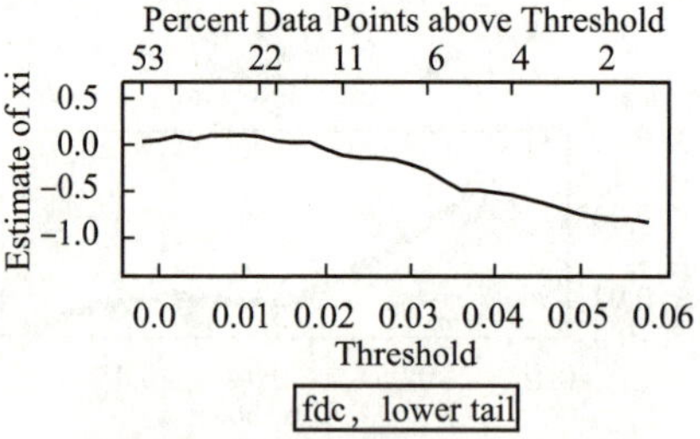
Percent Data Points above Threshold
53 22 11 6 4 2
Estimate of xi
0.5 0.0 −0.5 −1.0
0.0 0.01 0.02 0.03 0.04 0.05 0.06
Threshold
fdc，lower tail

（e）

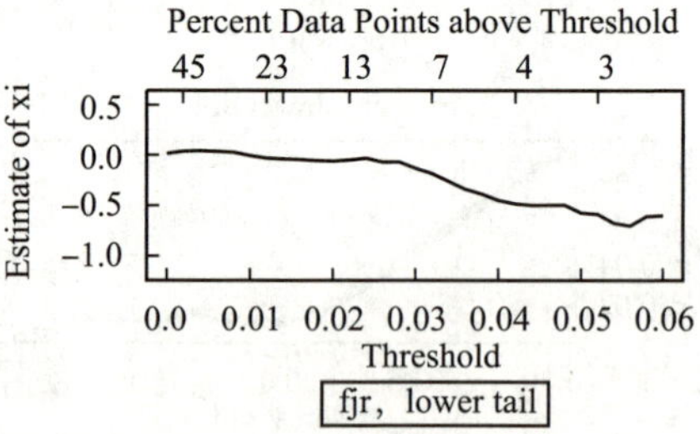
Percent Data Points above Threshold
45 23 13 7 4 3
Estimate of xi
0.5 0.0 −0.5 −1.0
0.0 0.01 0.02 0.03 0.04 0.05 0.06
Threshold
fjr，lower tail

（f）

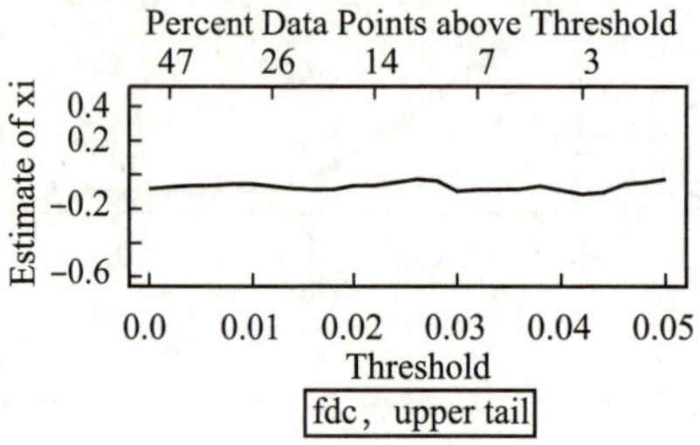
Percent Data Points above Threshold
47 26 14 7 3
Estimate of xi
0.4 0.2 −0.2 −0.6
0.0 0.01 0.02 0.03 0.04 0.05
Threshold
fdc，upper tail

（g）

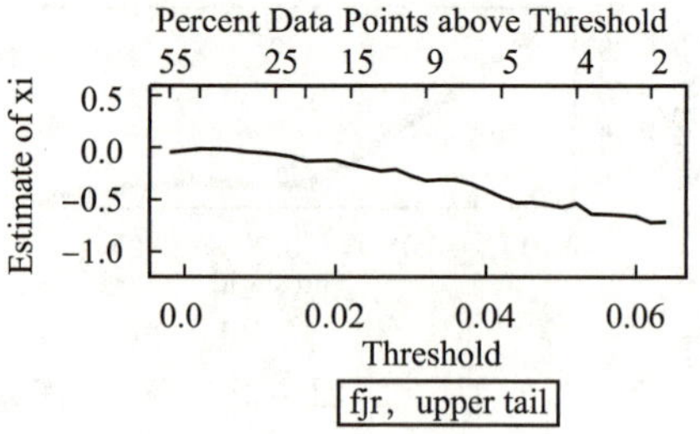
Percent Data Points above Threshold
55 25 15 9 5 4 2
Estimate of xi
0.5 0.0 −0.5 −1.0
0.0 0.02 0.04 0.06
Threshold
fjr，upper tail

（h）

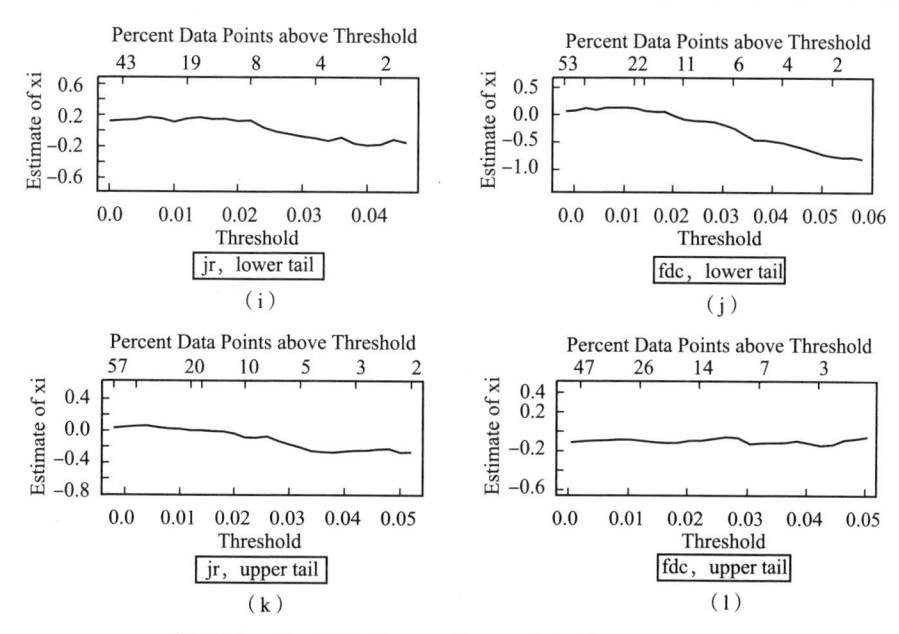

图 5.24 JR、FJR 和 FDC 的 Hill 的上尾、下尾位置图

阈值确定后,利用极大似然法估计 GPD 中的形状参数 ξ 和尺度参数 β,在估计形状参数时,以三指数上尾、下尾为例,采用信息丰富的 SHAPE 图,图 5.24 基于阈值观察,形状参数范围可大致确定,且形状参数正负不一,表明三指数的标准残差序列尾部服从 GPD Ⅰ 或 Ⅲ 型分布。

阈值和参数的估计结果见表 5.20,JR、FJR 和 FDC 的 GPD 分布尽管不满足正则条件,但不影响其在极值模型中的应用,说明 GPD 分布较好地拟合了三指数的标准残差序列。

表 5.20　　　　　　　阈值及 GPD 参数的估计结果

指数	尾部	阈值	超阈值比例（%）	对数似然值	形状参数 ξ ξ值	标准误	t 值	尺度参数 β β值	标准误	t 值
JR	上尾	0.0185	12.24	1647	0.0233	0.0692	-0.7138	0.0154	0.0012	6.3744
	下尾	-0.0174	11.47	1570	0.1105	0.1153	-1.7418	0.0127	0.0019	6.5382
FJR	上尾	0.0298	9.854	951.5	-0.2258	0.0715	-1.6035	0.0242	0.0014	6.6311
	下尾	-0.0236	12.02	1193	-0.0108	0.1076	-3.5143	0.0180	0.0018	8.1035
FDC	上尾	0.0188	16.66	1763	-0.0850	0.0904	-0.8075	0.0159	0.0020	7.1015
	下尾	-0.0177	14.77	1465	0.0192	0.1042	-2.6061	0.0175	0.0017	6.8874

5.4.2.2 拟合检验

为了验证 GPD 模型的有效性，分别拟合 JR、FJR 和 FDC 的上尾、下尾指数（见图 5.25）。

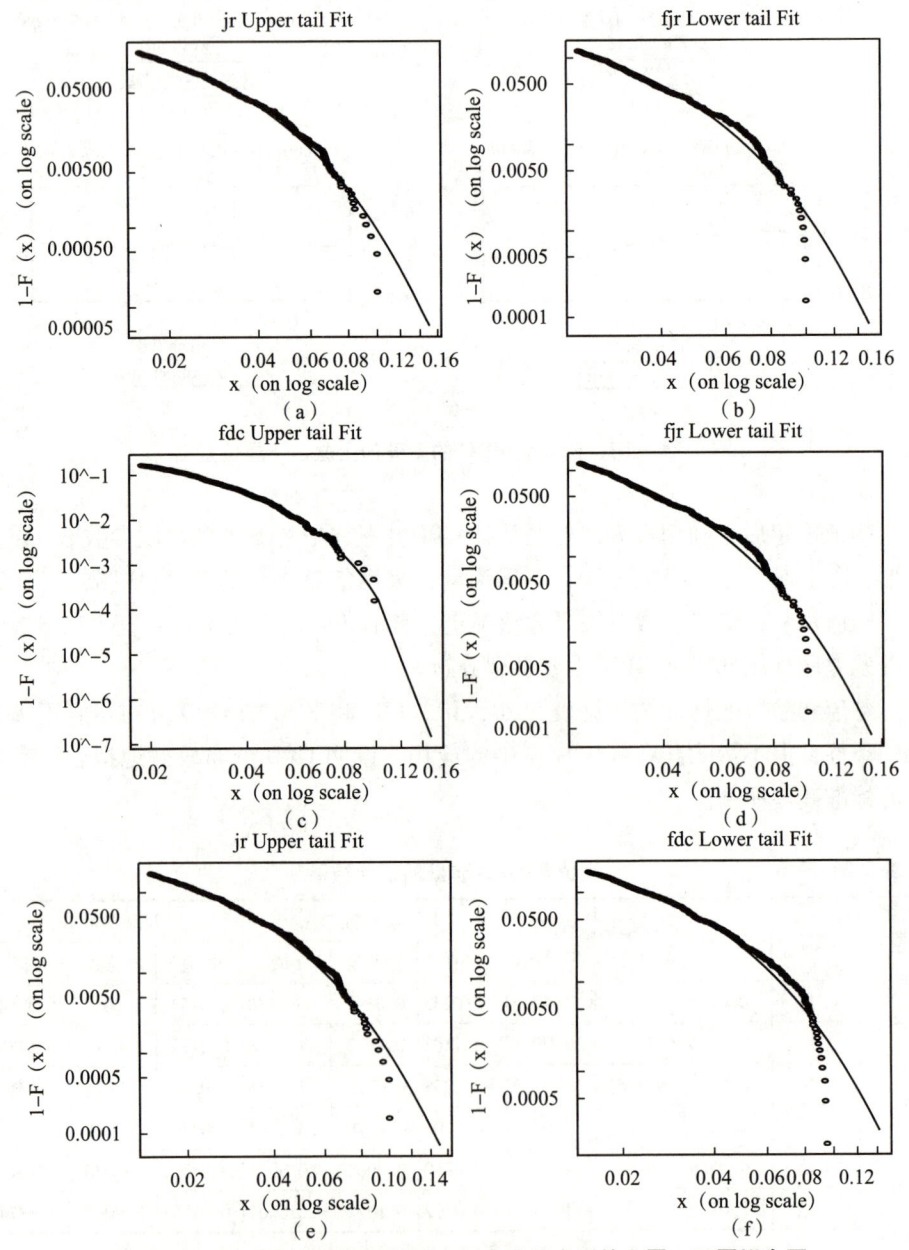

图 5.25 JR、FJR 和 FDC 的样本标准残差序列的上尾、下尾拟合图

图 5.25 直观显示出除极个别点外，大多数点均在向下倾斜的曲线上，说明 GPD 模型较好地拟合了 JR、FJR 和 FDC 指数标准残差序列的上尾极值、下尾极值。

5.4.3 Copula 的选取和拟合优度检验

精确刻画金融时间序列间相关结构的关键在于选择最优的 Copula 函数，使其根据模型的特性描述变量间非线性和非对称的尾部相关关系。如 JR 和 FJR 的 Normal Copula 在 $\delta = 0.52$ 的条件下拟合的轮廓图等（见图 5.26）。

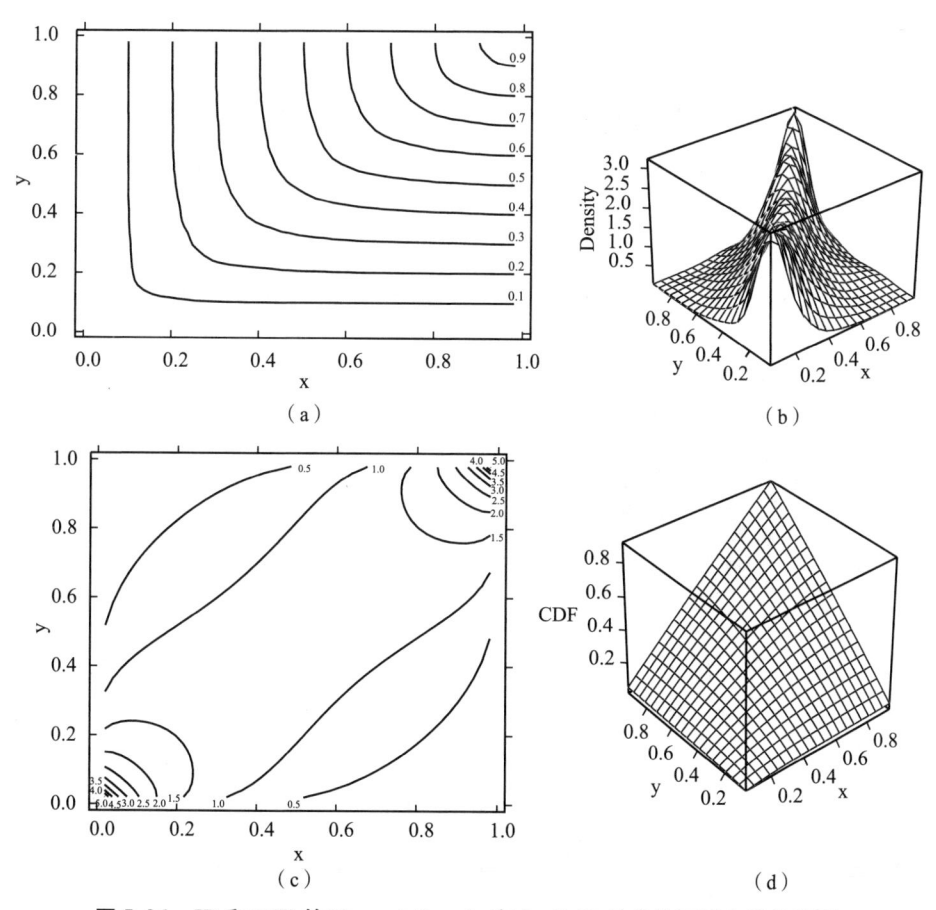

图 5.26 JR 和 FJR 的 Normal Copula 在 $\delta = 0.52$ 的条件下拟合的轮廓图

再以极值 Copula 的 Gumbel 为例，我们基于其参数运用蒙特卡洛模拟了 JR 和 FJR 的密度和累计分布图。分别构建基于 Gumbel 的双变量的密度和累计分布轮廓图。过程如下：首先通过整个估计样本的方差—协方差矩阵获得双变量 Gumbel Copula 的参数为 2.18，然后基于核定义和选择的窗宽来进行核密度估计，模拟的结果如图 5.27，显示估计的核密度为单峰，拟合的精度较高。显然维度越高，样本越大，越容易得到合理的核密度估计。

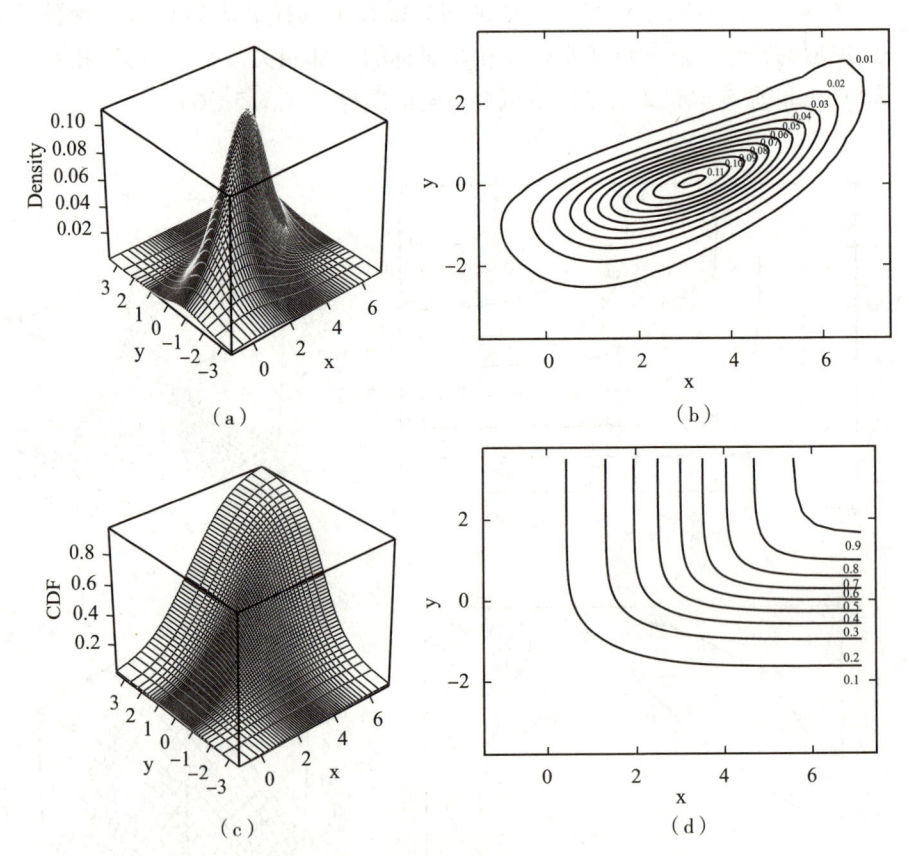

图 5.27　基于 Gumbel 参数模拟 JR 与 FJR 的密度和累计分布

Copula 函数常用的参数估计方法有极大似然估计法（MLE）和边缘分布推导法（IFM）。MLE 法在高维情形下，估计参数常难以收敛到极值点，而 IFM 方法在不降低效率的前提下，计算更为简便，故运用 IFM 方法运用二步骤来估计最优 Copula 函数的参数，即首先估计边缘分布的参数，然后估计 Copula 的参数，如表 5.21 所示。

表 5.21　　　　　　　　Copula 簇中的参数估计和模型检验结果

Copula 簇	Copula 名称	δ	θ	似然值	AIC	BIC	HQ
1. JR 与 FJR							
ArchimaxCopulas	BB4	0.8764 (24.99)	0.6358 (14.18)	1318.3	-2632.6	-2620.4	-2628.2
	Frank	6.3051 (44.48)	—	1137.8	-2273.6	-2267.5	-2271.4
	Joe	—	2.2858 (55.50)	932.20	-1860.4	-1856.3	-1860.2
	BB1	1.6087 (46.27)	0.6376 (14.03)	1345.8	-2687.5	-2675.4	-2683.2
	BB2	5770.8 (--)	0.0003	1097.4	-2190.7	-2178.5	-2186.4
Archimedean	**BB3**	**0.7457 (22.95)**	**1.3759 (94.85)**	**1510.1**	**-3017.8**	**-3005.6**	**-3013.5**
Copulas	BB6	1.0000 (35.61)	2.2858 (24.55)	932.20	-1860.4	-1848.2	-1856.0
	BB7	1.2864 (24.76)	1.8209 (40.44)	1331.6	-2659.2	-2647.1	-2654.8
	Clayton	1.6357 (37.08)	—	1097.5	-2193.0	-2186.9	-2190.8
	Gumbel	2.0281 (69.30)	—	1209.1	-2416.2	-2410.1	-2414.1
	Galambos	1.2976 (45.32)	—	1179.6	-2357.2	-2351.1	-2355.1
EV Copulas	Husler.reiss	1.6556 (60.43)	—	1090.6	-2179.2	-2173.1	-2177.0
	Tawn	α=0.9128, β=0.9151	γ=2.3669	1244.6	-2483.2	-2464.9	-2476.6
	BB5	2.2610 (--)	1.0000	1828.7	-2653.3	-2641.6	-2649.1
Elliptic Copula	Normal	0.7203 (105.6)	—	1199.8	-2397.5	-2391.4	-2395.4
2. JR 与 FDC							
ArchimaxCopulas	BB4	0.6381 (21.79)	0.6132 (14.24)	926.34	-1848.7	-1836.5	-1844.3
	Frank	4.7904 (37.86)	—	760.50	-1519.0	-1512.9	-1516.8
	Joe	—	1.8772 (55.17)	593.83	-1185.7	-1179.6	-1183.5
	BB1	1.3817 (49.26)	0.6067 (14.03)	940.98	-1878.0	-1865.8	-1873.6
	BB2	3288.44 (--)	0.0004	792.20	-1580.4	-1568.2	-1576.0
Archimedean	**BB3**	**0.6179 (22.35)**	**1.3291 (97.31)**	**1149.8**	**-2295.5**	**-2283.3**	**-2291.2**
Copulas	BB6	1.0000 (45.45)	1.8772 (30.09)	593.83	-1183.7	-1171.5	-1179.3
	BB7	0.9930 (22.97)	1.5214 (41.17)	938.41	-1872.8	-1860.6	-1868.5
	Clayton	1.2302 (32.35)	—	792.30	-1582.6	-1576.5	-1580.4
	Gumbel	1.7200 (70.96)	—	804.9	-1601.7	-1601.7	-1605.6

续表

Copula 簇	Copula 名称	δ	θ	似然值	AIC	BIC	HQ
	Galambos	0.9869 (41.34)	—	785.79	-1569.6	-1563.5	-1567.4
EV Copulas	Husler.reiss	1.3667 (56.04)	—	741.13	-1480.3	-1474.2	-1478.1
	Tawn	$\alpha = 0.8824$, $\beta = 0.9469$	$\gamma = 1.8990$	817.91	-1629.8	-1611.5	-1623.3
	BB5	0.0307 (0.0034)	1.7200 (70.96)	804.91	-1605.8	-1593.6	-1601.5
Elliptic Copula	Normal	0.6331 (71.58)	—	839.01	-1676.0	-1669.9	-1673.8

3. FJR 与 FDC

Copula 簇	Copula 名称	δ	θ	似然值	AIC	BIC	HQ
ArchimaxCopulas	BB4	0.7210 (22.45)	0.7204 (15.32)	1160.9	-2317.8	-2305.6	-2313.5
	Frank	5.6993 (42.16)	—	988.37	-1974.7	-1968.7	-1972.6
	Joe	—	2.0698 (55.29)	751.64	-1501.3	-1495.2	-1499.1
	BB1	**1.4610 (46.77)**	**0.7197 (15.15)**	**1181.1**	**-2358.2**	**-2346.1**	**-2353.8**
	BB2	2979.6 (--)	0.0005	1007.0	-2010.1	-1997.8	-2005.6
Archimedean	BB3	0.7384 (23.16)	1.3542 (95.29)	1388.1	-2772.2	-2760.0	-2767.8
Copulas	BB6	1.0000 (40.69)	2.0698 (27.41)	751.64	-1499.3	-1487.1	-1494.9
	BB7	1.2521 (25.46)	1.6202 (39.46)	1170.8	-2337.6	-2325.4	-2333.2
	Clayton	1.5233 (35.81)	—	1007.2	-2012.4	-2006.3	-2010.2
	Gumbel	1.8810 (69.97)	—	1015.2	-2028.5	-2022.4	-2026.3
	Galambos	1.1467 (43.55)	—	991.5	-1981.0	-1974.9	-1978.8
EV Copulas	Husler.reiss	1.5266 (58.75)	—	934.63	-1867.3	-1861.2	-1865.1
	Tawn	$\alpha = 0.9332$, $\beta = 0.9164$	$\gamma = 2.0967$	1029.4	-2052.8	-2034.5	-2046.2
	BB5	0.0317 (--)	1.8810 (--)	1015.2	-2026.5	-2014.3	-2022.1
Elliptic Copula	Normal	0.6886 (91.04)	—	1053.9	-2105.8	-2099.7	-2103.6

注：表中黑体为拟合最优的单参数和双参数 Copula，( ) 内为统计的 t 值，(--) 为无法拟合出 t 值。

由表 5.21 可以看出，基于似然函数最大准则和 AIC、BIC 和 HQ 最小准则，在单参数结构的 Normal、Gumbel、Galambos、Husler.reiss、Frank 和 Joe 拟合的 Copula 中，Gumbel 和 Normal 拟合度较好，Joe 最差；双参数结构拟合最差的则为 BB6。在整个样本中给出的所有单参数和双参数 Copula 函数，拟合最优的为 BB1 Copula 和 BB3 Copula，最差的为 BB6 Copula。具体而言，在 JR 和

FJR 拟合的最优结构中，BB3 Copula 为最优，BB6 最差，Joe 次之；在 FJR 和 FDC 的拟合中，BB1 Copula 最优，BB6 最差，Joe 次之；在 JR 和 FDC 的拟合中，BB3 Copula 最优，BB6 最差，Joe 次之。在三对拟合的最优结构中，我们发现最优的和最差的拟合结构均为双参数 Copula，说明最优 Copula 选取取决于样本自身的结构。

尾部相关系数是一个广泛应用于极值理论的测度，常用来说明当一个随机变量为极值时，另一个变量也出现极值的概率。为了细致地刻画尾部的相关性，参照 Ledford 和 Tawn 的联合生成函数法对 JR 与 FJR、JR 与 FDC 的 BB3 Copula 尾部相关系数分别进行求解，FJR 与 FDC 的 BB1 Copula 尾部相关函数求解。以 FJR 与 FDC 为例，其上尾部相关系数和缓慢变化函数分别为 $\eta_u = 1$，$\varphi(t)^u = 2 - 2^{1/\delta} = 0.3929$，这意味着若 FJR 指数超出一定值出现的价格向上跳跃，相应地，FDC 超出一定值出现价格向上跳跃的概率是 39.29%。FJR 与 FDC 的下尾部相关系数和缓慢变化函数为 $\eta_l = 1$，$\varphi(t)^l = 2^{-1/\theta\delta} = 0.5173$。同样地，若 FJR 超出一定值出现价格向下跳跃，则 FDC 超出相应一定值出现向下价格跳跃的概率为 51.73%。JR 与 FJR 的 BB3 Copula 上尾部相关系数和缓慢变化函数分别为 $2 - 2^{1/\theta}$，下尾部相关系数为 1，这即意味着若 JR 指数超出一定值出现的价格向上跳跃，相应地，FJR 超出一定值出现价格向上跳跃的概率是 34.51%。同理，JR 与 FDC 出现价格向上跳跃的概率是 31.54%。由此可知，JR、FJR 和 FDC 指数的上下尾部渐近相关且下尾部相对强度高于上尾部，表明三指数在下跌的相关性明显高于其上涨的相关性。这与 Longin F 等和 Ang A 等研究的研究结论是一致的，而与 Karmakar M 等研究的结论相反。

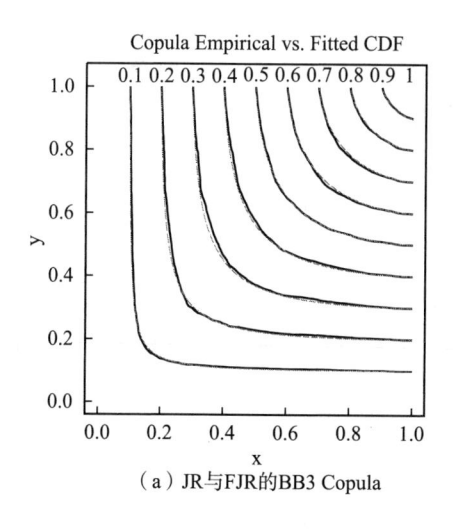

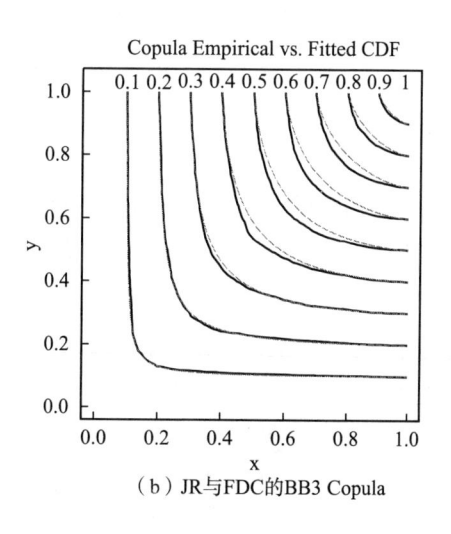

（a）JR 与 FJR 的 BB3 Copula

（b）JR 与 FDC 的 BB3 Copula

(c) FJR与FDC的BB1 Copula (d) JR与FJR的BB6 Copula

(e) JR与FDC的BB6 Copula (f) FJR与FDC的BB6 Copula

—— 双参数Copula拟合实际数据   ---- 经验Copula拟合实际数据

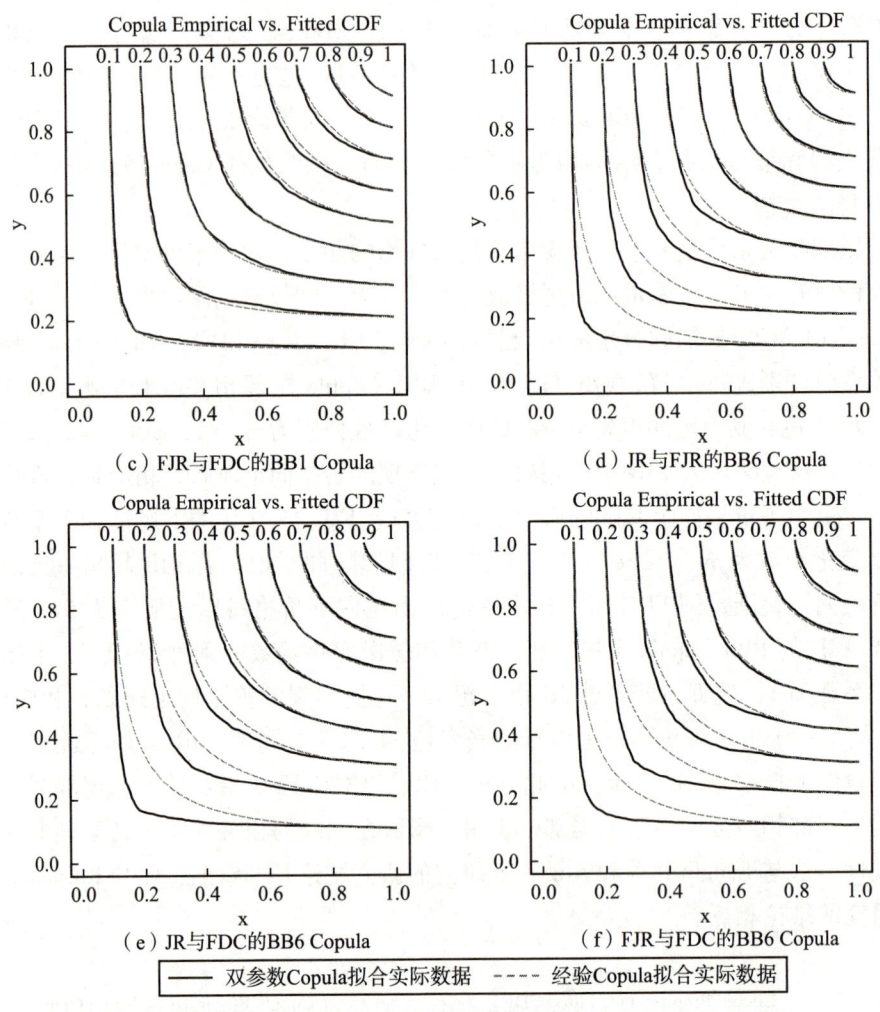

图 5.28　适应 JR、FJR 和 FDC 相关结构的最优（差）Copula 与经验 Copula 拟合 CDF 效果对比图

根据前面的分析，JR、FJR 和 FDC 在确定最优 Copula 后，通过每对的估计样本按不同权重来构建组合（见表 5.22 ~ 表 5.24），其收益定义为 $r = \ln(\omega_1 e^x + \omega_2 e^y)$，其中 $x = \ln(P_{1,t+1}/P_t)$ 和 $y = \ln(P_{2,t+1}/P_{2,t})$ 分别为每对的对数收益，给定损失概率为 $1-q$ 和分布函数为 F_r，则 $VaR_q = F_{-r}^{-1}(q)$ 和 $CVaR_q = E(-r \mid -r > VaR_q)$。模拟程序通过蒙特卡洛模拟 10000 次独立的均匀变量，该变量来自各自最优 Copula 函数的估计参数，再将其转换为标准残差序列，然后将该残差序列导入 ASV - T - GPD 模型，模拟出每对指数组合在给定置信水平下的 VaR 和

CVaR，最后将模拟的风险值与计算的组合收益序列进行分析，结果见表 5.22 ~ 表 5.24，进而对数值模拟的风险值通过后验样本进行 Kupiec 回测检验，结果显示 VaR 的失败次数均在不拒绝域内，LR 值均低于临界值和相应的概率值显著高于设定的损失概率值，表明基于各自最优 Copula 的风险测度效果较好。

表 5.22　　　　　　JR 和 FDC 投资组合下尾损失序列的风险测度

风险测度方法	组合损失序列的 VaR				组合损失序列的 ES			
不同投资组合权重	0.05	0.01	0.005	0.001	0.05	0.01	0.005	0.001
$\lambda_1=0.1$，$\lambda_2=0.9$	0.0377	0.0640	0.0744	0.0941	0.0539	0.0781	0.0879	0.1060
$\lambda_1=0.2$，$\lambda_2=0.8$	0.0333	0.0614	0.0749	0.1014	0.0514	0.0809	0.0947	0.1235
$\lambda_1=0.3$，$\lambda_2=0.7$	0.0320	0.0561	0.0665	0.1016	0.0475	0.0739	0.0868	0.1165
$\lambda_1=0.4$，$\lambda_2=0.6$	0.0301	0.0541	0.0650	0.0892	0.0450	0.0696	0.0806	0.1128
$\lambda_1=0.5$，$\lambda_2=0.5$	0.0344	0.0571	0.0657	0.0849	0.0486	0.0693	0.0777	0.0985
$\lambda_1=0.6$，$\lambda_2=0.4$	0.0294	0.0517	0.0637	0.0881	0.0440	0.0685	0.0803	0.1080
$\lambda_1=0.7$，$\lambda_2=0.3$	0.0335	0.0570	0.0658	0.0932	0.0486	0.0732	0.0854	0.1142
$\lambda_1=0.8$，$\lambda_2=0.2$	0.0348	0.0604	0.0732	0.1020	0.0513	0.0783	0.0906	0.1125
$\lambda_1=0.9$，$\lambda_2=0.1$	**0.0285**	**0.0522**	**0.0665**	**0.1006**	**0.0442**	**0.0724**	**0.0864**	**0.1217**

表 5.23　　　　　　JR 和 FJR 投资组合下尾损失序列的风险测度

风险测度方法	组合损失序列的 VaR				组合损失序列的 ES			
不同投资组合权重	0.05	0.01	0.005	0.001	0.05	0.01	0.005	0.001
$\lambda_1=0.1$，$\lambda_2=0.9$	0.0370	0.0637	0.0736	0.0919	0.0532	0.0770	0.0862	0.1049
$\lambda_1=0.2$，$\lambda_2=0.8$	0.0371	0.0658	0.0767	0.1101	0.0549	0.0839	0.0969	0.1239
$\lambda_1=0.3$，$\lambda_2=0.7$	0.0341	0.0604	0.0679	0.1057	0.0503	0.0765	0.0895	0.1247
$\lambda_1=0.4$，$\lambda_2=0.6$	0.0329	0.0572	0.0677	0.0937	0.0481	0.0727	0.0834	0.1090
$\lambda_1=0.5$，$\lambda_2=0.5$	0.0305	0.0536	0.0639	0.0854	0.0447	0.0686	0.0785	0.1024
$\lambda_1=0.6$，$\lambda_2=0.4$	0.0311	0.0537	0.0636	0.0921	0.0456	0.0700	0.0813	0.1062
$\lambda_1=0.7$，$\lambda_2=0.3$	0.0296	0.0515	0.0622	0.0829	0.0433	0.0657	0.0759	0.1014
$\lambda_1=0.8$，$\lambda_2=0.2$	0.0299	0.0548	0.0639	0.0960	0.0449	0.0716	0.0849	0.1249
$\lambda_1=0.9$，$\lambda_2=0.1$	**0.0283**	**0.0505**	**0.0619**	**0.0895**	**0.0428**	**0.0681**	**0.0803**	**0.1138**

表 5.24　　　　FJR 和 FDC 投资组合下尾损失序列的风险测度

风险测度方法	组合损失序列的 VaR				组合损失序列的 ES			
不同投资组合权重	0.05	0.01	0.005	0.001	0.05	0.01	0.005	0.001
$\lambda_1=0.1$，$\lambda_2=0.9$	0.0388	0.0664	0.0809	0.1044	0.0562	0.0846	0.0965	0.1205
$\lambda_1=0.2$，$\lambda_2=0.8$	0.0367	0.0649	0.0733	0.0893	0.0524	0.0767	0.0851	0.1067
$\lambda_1=0.3$，$\lambda_2=0.7$	0.0354	0.0624	0.0725	0.0955	0.0519	0.0777	0.0883	0.1081
$\lambda_1=0.4$，$\lambda_2=0.6$	0.0351	0.0604	0.0729	0.0928	0.0510	0.0768	0.0869	0.1062
$\lambda_1=0.5$，$\lambda_2=0.5$	0.0354	0.0583	0.0706	0.0968	0.0501	0.0749	0.0862	0.1087
$\lambda_1=0.6$，$\lambda_2=0.4$	0.0351	0.0604	0.0717	0.0982	0.0509	0.0769	0.0878	0.1082
$\lambda_1=0.7$，$\lambda_2=0.3$	**0.0331**	**0.0606**	**0.0738**	**0.0994**	**0.0498**	**0.0783**	**0.0904**	**0.1168**
$\lambda_1=0.8$，$\lambda_2=0.2$	0.0352	0.0625	0.0751	0.1080	0.0524	0.0811	0.0948	0.1253
$\lambda_1=0.9$，$\lambda_2=0.1$	0.0347	0.0630	0.0758	0.1128	0.0529	0.0831	0.0974	0.1276

通过上述不同权重的风险值，基于风险值最小作为最优择选标准，再结合上述构建的三指数对最优的组合模型双参数 Copula – ASV – T – GPD 模型进行模型后验检验，相关结果见表 5.25。

表 5.25　　基于最优 Copula 模型的行业间指数标准残差序列的风险测度

1. JR FJR	BB3 Copula				
置信度	95%	97.5%	99%	99.5%	99.9%
VaR	0.0283	0.0376	0.0505	0.0619	0.0895
CVaR	0.0428	0.0532	0.0681	0.0803	0.1138
VaR 后验接受域	37 < N < 65	15 < N < 36	4 < N < 17	N < 4	0 ≤ N < 1
实际失败次数	46	19	8	1	0
LR 统计量	1.3461	0.0724	0.7892	0.0739	0.5208
P 概率值	0.4139	0.6472	0.5762	0.7944	0.4902
2. JR FDC	BB3 Copula				
置信度	95%	97.5%	99%	99.5%	99.9%
VaR	0.0285	0.0386	0.0522	0.0665	0.1006
CVaR	0.0442	0.0555	0.0724	0.0864	0.1217
VaR 后验接受域	37 < N < 65	15 < N < 36	4 < N < 17	N < 4	0 ≤ N < 1

续表

实际失败次数	53	21	9	1	0
LR 统计量	1.0933	0.3747	0.7905	0.0739	0.5208
P 概率值	0.2106	0.7813	0.5721	0.7944	0.4902
3. FJR FDC	BB1 Copula				
置信度	95%	97.5%	99%	99.5%	99.9%
VaR	0.0331	0.0443	0.0606	0.0738	0.0994
CVaR	0.0498	0.0616	0.0783	0.0904	0.1168
VaR 后验接受域	$37 < N < 65$	$15 < N < 36$	$4 < N < 17$	$N < 4$	$0 \leq N < 1$
实际失败次数	42	16	6	1	0
LR 统计量	1.3114	0.0374	0.7482	0.0739	0.5208
P 概率值	0.2249	0.8613	0.4526	0.7944	0.4902

注：LR 在各分位下的临界值分别为 3.84、5.02、6.63、7.88 和 10.83。LR 均小于临界值，P 值为不拒绝域的概率，置信度为 $1-q$，ω_1，ω_2 为构建组合的权重。

5.5 本章小结

鉴于第 4 章中"长记忆"GARCH 类模型拟合和检验出现一些缺陷，本章运用更具优势的 SV 类结合 Copula 函数来拟合中国金融系统风险测度研究。本章按照中信指数划分，分别探究国有商业银行与股份制商业银行和城市商业银行的相关性研究；进一步拓展至金融行业、非金融行业和房地产行业的相关性研究。实证结果表明，构建的 Copula – ASV – GPD 模型较好拟合了相关性研究。

第6章 研究结论及展望

金融系统在目前我国经济转型中居于十分重要的地位，一旦金融系统出现了重大极端事件，可能会引致金融灾难和全面经济危机。中国商业银行承担着金融系统各项功能的主体，其面临的现实情境是内部呈现混业经营的集团化运作和外部多变、复杂的趋势变化，内外交织、高度不确定性都使得中国商业银行的风险特征由单一化向多样化和复杂化演变，使得中国商业银行的管理重点逐渐从传统的资产负债管理过渡到以风险度量和风险优化为核心的全面风险管理。新巴塞尔协议提出应将商业银行的风险管理从以前单纯的信贷风险管理模式转向信用风险、市场风险、操作风险并举的全面风险管理模式，并明确指出风险之间存在相关性。风险的多样性和相关性对中国商业银行的风险管理提出了更高的要求，加之我国是处于经济转轨、三期叠加的发展中国家和处于中美贸易摩擦不断升级的压力下，经济环境尤为复杂和特殊、金融业发展尚未成熟和完善和金融创新水平较低，金融风险的表现形式也有其特殊之处，这就为在我国推行金融机构的全面风险管理提出了更高的要求。考虑到国内针对中国商业银行集成风险的研究尚处于起步阶段，尤其缺乏理论研究深度与应用探讨的创新性。因而研究中国商业银行集成风险的一个重点就在于准确有效地测度出商业银行的极端风险以及不同银行和金融系统风险之间的尾部相关性风险。

在后金融危机以及中美贸易摩擦大背景下，作者通过大量研读 Copula 理论和极值理论及其在金融风险度量方面相关文献，以商业银行集成风险度量作为研究重点，系统地介绍了各种风险度量方法和理论。在借鉴和吸收国内外学者关于金融系统风险管理研究成果的基础上，本书在该章依据文章章节顺序依次归纳总结了各章的主要研究成果，并从 GPD 模型和 Copula 方法以及实际应用等方面提出了一些有待进一步研究的问题。本书在提炼和创新已有研究成果的基础上，基于商业银行风险集成的相关性、非线性、复杂性和动态性视角，首先采用系统、有限理性和应用研究等观点梳理中国金融体系的演化历程，进而将数理统计模型和系统金融理论相结合，运用 Copula、行为金融、公司金融、博弈、极值等理论和 GARCH、SV 方法以及 Monte Carlo 模拟技术等，探究商业银行整体风险的集成和量化体系的内在机理。然后与已有研究进行对比研究，为我国商业银行风险集成量化管理提供方法基础和启示，也为构筑成熟、完整、健全的我国商业银行风险集成量化框架体系提供理论与技术上的支撑。最后对商业银行金融生态环境、风险创新和金融监管做了一些探索研究。

6.1 本书结论

本书以波动率 GARCH 类和 SV 类模型并结合 Copula – GPD 模型详细研究了中国商业银行集成风险测度问题。本书第 1～第 5 章主要是对中国商业银行宏微观框架体系和集成风险测度进行的研究，其中第 2 章介绍了中国商业银行风险集成量化可能涉及领域的相关理论与模型方法研究；第 3 章探讨了中国金融体系风险集成波动溢出效应，通过非对称性 GARCH 类模型和 CoVaR 相结合，研究了中国商业银行间、中国金融体系、房地产行业与商业银行业以及拓展至十大重点行业与商业银行的；第 4 章基于宏观和微观审慎监管的中国商业银行集成风险框架与测度研究，定性探讨了金融系统风险的理论基础、作用机理、预警和度量模型，建构宏观审慎监管框架体系。定量研究基于长记忆的 GARCH 类模型对中国商业银行集成风险度量进行了实证，目的来构建微观审慎监管框架体系进行初步有意义的研究；第 5 章主要是进一步建构微观审慎监管框架的深入研究，基于多元 Copula – SV 类的中国商业银行风险集成量化实证研究，运用 Copula – SV（类）– GPD 模型对中国商业银行微观方面，探究国有商业银行与股份制商业银行和城市商业银行的相关性研究，进而拓展至金融行业、非金融行业和房地产行业的相关性研究。

下面依照各章节的顺序总结了本书的主要研究工作：

（1）中国商业银行集成风险溢出效应研究。

国内部分文献运用 GARCH 模型来进行 VaR 和 CoVaR 的度量，但 GARCH 类模型多采用 GARCH、TARCH 和 EGARCH 模型，本部分实证研究在前人的基础上，拓展至 PGARCH 和成分 ARCH 模型，使得研究更加切合中国商业银行的不对称性等特性，更加贴近现实情形。本书还进一步对金融体系的银行、证券、保险和信托等行业的中国金融体系风险溢出效应进行了测度研究。考虑到中国的房地产业和银行业均是国民经济体系的重要组成部分，二者之间的风险溢出影响至关重要。同时，关系到中国国计民生、关乎国家经济命脉的十大重点行业与银行体系的风险溢出情形均是本部分实证着重研究的重点。

通过实证分析我们发现：①我国商业银行的风险除了来自信用风险、流动风险等之外，政府的隐形担保也需要密切关注。重要性国有商业银行比中小型商业银行抗风险能力更强，因此，针对中小型商业银行更需要完善的银行存款保险制度和市场信息披露制度。②在金融系统行业风险溢出实证研究中，我们发现风险溢出效应最高的是信托行业，达到3.5065；其次为证券行业（1.0467）、银行行业（0.1045）和保险行业（0.0358）。由此可见，风险溢出最高的信托业是保险行业溢出效应的近十倍。可能的原因在于信托行业目前发展还很不规范，加之银行信贷政策的限制，均可能导致信托行业风险的放大。而保险行业规范的合同、较完善的管理和审查制度大大降低了保险合同的风险。在房地产业与银行业的风险溢出效应研究中，鉴于中国资本市场尚不完善，资金密集的房地产行业资金融资严重依赖于银行贷款，使得两个行业存在高度的相关性和双向的风险溢出效应，房地产行业对银行业的风险溢出效应更强于反向的溢出效应。最后，在十大重点行业与银行业的双向溢出效应实证研究，结果发现每个行业的GARCH类拟合的最优模型存在差异性，同时在以VaR和%CoVaR值的比较上也存在较大差异。如风险值VaR最高的有国防军工、煤炭、通信、钢铁和银行几大行业，最低的是交通运输业，而风险溢出值%CoVaR风险溢出值最高的几大行业主要是石油石化、国防军工、煤炭、电力，最低的是机械。而在银行业对其他重点领域的风险溢出值中，最高的几大行业主要是建筑、机械、交通运输、石油石化，最低的是煤炭。所以风险值VaR和不同方向的风险溢出值具有很大差异性。相应地，优化银行信贷投向、调整和优化产业结构是加强重点行业领域风险溢出和防范系统性风险的重要举措。

（2）基于宏观和微观审慎监管的中国商业银行集成风险框架与测度研究。

针对新常态下三期叠加的中国金融体系各种风险不断累积，本部分实证通过构建宏观和微观审慎监管的中国商业银行集成风险框架与测度研究，前半部分主要介绍宏观审慎监管体系下金融系统集成风险的理论阐释、作用机理、传导机制、预警和度量，构建有效的金融系统风险防范和监管的宏观审慎监管框架体系。后半部分基于微观审慎监管框架进行了量化研究，构建符合中国商业银行集成风险的"长记忆"特性，构建4个GARCH类组合模型对中国商业银行集成风险度量进行研究，通过梳理和总结系统性金融风险预警体系和金融风险模型方法，寻求防范、度量、监管或化解金融系统风险的有效途径和解决方案。

通过实证研究主要得到了以下结论：①表示长记忆性的参数d，拟合M1～M4模型的银行中，以吴江银行的参数值最大。同样在M1模型和M3模型中，多数银行估计偏 t 分布的非对称系数显示为右偏，其中以吴江银行的不对称系数值较为突出。M1 模型中仅上海银行和中信银行显示为左偏，M3 模型中杭州银行和中信银行显示为左偏。故在 M1~M4 模型中，有些模型难以拟合进而得不到相应的估计参数。②在 25 家商业银行的样本区间标准残差拟合中（见表 4.2~表 4.4），MSYH、HXYH、ZGYH 和 PAYH 难以拟合 M1 模型，MSYH、BJYH、PAYH、HXYH 和 JBYH 难以拟合 M2 模型，JBYH 同时还难以拟合 M3 模型和 M4 模型。同时也出现即使能够拟合 M1~M4 的某一模型，但估计参数的 Z 和 T 统计量和一些检验值难以得到。③再对 25 家银行样本区间的 M1~M4 模型的 VaR 进行拟合检验，整体而言，M3 模型和 M4 模型除个别银行无法检验外，整体回测检验效果较佳。明显优于 M1 模型和 M2 模型的检验效果，尤其是 M2 模型多数银行无法进行检验。具体而言，表 4.5 中，在 M1 模型中，ZX、GD 在成功率拟合差，WJ 拟合较差；WJ 和 HZ 在失败率检验中较差，特别是在 1% 置信度下，WJ 和 GD 检验效果差。M2 模型由于拟合情况差，整体检验在模型中很难显示。表 4.6 中，在 M1 模型中，ZS 和 NJ 在失败率检验中较差。同样地，M2 模型整体检验类似于表 4.5，效果不佳。M3 模型中，CD 在成功率和失败率拟合不理想，M4 模型中 JB 难以检验。

（3）基于多元 Copula-SV 类模型的中国商业银行风险集成量化研究。

鉴于"长记忆"GARCH 类模型拟合和检验出现一些缺陷，我们需要寻求更好的拟合商业银行标准残差序列的模型。一些实证表明无论是从长期波动性的预测能力来看，还是从波动率序列的稳定性，抑或对资产定价理论的应用来看，SV 类模型对金融波动性的刻画较 GARCH 簇模型更加接近于金融现实，实践上对金融数据的拟合效果更好。鉴于目前实证金融计量文献的波动模型主要有 GARCH 类和 SV 族类，本部分实证中我们以 Copula-SV 类模型和 GPD 模型结合构建动态风险测度模型，这类方法较易扩展到更复杂的模型研究。同时针对现有文献主要采用协整方法和 GARCH 模型研究中国商业银行之间的平稳关系和波动溢出，较少有文献定量刻画中国商业银行间非对称和尾部极值的相关关系，为能更好地刻画 22 家商业银行尾部相关的非线性、非对称特征，本书侧重以 ASV-GPD 模型为边缘分布函数，构建 7 种 Copula-SV-GPD 方法对 22 家中国商业银行集成风险和金融系统行业风险的相关结构进行了研究，并对构建的相应组合的尾部风险进行了度量。

通过实证分析我们主要得到了如下结论：①22 家商业银行，我们以贵阳银行为例，用构建的混合 SV-MT-GPD 模型来刻画的 GYYH 的 VaR 预测结果，较好地描述了检验样本的实际损失，且精确地刻画了样本期间波动的市场风险。表明该模型能精确地度量 GYYH 损失序列的市场风险。②在刻画国有商业银行、股份制商业银行和城市商业银行三个指数中，我们通过测算三指数间的相关系数分别得到：GY 与 GF 为 0.799081，GY 与 CS 为 0.869762，GF 与 CS 为 0.8705506。三指数相关性最高的是股份制商业银行指数和城市商业银行指数，我们预期相关性最好的国有商业银行指数和股份制商业银行指数的相关性反而是三指数中最低的，甚至低于国有商业银行指数与城市商业银行指数的相关性。可能的原因在于与我们所选的样本区间和样本规模大小有关，规模越小的相关度较高。我们通过测算银行类金融指数、非银行类金融指数和房地产指数三指数间的相关系数分别得到：JR 与 FJR 为 0.7278718，JR 与 FDC 为 0.6479771，FJR 与 FDC 为 0.6984405。与我们预期相一致的是，银行类金融行业与非银行金融行业相关度最高。与我们预期不一致的是，非银行金融行业与房地产的相关度高于银行类金融行业。可能的原因在于与我们所选的样本区间和银行严格贷款政策有关，非银行金融行业如信托贷款与房地产的限制条件相对较少。③GY、GF 和 CS 三指数形状参数为正，表明三指数的标准残差序列尾部服从 GPD Ⅰ 型分布。三指数在整个样本中给出的所有单参数和双参数 Copula 函数，拟合最优的为 BB1Copula 和 BB3 Copula，最差的为 BB6 Copula 和 Joe Copula。GY 与 CS 指数的上下尾部渐近相关且下尾部相对强度高于上尾部，表明两指数在下跌的相关性明显高于其上涨的相关性。这与 Longin F 等和 Ang A 等研究的研究结论是一致的。而 GY 与 GF、CS 与 GF 指数的上下尾部渐近相关且上尾部相对强度高于下尾部，表明两对指数在上涨的相关性明显高于其下跌的相关性，这与 Karmakar M 等研究的结论相一致。GY、GF 和 CS 在确定最优 Copula 后，通过每对的估计样本来构建等权重组合，进而对数值模拟的风险值通过后验样本进行 Kupiec 回测检验，结果显示 VaR 的失败次数均在不拒绝域内，LR 值均低于临界值和相应的概率值显著高于设定的损失概率值，表明基于各自最优 Copula 的风险测度效果较好。同理，JR、FJR 和 FDC 三指数的形状参数正负不一，表明三指数的标准残差序列尾部服从 GPD Ⅰ 型或 GDP Ⅲ 型分布。与 GY、GF 和 CS 类似，JR、FJR 和 FDC 三指数在整个样本中给出的所有单参数和双参数 Copula 函数，拟合最优的为 BB1Copula 和 BB3 Copula，最差的为 BB6 Copula 和 Joe Copula。与 GY、GF 和 CS 不同的是，JR、FJR 和 FDC 指数的上下尾部渐近相关且下尾部相对强度高于上尾部，表明三指数在下跌的相关性明显高于其上涨的相关性。这与 Longin F 等和 Ang A 等研究的研究结论是一致的，而与 Karmakar M 等研究的结论相反。为了更为精准地测度 JR、FJR 和 FDC 指数的风险值，在确定最优 Copula 后，我们没有按每对的估计样本来构建等权重组合，而是按权重建立 9 个组合，从中选取组合风险值最小的为优化权重，进而对数值蒙特卡洛模拟的风险值通过后验样本进行 Kupiec 回测检验，结果显示 VaR 的失败次数均在不拒绝域内，LR 值均低于临界值和相应的概率值显著高于设定的损失概率值，表明基于各自最优 Copula 的风险测度效果较好。

6.2 研究展望

  尽管本书运用波动率模型 GARCH、SV 类、极值理论的 GPD 模型和 Copula 模型对中国商业银行、金融系统集成风险做了一定程度的研究和探索，并取得了一些有价值的研究成果，但是受笔者学识、时间和条件所限，不可否认这些研究工作仍然存在很多不足之处。同时本书的研究还存在很多遗留问题有待后续做进一步研究。归纳起来主要有以下几个方面：

  （1）关于金融系统风险涉及的操作风险、信用风险、声誉风险和流动性风险未能深入探讨，由于各种所限，笔者 2018 年 6 月—2019 年 6 月在美国印第安纳州进行访学，国内商业银行操作风险相关数据获取难度较大、信用、声誉和流动性风险限于时间和篇幅，未能进行研究。本书第 2 章涉及的一些理论和模型也未能有创新的思考，如博弈、分形和突变理论以及 CCA、JPoD、时变和 VINE Copula 模型等，仅能侧重中国商业银行体系的市场风险和部分流动性的集成风险进行了探讨，单就中国商业银行体系的数据运用模型测算花费数月之久。

  （2）关于 GPD 模型的拓展研究。量化选取阈值是 GPD 模型的难题之一，优化样本分割，平衡偏差与方差关系，仍是亟待破解的难题。多元极值理论中的"维数灾难"难题以及目前极少应用的 Christofferson 考虑了时间变异性的有条件的覆盖模型的检验问题均是进一步值得探讨的重大课题。

  （3）关于 Copula 的进一步研究。尽管本书运用信息方差准则 AIC、BIC 对模型进行拟合优度检验，但进一步研究可重点探讨 Copula 函数模型的拟合优度检验问题，如对高维变量可采用概率积分转换方法（PIT）检验，进而设计更为有效和稳健的 Copula 函数拟合优度检验方法将是未来重要的研究议题之一。时变 Copula 模型的核心部分在于构建参数演化方程，但目前还没有相关研究表明何种演化方程能较好地描述 Copula 的时变参数。本书需要进一步研究变结构的 Copula 模型和基于"藤"（vine）结构的成对 Copula（pair copula）来构造高维金融随机变量之间的相关结构问题。

参 考 文 献

[1] 巴曙松，袁平，李辉雨，韩丽，任杰. 商业银行流动性风险管理相关专题研究综述 [J]. 中国货币市场，2007（10）：19-23.

[2] 巴曙松. 巴塞尔新资本协议框架下的操作风险衡量与资本金约束 [J]. 经济理论与管理，2003（2）：17-24.

[3] 曹道胜，何明升. 商业银行信用风险模型的比较及其借鉴 [J]. 金融研究，2006（10）：90-97.

[4] 曹廷求，王可. 系统性金融风险的传导机理分析——基于公司治理的视角 [J]. 公共财政研究，2017（1）：4-19.

[5] 陈述云. 风险评级统计方法论研究 [J]. 统计与决策，2003（4）：8-10.

[6] 陈卫东. 在不确定性中艰难前行——国际金融2016年回顾与2017年展望 [J]. 国际金融，2016（12）：3-9.

[7] 陈学华，杨辉耀，黄向阳. POT模型在商业银行操作风险度量中的应用 [J]. 管理科学，2003（1）：6-11.

[8] 迟国泰，冯雪，赵志宏. 商业银行经营风险预警模型及其实证研究 [J]. 系统工程学报，2009，24（4）：408-416.

[9] 慈亚平. 商业银行声誉风险管理探索 [J]. 中国金融，2014（22）：54-55.

[10] 樊欣，杨晓光. 操作风险度量：国内两家股份制商业银行的实证分析 [J]. 系统工程，2004（5）：44-48.

[11] 范瀚文. 我国商业银行声誉风险损失度量与防范研究 [D]. 太原：山西财经大学，2016.

[12] 范小云，曹元涛，胡博态. 银行系统性风险测度最新研究比较 [J]. 金融博览，2006（3）：32-33.

[13] 范小云. 繁荣的背后——金融系统性风险的本质、测度与管理 [M]. 北京：中国金融出版社，2006.

[14] 方意. 系统性风险的传染渠道与度量研究——兼论宏观审慎政策实施 [J]. 管理世界，2016（8）：32-57，187.

[15] 冯建友. 现代信用风险管理模型的发展与比较研究——兼论我国商业银行的现实选择 [D]. 合肥：中国科学技术大学，2007.

[16] 付强，刘星，计方. 商业银行流动性风险评价 [J]. 金融论坛，2013，18 (4)：9-16.

[17] 高宏霞，何桐华. 我国上市商业银行流动性风险分析——基于同业业务视角 [J]. 财会研究，2014 (3)：77-80.

[18] 高磊，许争，杜思佳. 中国商业银行系统流动性风险度量——基于流动性错配视角 [J]. 华东经济管理，2018，32 (4)：110-116.

[19] 高丽君，李建平，陈建明，徐伟宣. 操作风险度量模型与方法研究 [J]. 管理评论，2006，18 (9)：8-16.

[20] 葛虎. 基于 SEM 模型的商业银行声誉结构研究 [D]. 南京：南京财经大学，2012.

[21] 顾晓安，朱书龙. 单个银行短期稳定性水平测度研究——基于修正的流动性缺口率指标 [J]. 管理评论，2016，28 (2)：35-48，73.

[22] 韩东平，田艳丽，王悦鑫. 基于现金流测量标准的财务预警实证研究 [J]. 财会通讯，2006 (12)：48-51.

[23] 贺聪，洪昊，王紫薇，陈一稀，葛声，游碧芙. 系统性金融风险与我国宏观审慎管理体系研究 [J]. 经济科学，2011 (5)：70-80.

[24] 贺晓波，张宇红. 商业银行风险预警系统的建立及其实证分析 [J]. 金融论坛，2001 (10)：32-35.

[25] 胡敏，韩俊莹. 中国商业银行声誉风险经济资本的度量 [J]. 金融论坛，2014，19 (3)：67-72.

[26] 胡姝丽. 商业银行操作风险的经济资本管理——基于内部衡量法分析 [J]. 会计实务，2010 (1)：49-50.

[27] 胡星，杨梦. 金融脆弱性与美国金融危机：理论与现实的思考 [J]. 经济经纬，2009 (1)：138-141.

[28] 黄晓. 网络传播视角下我国商业银行声誉风险问题研究 [D]. 广州：广东工业大学，2013.

[29] 黄心昱. 基于 Vine Copula 模型的我国商业银行集成风险实证研究 [D]. 成都：西南财经大学，2014.

[30] 季敦民，金百锁，缪柏其. ES 自回归方法在商业银行流动性风险衡量中的应用 [J]. 中国科学技术大学学报，2009，39 (3)：271-277，320.

[31] 冀淑慧. 新媒体对商业银行声誉风险管理的影响 [J]. 南方金融，

2013 (7): 17-21.

[32] 荆叶. 中国上市公司声誉评价及其影响研究 [D]. 大连: 大连理工大学, 2008.

[33] 敬志勇, 王周伟, 范利民. 中国商业银行流动性危机预警研究: 基于风险共担型流动性创造均衡分析 [J]. 金融经济学研究, 2013, 28 (2): 3-14.

[34] 李爱英. 金融风暴与商业银行声誉风险防范 [J]. 山东社会科学, 2009 (5): 40-42.

[35] 李红梅. 中国商业银行整体风险管理研究 [D]. 沈阳: 辽宁大学, 2010.

[36] 李建平, 丰吉闯, 宋浩, 蔡晨. 风险相关性下的信用风险、市场风险和操作风险集成度量 [J]. 中国管理科学, 2010, 18 (1): 18-25.

[37] 李杰. 基于 Copula-GARCH 模型的我国上市商业银行集成风险的度量 [D]. 长沙: 长沙理工大学, 2016.

[38] 李卫东, 翟立宏, 罗智琼. 我国商业银行声誉指标体系构建研究 [J]. 金融研究, 2010 (11): 155-168.

[39] 李徐. 流动性风险与市场风险的集成风险度量研究 [D]. 上海: 复旦大学, 2008.

[40] 李研妮, 冉茂盛. 金融系统流动性及其风险的框架研究综述 [J]. 预测, 2012, 31 (1): 75-80.

[41] 刘刚, 何永. 资本账户开放、金融杠杆率与系统性金融危机 [J]. 上海金融, 2015 (7): 12-19.

[42] 刘锡良, 吕娅娴, 苗文龙. 国际风险冲击与金融市场波动 [J]. 中国经济问题, 2014 (3): 90-100.

[43] 刘晓星, 王金定. 我国商业银行流动性风险研究——基于 Copula 和高阶 ES 测度的分析 [J]. 广东商学院学报, 2010, 25 (5): 26-33.

[44] 刘妍, 宫长亮. 商业银行流动性风险评级及实证研究 [J]. 系统工程, 2010, 28 (12): 31-37.

[45] 刘园. 金融风险管理 [M]. 第一版. 北京: 首都经济贸易大学出版社, 2008.

[46] 楼小英, 周彬. 商业银行声誉风险及其管理研究 [J]. 浙江金融, 2009 (5): 28-29.

[47] 陆静, 胡晓红, 王萌. 声誉事件对商业银行市场价值的影响 [J]. 上海金融, 2013 (4): 69-73, 118.

[48] 陆岷峰, 张玉洁. 关于构建商业银行声誉风险预警体系的思考 [J]. 北京财贸职业学院学报, 2010, 26 (3): 32-36.

[49] 马超平. 我国经济发生系统性金融危机的可能性分析及防范策略研究 [J]. 产业与科技论坛, 2016, 15 (9): 87-89.

[50] 马若微. KMV 模型运用于中国上市公司财务困境预警的实证检验 [J]. 数理统计与管理, 2006, 25 (5): 593-601.

[51] 缪荣, 茅宁. 中国公司声誉测量指标构建的实证研究 [J]. 南开管理评论, 2007 (1): 91-98.

[52] 潘蔚琳. 以 VaR 方法计算商业银行信用风险 [J] 经济导刊, 2002 (6): 42-45.

[53] 彭建刚. 基于系统性金融风险防范的银行业监管制度改革的战略思考 [J]. 财经理论与实践, 2011, 32 (1): 2-6.

[54] 彭磊. 宏观审慎视角下的商业银行声誉测评研究 [D]. 长沙: 湖南大学, 2016.

[55] 钱宗鑫, 刚健华. 中国货币政策对金融稳定和主权债务风险的影响 [J]. 经济理论与经济管理, 2015 (6): 52-68.

[56] 邱柏陶. 商业银行声誉风险管理研究 [D]. 济南: 山东大学, 2016.

[57] 申敏, 吴和成. 国民经济行业信用风险相依结构分析 [J]. 软科学, 2016, 30 (3): 126-129, 139.

[58] 申敏. 基于正则藤 Copula 的行业系统性信用风险传染分析 [J]. 工业技术经济, 2016 (6): 52-61.

[59] 沈沛龙, 闫照轩. 商业银行流动性缺口管理的改进方法及实证分析 [J]. 金融论坛, 2011, 16 (3): 10-15.

[60] 宋逢明, 谭慧. VaR 模型中流动性风险的度量 [J]. 数量经济技术经济研究, 2004, 21 (6): 114-123.

[61] 宋光辉, 钱崇秀, 吴超. 管理视角下我国商业银行流动性风险度量研究 [J]. 管理现代化, 2016, 36 (1): 10-12.

[62] 苏明政, 张庆君. 关联性视阈下我国金融行业间系统性风险传染效应研究 [J]. 会计与经济研究, 2015, 29 (6): 111-125.

[63] 孙小谈, 沈悦, 罗璐琦. 基于KMV 模型的我国上市公司价值评估实证研究 [J]. 管理工程学报: 2008, 22 (1): 102-108.

[64] 谭成. 我国商业银行全面风险评估研究 [D]. 长沙: 湖南师范大学, 2009.

[65] 谭海鸣, 姚余栋, 郭树强, 宁辰. 老龄化、人口迁移、金融杠杆与经济长周期 [J]. 经济研究, 2016 (2): 69-81, 96.

[66] 唐文进, 苏帆. 极端金融事件对系统性风险的影响分析——以中国银行部门为例 [J]. 经济研究, 2017 (4): 17-33.

[67] 田玲. 保险在商业银行操作风险管理中的应用 [J]. 科技进步与对策, 2003 (22): 1-3.

[68] 王浡力, 李建军. 中国影子银行的规模、风险评估与监管对策 [J]. 中央财经大学学报, 2013 (5): 20-25.

[69] 王春峰, 万海晖, 张维. 基于神经网络技术的商业银行信用风险评估 [J]. 系统工程理论与实践. 1999 (9): 14-31.

[70] 王国静, 田国强. 金融冲击和中国经济波动 [J]. 经济研究, 2014 (3): 20-34.

[71] 王家华, 刘一平, 克忠义. 商业银行同业业务流动性风险研究——基于面板数据随机效应模型的分析 [J]. 湖北经济学院学报, 2018, 16 (3): 21-30, 125.

[72] 王频, 侯成琪. 预期冲击、房价波动与经济波动 [J]. 经济研究, 2017 (4): 48-63.

[73] 王书华, 杨有振. 流动性风险调整的银行在险价值计量研究 [J]. 金融论坛, 2013, 18 (10): 65-72.

[74] 王维. 商业银行整合风险度量研究 [D]. 武汉: 华中科技大学, 2010.

[75] 王霞, 王启利. 区域系统性金融风险测度与防范 [J]. 江西科技师范大学学报, 2014, 12 (6): 85-92.

[76] 王旭东. 新巴塞尔资本协议与商业银行操作风险量化管理 [J]. 金融论坛, 2004 (2): 57-61.

[77] 王亚君, 邢乐成, 李国祥. 互联网金融发展对银行流动性的影响 [J]. 金融论坛, 2016, 21 (8): 42-50.

[78] 王永钦, 陈映辉, 杜巨澜. 软预算约束与中国地方政府债务违约风险: 来自金融市场的证据 [J]. 经济研究, 2016 (11): 96-109.

[79] 温博慧. 系统性金融风险测度方法研究综述 [J]. 金融发展研究, 2010 (1): 24-27.

[80] 肖崎. 金融体系的变革与系统性风险的累积 [J]. 国际金融研究, 2010 (8): 53-58.

[81] 谢赤, 徐国煅. 银行信用风险度量 Credit Metrics 模型与 CPV 模型比较

研究 [J]. 湖南大学学报: 自然科学版, 2006 (2): 135-137.

[82] 徐建华. 次贷危机后我国商业银行全面风险管理体系的构建 [J]. 现代财经——天津财经大学学报, 2009, 29 (6): 40-44.

[83] 杨海君, 刘志雄, 侯曼霞. 利率市场化与商业银行流动性风险的防范 [J]. 湖南农业大学学报: 社会科学版, 2002, 3 (1): 48-50.

[84] 姚长辉. 商业银行流动性风险的影响因素分析 [J]. 经济科学, 1997 (4): 21-26.

[85] 于淑利. 基于模糊层次分析法的P2P网贷平台声誉风险评估研究 [J]. 时代金融, 2017 (5): 254-256.

[86] 于晓红. 我国商业银行操作风险分析与管理 [J]. 山西财经税务专科学校学报, 2010 (12): 19-21.

[87] 岳鹏鹏, 李呐, 赵曼. 我国同业业务对银行流动性的影响 [J]. 商业经济研究, 2016 (18): 184-185.

[88] 曾诗鸿, 王芳. 基于KMV模型的制造业上市公司信用风险评价研究 [J]. 预测, 2013 (2): 60-69.

[89] 张德鸿. 基于Logistic模型的系统性金融风险研究 [J]. 重庆理工大学学报 (自然科学版), 2016, 30 (4): 137-146.

[90] 张宏毅. 银行操作风险度量方法比较 [J]. 经济理论与经济管理, 2004 (11): 26-29.

[91] 张金清, 李徐. 资产组合的集成风险度量及其应用——基于最优拟合Copula函数的VaR方法 [J]. 系统工程理论与实践, 2008 (6): 14-21.

[92] 张玲. 财务危机预警分析判别模型 [J]. 数量经济技术经济研究, 2000 (3): 49-51.

[93] 张美恋, 王秀珍. 基于径向基神经网络的商业银行风险预警系统研究 [J]. 集美大学学报: 自然科学版, 2005 (3): 280-284.

[94] 张强, 胡敏. 基于贝叶斯网络的我国商业银行声誉风险度量研究 [J]. 财经理论与实践, 2014, 35 (2): 2-8.

[95] 张瑞德. 商业银行内部控制、声誉风险与银行挤兑——韩国银行挤兑停业风波的深层反思 [J]. 浙江金融, 2012 (8): 34-35.

[96] 张文娟. 我国商业银行流动性风险因素分析 [J]. 山西财经大学学报, 2013, 35 (2): 29.

[97] 张小兵, 黄建. 金融风险评价指标体系及综合评价方法研究 [J]. 统计与信息论坛, 2003 (2): 34-37.

[98] 张晓朴. 系统性金融风险研究：演进、成因与监管 [J]. 国际金融研究, 2010 (7): 58-67.

[99] 张艳敏. 自媒体时代的商业银行声誉风险管理 [J]. 中国金融, 2013 (9): 56-57.

[100] 张泽京, 陈晓红, 王傅强. 基于 KMV 模型的我国中小上市公司信用风险研究 [J]. 财经研究, 2007 (11): 31-41.

[101] 赵慧敏. 我国商业银行应推行全面风险管理 [J]. 河南财政税务高等专科学校学报, 2006 (3): 30-32.

[102] 赵佳慧. 基于 Copula 方法的商业银行整合风险管理研究 [D]. 呼和浩特: 内蒙古财经大学, 2017.

[103] 赵进文, 韦文彬. 基于 MES 测度我国银行业系统性风险 [J]. 金融监管研究, 2012 (8): 28-33.

[104] 赵全厚. 我国地方政府性债务研究 [J]. 经济研究参考, 2011 (57): 4-21.

[105] 中国银监会, 商业银行流动性风险管理办法（试行）, 2015 年第 9 号, 2015.

[106] 中国银行业监督管理委员会. 商业银行声誉风险管理指引 [Z]. 2009.

[107] 周林. 我国商业银行流动性风险管理研究 [J]. 金融研究, 1998 (3): 52-55.

[108] 周小川. 金融政策对金融危机的呼应——宏观审慎政策框架的形成背景、内在逻辑和主要内容 [J]. 金融研究, 2011 (1): 1-14.

[109] 周沅帆. 基于 KMV 模型对我国上市保险公司的信用风险度量 [J]. 保险研究, 2009 (3): 77-81.

[110] 朱冬辉. 商业银行存贷款期限错配与流动性风险分析 [J]. 南方金融, 2013 (10): 89-92.

[111] Aas K, Dimakos X K, ksendal, Anders. Risk Capital Aggregation [J]. Risk Management, 2007, 9 (2): 82-107.

[112] Acerbi C, Tasche D. Expected Shortfall: A Natural Coherent Alternative to Value at Risk [J]. Economic Notes, 2010, 31 (2): 379-388.

[113] Acharya V, Anginer D, Warburton A. The End of Market Discipline? Investor Expectations of Implicit Government Guarantees [R]. Working Paper, NYU. 2016.

[114] Acharya V, M Richardon. Restoring Financial Stability: How to repair a failed System [M]. NYU – Stern Report. New York: John Wiley and Sons. 2009.

[115] Acharya V, T Yorulmazer. Too Many to Fail – An Analysis of Time-Inconsistency in Bank Closure Policies [J]. Journal of Financial Intermediation, 2007 (16): 1 –31.

[116] Alejandro B, Beatriz B, Antonio H. Optimal Reinsurance with General Risk Measure [J]. Insurance: Mathematics and Economics, 2009, 44 (3): 374 –384.

[117] Alexander S. Cherny. Capital Allocation and Contribution with Discrete – Time Coherent Risk [J]. Mathematical Fiance, 2009, 19 (1): 13 –40.

[118] Alexander, Gordon J. Baptista, Alexandre M. CVaR as a Measure of Risk: Implications for Portfolio Selection [R]. EFA 2003 Annual Conference Paper No. 235. Availableat SSRN: http://ssrn.comabstract =424348 or doi: 10.2139/ssrn.424348.

[119] Alfred Lehar. Measuring Systemic Risk: A Risk Management Aproach [J]. Journal of Banking & Finance, 2005, 29 (10): 2577 –2603.

[120] Andersson, F H Mausser, D Rosen and S Uryasev. Credit Risk Optimization with Conditional Value at Risk Criterion [J]. Mathematical Programming, Series B89, 2001: 273 –291.

[121] Artzner P, Delbaen F, Eber J, et al., Coherent Measures of Risk [J]. Mathematical Finance, 1999, 9 (3): 203 –228.

[122] Ayuso J, Repullo R. A Model of the Open Market Operations of the European Central Bank [J]. Economic Journal, 2003, 113 (490): 883 –902.

[123] Bangia A, Diebold F X, Schuermann T, et al., Modeling Liquidity Risk, with Implications for Traditional Market Risk Measurement and Management [M]//Risk Management: The State of the Art. 2001.

[124] Barakat A, Ashby S, Fenn P. The Reputational Effects of Analysts\Stock Recommendations and Credit Ratings: Evidence from Operational Risk Announcements in the Financial Industry [J]. International Review of Financial Analysis, 2017: S1057521917301497.

[125] Berg A, Pattillo C. Are Currency Crises Predictable? A Test [R]. Imf Staff Papers, 1999, 46 (2): 107 –138.

[126] Berger A N, Bouwman C H S. Bank Liquidity Creation [J]. Review of Financial Studies, 2009, 22 (9): 3779 –3837.

[127] Bevan A, Garzarelli, F. Corporate Bond Spreads and the Business Cycle:

Introducing GS – SPREAD [J]. The Journal of Fixed Income, 2000 (3): 8 – 18.

[128] Bryant J. A Model of Reserves, Bank Runs, and Deposit Insurance [J]. Journal of Banking & Finance, 2006, 4 (4): 335 – 344.

[129] Cade E. Managing Banking Risks [M]. Woodhead Publishing, 1997: 227 – 228.

[130] Cannas G, Masala G B, Micocci M. Quantifying Reputational Effects for Publicly Traded Financial Institutions [J]. Journal of Financial Transformation, 2009 (27): 76 – 81.

[131] Carmona G. Bank Failures Caused by Large Withdrawals: An Explanation Based Purely on Liquidity [J]. Journal of Mathematical Economics, 2007, 43 (7): 818 – 841.

[132] Castellacci G, Siclari M J. The Practice of Delta – Gamma VaR: Implementing the Quadratic Portfolio Model [J]. European Journal of Operational Research, 2003 (150): 525 – 529.

[133] Craig A M. Event Studies in Economics and Finance [J]. Journal of Economic Literature, 1997, 35 (1): 13 – 39.

[134] Cummins J D, Lewis C M, Wei R. The Market Value Impact of Operational Loss Events for US Banks and Insurers [J]. Journal of Banking and Finance, 2006, 30 (10): 0 – 2634.

[135] Dell'Atti S, Trotta A, Iannuzzi A P, et al., Corporate Social Responsibility Engagement as a Determinant of Bank Reputation: An Empirical Analysis [J]. Corporate Social Responsibility & Environmental Management, 2017 (16).

[136] Diamond D V, P Dybvig. Bank Runs, Deposit Insurance and Liquidity [J]. Journal of Political Economy, 1983, 91 (3): 401 – 419.

[137] Dimakos X K, Aas K. Integrated Risk Modelling [J]. Statistical Modelling, 2004, 4 (4): 265 – 277.

[138] Drigă I, Socol A. Liquidity Risk Management in Banking [J]. Revista Tinerilor Economisti, 2009, 1 (13S): 1 – 54.

[139] Ducan Wilson. Operstional Value at Risk [J]. Risk, 1995 (12): 1 – 12.

[140] Eckert C, Gatzert N. Modeling Operational Risk Incorporating Reputation Risk: An Integrated Analysis for Financial Firms [J]. Insurance: Mathematics and Economics, 2017 (72): 122 – 137.

[141] Engle R F. Autoregressive Conditional Heteroskedasticity with Estimation of

the Variance of U. K. Inflation [J]. Econometrica, 1982, 50 (4): 987 – 1008.

[142] Fiordelisi F, Soana M G, Schwizer P, et al. , Reputational Losses and Operational Risk in Banking [J]. Social Science Electronic Publishing, 2014, 20 (2): 105 – 124.

[143] Fombrun C J, Gardberg N A, Sever J M. The Reputation Quotient SM: A Multi – Stakeholder Measure of Corporate Reputation [J]. Journal of Brand Management, 2000, 7 (4): 241 – 255.

[144] Frankel J A, Rose A K. Currency Crashes in Emerging Markets: An Empirical Treatment [J]. Social Science Electronic Publishing, 1996, 41 (3 – 4): 351 – 366.

[145] George A Akerl, Robert J Shiller. Animal Spirits [M]. Princeton: Princeton University Press, 2009.

[146] Gillet R, Georges Hübner, Séverine Plunus. Operational Risk and Reputation in the Financial Industry [J]. Journal of Banking & Finance, 2010, 34 (1): 224 – 235.

[147] Goldstein I, Pauzner A. Demand – Deposit Contracts and the Probability of Bank Runs [J]. Journal of Finance, 2005, 60 (3): 1293 – 1327.

[148] Gordon Gemmill, Aneel Keswani. Downside Risk and the Size of Credit Spreads [J]. Journal of Banking and Finance, 2011 (35): 2021 – 2036.

[149] Grossman S J, Miller M H. Liquidity and Market Structure [J]. The Journal of Finance, 1988, 43 (3): 17.

[150] Harris R. Emerging Practices in Operational Risk Management [M]. Chicago: Federal Reserve Bank of Chicago, 2002.

[151] Hisata Y, Yamai Y. Research toward the Practical Application of Liquidity Risk Evaluation Methods [J]. Monetary & Economic Studies, 2000, 18 (2): 83 – 127.

[152] Holmstrom B, Tirole J. Private and Public Supply of Liquidity [J]. Journal of Political Economy, 1998, 106 (1): 1 – 40.

[153] Illing M, Y Liu. An Index of Financial Stress for Canada, Bank of Canada [J]. Working Paper, 2003 (6): 2003 – 2014.

[154] IMF. Global Financial Stability Report [R]. Washington D. C. , 2008.

[155] Jacklin C J, Bhattacharya S. Distinguishing Panics and Information-based Bank Runs: Welfare and Policy Implications [J]. Journal of Political Economy, 1988,

96 (3): 568 -592.

[156] Jain A, Keneley M, Thomson D. Bank Reputation in Australia: A View from the Inside [J]. Jassa, 2014 (2): 29 -34.

[157] Kaminsky G L, C M Reinhart. On Crises, Contagion and Confusion [J]. Journal of International Economics, 2000, 51 (1): 145 -168.

[158] Kaminsky G L, Lizondo S, Reinhart C M. Leading Indicators of Currency Crises [J]. Staff Papers, 1998, 45 (1): 1 -48.

[159] Kapadia S, Drehmann M, Elliott J, et al. , Liquidity Risk, Cash Flow Constraints, and Systemic Feedbacks [J]. Quantifying Systemic Risk, 2012 (12): 29 -61.

[160] Kashyap A K, Rajan R, Stein J C. Banks as Liquidity Providers: An Explanation for the Coexistence of Lending and Deposit - Taking [J]. The Journal of Finance, 2002, 57 (1): 33 -73.

[161] Kaufman G G. Bank Contagion: A Review of the Theory and Evidence [J]. Journal of Financial Services Research, 1994, 8 (2): 123 -150.

[162] Kaufman G, Scott K. What is Systemic Risk, and Do Bank Regulators Retard or Contribute to It? [J]. Independent Review, 2003 (3): 371 -391.

[163] King L. Operational Risk: Measurement and Modeling [M]. New York John Wiley & Sons Ltd, 2001.

[164] Kiyotaka Nakashima, Makoto Saito. Credit Spreads on Corporate Bonds and the Macro-economy in Japan [J]. Journal of the International Economies, 2009 (23): 309 -331.

[165] Levent Guntay, Dirk Hackbarth. Corporate Bond Credit Spreads and Forecast Dispersion [J]. Journal of Banking and Finance, 2010 (34): 2328 -2345.

[166] Martin A. Reconciling Bagehot and the Fed's Response to September 11 [J]. Journal of Money Credit & Banking, 2010, 41 (2 -3): 397 -415.

[167] Minsky H P. A Theory of Systemic Fragility, in Financial Crises [M]. New York, NY: Wiley, 1977.

[168] Mishkin F S. Anatomy of a financial crisis [J]. Evolutionary Economics. 1992 (2): 115 -130.

[169] Mishkin F S. Financial Policies and the Prevention of Financial Crises in Emerging Market Economic [R]. Washington, D. C. : World Bank, Financial Sector Strategy and Policy Department, 2001.

[170] Patton A J. Modelling Time – Varying Exchange Rate Dependence Using the Conditional Copula [J]. Social Science Electronic Publishing, 2001.

[171] Perry J, Fontnouvelle P D. Measuring Reputational Risk: The Market Reaction to Operational Loss Announcements [J]. SSRN Electronic Journal, 2005 (10): 137.

[172] Rockafellar R T, Uryasev S, Zabarankin M. Deviation Measures in Generalized Linear Regression [R]. Research Report, Department of Industrial and Systems Engineering, University of Florida, 2002.

[173] Rockfellar R T, S Uryasev. Optimazation of Conditional Value at Risk [J]. The Journal of Risk, 2000, 2 (3): 21 –41.

[174] Rosenberg J V, Schuermann T. A General Approach to Integrated Risk Management with Skewed, Fat – Tailed Risks [J]. Journal of Financial Economics, 2004, 79 (3): 569 –614.

[175] Scott S. Why Risk Management Must Be Integrated [J]. American Banker, 1996, 161 (152): 4 –18.

[176] Shiller, Robert J. Conversation, Information and Herd Behavior [J]. American Economic Review, 1995, 85 (2): 181 –185.

[177] Simona M, Eugenia M, 2010. Liquidity Risk Management in Crisis Conditions [R/OL]. Annals of Faculty of Economics, http://anale.steconomiceuoradea.ro Stevenl, Schwarcz. Systemic Risk [J]. The Georgetown Law Journal, 2008 (97): 193 –249.

[178] Sturm, Philipp. Operational and Reputational Risk in the European Banking Industry: The Market Reaction to Operational Risk Events [J]. Journal of Economic Behavior & Organization, 2013 (85): 191 –206.

[179] Tobin J. Money and Economic Growth [J]. Econometrica, 1965, 33 (4): 671 –684.

[180] Tobin P, Brown A. Effective Estimation of Banking Liquidity Risk [M]// Progress in Industrial Mathematics at ECMI 2004. Springer Berlin Heidelberg, 2006.

[181] Waldo D G. Bank Runs, the Deposit – Currency Ratio and the Interest Rate [J]. Journal of Monetary Economics, 1985, 15 (3): 269 –277.

[182] Zhu S S, Li D, Wang S Y. Risk Control Over Bankruptcy in Dynamic Portfolio Selection: A Generalized Mean – Variance Formulation [J]. IEEE Transactions on Automatic Control, 2004 (49): 447 –457.